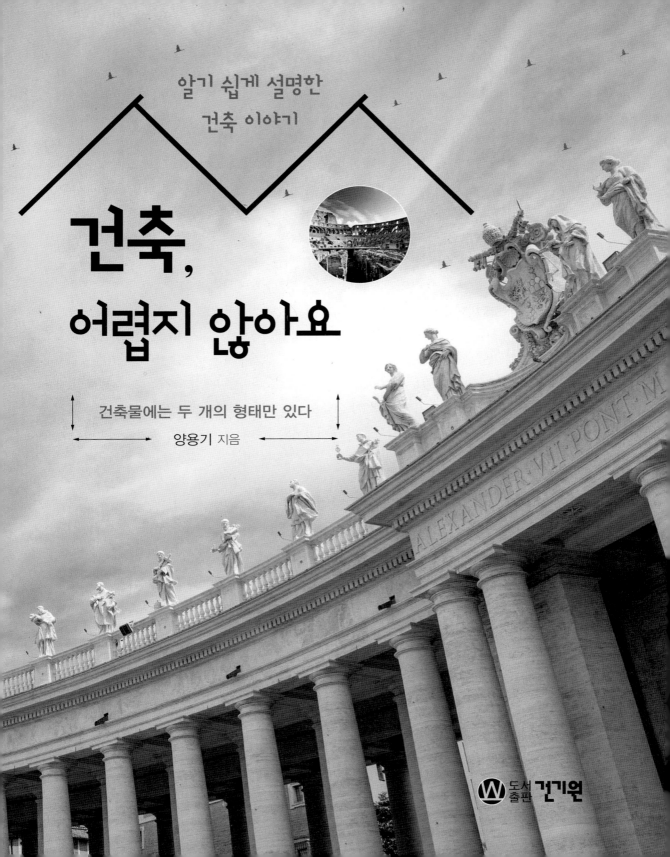

알기 쉽게 설명한
건축 이야기

건축,
어렵지 않아요

건축물에는 두 개의 형태만 있다

양용기 지음

도서
출판 건기원

독일 유학시절 그 곳의 일반인들의 건축에 기본적인 지식이 적지 않았음을 의아하게 생각했습니다. 이것은 우리보다 교육 수준이 더 높은 것도 아니고 박식한 것도 아닌 바로 지식에 대한 수요와 공급이라는 유통관계가 수월했다는 것을 깨달았습니다. 우리도 전문서적은 그 질을 떠나 그들과 양적으로 크게 다르지 않습니다. 그러나 일반인이 접할 수 있는 전문서적은 그들에 비하여 너무도 부족합니다. 특히 건축에 있어서 일반인이 접할 수 있는 서적은 한국에서 찾아보기 어렵습니다. 이러한 아쉬움이 건축가로서의 저자에게 반성의 계기가 되었습니다. 일반인들이 어느 한 분야에 대하여 지식이 부족한 것은 비전문가인 일반인의 수준에 맞는 지식을 접할 수 있는 기회가 많지 않다는 것을 의미합니다. 그래서 저자의 첫 책이 건축 소설 「탈 문맥」으로 시작한 계기가 되었습니다. 「건축, 어렵지 않아요」는 지난 5년간 저자가 일반인을 대상으로 외부 강의를 통해 나름대로 정리해 본 것입니다. 강의를 하면서 어떻게 하면 '건축이 어렵지 않다'는 것을 알리고, '건축이 어렵다면 어느 부분이 어려운지 찾아봐야 겠다'라는 고민 끝에 마침내 내린 결론이 건축물의 '형태'라고 결론짓게 되었습니다.

건축물에서 '기능'은 우리가 직접적으로 경험하면서 판단할 수 있지만, '형태'는 디자인 분야로서 일반인이 섣불리 이해하기에는 어렵습니다. 그래서 찾아낸 것이 '세계 연대표'입니다. 연대표는 우리가 중·고등학교 시절 역사 시간에서 한 번쯤은 접해 본 것입니다. 이것을 기본적인 틀로 하여 건축의 형태를 전달하기로 결정한 후에 정리하게 되었습니다. 여기에서 우리가 이해할 것이 많겠지만, 연대표의 모든 것을 이해할 필요는 없습니다. 즉 큰 틀로서 '근대'를 기준으로 하여 그 전과 그 후의 시기로 건축물의 형태를 2개로 구분하여 이것만 알아도 된다는 결론을 내렸습니다. 그런데 우리는 학창시절에 이런 것들을 주입식으로 암기했기 때문에 그 목적이 지나면 바로 잊어버렸습니다. 그래서 내용보다는 그 시대에 붙여진 이름을 부르는 이유를 이해하는 데 초점을 맞추었습니다. 이를 위하여 단순히 건축만 다루지 않고 가능하면 우리에게 익숙한 그림과 이야기들을 도출하여 그것을 시작으로 건축의 형태에 대하여 접근한 것입니다.

건축은 단지 두 개의 형태만 있습니다. 첫 번째 형태의 시작은 고대입니다. 그러므로 고대만 정확히 알면 그 이후 것은 고대의 것이 부분적으로 변화된 것이므로 크게 어렵지 않습니다. 두 번째 형태는 근대입니다. 근대가 시작되면서 포스트모던이 등장할 때까지 근대의 형태가 독주하였습니다. 그러므로 이 두 개의 형태만 이해한다면 형태는 건축뿐 아니라 다른 분야의 형태도 이해할 수 있는 안목이 생기는 것입니다. 이 책이 '형태'에 관하여 독자들이 이해하는 데 도움이 되었으면 좋겠습니다. 이것도 어렵다면 형태는 2개이므로 1개만 확실하게 외우면 하나는 자연스럽게 이해할 수 있으리라 믿습니다.

이 책의 전반적인 주제는 이야기입니다. 그래서 가능하면 거리감이 생기지 않게 하려고 한 번쯤 들어 봤음직한 이야기를 바탕으로 내용을 풀어가려고 노력했습니다. 이 의도는 어렵지 않게 접근하려는 목적이 담겨 있는 것으로 건축의 '양식'으로 불리는 이름들이 사실은 내용을 담고 있음을 알리고자 하는 의도가 있었습니다. 고대 요소인 이집트, 그리스, 로마는 사실 지금도 존재하는 지명이므로 외워야 하는 노력을 하지 않아도 쉽게 와닿는 이름입니다. 그러나 비잔틴은 지금은 존재하지 않고, 심지어 그 이름조차도 바뀌어서 굳이 외워야 하는 노력이 필요합니다. 그래서 외우지 않고 이해시키기 위해 이야기를 길게 끌고 간 것입니다.

지금 젊은이들은 클래식이나 과거의 이미지를 닮았다고 하면 거리를 둘 수도 있지만, 우리 주변은 클래식한 형태들이 생각보다 많으며, 심지어 자신도 클래식일 수 있다는 것을 이 책을 집중하여 읽다 보면 알 수 있습니다. 건축가 르코르뷔지에는 "양식은 귀부인 머리에 꽂힌 깃털처럼 아무 의미가 없다."고 말했습니다. 이는 근대 건축가로서 당연한 말이지만 우리는 다양한 형태를 주변에 갖고 있음을 볼 때 아무 의미가 없다고 말하기에는 우리의 취향이 너무 다양합니다.

이 책이 건축의 형태를 이해하는 데 있어 조금이라도 도움 되기를 바랍니다. 두서없이 책을 쓰는 버릇이 여전한데 그래도 이 책을 출간할 수 있도록 도와주신 건기원 사장님과 편집부 및 북 디자이너께 감사를 드립니다.

뜨거운 8월에
양 용 기

CONTENTS

제1의 형태에 속하는 시대

1 CHAPTER 시작

우리가 각 나라 사람들을 볼 때 그 사람을 어느 나라 사람인지 정확히 알지 못해도 최소한 동양 사람인지 서양 사람인지는 가려낼 겁니다. 그 기준은 무엇인가요? 분명히 기준이 있을 겁니다. 건축도 마찬가지입니다. 건축물을 보고 어느 시대에 속한 것인지 판단하는 기준만 알면 건축물을 보는 재미가 있을 겁니다. 그 이상의 정보는 시대적인 구분을 할 줄 안 후 흥미가 있다면 스스로 책을 보거나 다른 자료를 찾아가면서 공부를 해도 됩니다. 그러나 중요한 것은 그 분야에 대한 지식을 쌓는 것보다 먼저 흥미를 갖는 것이라고 봅니다. 이 흥미는 약간의 지식을 갖는 것부터 시작합니다. 이 책은 이 흥미를 갖는 데 깊지는 않지만 먼저 정확한 시대를 구분하지는 못하더라도 어느 시대에 속한 건물인지 알게 하는 데 도움이 되려고 합니다.

Sie sind Wunderbar!

위의 글은 독일어입니다. 아는 분도 있겠지만 일반적으로 영어보다는 모르시는 분들이 더 많을 것입니다. 진짜 독일어를 몰라서 모르는 것일까요? 사실은 이것이 어느 나라 언어인지 몰라서 모르는 것이 아닙니다. 어느 나라 언어이든 그것이 중요한 것이 아니고 이 문장 안에 있는 3개의 단어를 몰라서 그러는 것입니다. 즉 전체를 이루고 있는 요소들에 대한 정보를 몰라서 그러는 것입니다. 문장의 문법이 맞았는지, 그렇지 않은지는 단어를 모르면 그렇게 중요하지 않으며, 그보다 먼저 단어의 이해입니다.

You sind Wunderbar!

위의 것은 3개의 단어 중 앞의 한 단어 'Sie'를 'You'로 하나만 변경한 것입니다. 아직 전체 문장의 뜻을 이해하지 못하지만 You가 영어의 You인지 아니면 다른 언어의 You인지 정확하지는 않지만 일단 우리가 많이 알고 있는 영어의 You와 유사하다는 것을 인식할 수 있습니다. 그러나 아직 문장의 의미를 알 수는 없습니다. 그래도 30% 정도는 인식할 수 있지만 아직 자신은 없습니다.

You are Wunderbar!

이번에는 3개의 단어 중 2개를 변경해 보았습니다. 3개 중 2개를 변경해 보니 왠지 영어에 가깝다는 것을 알 수 있고 문장의 의미도 어느 정도 알 수 있습니다. Wunderbar가 무슨 뜻인지는 몰라도 '당신은 wunderbar입니다'라는 것을 알 수 있습니다. 이제 100% 중 60% 정도를 이해하면서 처음보다는 답답하지 않는 느낌입니다.

You are Wonderful!

단어 3개를 완전히 변경했더니 이제는 이것이 영어라는 것을 확실히 알았고 문장의 의미도 확실히 전달되었습니다. 이를 우리말로 '당신은 훌륭합니다!'라고 바꾸었더니 문장의 의미보다 오히려 감정의 전달이 더 느껴집니다.

아는 것만큼 보인다는 것을 말하려고 여기까지 온 것입니다. 그리고 더 잘 알면 그 객관적인 내용뿐 아니라 담긴 감성적인 내용까지 전달한다는 것을 말하려고 한 것입니다. '아는 것만큼 보인다'라는 말은 너무도 잘 알고 있는 말입니다. 그런데 이를 말로만 알지 실행으로 옮기는 사람들은 그렇게 많지 않습니다. 왜냐하면 무엇인가를 알려는 노력도 쉽지 않지만 왠지 깊이 들어가는 것이 겁도 나고 시작해 보려는 분야가 어려울지도 모른다는 선입감이 있을 수도 있기 때문입니다. 그 이유는 처음부터 깊이 들어가거나 전문적인 입장에서 시도하려는 의도가 선뜻 시작하지 못하게 막기 때문입니다. 알고 보면 전혀 어렵지 않아요. 통 속에 담긴 물건을 꺼내려면 먼저 뚜껑을 어떻게 열어야 하는지 정확하게 파악하는 것이 중요합니다. 뚜껑만 열면 물건을 꺼내는 것은 오히려 쉬울 수도 있습니다. 그런데 안에 들어 있는 물건을 먼저 꺼내려고 하다 보니 지치기도 하고 뚜껑을 열지도 못하고 포기하는 경우가 많습니다. 뚜껑만 열면 물건을 꺼내지 않아도 그것이 무엇인지도 알 수 있는 수준이 됩니다.

이 책은 뚜껑의 수준으로 쓰는 겁니다. 모든 작업을 설명하는 데 용어가 반드시 필요합니다. 이 책은 용어를 설명하는 수준으로 서술하였습니다. 용어는 그렇게 부르는 이유가 있습니다. 그 이유만 알아도 그 용어에 내용이 모두 들어 있습니다. 예를 들어 중세의 고딕에 대하여 배울 때 고딕 시절의 내용을 다 들었지만 돌아서면 잊어 버리는 경우가 많습니다. 이유는 바로 고딕이라는 이름의 내용을 이해하지 못하고 고딕의 내용을 들었기 때문에 바로 잊어버리는 것입니다. 이는 뚜껑의 모양을 기억하지 못하고 그 내용만 봤기 때문에 뚜껑을 닫아 버리면 어느 통에 그 내용물이 들어 있는지 찾지 못하는 것과 같은 것입니다. 내용은 2차적인 것입니다. 먼저 뚜껑을 기억하고 왜 그 내용물을 그 통 속에 담아두었는지 이해하면 굳이 내용물은 기억하지 않아도 뚜껑만 열면 그 내용물이 보이는 것과 같은 이론입니다. 즉 고딕의 이름에 관한 내용을 먼저 이해하고 내용을 들으면 이해하기 쉽고 굳이 내용을 기억하지 않고 이름만 이해해도 내용은 그 이름에 모두 들어 있기 때문입니다. 이 책은 이렇게 가능하면 먼저 그 이름에 초점을 맞추어서 진행할 것입니다. 이름을 이해하지 못하면 내용을 이해한다는 것은 거의 불가능하다고 보기 때문입니다.

이 책에서 건축을 설명해 나가는 데 사용하는 틀이 하나 있습니다. 그것은 바로 세계 연대표입니다. 건축은 시대를 반영하기도 합니다. 그래서 연대표를 사용하면서 세계사를 바탕으로 설명하고 거기에 맞추어 건축을 접목할 예정입니다. 그러나 세계사도 깊게는 들어가지 않고 누구나 알만한 내용으로 진행할 것입니다. 그리고 건축 분야를 크게 나누어 보면 설계와 시공입니다. 그런데 시공을 여기서 설명할 수는 없고 설계는 공간을 만드는 작업이지만 이는 전문적인 분야이기에 우리가 쉽게 접하는 건축물의 형태를 시기적으로 구분하여 소위 시대적인 양식을 설명할 겁니다. 왜냐하면 무엇이 건축을 어렵게 느끼게 하는가 생각해 보았는데 일반인이 접하는 첫 번째 부분이 형태라고 생각을 했습니다. 이것이 건축을 들어가는 뚜껑이라고 생각한 것입니다. 사실 뚜껑은 내용물보다 중요한 것은 아닙니다. 그러나 뚜껑을 찾아야 내용물을 찾을 수 있다고 앞에서 설명했듯이 양식에 대한 판단되면 건축에 더 가까이 가는 방법이라고 생각하기 때문입니다. 우리가 해외여행을 가면 수없이 많은 건축물을 보지만 사실 그 형태에 대한 개인적인 판단 외에는 자신감이 없습니다. 특히 원치 않아도 보게 되는 수없이 많은 건축물을 접하면서 이것이 더 건축을 어렵게 만드는 원인이 된다고 생각했습니다. 아마도 그림이 건축물만큼 접할 수 있는 기회가 많다면 그림도 어렵다고 생각할 것입니다. 더욱이 다른 분야는 그에 대한 정보를 접할 수 있는 기회가 많음에도 건축은 사실 그렇지 않습니다. 건축은 의식주 중에 하나입니다.

우리가 보통 하루에 음식을 세 번 먹고, 옷은 아침에 입고 나온 옷을 거의 하루 종일 입는 것에 비하여 건축물은 그 이상으로 접하는 경우가 많습니다. 이렇게 기회가 많다는 것은 이해하기도 쉬울 수 있는데 사실은 그 어려움의 비밀 중 하나가 바로 깨닫지 못하고 수없이 경험하는 것에 있을 수도 있습니다. 특히 건축가들이 건축물을 설명할 때 이해할 수 없는 단어들이 우리의 이해도를 떨어트리고 육체적인 경험, 감성적인 경험 그리고 정신적인 경험뿐 아니라 형태 언어라는 언어와 형태의 변환에서 형태를 생김으로만 치부하고 마는 경우가 있지만 사실 그것도 자신이 없어 어려운 분야로 밀어 버린 경우가 많습니다. 그래서 이 책에서는 우선적으로 시대적 코드를 사용하여 왜 그 시대에 그러한 건축물들이 탄생하게 되었는지 아주 가볍게 설명하도록 할 것입니다. 일반인의 수준이 높아지면 전문가의 수준도 높아져야 합니다. 그러나 그 수준을 높이는 데 이 책이 도울 수 있는지는 몰라도 최소한 건축물을 보면서 어느 시대 건축물인지 맞추거나 아니면 집을 꾸미는 데 선택할 수 있는 최소한의 힌트를 줄 수 있다고 봅니다.

우선 형태를 나누는데 그 종류가 너무 많아서 이렇게 많은 양식의 숫자에서 이미 포기할 수도 있습니다. 그러나 이 책에서는 형태를 단순히 두 가지로 구분하였습니다. 건축물의 형태는 크게 두 가지만 있습니다. 이해를 도우려고 하는 것이 아니고 이 두 가지만 기억하면 됩니다. 만약 믿을 수 없다면 추후에 스스로 깊게 공부하셔서 두 가지가 아니라는 것을 증명하면 성공하신 겁니다. 이 두 가지의 기준은 바로 근대입니다. 근대 이전의 형태를 제1의 형태 그리고 근대 이후의 형태를 제2의 형태라고 구분하였습니다. 그러므로 이 두 가지가 만약 많다면 한 가지만 이해하셔도 됩니다. 다행이 두 가지라서 하나만 확실히 이해해도 나머지는 다른 형태로 돌리면 되는 겁니다. 여기서 두 가지 형태 중 제1의 형태를 클래식한 형태, 제2의 형태를 모던한 형태라고 이름을 붙였습니다. 근대를 기준으로 이렇게 두 개로 나눈 것은 근대 이전까지는 유사한 형태로 이어져오다 근대 이후로 완전히 건축 형태가 다른 변화를 보여주었기 때문입니다.

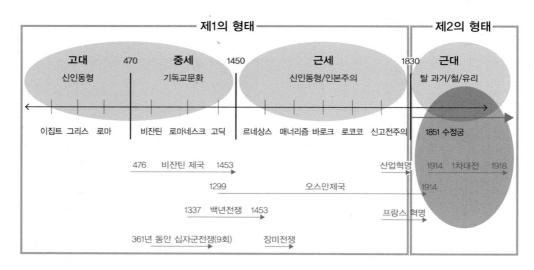

[그림 I-1] 연대표_ 건축의 두 가지 형태

위의 연대표를 살펴보면 제1의 형태에는 고대, 중세 그리고 근세가 속해 있습니다. 여기에서 고대만 잘 이해하면 됩니다. 왜냐하면 중세와 근세는 고대의 형태에서 크게 벗어나지 않고 기본적인 형태의 틀이 계속적으로 이어오기 때문입니다. 즉 중세와 근세는 고대의 신고전주의 같은 성격입니다. 고대는 3개, 중세도 3개 그리고 근세는 5개로 나뉘었습니다. 그런데 근대는 앞의 세 기간을 합친 것보다 더 많은 종류들이 등장합니다. 여기에는 분명히 그 이유가 있을 것입니다. 이것도 살펴보려고 합니다. 물론 이 외에도 더 있지만 직접적으로 형태에 영향을 준 것들만 선택한 것입니다. 연대표에서 고대, 중세, 근세 그리고 근대로 시기가 구분되어 있는데 어느 날 갑자기 나뉜 것이 아니라 사건이 있었을 것입니다. 그 사건을 이 책에서는 살펴보고 이것이 시기별로 건축에 어떤 영향을 끼쳤는지를 설명하려고 합니다. 왜냐하면 건축의 형태는 그 시대를 반영하기 때문입니다. 그래서 시대적으로 건축의 형태가 다르게 나타나는데 우리는 이를 '양식'이라고 이름 붙인 것입니다. 이를 시대적 양식(Period style)이라고 붙여야 부담이 적을 것입니다.

이 책은 깊이 있는 내용으로 들어가지 않습니다. 주로 현대에 영향을 주었고 지금도 주로 쓰이는 것들로 적용하였으며, 만일 깊이 있게 알고 싶다면 보다 전문적인 책이나 다른 자료를 통하여 자세히 알아보는 것을 추천합니다. 이에 대한 자세한 내용은 서양 건축사나 현대 건축사에 관한 좋은 책들이 많이 있기 때문입니다. 이 책에서는 우선 각 시대의 이름이 중요하다고 생각하기 때문에 시대별 이름에 관하여 먼저 설명할 것입니다. 각 시대의 양식에 해당 이름이 붙여지고, 그렇게 부르는 데는 분명 이유가 있으며, 그 이름 안에 기본적인 내용이 들어 있기 때문입니다. 일반적으로 내용에 관하여 자세히 설명을 하지만 이름에 관하여 설명하는 것은 많지 않습니다. 아마도 내용을 들으면 이름은 자연히 이해될 거라고 생각하기 때문인 것 같습니다. 그러나 양식의 이름이 아주 중요합니다. 이름에 관하여 먼저 이해하지 못하고 내용을 듣는 것은 마치 뚜껑을 열지 않고 내용물을 맞추어야 하는 것과 같습니다. 이 책을 다 읽고 내용을 잊어버리더라도 이름의 의미만이라도 기억한다면 이 책은 성공한 것이라고 생각합니다.

또한 이 책은 마치 세계사를 나열한 것처럼 보일 수도 있습니다. 이유는 건축물은 시대를 반영한다는 것을 나타내려는 의도이지만, 세계사에 대하여는 깊게 들어가지는 않을 것입니다. 특히 연도나 등장인물의 이름은 의도적으로 쓰지 않았는데, 그것이 오히려 혼란스럽게 할 수도 있다고 생각되기 때문입니다. 왜냐하면 먼저 흥미를 돋우고 만일 흥미가 생겼다면 세계사에 대한 자세한 책이 많이 있으므로 그것들을 참고하신다면 훨씬 도움이 될 것입니다. 이 책은 세계사와 때로는 그림을 갖고 건축물의 형태를 설명하는 데 도움을 빌릴 것입니다. 그러므로 내용이 깊지 않거나 자세히 알고 싶으면 그에 관한 전문서적을 보는 것이 좋을 것입니다. 이 책은 우선적으로 흥미를 돋우는데 도움이 되고자 하는 취지로 진행했기 때문입니다. 그러면 먼저 연대표에서 고대부터 시작하겠습니다. 물론 다른 시대도 마찬가지이지만 다른 양식도 있습니다. 그러나 현대 건축물에 가장 영향을 준 것들만 나타내서 설명할 것입니다.

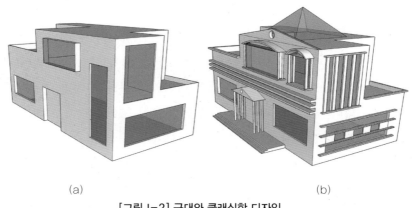

(a)   (b)

[그림 I-2] 근대와 클래식한 디자인

[그림 I-2]에는 두 개의 건축 디자인이 있습니다. 기본적인 형태는 동일합니다. 그러나 (a)에 작업을 조금 더 추가해서 (b)와 같은 형태를 만들었습니다. 그러나 추가 작업에서 즉흥적인 변형을 한 것이 아니라 의도적인 디자인을 시도한 것입니다. 그렇다면 이 두 개의 의도는 무엇인지 그리고 양식적인 차이를 어떻게 구분할 것인지 알 수 있을까요? 이 시점에서 알지 못할 수도 있습니다. 그러나 이 책의 후미에서 이 차이를 개괄적이지만 알 수 있게 하고 어떤 디자인 의도가 추가되었는지 볼 수 있게 하는 것이 목적입니다. 물론 많은 디자인 방식이 있지만 그것은 나중 일입니다. 건축에 대한 지식과 경험이 많은 사람들은 더 자세한 차이와 구분을 할 수 있겠지만 초기 단계에서 이를 깨닫게 하려는 의도 자체가 어려움을 줄 수 있고 오히려 건축이 어렵다는 선입감을 주어 건축에 가까이 하려는 의지를 꺾을 수도 있다는 생각에 가능하면 이 책은 깊이 안 들어가고 각 시대의 예도 지금 우리가 볼 수 있는 간단한 예만 들어 보려고 합니다. 그래도 초보자들에게는 그것조차도 어려울 수 있기 때문에 그림의 예와 시대적인 상황도 설명하면서 비교를 통하여 건축의 형태를 감상하는데 사실은 그렇게 복잡하지 않음을 시도해 보려고 합니다.

외국 여행을 가면 건축물들을 많이 보게 됩니다. 그러나 사람들은 자신의 경험과 지식을 바탕으로 보기 때문에 건축에 대한 기본적인 지식이 부족하면 웅장하고 화려하다는 느낌 이상으로 얻는 것이 없을 수도 있습니다. 이 책에서는 각 시대의 대표적인 건축물만 보아도 보이는 것에 대한 이해에 도움이 되고자 하는 것입니다. [그림 I-2]는 근대와 클래식한 디자인이며, 특히 (b)는 클래식한 디자인이 들어 있습니다.

┌ 건축 어렵지 않아요 ┘

두 개의 특징을 알기 어렵다면 다행이 두 개라서 두 개 전부 이해하면 좋지만, 그도 어렵다면 하나만 이해하면 다른 하나는 자연스럽게 깨닫게 되리라 생각합니다. 내용 중에는 반복적인 것이 자주 나오고 특히 내용이 너무 길거나 이해하기 어렵다면 굳이 기억할 필요도 없습니다. 이해가 안 되는 내용은 그냥 지나가면 됩니다. 그러나 각 시대의 이름을 왜 그렇게 부르는지 그것만 기억한다면 이름 속에는 사실 내용이 담겨 있기 때문에 이름의 의미라도 기억해주기를 바랍니다. 그리고 책의 말미에 이르렀을 때 비로소 [그림 I-2]의 그림으로 되돌아 와서 어떤 시대의 디자인이 (b)의 그림에서 추가되었는지 다시 보기를 바랍니다.

고대의 시대적 배경:
신인동형(神人同形)

　고대 그리고 중세라고 시대를 구분한 것은 르네상스입니다. 당시 근세가 시작되는 르네상스는 자신들이 가장 첨단이라고 생각한 것입니다. 그래서 이전 시대와 구분하기 위하여 고대와 중세라고 시대별로 구분한 것입니다. 그러나 여기에는 기준이 있었는데, 그것은 바로 시대적 코드로 고대는 신인동형(神人同形), 그리고 중세는 기독교라는 신분주의에 바탕을 둔 것입니다. 즉 공통적인 시대적 코드가 있었기 때문입니다. 신인동형이란 당시 왕이나 영웅은 마치 신과 같은 대우를 받았기 때문입니다. 즉 인간과 신을 동일시 한 것입니다. 이것이 고대의 특징으로서 신인동형이라고 구분을 하였으며 중세는 기독교 공인 후 발생한 성격을 갖고 있기 때문에 기독교라는 시대적 코드를 바탕으로 묶은 것입니다.

　제1의 형태에서는 고대가 제일 중요합니다. 그러므로 고대 부분을 잘 이해해야 합니다. 왜냐하면 그 다음 시대인 중세와 군세는 사실 완전히 새로운 것이 아니고 사실 건축물의 형태가 고대에서 출발하여 점차 변화한 것이기 때문입니다. 그러므로 고대의 건축 형태적 요소를 잘 기억하며 다음 시대의 건축물 형태는 아주 쉽게 이해할 수 있습니다. 그러나 고대에서 다양한 형태를 다루지 않고 앞 장에서 언급했듯이 아주 기본적인 요소들만 다루었습니다. 즉 지금 우리가 클래식한 건축물에서 찾아낼 수 있는 기본적인 형태 요소들만 다룰 것입니다. 그러므로 이 요소들만 기억하시면 건축물 형태를 관찰할 때 이 고대의 요소가 있는 것들만 찾아 낼 수 있다면 성공한 것입니다. 물론 고대에서 등장하는 요소 외에도 몇 가지가 더 있지만 이는 책을 진행하는 과정 속에서 언급할 것입니다.

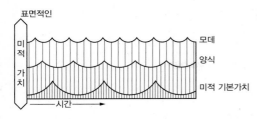

[그림 I-3] 모데(대모데)와 양식의 관계

[그림 I-3]을 보면 좌측은 표면적인 미적 가치와 근본적인 미적 가치로 구분해 놓았습니다. 이를 설명하면 표면적인 미적 가치는 그 시대에 등장하는 모든 미적 가치를 의미하는 것입니다. 그러나 시대가 흐르면서 유행처럼 등장하는 많은 요소 중 모두가 끝까지 남아 있지 않고 사라지기도 합니다. 여기서 유행처럼 나타나는 모든 것들을 '모데'라고 구분하였습니다. 그리고 이중 유행의 성격을 띠는 것들은 시간이 흐르면서 사라집니다. 그리고 마지막까지 남아서 전해지는 것을 양식이라고 명명했습니다. 그러나 이것들도 그 시대를 반영하였기 때문에 마치 한복처럼 아직도 사용을 하기는 하지만 시대에 따라 변화를 합니다. 그러나 한복의 기본적 의미는 남게 됩니다. 이를 미적 기본가치라고 이름 붙였습니다. 즉 한복이 시대에 따라 변화를 하지만 한복처럼 보이려면 그 기본적인 형태는 존재해야 우리가 양복과 구분할 수 있습니다. 이 내용을 참고로 위의 그림을 이해하면 됩니다.

[그림 I-4]는 고대, 중세 그리고 근세를 통틀어 어떻게 형태의 내용들이 변해가고 있었는지 그 복잡성 또는 단순성의 흐름을 나타낸 것입니다. 전체적으로 3단계를 거치는 것을 볼 수 있는데, 1단계에서는 단순하다가 점차 형태가 복잡해져 가는 것을 볼 수 있습니다. 그리고 시간이 흐르면서 계속 형태가 복잡해지는 것이 아니라 다시 단순해지는 단계로 가고 점차 복잡한 단계로 발전하는 반복을 볼 수 있습니다. 이는 부정적으로 보면 인간의 만족하지 못하는 성격을 보이기도 하지만 끝없이 변화하려는 긍정적인 성격도 보이고 있는 것입니다. 이 그림에서 공통적인 것이 바로 로마의 형태가 기

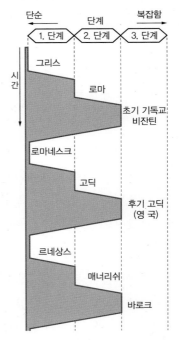

[그림 I-4] 양식전개의 3단계 사이클

본적으로 반복되고 있다는 것입니다. 마지막 부분이 르네상스인데, 이것은 로마 형태라는 것을 근세부분을 다루는 단락에서 다룰 것입니다. 근세 이후는 근대가 시작됩니다. 그런데 [그림 Ⅰ-4]의 그림에서 근대는 아직 등장하지 않고 있습니다. 이는 근대는 제2의 형태로 앞 단락에서 언급했습니다. 즉 제1의 형태는 일단 근대의 등장으로 일단락되었기 때문에 이를 정의해 볼 수 있지만 아직 근대는 진행형입니다. 그러나 이 그림을 통하여 시대는 변했지만 인간은 사실 그대로인 점을 보아 아마도 근대도 단순성에서 복잡성으로 진행하다가 다신 단순성으로 가는 주기를 반복하지 않을까 하는 의견입니다.

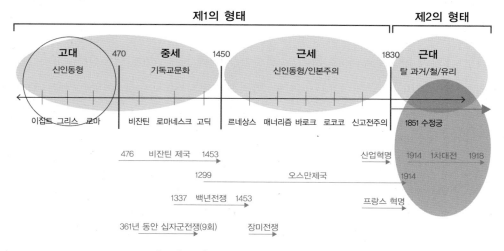

[그림 I-5] 연대표_ 이름 안에 내용이 있음

[그림 Ⅰ-5]의 연대표를 살펴보면 맨 위의 시대가 고대, 중세, 근세 그리고 근대로 구분되어 있습니다. 그리고 그 아래는 이집트에서 시작하여 근세는 신고전주의까지 나열된 것을 볼 수 있습니다. 우리가 이 시대적 이름을 양식이라고 부르기도 합니다. 예를 들어 이집트 양식, 그리스 양식처럼 부르는 것입니다. 이들은 현재도 존재하는 나라 이름이기에 이와 연관되어 이해를 할 수 있지만, 그 뒤의 것들은 사실 그냥 외우는 버릇이 있어서 후에 이를 기억하기란 쉽지 않습니다. 이 이름들을 이렇게 부르는 이유가 있습니다. 그림 부제로서 '이름 안에 내용이 있음'이라고 적은 이유가 바로 이름이 그렇게 불리게 된 이유를 먼저 알게 되면 그에 따른 내용을 이해하는 데 많은 도움이 될 것이라 생각하여 이름에 대한 설명을 우선적으로 시작할

것입니다. 그러므로 이 책의 말미에 이르러서 내용은 다 기억하지 못한다 하더라도 이름에 대한 내용만이라고 이해를 한다면 많은 도움이 될 것입니다. 예를 들어 비잔틴 부분에 있어서 그냥 비잔틴이라고 외우지 말고 왜 비잔틴이라고 이름을 붙였는지 이해한다면 그에 따른 내용을 파악하는데 도움이 될 것입니다. 건축에 대한 책이지만 건축은 시대를 반영하고 있습니다. 특히 근대 이전의 시대는 시대와 건축의 연관성을 알지 못하고 이해할 수 없기에 그 시대적인 배경을 설명할 것이지만 깊게 들어가지는 않고 직접으로 개괄적인 내용을 진행할 것입니다.

2-1 이집트

이집트 하면 떠오르는 많은 이미지가 있지만 너무 다양한 이미지로 인해 취지가 어긋날 수도 있어 이 책에서는 건축과 직접적인 것만 다루도록 하겠습니다. 이집트의 다양한 이미지 중에서 건축물과 연관성이 있는 것은 피라미드입니다. 피라미드의 용도는 무엇일까요? 왕의 무덤입니다. 그렇다면 피라미드는 건축물일까요? 여기서 다시 한 번 확인하고 싶은 것은 건축물에 대한 정의입니다. 개집은 건축물일까요? 건축물의 정의는 무엇일까요?

이를 설명하기 전 물어 볼 것이 있습니다. 방의 문은 큰가요 아니면 작은가요? 아마도 이에 대한 답이 다양하게 나올 것입니다. 어떤 사람은 크다고 말하고 어떤 사람은 작다고 대답하는 사람도 있습니다. 아마추어들은 다양한 답을 말합니다. 왜냐하면 아마추어들은 자신의 생각이 기준이 되기 때문입니다. 그래서 다시 한 번 묻습니다. 저 방문의 크기는 비행기가 들어오기에 어떤가요? '작다'고 말할 겁니다. 다시 물어 봅니다. 저 방문은 쥐가 들어오기에 어떤 크기인가요? '크다'고 말할 것입니다. 동일한 크기이지만 어떤 기준을 적용하는가에 따라 답은 달라집니다. 물론 저 방문은 사람의 크기를 기준으로 했기 때문에 그 크기를 갖고 있는 것입니다. 여기서 말하고자 하는 것은 프로는 적절한 기준이 주어지기까지 기다리거나 기준이 없으면 답을 결정하지 않는다는 것입니다. 즉 지식을 쌓는다는 것은 곧 기준을 많이 갖는다는 것입니다. 프로는 자신의 생각으로 상황을 판단하지 않고 지식을 기준으로 시작한다는 것입니다. 그러면 '개집은 건축물일까'라고 다시 묻습니다. 여기서 우리는 '건축물이다' 또는 '건축물이 아니다'라고 답하기 전에 건축물의 기준을 이제 생각해 보아야 합니다. 건축물의 기준은 바로 '인간을 위한 공간이 있는가?' 하는 것입니다. 그렇다면 개집은 아무리 큰 공간을 갖고 있어도 건축물로 보아서는 안 됩니다. 물론 즉각적인 물음에 즉답을 하기 위한 것입니다. 따지려고 하면 이 정의도 틀리다 말할 수 있을 겁니다. 그러나 원하는 결과를 얻기 위하여 단순한 대화로 이끌고 가는 것입니다. 입체적인 형태에서 그것이 건축물이 아니라면 조형물입니다. 그러나 그 조형물이 내부에 공간을 갖고 있다면 그것은 건축물에 가깝습니다. 그러나 아직 완전한 건축물은 아닙니다. 그 공간이 인간을 위한 공간이어야 한다는 것입니다. 그렇다면 버스 정류장은 건축물인가요? 여기서 우리는 공간에 대한 기준을 다시 한번 생각해 볼 수 있습니다. 그렇다면 공간이 되기 위한 기준은 무엇일까요? 공간을 형성하는 요소에는 바닥, 벽 그리고 지붕이 있습니다. 이 세 가지 요소가 모두 구성 되어야 공간이라고 부를 수 있는 것인가요? 반드시 그렇지만은 않습니다. 바닥만 있을 때 우리는 이를 공간으로 정의하기보다는 영역의 성격으로 봅니다. 벽도 마찬 가지입니다. 벽만 존재해서는 건축물의 공간을 갖고 있다고 말하지 않고 영역을 표 시하는 성격으로 봅니다. 그렇다면 지붕도 그럴까요? 이 세 가지 요소 중 하나만 존 재해야 할 때 공간으로 인정받는 요소는 바로 지붕입니다. 그래서 항공사진으로 사 진을 찍었을 때 어둡게 나오는 부분을 새로운 건축물로 보고 조사가 들어가는 것입 니다. 그래서 어떤 사람들은 지붕을 투명한 재료로 사용하여 건축물로 인정받지 않 으려고 하는 경우도 있습니다. 즉 지붕이 불투명한 재료가 사용되었을 때 비로소 건 축물로 인정받게 된다는 것입니다. 그래서 발코니가 3미터 이상 돌출되면 면적으로 산정되는 이유가 여기에 있는 것입니다. 또한 건폐율을 계산할 때 건물의 위에서 바 라보아 건축물의 각 층 그림자로 계산되는 이유입니다.

자 그러면 다시 앞으로 돌아가서 피라미드는 건축물일까요? 피라미드는 왕의 무 덤입니다. 그래서 처음에는 건축물로 생각하지 않고 거대한 조형물로 바라보았습니 다. 인간을 위한 공간이 그 안에 존재하지 않는다고 생각하게 된 것입니다. 즉 피라 미드는 건축물로 취급될 수 없었다는 것입니다. 피라미드에 관한 이야기들은 아주 많습니다. 요즘처럼 인터넷에는 이에 관한 정보를 얼마든지 얻을 수 있습니다. 피라미드는 어느 왕조에서 어떻게 건설하였고, 마스타바로 시작하여 우리가 알고 있는 정교한 삼각형으로 진행된 이야기, 굴 속에 있는 신전 등의 많은 정보를 얻을 수 있습니다. 이집트의 역사적인 이야기와 나일강과 연관된 이야기 등 수없이 다양한 이야기들을 인터넷에서 접할 수 있습니다. 특히 신비로운 이야기로 흥미를 끌기도 하는데 이것은 확실하지 않기에 건축에 관계된 이야기로만 끌고 가려고 합니다. 고대의 상황을 이해하려면 당시의 종교나 세계관을 알면 좋습니다. 그래서 고대는 신인동형으로 시대적 코드를 묶은 이유도 종교와 깊은 관계가 있기 때문입니다.

이집트는 다양한 종교가 있었지만 특히 태양신 Ra가 가장 강했습니다. 이들은 사후 세계를 믿었기에 미라를 필요로 했습니다. 그래서 미라의 보존이 절대적이었던 것입니다. 소똥에 알을 나서 부활한다는 쇠똥구리를 가슴에 붙여 놓은 것은 부활의 상징으로서 이집트 영화에서는 오히려 살을 파먹는 공포의 상징으로 많이 등장합니다. 부활을 준비하는 단계로 미라를 만들었기에 이집트에서 미라의 보존은 절대적입니다. 이를 위하여 무덤은 안전하게 보호되어야 했던 것입니다. 그러나 부활의 뜻도 있지만 죽음은 그들에게 슬픈 것보다 오히려 여행이라는 의미도 있었습니다. 그 여행의 수준은 생전의 수준과 동일하게 맞춰져야 하기에 왕은 왕처럼 여행을 해야 했던 것입니다. 그래서 수행원도 필요했고 여행경비도 있어야 했던 것입니다. 이 모든 것을 위한 공간이 필요함을 건축가는 알게 되었고 드디어 피라미드 안에 사람을 위한 공간이 있음을 알게 되면서 피라미드가 건축물로 인정받은 것입니다. 물론 이러한 공간의 존재로 인하여 도굴의 원인이 되기도 했습니다. 여기에 자세한 내용을 기술하지는 않았는데 이는 건축과 직접적인 연결이 되지 않다고 생각했기 때문입니다.

이제 건축과 연결을 짓기 위하여 피라미드의 필요성을 대충 살펴보았지만 아무리 이러한 목적이 있었다고 해도 그 피라미드의 크기는 아직 미스터리입니다. 이를 살펴보기 위하여 피라미드의 크기와 대부분이 기자(Giza)에 몰려 있는 이유를 살펴보려고 합니다. 미라의 보관 장소와 왕의 사후 여행을 위한 신하와 금은보화를 위하여 피라미드 안에 공간 크기를 모두 합쳐도 피라미드의 크기는 과하게 큽니다. 그 내용물을 장시간 지키기 위하여 미로를 만들고 찾기 어렵게 하기 위한 목적이었다고 해도 그 크기는 너무도 컸습니다. 여기에는 분명 다른 목적이 있었을 것입니다. 이를 살펴보기 위하여 그들의 도시 구성부터 시작해 보기로 합니다. 이집트에게 나일 강의 의미는 아주 중요합니다. 나일 강은 남에서 북으로 흐르고 있습니다. 일정 주기 범람하는 까닭에 이로 인하여 여러 측량술 등 여러 기술이 발달했다고 하지만 어쨌든 이집트에게 나일 강은 신성한 의미뿐 아니라 모든 행위의 중요한 요인으로 작용했습니다. 여기서 그들의 도시배치를 보면 나일 강이 주축이 되어 있고 이는 자연적인 흐름으로 이를 이용하여 도시를 구성했습니다. 도시의 배치나 형태구성은 단순히 물리적인 작업을 하는 것이 아니라 감성적이고 이미지나 의미를 형태로 변환하는 작업을 하기도 한 것입니다. 건축형태는 건축나라의 언어로서 상징적인 것을 형태로 변환하는 작업이 일어나기도 합니다.

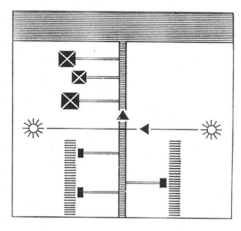

[그림 I- 6] 나일강과 마을의 위치

[그림 I-6]에서 나일 강의 우측은 동쪽입니다. 동쪽이라는 의미는 단순히 해가 뜨는 곳이라는 장소성의 내용만이 있는 것이 아니라 건축가에게는 더 발전된 작업을 위하여 이를 형태로 변환하기 위하여 의미를 부여합니다. 해가 뜬다는 것은 희망적이고 생명을 나타내며 긍정적인 의미를 부여할 수 있습니다. 이러한 형태 변환의 작업이 단순히 건축가에게만 있는 것은 아니고 실은 모든 사람들의 감성에 작용하고 있습니다. 이집트 사람들에게도 마찬가지입니다. 그래서 그들은 의도적으로 나일 강의 동쪽에 마을을 형성한 것입니다. 이와 반대로 서쪽은 해가 진다는 부정적이며 절망이며 죽음을 상징하는 의미를 적용한 것입니다. 그래서 이들은 나일 강의 좌측, 즉 서쪽에 죽음을 상징하는 피라미드를 배치한 것입니다. 당시 피라미드를 건설하는 데 돌을 운반하는 방법으로 배를 이용했다고 합니다. 그래서 강에서 가까운 나일 강 주변에 피라미드를 건설했다고 하지만 이 또한 피라미드의 크기를 설명하기에는 부족합니다. 그리고 이러한 주장대로라면 나일 강의 동쪽에 피라미드를 건설할 수도 있었을 겁니다. 그러나 이집트인들이 나일 강의 서쪽에 피라미들 건설한 이유가 있었을 겁니다. 이를 우리만 모르고 있었고 고대의 이집트인

들은 다 알고 있었습니다. 기독교가 지배적이던 중세의 로마가 이곳을 점령하기 전까지 이들의 태양신 문화는 이렇게 유지되었고, 미라의 작업도 사실은 계속되었습니다. 이렇게 기독교가 유입되기 전까지 이집트 사람들은 나일 강의 서쪽에 피라미드가 배치되어 있고 나일 강의 동쪽에는 마을이 있다는 것을 누구나 알고 있었습니다. 이는 일반 이집트 사람들뿐 아니라 상류층을 포함한 이집트 전체의 일반적인 상식이었습니다. 그래서 지배층은 피라미드를 단순히 왕의 무덤이라는 기능만 부여한 것이 아니라 사회적인 역할도 부여하기를 바랐던 것입니다. 피라미드 하나의 형태를 보았을 때는 그 크기가 상당하지만 사막이라는 지역적인 상황을 고려했을 때 그 크기는 오히려 더 크게 만들기를 바랐을 수도 있습니다. 이는 사막이라는 끝없이 펼쳐진 지평선을 바라보면 이해가 갑니다.

우리가 좌우로 길게 펼쳐진 지평선을 멀리서 최대한 바라보았을 때의 길이를 상상하여 그 위에 피라미드를 놓았을 때 그 크기는 위협적이지 않습니다. 특히 사막의 모래 바람은 수시로 모래 언덕을 만들기도 하고 그 위치가 자주 바뀌는 것을 알고 있다. 만일 모래 언덕 뒤에 피라미드가 있다면 이를 인식하는 것은 더 어렵습니다. 그렇기 때문에 피라미드의 크기는 단순히 그 하나의 크기를 평가하면 안 되고 길게 펼쳐진 지평선 위에 놓인 크기를 생각해야 됩니다. 멀리서 바라 본 지평선 그리고 모래언덕과 비교하면 피라미드의 크기는 큰 것이 아닙니다.

그렇다면 왜 그렇게 보아야 할까요? 이 물음이 바로 피라미드의 크기에 대한 의문을 푸는 열쇠입니다. 피라미드가 크면 클수록 사막에서 찾기가 쉬울 겁니다. 사막은 이정표로 삼을 만한 것이 거의 없습니다. 특히 사막의 모래 언덕은 그 위치가 변동이 심하여 이정표로 삼기에는 적절하지 않았고 유일하게 태양의 위치가 중요한 요소였습니다. 그래서 태양을 더 의지하게 되었을 것입니다. 이러한 사막의 지형적 단점을 지도층에서도 인식하여 피라미드의 크기를 사막의 이정표로 적용되도록 한 것입니다. 나일 강의 서쪽에 피라미드를 설치한 것은 앞에서 설명했듯이 방향이 갖고 있는

의미를 적용하였지만, 이러한 의미가 일반인들에게 전달되기보다는 사막에서 길을 잃다 피라미드를 발견하면 이집트인들은 피라미드의 동쪽에 나일 강이 있고 나일 강의 동쪽에 마을이 있다는 것을 알게 하기 위함입니다. 즉 사막에서 방황하다 물을 발견하면 이를 우리는 오아시스라고 부릅니다. 오아시스는 물의 의미보다는 생명의 희망을 더 갖고 있습니다. 이와 같이 피라미드는 기능적으로 왕의 무덤이지만 사막에서는 오아시스의 의미를 갖게 되는 것입니다. 그러한 기능을 부여하여 가능한 피라미드를 사막에서 찾을 수 있는 가능성을 부여하기 위하여 그 크기를 본래의 목적보다 더 크게 만든 것입니다. 이제 피라미드와 미라의 전통은 지속되지 않지만 현대 건축에 있어서 그 고유의 기능보다는 오아시스로서 또는 사막의 이정표로서 상징적인 의미가 더 전해지고 있는 것입니다. 그래서 현대 건축에서 피라미드 형태를 사용하는 경우는 바로 이렇게 특별한 목적을 갖는 랜드마크(Land mark)적인 성격이 더 강하게 된 것입니다. 예를 들어 파리 루브르박물관 입구에 설치된 I.M.Pei의 유리 피라미드를 이해하려면 왕의 무덤으로서 기능이 아니라 피라미드가 오아시스 의미로 사용된 것을 먼저 이해해야 이 건축물뿐 아니라 세계 곳곳에 있는 피라미드 건축물의 형태를 이해할 수 있는 것입니다. 프랑스 미테랑 정부 시절 많은 문화사업을 진행 중 이 시기에 건축물도 시작했는데 이 유리 피라미드도 그 시기에 지어진 것입니다. 포스트모더니즘 역사 건축가 찰스 젱스는 이 피라미드를 향해 "아이 엠 페이는 이 피라미드를 통해 프랑스에 옛 영광을 되돌려주려고 했다."라고 했습니다.

이 삼각형은 과거의 화려했던 프랑스 제국주의 시절 약탈한 보물들로 가득한 루브르 박물관으로 둘러 싸여 있습니다. 그리고 세계에서 가장 큰 왕의 무덤인 피라미드가 그 중심에 있습니다. 이러한 상징적인 의미 외에도 여기에는 또 다른 형태적

[그림 I-7] 루브르박물관 _ I.M.Pei의 유리 피라미드

암호가 있는 것입니다. 바로 그 위치와 재료입니다. 루브르 박물관 위치에서 바라보면 피라미드가 파리의 시내로 향하고 있습니다. 루브르 박물관 영역은 과거입니다. 그리고 밖의 영역은 현재입니다. 즉 과거와 현재를 연결하는 경계선으로 과거의 영광을 현재로 이어가고 싶은 소망을 나타낸 것입니다. 이집트의 피라미드는 시야가 단절된 석회석 및 사암 석재로 되어 있는 반면, I.M.Pei는 왜 유리로 선택하여 시야의 연속성을 시도했는가 생각해 보아야 합니다. 이 시야의 연속성이 바로 시간 흐름의 연속성을 나타내는 것입니다. 벽은 곧 시야가 더 이상 가지 못하는 것을 말합니다. 차단의 의미를 갖고 있는 것입니다. 그러나 페이는 프랑스의 옛 영광이 차단되지 않고 과거에서 현재로 연속성을 시도한 것입니다. 특히 이 피라미드를 통하여 지하로 내려가면 그 피라미드는 뿌리를 갖고 있습니다. 이는 연속성을 말하는 것입니다. 이렇게 삼각형의 피라미드 형태는 일반적인 건축물의 형태보다는 경제적, 도시의 탑 또는 권위적인 상징으로서 무엇인가 메시지를 나타내려는 상징성으로 많이 사용되고 있습니다.

그리스

　　그리스 하면 연상되는 이미지는 많지만, 그 모든 것을 동원하지 않기로 합니다. 여기서는 가능하면 지금의 건축물에 영향을 준 요소만을 살펴보기로 합니다. 먼저 그리스 하면 연상되는 이미지는 신화가 압도적인데, 그리스는 왜 그렇게 신화가 많을까요? 그리스는 부족국가의 성격이 아주 강했습니다. 또한 각 부족이 대부분의 신화를 갖고 있었던 것입니다. 한 부족이 다른 부족을 점령하면 점령당한 부족의 신은 점령한 부족의 신보다 계급이 낮아지거나 나쁜 신으로 전락하게 되지만 없어지는 것은 아니었습니다. 없어지면 오히려 점령한 부족의 신이 돋보이는 효과가 적기 때문입니다. 또한 그리스는 이집트와는 다르게 지형이 험난했기에 인간의 한계를 신을 의지하며 극복하려는 경향이 강했던 것입니다. 그래서 신화가 다른 지역보다 더 적극적으로 필요했으며, 특히 지도자는 구성원들이 목적을 달성하는 데 자신의 지도력에 신화를 적용하면 더 좋은 효과를 볼 수 있다는 것을 깨달은 것입니다. 그러나 인간의 다양한 심리의 성격상 이것이 지속적으로 유지되지는 않았습니다. 그래서 그리스는 이를 위하여 정신교육의 필요성을 느꼈기에 원형극장을 통하여 신들이 어떻게 인간의 삶에 개입하는지 알릴 필요가 있었던 것입니다. 그러나 정신적인 부분은 알 수 없기에 곳곳에 신전을 만들어 이를 바라보면서 양심을 자극하는 기능을 하도록 했던 것입니다. 그리스 지역을 보면 신전과 원형 극장이 대체적으로 그룹을 이뤄 모여 있는 것도 이러한 목적을 달성하는 데 집중적인 효과를 나타내기 위하여 의도했던 것입니다. 이집트는 지형적인 성격상 명확한 도시 형태를 만들기가 어려웠으므로 신전 자체에 도시의 형태를 만들어 입구, 하이퍼 홀(hyper hall, 열주회랑이 있는 영역), 그리고 신전의 구분으로 소도시적인 성격을 갖고 있었으며, 로마는 길을 정비하고 사각형의 도시 형태를 만든 반면 그리스는 지형의 불규칙적인 성격을 그대로 살려 도시를 정비했기에 건축물의 배치도 일정한 규칙을 갖기 보다는 여러 축을 갖고 형성했습니다. 그러나 그에 반해 건축물에는 일정한 규칙을 적용하여 전체적으로 간결한 구성요소를 보여주고 있습니다.

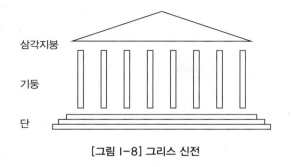

삼각지붕

기둥

단

[그림 I-8] 그리스 신전

그리스의 대표적인 건축물은 신전입니다. 신전의 형태는 규칙을 따르고 있습니다. 디테일한 부분을 보기보다 전체적인 형태를 살펴보면 '삼각지붕', '기둥' 그리고 '단'과 같은 3가지 요소로 구성되어 있는데, 이것이 신전의 대표적인 요소로 자리 잡게 됩니다. 즉 신전을 만들 때 이 3가지 요소가 모두 들어가야 그것이 완벽한 신전의 모습인 것입니다. 지금 클래식한 형태로 가장 많이 쓰이는 형태는 그리스 양식으로서, 이 3가지 구성 요소가 반드시 들어가야 하는데 간혹 한두 가지가 부족한 형태로 그리스 양식을 흉내 내는 것을 볼 수 있는데 이는 옳지 않습니다. 특히 3가지 요소 중 '단'은 중요한 의미를 갖고 있습니다. 삼각지붕은 그리스가 완전한 형태를 추구하려는 의도를 보이는 것으로 가장 윗부분에 삼각지붕을 얹어놓은 것은 신전이 안정되게 보이려는 의도와 구조적으로 안정감 있게 보이려는 의도를 알 수 있는 것입니다. 기둥은 내부 공간의 폐쇄성을 탈피하고 신의 영역과 인간의 영역의 소통을 하려는 의도를 보여준 것입니다. 특히 기둥의 연속성은 고대에 신성한 분위기를 나타내려는 의도로 기둥을 높고 반복적으로 만들었습니다. 3가지 요소 중 단의 역할이 아주 중요합니다. 이는 신전이 반드시 갖고 있어야 하는 요소로 동서양 모두 동일하게 쓰이고 있습니다. 대지는 인간의 영역이고 신전은 신의 영역입니다. 이 두 영역이 직접적으로 만나는 것은 신에 대한 모욕이 될 수도 있고 인간에게도 해로운 것으로 생각했습니다. 그래서 이 두 영역의 분리를 시도하는 데 사용된 것이 바로 단입니다. 그렇기에 단은 신성한 요소입니다. 이러한 단의 사용은 동양에도 그대로 적용되었습니다.

[그림 I-9] 운문사_ 대웅전

예를 들어 사찰에 가보면 대웅전 같은 경우 그리스 신전처럼 지상에서 곧 바로 들어가는 것이 아니고 단 위에 놓여 있는 것을 볼 수 있습니다. 이러한 배치구조는 동서양을 막론하고 우연으로 볼 수는 없으며 단의 의미적 역할이 있음을 알 수 있습니다.

이러한 신전의 구성요소를 통하여 현대 건축물에 그리스 신전의 이미지를 적용하는 경우에는 반드시 이 3개의 요소가 집합적으로 들어가야 옳은 것입니다. 그런데 지금의 건축물을 살펴보면 삼각 지붕과 기둥은 가끔 적용하면서 단의 요소가 빠져 있는 경우를 보게 되는데 이는 옳은 작업이 아닙니다. 그리스 신전에서 변화되는 요소가 있다면 그것은 기둥의 종류입니다. 그리스 양식에서 대표적인 기둥은 3가지 타입이 있는데 도리아식, 이오니아식 그리고 코린트식으로 불립니다. 이 기둥은 단순히 디자인의 차이가 아니고 도리아식 기둥은 남성적인 이미지를 상징하는 것으로 강함을 나타내기 위하여 기둥 하단부에 단이 없습니다. 세 가지 기둥 중 가장 단순한 형태로 위에 주두 부분만 있는 것으로 강함을 나타내기 위한 의도임을 알 수 있습니다. 이오니아식 기둥과 코린트식 기둥은 여성적인 이미지를 갖고 있는데 기둥

(a) 도리아식   (b) 이오니아식   (c) 코린트식

[그림 Ⅰ-10] 그리스 신전_ 기둥의 종류

부분에 선이 있어 섬세함과 수직성을 나타내고 있습니다. 이러한 이유로 남성 신전에는 남성적인 기둥을, 그리고 여성적인 기둥에는 여성적 기둥을 적용하고 있습니다. 이것이 르네상스 시기로 가서는 도리아식 기둥은 잘 쓰이지 않고 코린트식 기둥은 큰 기둥에, 작은 기둥은 이오니아식 기둥을 의도적으로 사용하게 됩니다. 물론 로마 시대에도 기둥이 사용되는데, 그리스 기둥을 그대로 사용하지 않고 이를 변형

하여 사용하는 것을 볼 수 있습니다. 이렇듯 기둥은 클래식 건축물에서 중요한 요소로 구조적인 역할보다는 장식적인 의미를 더 많이 갖고 있어 후에 근대가 시작되면서 제거 요소 중 하나로 취급됩니다. 현대에서도 클래식한 건축물을 시도하는데 이집트 건축물 피라미드는 그 자체를 갖고 와야 하기 때문에 부담이 될 수 있지만 그리스 신전은 부분적인 요소로 건축물의 디자인에 첨가할 수 있기 때문에 현대 건축물에 가장 많이 사용되는 형태입니다. 특히 경제적인 부와 권위적이거나 가볍지 않은 이미지를 건축물에 적용하고자 할 때 그리스 신전의 이미지를 많이 사용합니다.

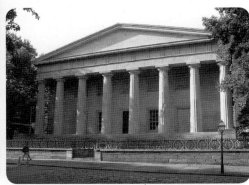

[그림 I-11] 그리스 신전의 현대 건축물에 적용 예

로마는 오랜 기간 유럽의 대부분의 영토를 차지하고 있었습니다. 그렇게 오랜 기간 다른 영역을 차지하고 있었던 역사는 드물게 있습니다. 이 배경에는 로마가 다른 영역을 차지하고 말살정책보다는 융화정책을 쓴 것이 큰 이유입니다. 아프리카의 북부와 서유럽 대부분 그리고 동쪽으로는 라인 강까지 차지하는 영역은 참으로 광대한 영토를 갖고 있었던 것입니다.

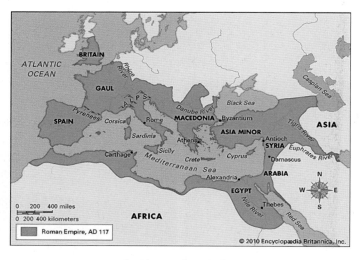

[그림 I- 12] 로마 제국

로마는 이집트와 그리스뿐 아니라 아시아까지 영토를 차지하고 더 많은 영토를 차지할 능력이 있었지만 기후의 적응도 있었고 이미 지배의 한계를 느낄 정도의 영토를 확보한 것입니다. 각 영토를 차지하면서 그 지역의 장점을 자신들의 문화로 흡수하기도 하고 자신들의 문화로 변경하기도 했던 것입니다. 로마에서 여러 요소를 연상할 수 있지만 로마의 강한 인상은 바로 로마 군인입니다. 이들이 그렇게 넓은 영토를 확장할 수 있었던 가장 큰 이유는 바로 현대화되고 잘 훈련된 로마 군인이었습니다. 이들은 용맹스럽기도 했지만 절도 있고 조직이 잘 되어 있었습니다. 그러한 정신이 문화에도 적용되어 로마의 건축은 군인정신처럼 용감함을 나타내야 했습니다. 체스 게임을 보면 졸은 옆이나 뒤로 갈 수 없고 오로지 앞만 보고 갈 수 있으며, 단지 상대방을 취할 때만 옆으로 갈 수 있습니다. 이렇게 체스는 로마 군인의 정신을 잘 반영한 것으로 로마 건축도 오로지 정면만 신경을 썼고 옆이나 뒤는 밋밋한 외관을 갖고 있었습니다. 도시의 정비도 질서 있고 획일화된 정신이 그대로 반영되어 바둑판처럼 구획한 것입니다. 기본적으로 모든 도시를 사각형으로 구획하고 도시의 모든 도시 주변에 대로와 연결되게 하였으며, 그 대로는 로마를 향하게 만든 것입니다. 그래서 "모든 길은 로마로 통한다."는 말이 나온 것입니다. 그리고 대로의 끝에는 반드시 개선문을 만들어 입구의 의미를 부여했습니다.

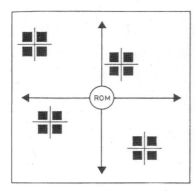
(a) 고대 로마의 도시_ 배열구조

(b) 고대 로마의 도시_ 구조

[그림 Ⅰ-13] 고대 로마의 도시

로마 군인은 개별적으로 움직이지 않고 집단행동을 하는 체계를 갖고 있었습니다. 그런데 다른 지역을 방문했을 때 이 집단행동을 하기에 불편한 구조를 갖고 있었습니다. 입구가 좁고 공간도 협소해서 로마의 군인들에게는 불편했습니다. 그래서 로마는 더 넓은 입구와 공간을 연구하기 시작한 것입니다. 그래서 기둥의 폭을 좌우로 넓혀 넓은 입구를 얻으려고 했지만 위에 놓인 보가 좌우로 길어질수록 가운데가 아래로 처지면서 가운데가 부서지는 문제 때문에 불안했던 것입니다. 그래서 로마는 위에서 내려오는 하중을 줄이는 방법을 연구하기 시작했습니다. 또한 다른 점령지역들도 이러한 문제가 있었지만 해결하지 않고 안전한 구조만을 유지하다 보니 입구의 높

이도 낮게 만든 것입니다. 이집트의 피라미드 재료는 대부분이 석회암입니다. 석회암의 강도는 다른 재료에 비하여 약하기 때문에 가공이 쉽다는 장점이 있지만 당시 석회가 많은 그 지역에서 그래도 용이하게 얻을 수 있는 재료였습니다. 그리고 이집트와는 반대로 그리스는 단단한 대리석이 풍부했습니다. 그래서 다른 어느 나라보다 정밀하고 섬세한 조각을 할 수 있었습니다. 그러나 넓은 입구와 공간을 원했던 로마는 이집트의 석회암으로는 원하는 구조를 얻을 수 없었고 대리석 또한 자체 하중으로 적용이 힘들었습니다. 로마는 제일 먼저 집중하중을 감소시키는 방법에 대한 해결책이 필요했습니다. 이를 연구하던 중 수직으로 내려오는 하중은 100% 무게가 전달되지만 각을 가질수록 본래의 하중이 감소된다는 것을 알게 된 것입니다.

[그림 I– 14] (b)처럼 각 화살표를 연결하여 포물선을 얻을 수 있다는 것을 깨닫고 이에 대한 형태를 찾던 중 아치 형태의 비밀을 깨달은 것입니다. 사실 아치를 로마의 형태라고 알고 있지만 이는 로마 이전부터 있었던 형태였기에 자연스럽게 쓰였으며, 이전 시대와는 달리 로마는 이를 의도적으로 건축에 적극적으로 적용하였기에 이를 마치 로마의 형태처럼 인식하게 된 것입니다.

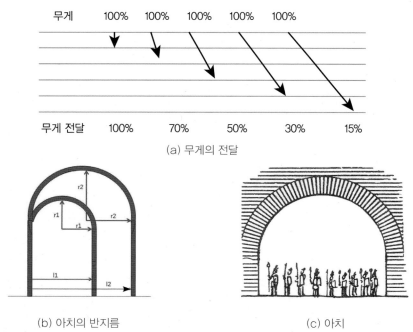

(a) 무게의 전달

(b) 아치의 반지름   (c) 아치

[그림 I– 14] 아치

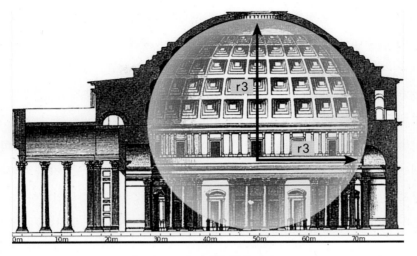

[그림 I- 15] 판테온 신전_단면도

로마는 더 넓은 입구를 만들기 위하여 아치를 적극적으로 활용하기 시작했습니다. 그런데 아치는 단점이 있습니다. 아치가 만든 원이 좌우의 반지름과 높이 반지름이 같아야 효과를 본다는 것입니다. 이는 곧 좌우가 넓은 원일수록 높이도 똑같이 높게 됩니다. 그래서 입구가 크면 클수록 높이도 상당히 올라가게 됩니다. 이것이 최초에 로마가 시도한 아치(반원아치)입니다. 이러한 단점이 계속 보완되면서 후에는 궁형, 장원, 첨두, 말발굽형, 오지, 3점 오지 아치 등 다양한 형태가 등장하기 시작한 것입니다. 그러나 정확한 아치는 반지름이 좌우 그리고 위가 동일한 거리를 가져야 하는 것입니다. 이에 대한 예를 잘 보여준 건축물이 바로 그 유명한 로마의 건축물인 만신전인 판테온(Pan, 모든 + Theon, 신) 신전입니다.

판테온 신전 내부에는 완전한 구의 형태가 안에 들어 있습니다. 내부지름이 40미터 되는 거대한 건물로 반지름의 높이 20미터만큼 위로 올라갔으며 지붕 꼭대기에서 보면 눈(eye, 오쿨루스 Oculus)이라 불리는 구멍이 있습니다. 이에 대한 많은 이야기들이 있는데 이는 의도적으로 만든 것은 아니고 위에서 언급한 아치에 대한 내용을 이해했다면 거의 10미터에 가까운 꼭대기의 가운데에 들어가는 keystone의 크기가 제 역할을 할 수 없고 온전히 하중이 전달되어 밑으로 떨어질 수 있는 위험이 있어 구조적인 문제를 해결하지 못하고 비워 둔 것입니다. 이러한 주장의 근거는 어느 돔에도 판테온처럼 구멍을 뚫은 것이 이후에도 없었으며, 만일 빛을 내부로 통과시키기 위한 것이 목적이었다면 이후에 판테온과 같은 구조가 또 있었을 것인데 다른 돔에서는 내부에 유입되는 빛의 작용을 다른 구조를 사용하였으며, 내부에 우천 시 비가 유입되는 것 또한 의도적이었다면 이것도 이해할 수 없는 신전이라는 기능과 전혀 연결되지 않는 이론입니다. 즉 판테온의 눈은 구조적인 문제였고, 빛과 빗물에 대한 이야기는 후에 이 구멍을 정당화하기 위한 내용으로 볼 수밖에 없는 것입니다. 이 keystone의 역할은 아치에서 아주 중요합니다. 그래서 모양이 마름모꼴로 되어 있어 하중을 좌우로 분산시키는 역할을 하는데 판테온 신전의 경우는 너무 커서 구조 전체에 악영향을 줄 수 있어 이 역할을 할 수 없기 때문입니다.

로마가 원하는 구조를 얻기 위해서 선택한 재료는 조적조였습니다. 이집트나 그리스와 같은 재료는 아치에는 적합하지 않았습니다. 아치의 형태가 지속적으로 각을 변경해야 하는데 이를 위해서 거대한 돌이 필요했을 뿐 아니라 그 자체 하중의 전달이 너무도 컸기 때문입니다. 다행이 로마 지역에는 화산이 많아 화산재도 풍부하였기에 이를 사용하여 만든 것이 바로 벽돌입니다. 물론 간간히 시멘트도 사용하였지만 벽돌처럼 아치에 잘 어울리는 재료는 없었던 것입니다. 루이스 칸이 벽돌에게 물어 보았습니다. "벽돌아 네가 원하는 것이 무엇이니?" 벽돌은 아치를 원한다고 대답했습니다. 즉 아치는 벽돌로 만드는 것이 잘 어울린다는 의미이며, 아치는 벽돌로 만들어야 제멋입니다. 아치의 발달은 돔의 가능성도 제시하는데 아치를 360° 회전하면 돔이 나옵니다. 넓은 입구에서 시작한 로마는 이제 거대한 공간을 위하여 돔을 갖게 되었고 이를 발전시켜 여러 돔을 연결하면서 볼트에 대한 구조적 진보도 갖고 온 것입니다.

로마는 이렇게 건축물의 구조발전뿐 아니라 사회적으로 다양한 선진 기술을 보유하고 있었는데 수로의 발달입니다. 이를 통하여 각 지역에 물을 공급할 수 있었고 풍부한 물의 공급은 목욕탕의 발전을 갖고 온 것입니다. 지역을 수로를 통하여 연결하는 것이 가능하였지만 지금의 수도관처럼 상세한 마무리의 어려움으로 마지막 부분은 가공이 용이한 납으로 관을 만들어 공급하는 바람에 납중독이라는 사회적 문제를 만들기도 하였습니다. 이 당시 로마는 벌써 화장실 바닥에 흐르는 물을 이용한 수세식 화장실 같은 원리를 공공화장실에 적용하였습니다.

로마가 유럽에서 물러난 뒤 이러한 시스템이 유지되지 못하면서 일어난 해프닝도

[그림 I-16] 거리의 수세식 화장실

있었습니다. 우리가 길을 걸으면서 여자가 도로에서 안쪽으로 걷게 하고 남자가 도로 쪽으로 걷게 하는 것이 자동차 위험에서 여자를 보호한다는 취지로 알고 있으나 사실은 로마의 화장실에서 그 근거가 시작되었습니다. 우리나라처럼 유럽의 도시들도 요강을 사용하였는데 아침이면 창을 열고 도로 쪽으로 멀리 버렸습니다. 유럽의 건축물은 지금처럼 대부분 주상복합 빌딩으로 지상 층은 상가이고 그 위가 주거였으므로 창을 열고 가능한 멀리 버리려고 했던 것입니다. 그렇게 되면 도로 쪽의 사람이 맞을 확률이 크므로 여자를 안쪽으로 걷게 하고 남자가 도로 쪽으로 걸은 것입니다. 그래서 과거 남자들의 복장이 챙이 있는 검은 모자와 긴 외투를 걸치는 것이 일반적이 된 것이 변을 맞으면 모자와 외투를 벗어 털었던 것입니다. 또한 도로에 쌓인 변이 많아 여자들은 가능한 굽이 높은 신을 신게 된 것입니다. 이렇게 로마는 물을 이용한 시설이 많이 발달했었습니다. 이렇게 로마가 다양하고 거대한 규모의 건축물을 보유하게 된 것에는 조적조의 적극적인 활용이 컸으며, 이 조적조를 가능하게 했던 것은 시멘트의 사용법도 있었기에 가능했습니다. 콜로세움의 거대한 건축물을 모두 벽돌로 지었다는 것은 실로 놀라운 일입니다. 그러나 이것이 가능했던 것은 그 벽돌을 이어준 시멘트의 활용이었습니다. 그러므로 현대 클래식한 건축물에 사용되는 로마 건축 이미지는 아치, 돔 그리고 조적조 이렇게 3가지만 기억하면 됩니다.

[그림 I - 17] 로마의 벽돌과 시멘트_ 콜로세움

3
CHAPTER
중세의 시대적 배경: 기독교 공인

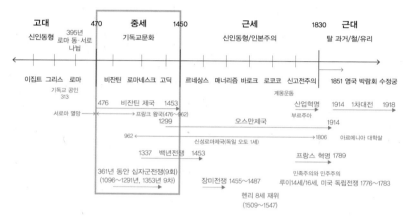

[그림 I −18] 연대표_ 중세

앞에서도 언급하였지만 이 책은 건축에는 두 가지 형태만이 있다는 것을 알리기 위하여 쓰는 것입니다. 그 첫 번째 제1의 형태는 고대, 중세 그리고 근세입니다. 그러나 이 세 가지 시대 중 고대가 가장 중요하고 기억해야 그 다음 중세와 근세를 이해할 수 있다고 했습니다. 그 이유는 중세와 근세는 사실상 고대와 완전히 다른 건축 이미지를 가진 것이 아니고 고대의 형태가 조금씩 변화를 보이면서 그 바탕에 그 시대의 양식이 조금씩 가미가 된 것이기 때문입니다. 그렇기에 고대 이집트, 그리스 그리고 로마의 양식을 알지 못하면 그 이후 중세와 근세를 이해하기 어렵습니다. 그러나 다행히도 고대의 양식들을 이 책에서는 그렇게 많이 다루지는 않고 현대 건축에 직접적으로 영향을 준 대표적인 것들만 언급했기 때문에 어렵지는 않습니다. 예를 들어 이집트는 피라미드, 그리스는 신전 형태의 3가지(삼각지붕, 기둥 그리고 단)를 기억하고, 로마는 아치, 돔 그리고 조적조만 기억하면 됩니다. 즉 피라미드 형태나 삼각형(현대에는 직접적으로 피라미드 형태를 만들지 않으면서 피라미드가 갖고 있는 삼각형의 형태로 만드는 것도 있음)의 건축물을 보면 이집트 양식이구나 생각하면 되고, 그리스 신전의 3가지(삼각지붕, 기둥, 단) 요소를 표현한 건축물을 보면 그리스 양식이구나 생각하면 되고, 아치(반드시 입구에만 사용하는 것이 아니고 창이나 문 위에 사용할 수도 있음), 돔 그리고 조적조의 형태가 동시에 들어가거나 단독으로 보이면 로마 양식이라고 생각하면 됩니다. 설사 그 건축물의 건축가가 그러한 양식으로 디자인하지 않았다고 해도 그것은 그 건축가가 모르고 한 것입니다. 그러므로 그런 말에 신경 쓰지 말고 그렇게 생각하면 됩니다. 이 3가지 형태를 현대 건축에 사용하는 경우를 모두 클래식이라고 종합적으로 여기서는 이름 붙여 부르지만 이 책에서 앞으로 갈수록 클래식한 형태도 다시 3가지 고전주의, 신고전주의 그리고 포스트모더니즘이라고 책을 진행하면서 구분하여 부를 것입니다.

그러나 고대의 대표적인 이미지를 기억하지 못하면 이 후의 진행에 있어서 이해하는 데 어려울 수도 있습니다. 그러므로 고대의 3가지 타입을 반드시 기억하기를 바랍니다. 고대는 신인동형 시대라고 시대적 코드를 르네상스가 붙였습니다. 고대는 왕이나 영웅이 마치 신과 같은 대우를 받는 공통적인 성격이 있었기 때문입니다. 이 시대적 코드도 이해해야 앞의 장에서 이해하는 데 도움이 될 것입니다. 이제 중세로 넘어가려고 합니다. 여기서 우리가 꼭 짚고 넘어가야 하는 것이 있습니다. 우리의 기억은 네트워크처럼 조직화되어 있습니다. 이를 스키마(schema) 이론이라고 부릅니다. 이 네트워크는 마치 나무의 가지처럼 결절 점과 노드(node)로 구성되어 있어 옆의 가지로 이동하는 것과 관계가 있습니다. 이 네트워크가 잘 되어 있을수록 상상력이 풍부하고 다양한 상상이 가능하게 하는 것입니다. 여기서 중요한 것이

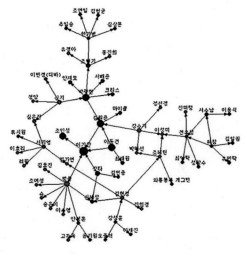

[그림 I -19] 스키마 조직

옆의 가지로 뻗어 갈 수 있는 결절 점의 역할입니다. 이것이 옆으로 뻗어가는 기능을 하는데 연상적인 연결능력이 있어야 합니다. 즉, 'Chapter 2. 고대'에서 'Chapter 3. 중세'로 넘어가려고 합니다. 그런데 대부분의 수업에서는 "고대가 끝났으니 다음 장은 중세입니다"라고 말하면서 고대와 중세의 연관관계를 정리하지 않기 때문에 기억의 스키마에서 고대의 가지 따로, 중세의 가지 따로 새로운 스키마 나무, 즉 두 개의 나무가 만들어지기 때문에 이를 기억하는 데 어려움이 있는 것입니다. 즉 두 개, 세 개 또는 네 개의 기억을 만들어야 한다는 것입니다. 그런데 이것은 여러 개가 아니고 하나입니다. 그래서 고대에서 중세로 넘어갈 때 오늘부터 중세라고 하자 말하고 시작한 것이 아니고, 분명히 중세라는 시대가 시작되어야 하는 사건 등이 있었을 겁니다. 이것을 이해해야 고대와 중세를 연결하는 스키마 가지가 만들어지고 이를 기억하는 데 도움이 됩니다. 이는 고대와 중세뿐 아니고 중세에서 근세로 가는 경우에도 그렇고 근세에서 근대로 가는 경우도 그렇습니다. 이렇게 시대가 바뀌거나 새로운 시대를 요구하는 사건을 반드시 이해하고 가야 스키마 가지를 통하여 기억 장치를 도울 것입니다. 분리되어 기억하지 말고 연관시켜서 이해하자는 것입니다. 그러나 앞에서도 계속 언급했지만 각 시대의 이름의 의미는 꼭 이해해야 합니다.

　이 책에서는 각 시대로 바뀌는 원인의 사건을 주로 전쟁으로 보았습니다. 유럽 역사는 사실 전쟁의 역사입니다. 고대에서 중세로 가기 전 있었던 사건에 대하여 잠깐 알아보기로 합니다. 로마는 유럽뿐 아니라 주변의 광대한 영토를 점령하여 정세도 안정되고 실로 태평세월을 보내고 있었습니다. 로마 정치는 초기 일정한 세력이 정치와 왕을 결정하는 공화정 시대였습니다. 그러나 영토가 광대해지고 각 지역에서 일어나는 사건을 긴급하게 처리할 수 없는 상황을 인식하였으며 특히 왕의 세력이 강해지면서 공화정에서 왕의 주도로 정치가 진행되는 제정 시대로 바뀝니다. 이것이 초기에는 잘 진행되어 로마는 태평성세를 이룹니다. 그러나 이러한 평화가 로마 사회를 향락과 사치에 빠지게 합니다. 이 시기 유럽의 북쪽에서는 노르만 민족의 대이동이 러시아까지 이어지고, 동쪽에서는 게르만 민족의 이동이 시작되면서 로마의 영토는 다양한 민족이 섞이게 됩니다. 로마는 그리스 문화를 비롯하여 점령한 지역의 문화를 흡수하지만 점령된 지역민들도 차차 라틴어를 사용하면서 로마인들과 유사하게 되며, 로마인이라는 정통국민성이 희석되어 여러 부족이 로마 군과 로마 시민으로 섞여 살게 됩니다. 이즈음 동쪽에서 오던 게르만 민족이 라인 강을 경계로 로마와 대치하게 되었으며, 훈족이 동쪽에서 이동을 하자 로마는 여러 사회문제가 발생하며 어려움에 처하게 되면서 게르만 민족과 협공하여 훈족을 무찌르며 게르만 민족은 자연스럽게 로마에 편입됩니다. 이 게르만 민족이 강성해지면서 아직도 남아 있는 공화정 체제를 통하여 로마 정치에 군인 신분으로 참여하게 됩니다. 주변 국가의 계속되는 침공에 군인의 지위는 더욱 상승하게 되며, 후에 게르만 민족이 군인을 결속하여 로마의 황제를 갈아치우기도 하고, 이들 스스로 황제에 오르기도 하는 등 소위 군인황제 시대를 열면서 로마의 정치는 혼란에 빠집니다. 그러나 디오클레티아누스라는 로마 황제가 등장하면서 공화정 체제를 완전 폐지하고 전제군주정치를 정착시킵니다. 그러나 이미 로마의 광대한 영토는 황제 스스로 다스리기에는 세력이나 영토가 한계에 도달하여 황제는 로마 제국을 4개로 통치 영역으로 분할하여 2명의 황제와 2명의 부 황제를 세워 통치하게 합니다. 그렇지만 이미 로마의 내부는 환란과 경제침체로 병들어 있는 상태였기에 지금의 영국에 있었던 황제 콘스탄티누스가 군사를 이끌고 로마로 진격합니다. 로마 진입 전 밀비우스 다리에서 치열한 전투 후 콘스탄티누스가 승리한 후 로마는 다시 통일되어 단독 황제 체제로 돌아갑니다. 이후 황제는 완전한 제정 시대로 정치를 안정시키려 하지만 공화정을 맛 본, 특히 군인황제 시대를 거친 로마의 정치에 대한 불신을 갖게 됩니다. 그래서 그는 믿을만한 새로운 조직을 필요로 하지만 이미 기존의 모든 세력은 이전 제국과 관계가 있기에 불신을 갖게 됩니다. 이전에 군인황제 시절 50년 동안 26명의 황제가 암살 및 폐위되는 과정을 알고 있기에 로마를 통일하였지만 불안감을 떨칠 수는 없었습니다. 그래서 이전 정치와 믿을 만큼 무관한 세력을 찾던 중 그것이 기독교인이라는 것을 알게 된 것입니다.

로마는 원래 고유의 종교가 없었습니다. 그리스를 점령하여 그리스 신화를 믿었으며, 이집트를 점령하고 태양신도 믿었으며, 중동을 점령하여 중동 신화도 믿었고, 또한 후에 가서는 황제를 숭배하게 되었습니다. 이것이 로마 제국이 다른 제국보다 오래 지속될 수 있었던 융화정책의 장점입니다. 기독교를 늦게 접했지만 네로 황제 전에는 다른 종교처럼 취급했습니다. 그러나 기독교 성격상 황제는 하나님 아래로 취급되었고, 국가에 세금을 내는 것도 적극적이지 않았습니다. 그래서 네로 황제 이후부터 기독교의 박해가 시작된 것입니다. 그러나 박해에도 불구하고 기독교의 확장은 더 커졌으며 카타콤이라는 지하세계를 통하여 기독교는 계속 확장된 것입니다. 이들의 믿음이 콘스탄티누스에게는 큰 관심이었습니다. 이들의 종교를 인정한다면 그 믿음이 자신에게도 올 수 있으며 이 믿음을 정치적으로 이용한다면 시민들이 이러한 믿음으로 자신에게 충성할 것이라 생각한 것입니다. 기독교가 콘스탄티누스에게 더 매력적이었던 것은 바로 이전 정치와 친분이 없다는 것입니다. 그래서 콘스탄티누스는 기독교를 지하세계에서 지상으로 끌어올리게 됩니다. 그러나 이미 로마의 세력은 과거와 같이 탄탄하지 않고 성장세에 있는 외부 세력으로부터 계속 공격을 받고 있었습니다. 그 침략으로부터 로마가 버티기에는 지형적으로나 여러 가지 면에서 불리했습니다. 그래서 황제는 탄탄한 경계적 조건을 갖춘 지형과 외부세력부터 안전한 당시 그리스 영토였던 비잔틴(지금의 이스탄불)으로 수도를 옮기게 됩니다. 이것이 중세의 시작을 알리는 비잔틴 문화의 시작입니다.

비잔틴은 동로마라는 지역의 이동도 있었지만 로마 황제의 시대에서 기독교가 세운 교황의 시대가 시작하는 시기입니다. 콘스탄티누스의 기독교 공인에 이어 테오도시우스 1세는 기독교를 국교로 제정하면서 기독교는 다른 종교의 존재를 부정하게 되고 기독교의 확산은 급속도로 퍼져 교황의 세력은 황제에 버금가는 세력으로 확대됩니다. 이로서 모든 가치관은 기독교가 기본이 되고 이에 상응하는 체제가 되어야 인정받을 수 있게 됩니다. 그래서 중세는 기독교 시대로 보게 되는 것입니다. 이 시대의 모든 것은 기독교와 연관하여 이해를 해야 되는 것입니다. 당시 사회의 성격도 그랬으며 기독교와 관계되지 않은 것은 마치 이단으로 취급되는 것이었습니다. 기독교가 공인될 당시에는 다른 종교들도 공존하고 있었습니다. 그러나 기독교 교리상 다른 종교와의 공존은 인정할 수 없는 상황이었고, 공인 이후 국교로 성립되면서 다른 종교는 이단으로 취급되어 점차 사라지게 된 것입니다. 심지어 로마에 점령당한 후 이집트도 기독교 국교 후 피라미드와 미라의 전통도 점차 사라지게 된 것입니다.

중세는 비잔틴, 로마네스크 그리고 고딕으로 이어집니다. 이 시대에 등장하는 건축물도 모두 기독교의 시대적 상황을 고려한 것입니다. [그림 I-20]에서 각 시대의 건축물을 보면 지붕의 형태와 높이가 다른 것을 볼 수 있습니다. 이에 대한 설명은 각 장으로 들어가면 설명하겠지만 모두 기독교적인 상황을 반영했음을 그림의 내용을 보고 이해할 수 있습니다. 그래서 이 시대의 건축물이 다른 시대와 큰 차이가 있다면 그것은 바로 수직성을 갖고 있다는 것입니다. 수직성은 소망이나 방향 그리고 바람을 나타내는 것으로 후에 근대에 들어 심리상태를 나타낸 표현주의에서도

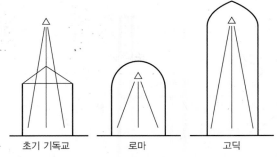

초기 기독교 : 지상의 인간이 하늘의 하나님께 기도
로마 : 인간이 있는 지상에 하나님이 계심
고딕 : 지상으로 내려온 하늘

[그림 I- 20] 교회공간의 내용에 관한 3개의 요약

수직성이 가장 강한 고딕의 형태를 취한 것도 바로 수직이 상징성을 나타내기 때문입니다. 중세에 들어 서로마가 멸망하며 정치의 변화와 봉건주의가 강해지는 등 그 시대를 반영한 건축물이 등장하지만 바탕에는 기독교의 정신이 주를 이루는 시대라는 것을 기억하고 중세를 이해해야 합니다. 그래서 대부분의 건축물이 교회 중심으로 발달합니다.

3-1 비잔틴: 서로마에서 동로마로 수도 옮김

비잔틴은 지금의 터키 지역으로 당시에는 그리스의 소유였으나 로마가 그리스를 점령하면서 로마의 영으로 속하게 됩니다. 로마가 비잔틴으로 옮기면서 이제 로마는 유럽 서쪽을 차지하는 서로마와 비잔틴을 중심으로 하는 동로마 두 개로 나뉘지만 아직은 하나의 로마입니다. 이후 서로마는 게르만 민족이 로마에 편입되고 또한 변방에서 게르만족의 침략으로 갖고 있던 지금의 유럽 지역에서 물러나 게르만 용병대장 오도아케르에 476년 멸망하게 됩니다. 그래서 서로마 지역은 마치 춘추전국 시대처럼 여러 세력으로 나뉘게 됩니다. 그러나 동로마는 지역적인 요새가 단단하며 콘스탄티누스가 제정 시대를 더욱 굳건히 하여 제국으로서 굳건하게 서있습니다. 서로마와 동로마가 존재할 때 기독교도 서방 가톨릭과 동방 가톨릭으로 분리가 됩니다.

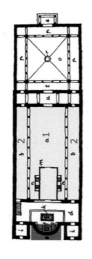

(a) 로마 바실리카 평면

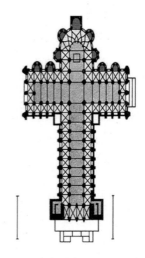

(b) 비잔틴 평면

[그림 1-21] 로마(서로마)와 비잔틴(동로마) 평면 비교

동로마로 이전하면서 사실 서방 가톨릭의 정통성도 인정하지 않았습니다. 그런데 서로마에서 교황을 세우자 이것을 동방 가톨릭에서는 인정하지 않게 되고 이로 인해 두 가톨릭은 서로의 길을 분리하여 걷게 됩니다. 당시 교회는 예루살렘 교회를 시작으로 안디옥 교회, 알렉산드리아 교회, 비잔틴 교회 등 4개의 가톨릭과 서로마의 로마 교황청을 아우르는 5개의 지역에 있었는데, 로마 교황청만 빼고는 모두 동방 정교회에 속했습니다. 동방 정교회는 자신들이 더 정통성이 있다고 믿었으며, 후에 종교개혁에 의해 로마 교황청의 서방 정교회가 변화하여 동방 정교회는 더욱 서방 정교회를 인정하지 않게 됩니다. 이후 예루살렘 교회, 안디옥 교회 그리고 알렉산드리아 교회가 이슬람에 점령당하고, 중세 말 비잔틴까지 멸망하자 동방 정교회는 비잔틴으로부터 종교를 이어받은 러시아가 유일한 동방 정교회로 존재하게 되고, 후에 그리스가 생기면서 그리스 정교회가 등장합니다. 이렇게 중세는 교회의 역할이 역사에 등장하는 시기로 이 대건축물의 대부분이 교회 위주로 발달하기 시작하고 서양건축의 대표적인 평면의 형태가 등장하는데 이를 바실리카(Basilica, 교회 건물의 한 유형이다. 일반적으로 중앙 통로가 있는 직사각형 모양의 건물로서 기독교 교회의 경우 약간 높아지고 한쪽 끝이나 양쪽 끝에 Apse(반원형 부분)가 있다)라고 부릅니다.

이것이 서양 건축의 대표적인 형태가 됩니다. 사실 바실리카는 로마 시대부터 시작한 것으로 초기 기독교가 시작되기 전까지 대표적인 평면 형태였습니다. 우리가 비잔틴을 초기 기독교라고 부르기도 하고 또는 콘스탄티노플이라고 부르기도 합니다. 이는 동일한 것으로 중세가 기독교 시대였기 때문에 비잔틴부터 시작하여 이렇게 부르기도 하며, 콘스탄티누스 황제가 수도를 옮겨 콘스탄티노플이라고 부르기도 하는데, 사실은 이 이름의 디테일한 차이가 있습니다. 그러나 이 책에서는 이를 동일한 것으로 여기기를 바랍니다. 이 이름의 차이에 대하여 다시 논하다 보면 본질을 벗어날 수 있기 때문입니다. 그러므로 이 3가지 이름을 동일하게 생각하기를 바랍니다. 로마는 사실 고유의 문화보다는 여러 지역을 점령하면서 각 지역의 문화를 흡수하는 융화정책을 잘 사용하였습니다. 그래서 비잔틴도 서로마가 멸망했음에도 불구하고 오스만 제국에 의해 멸망하기까지 1,000년의 세월을 유지할 수 있었던 것입니다. 서로마가 멸망하면서 그 지역은 실로 복잡한 전쟁과 정치의 과정을 거치면서 혼란 속에 있었지만, 비잔틴은 정치적 안정과 번영으로 러시아에 동방 정교회를 전파할 만큼 세력을 떨치고 있었던 것입니다. 로마는 비잔틴으로 옮기면서 융화정책의 일환으로 그 지역의 문화를 흡수하여 공동으로 표현하기 시작합니다. 우리가 지금도 이스탄불에 가보면 노란 머리의 터키인들을 볼 수 있는데 이 시대에 섞이게 된 로마인들의 후예입니다. 이렇게 로마의 융화정책을 볼 수 있는 것이 바로 건축평면의 변화입니다. 앞에서 설명한 바실리카가 다른 모습으로 등장합니다. 그 이유는 서양의 형태는 사각형이고 동양의 형태는 원이라고 로마인들이 생각하여 바실리카에 원형이 등장하기 시작합니다. 이들은 이 비잔틴이 동양이라고 생각한 것입니다. [그림 I-21] (b)의 그림을 보면 앞에서 설명한 바실리카 평면에 원형이 추가되고 십자가의 형태가 분명해지면서 기독교의 영향이 있었음을 알 수 있습니다. 이를 통하여 여러분이 수직성 원형이 추가된 건축물을 보게 되면 최소한 비잔틴부터의 건축물로 생각하면 됩니다. 왜냐하면 비잔틴 이전에는 이렇게 첨탑과 같은 수작성의 원형이 등장하지 않았기 때문입니다.

    비잔틴에서 지은 교회 건축물 중 대표적인 것이 성소피아 성당입니다. 비잔틴으로 수도를 옮긴 후 537년에 유스타니아(Justinian) 황제가 만든 성당으로 비잔틴 교회 건축물 중 가장 오래된 건축물이지만 가장 기구한 운명을 타고 났습니다. 초기 비잔틴

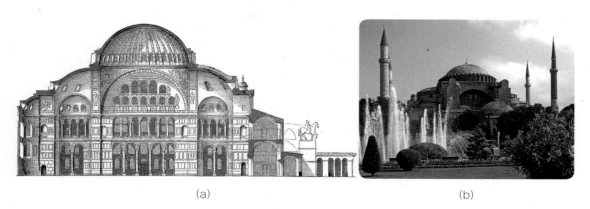

[그림 Ⅰ - 22] 하기아 소피아 성당(537년)_ 이스탄불, 터키

제국의 성당으로 탄생하여 존재하다 그리스 정교회의 본산으로 바뀌었고(1054~ 1204), 같은 기독교인 제4차 십자군(1202년~1204년)에게 비참하게 점령당하면서 서방 가톨릭 성당(1204~1261년)이 되었다가, 다시 그리스 정교회 건물(1261~1453)로 돌아오지만 오스만 제국에 점령(1453~1931년)당하여 모스크로 그 기능의 변화를 갖게 되고, 오스만 제국의 몰락과 함께 지금의 터키(1931~ 현재)가 성립되면서 지금은 박물관으로 기능이 바뀌었습니다.

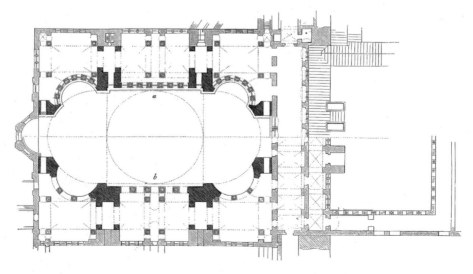

[그림 Ⅰ - 23] 하기아 소피아 성당(537년) 평면도_ 이스탄불, 터키

앞의 [그림 I-21] (a)에서 보여 준 바실리카 평면에는 내부에 원형이 들어 있지 않았습니다. 그러나 이 소피아 성당에는 중앙에 하나의 원과 좌우로 또 하나의 원을 반으로 잘라 배치한 것이 보입니다. 이는 하늘을 표현한 것으로 비잔틴부터 중세의 기독교 시대를 알리는 것으로 이 시대의 모든 작업에는 기독교적인 바탕이 작업의 기초를 이루고 있었습니다. 로마의 돔과는 다르게 중세의 돔 지붕은 대부분이 하늘을 의미하는 것입니다. 로마 시대에는 고위층의 무덤을 빼고는 건축물에 원형이 돔 말고 등장하지 않습니다. 그러나 비잔틴부터는 원형을 적극적으로 건축물에 적용하여 사용하고 있습니다. 그러므로 원형이 돔 말고 적용된 건축물을 보면 비잔틴 이후 또는 중세 건축물이라고 생각하면 됩니다. 그러나 초기 서로마와 동로마가 분리되고 특히 서방 정교회(로마)와 동방 정교회(예루살렘, 비잔틴, 알렉산드리아, 안디옥 교회)의 분리는 문화의 차이까지 보여주어 비잔틴 문화는 서방으로 전파되기 보다는 동방으로 전파가 됩니다. 특히 노르만 민족이 유럽 북쪽으로부터 계속 동쪽으로 이동하여 러시아까지 진출하면서 비잔틴의 동방 정교회 또한 러시아로 진출합니다. 서로마의 멸망 후 동로마가 로마를 계승하는 것처럼 보이다가 동로마 비잔틴마저 오스만제국에 무너지고 러시아를 제2의 로마 제국이라고 부를 정도로 러시아에 로마의 문명이 비잔틴으로부터 흡수가 많이 되었습니다. 현재 비잔틴 건축물의 계승은 다른 지역보다 러시아에서 많이 볼 수 있지만 러시아의 기후와 종교적인 성격으로 약간의 변화를 보이기 시작했습니다. 러시아에 가면 옆의 건축물과 같은 이미지를 많이 보게 되는 이유가 바로 비잔틴으로부터 전해진 동방 정교회의 영향 때문입니다. 우리는 이를 러시아 건축물로 인식하고 있지만 사실은 이는 비잔틴 건축입니다. 아직 러시아라는 나라가 성립이 되지 않고 유럽의 노르만인들이 주축이 되어 있었기 때문에 유럽의 영향이 남아 있는 것입니다. 988년도에 블라디미르 대공이 비잔틴으로부터 정교회를 받아들이면서 돔 또한

비잔틴으로부터 유입이 되었지만 러시아 날씨가 유럽의 돔의 형태는 쌓인 눈으로 하중이 발생할 수 있기 때문에 규모도 작아지고 눈이 흐르도록 변형이 되었습니다.

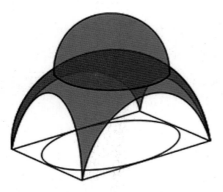

[그림 I- 24] 러시아 정교회의 돔

또한 교인들의 기도를 상징하기 위하여 유럽의 돔보다 더 수직성을 강조하기 위하여 돔이 바로 지붕에 얹히지 않고 수직선 위에 놓이는 형태를 보여주고 있고, 당시 교회를 수호하는 병사들의 투구 모양을 만들어 수호하는 이미지를 나타내기도 한 것입니다. 동방 정교회는 자신들이 기독교의 정통성을 잇고 있다고 생각하여 기독교의 영향을 더 강하게 적용하기를 원했으며,

흰색은 순수 또는 순결함을 나타내고 믿음의 강한 표현으로 황금색을 돔에 강하게 표현하여 기독교가 빛처럼 빛나고 고귀하며 신성함을 강조하고 세계의 불빛으로 교회가 밝혀주기를 소망하는 의미로 강렬한 황금빛을 나타내기도 한 것입니다. 이 러시아의 정교회 건축물이 비잔틴 멸망 이후 정교회의 대표적인 상징처럼 되면서 곳곳에 정교회의 건축물을 쉽게 구분할 수 있게 된 것입니다. 그러므로 러시아 또는 다른 지역에서 이러한 건축물을 보게 되면 이는 비잔틴 양식에서 유래한 것이고 후에 러시아에 정교회가 유입되어 러시아식으로 로마의 돔이 변형이 되었고, 이 러시아의 정교회 건축물이 세계의 정교회 건축물의 상징으로 쓰여 졌다고 정리하면 됩니다. 그러나 이 바탕에는 로마가 비잔틴으로 수도를 옮기면서 유럽의 바실리카와 동양의 원을 통합하여 사용하는 로마의 융합정책의 일원에서 시작되었음을 이해하면 더 자세한 내용을 알게 될 것입니다. 로마의 돔 형태와 비교한다면 로마는 돔을 얹어 놓기 위하여 돔 밑의 벽체구조가 존재하는 것이고 비잔틴의 돔은 돔의 공간 따로 돔의 하부 공간 따로 구분되어 있는 것으로 마치 두 개의 형태가 구분되어 위 아래로 얹어 놓은 것 같은 형태입니다. 즉 로마의 돔은 하부 구조와 일체형이고 비잔틴은 두 개의 형태로 구분되어 진다는 것입니다. 이는 로마보다 비잔틴이 더 발달된 구조형태를 시도했다는 것입니다. 이는 아직 로마 시대는 기독교가 공인되기 이전이라서 돔의 형태는 공간 형성을 위한 구조적인 목적이었다면, 비잔틴은 기독교 공인 후 기

독교 성인들의 무덤을 교회 하부에 무덤으로 쓰게 되면서 지하는 동양의 무덤 형태와 지붕에 있는 돔은 하늘의 반구 형태와 그 사이 공간이 인간의 세계를 의미하는 것으로 공간의 분리에 대한 필요목적으로 3분리 공간을 형성한 것입니다. 그래서 돔이 있는 로마의 건축물과 비교하면 비잔틴 건축물은 로마의 건축물보다 여러 축을 갖고 있는 집합체를 이루고 있으며 돔과 아치가 한 건물에 많이 있는 차이를 알 수 있습니다. 비잔틴이라는 이름은 오스만 제국 이후 바뀌어서 지금 쓰이지 않고 있습니다. 물론 그리스나 아르메니아 등 그 주변 몇 개 국가에서는 이스탄불(이슬람인의 땅이라는 뜻)이라는 이름을 부르지 않고 콘스탄티노플이나 비잔틴이라는 이름을 사용하기는 하지만 지금은 쓰이지 않기에 우리가 일상적으로 접하는 이름은 아닙니다. 그래서 거리감을 느끼기는 하지만 이후로 비잔틴하면 지금의 이스탄불을 생각하고 기독교의 시작과 함께 로마의 수도 천도로 시작되었으며, 콘스탄티노플도 같은 뜻으로 일단은 기억하는 것이 혼돈이 없을 것으로 생각합니다.

3-2 로마네스크 : 로마풍의 부활

서로마가 멸망했지만 기독교가 멸망한 것은 아닙니다. 오히려 기독교는 이전보다 세력이 더 확장되고 복잡한 정치 속에서 기득권과 세력을 잡으면서 더 넓은 지역으로 퍼지기 시작한 것입니다. 유럽의 역사는 전쟁의 역사입니다. 그래서 당시 전쟁을 통하여 유럽의 문화가 타 지역으로 전파되었고 특히 이 전파 속에는 기독교가 같이 들어온 것입니다. 그런데 비잔틴이 오스만 제국

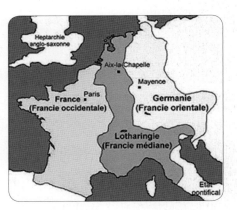

[그림 I-25] 초기 프랑크 왕국의 분할

에 의하여 멸망하면서 이슬람화하여 그 역할이 중단되고 타 지역에는 주로 서방 정교회, 즉 로마 교황청의 기독교가 전파되면서 타 지역에도 로마의 문화 및 서방의 문화가 같이 들어온 것입니다. 그래서 많은 지역에서는 동방 정교회에 대한 정보가

오히려 서방 정교회에 대한 내용보다 적었습니다. 이렇게 서양의 역사는 기독교와 함께 들어오면서 그들의 살아남은 문화와 그들의 정책이 주를 이루어 우리가 객관적인 판단을 하기에는 좀 더 관심을 가져야 하는 것입니다. 로마네스크에서 '네스크'는 우리말로 '~풍'이라는 뜻입니다. 그러므로 로마네스크는 로마풍이라는 뜻입니다. 로마는 멸망하였으나 로마 시대를 거치면서 대부분의 문화가 로마의 것으로 인식되었지만 사실은 로마의 멸망 후 로마 이전의 것들이 다시 되살아나는 경우가 생긴 것입니다. 이는 어느 시대나 있었던 현상으로서 한 시대가 망하면 이전 시대의 것들이 다시 등장하는 경우가 종종 있습니다. 로마 이전의 것들은 로마 시대를 거치면서 로마의 취향이 맞는 것들만이 살아남게 된 것입니다. 즉 로마네스크는 로마풍이란 뜻이지만 로마의 것을 말하는 것이 아니라 로마 이전의 것을 말합니다. 오히려 로마 건축이 로마풍의 건축에서 유래한 것입니다. 중세가 기독교 공인 후부터라고 한다면 4세기 초부터 비잔틴 제국이 멸망하기까지인 15세기 중반입니다. 거의 천년을 이어 온 시대입니다.

이 시기 서로마는 실로 복잡한 정치세계를 갖고 있었습니다. 서로마 멸망 전 훈족의 서쪽 진출로 로마와 훈족 사이에 있었던 게르만족의 대이동이 급하게 진행되었고, 이들이 급기야 로마를 멸망시키는 데 막대한 영향을 끼쳐 유럽은 서로마 멸망 후 크게 혼란스러운 시대를 맞게 됩니다. 그러나 게르만 민족 중 프랑크족이 다시 과거의 로마 제국 영토를 평정하면서 5세기 말 프랑크 왕국이라는 새로운 체제가 성립됩니다. 이 프랑크 왕국은 400년 정도 9세기 말까지 이어오다 서로마 제국이 남북으로 3개의 형태, 지금의 프랑스 지역의 서 프랑크, 중간 지역의 중 프랑크 그리고 지금의 독일 지역인 동 프랑크 등 3개의 지역으로 나뉘게 됩니다. 그러나 후에 중 프랑크가 지금의 이탈리아 부근으로 축소되면서 동 프랑크의 세력이 커집니다. 이러한 국가 체제를 유지되어오다 동 프랑크의 세력이 커지면서 교황령이 있는 이탈리아 남부를 제외한 유럽의 전 지역을 다시 동 프랑크가 지금의 독일 프랑크푸르트를 수도로 정하며 통일을 하게 됩니다. 이에 통일된 유럽의 새로운 왕 오토 1세를 황제로 추대하지만 교황이 있는 지역은 아직도 침략을 받는 상태입니다. 그래서 교황은 오토 1세에게 도움을 청하고, 교황의 신임이 통치세력에 도움이 될 거라 계산한 오토 1세는 이탈리아마저 평정하자 교황은 오토 1세의 세력을 이용하기 위하여 그에게 로마 제국 황제의 왕관을 씌워줍니다. 이래서 새로운 로마 제국이 다시 탄생하는데, 이를 신성로마 제국이라 부릅니다. 이것이 10세기 중반 962년으로 다시 1448년에 오스트리아 황제가 신성로마 제국 황제가 되어 수도를 빈으로 옮기며 이 신성로마 제국은 근대 초기 1806년까지 이어집니다.

이렇게 복잡한 상황의 유럽지역에 또 다른 복병은 바로 바이킹 노르만족입니다. 용맹스럽고 전쟁을 잘하는 이들은 북쪽에서 이동을 시작하여 유럽 북부 해안지역을 주로 습격하는 민족으로 프랑스 지역뿐 아니라 남쪽으로 이탈리아 시실리아까지 이동하고, 동쪽으로 팔레스타인까지 대이동을 하면서 로마 제국에 힘겨운 침략을 하고 있었습니다. 이들의 일부는 서 프랑크 왕국인 현재 프랑스 노르망디에 정착하여 프랑스의 신하가 되고 봉건제도하에서 후에 영국을 침략하여 영국의 왕이 되기도 하지만 후에 프랑스와 백년 전쟁을 치루면서 영국 앵글로 색슨족과 하나가 됩니다. 유럽에서 이 두 민족 노르만과 게르만 민족의 대이동은 로마 제국에 많은 영향을 끼친 사건이었습니다. 이렇게 정치가 복잡한 상황에서도 기독교는 더욱 확장되고 과거에 없었던 수도승이 생기고 수도원과 성인을 안치한 대성당은 유럽 권력의 주요 장소로 성장하기 시작했습니다. 정치의 혼란함과 상관없이 주교와 중요 수도원의 원장들은 왕처럼 살고 있었습니다. 수도원은 모든 교육의 발상지가 되면서 수도원에서 대부분의 책이 수작업으로 쓰여 졌으며, 수도원 바깥에서는 이를 접할 수도 없었고 집필할 수도 없었습니다. 이는 곧 수도원이 집필하지 않은 책은 인정도 하지 않았고 읽어서도 안 되는 것이었습니다. 모든 교회나 수도원의 설계도 중앙 수도원에서 지시한대로 따라야 했습니다. 이는 기독교가 지대한 권력의 중심에 있었음을 시사하는 것으로 수도원은 또한 라틴어로 모든 책을 집필한 것입니다. 로마네스크에 와서 수도원이라는 건축물이 등장하게 된 이유가 바로 여기에 있었던 것입니다.

이러한 교회 정책이 동로마 비잔틴과 마찰을 겪게 되었고 특히 과거에 하부 계층으로 여겼던 게르만을 신성로마 제국의 황제로 만든 교황의 행위에 대하여 비잔틴은 몹시 화가 났습니다. 비잔틴이 로마의 정통계승자고 기독교의 원조라고 생각했는데 로마에서 교황으로 기독교의 대표를 세운 것도 인정하지 않는 상황이었습니다. 한때 비잔틴이 무너지고 러시아를 정통 로마 제국으로 인정한 적도 있었습니다. 그래서 로마 정교회(로마 카톨릭)와 동방 정교회(비잔틴 카톨릭)가 최근까지도 안 좋았던 이유입니다(물론 얼마 전에 화해를 했지만). 과거 서로마 황제가 있었던 시절에는 공화국 제도이든 제정 시대이든 정치가 그래도 내부적으로 안정되어 있어 중앙집권적인 형태로 통제가 가능했지만 이제 프랑크 왕국이 생겨 3개의 영역에서 눈치를 보아야 하는 상황이고 의지했던 왕이 무너지면 함께 불안한 상황이 올 수 있었습니다. 더욱이 교황의 교리는 기독교적인 부분만 있는 것이 아니라 황제에게 보이는 충성을 같이 보여주어야 하며, 교황의 눈 밖에 나면 이단으로 몰려 퇴출을 당하기까지 하는 어려운 상황이었습니다. 더욱이 강력한 왕권이라기보다는 세력의 흐름이 날로 달라지는 상황에서 자체적인 방어능력이 필요함을 느끼게 된 것입니다. 기사가 공을 세우면 황제에게 충성을 맹세하고 영토를 받아 그 지역의 왕처럼 군림하는 귀족이 되는 봉건제도가 생겼는데, 그 영토라는 것이 마치 한 나라에 가까운 크기였습니다. 프랑스 왕은 이러한 봉건제도를 남발하다 보니 영토가 컸음에도 불구하고 후에는 땅이 가장 작은 왕으로 전락하기도 합니다. 한 영주는 여러 왕에게 땅을 받기도 하여 충성에 대한 우선권 계약서를 작성하기도 합니다. 이러한 충성을 맹세한 땅의 계약제도인 봉건제도로 인하여 후에 십자군 전쟁 때 왕이 군사를 모집하는 데 유용하게 쓰입니다. 이렇게 넓은 땅을 하사 받은 귀족들은 자신들의 성곽을 짓기 시작합니다. 이것이 로마네스크가 다른 시대와 다른 것입니다. 특히 바이킹 족의 침략과 다른 부족의 침략이 자주 발생하는 시기여서 이전 시대와는 다른 요새 기능이 있는 건축물이 등장합니다. 그러나 요새의 목적으로 건축물을 짓게 되지만 장기간에 걸친 삶의 형태로 이 요새가 점차 도시 형태를 갖게 되는 것입니다.

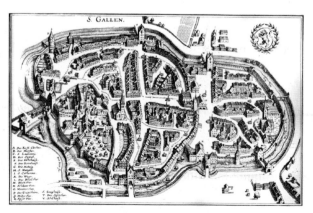

[그림 I - 26] 울타리가 있는 성곽(수도원, 719년)_ 세인트 갈렌, 스위스

우리가 울(울타리)이라는 개념이 등장하는 것입니다. 광대한 영역은 울의 개념이 없고 빈번한 침략은 점차 불안감으로 작용하면서 울의 개념이 건축물에 등장하여 요새가 만들어지고 이를 보호하기 위한 첨탑의 필요성에 의하여 먼 거리 측정을 위한 수직적인 요소가 건축물에 등장합니다. 특히 기독교의 전성기를 맞으면서 수도원이 점차 소도시의 기능처럼 여러 기능을 갖게 되고 이에 따른 새로운 성곽도 등장하며 십자군의 일원인 상인조합 길드의 등장으로 이전에 없었던 새로운 건축물들도 등장하는 것이 바로 로마네스크의 모습입니다. 그러나 이러한 기능을 담기 위하여 로마 시절의 건축 형태만으로는 충족할 수 없으므로 로마 제국 이전의 건축물 형태가 등장하지만 이것 또한 로마 건축술이므로 로마풍, 즉 로마네스크라고 부르는 것입니다. 수도원이 장려하는 수도원과 교회의 평면만으로는 이 기능들을 다 수용할 수 없으므로 새로운 기능을 추가한 요새로서 울이 있는 성곽, 방어기능과 성곽의 구조적인 기능으로서 수직적인 첨탑이 등장하고 특히 수직적인 형태의 등장으로 건축물이 3단 형식으로 나타나기 시작합니다. 그러나 이 건축물의 바탕에는 로마 시대에 즐겨 사용한 아치와 조적조의 형식을 그대로 반영했기 때문에 로마 건축양식과 크게 다르지는 않습니다.

(a)

(b)

(c) 마리아 라치 수도원(11~12세기)_ andernach, 독일

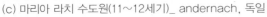
[그림 I-27] 로마네스크 건물

기독교가 전성기에 이르면서 등장한 수도원은 소도시의 기능을 갖고 있게 되고 소도시의 기능이란 큰 의미로는 도시의 역할이지만 이는 또 기능의 세분화를 할 수도 있는 것으로 공간의 기능이 다양해지면서 공간의 다양성이 건축물의 다양성으로 나타나기 시작하는 것입니다. 돔의 축조 방식은 사실 쉽지 않은 것으로 궁궐이나 성곽 같은 경우는 다수의 인원을 동원할 수 있지만 국가의 세력이 분권화하면서 이러한 건축물의 건설이 쉽지만은 않게 된 것입니다. 그래서 변화한 것이 바로 지붕입니다. 그리고 지붕과 벽이 만나는 부분에 오히려 디자인의 가능성이 생겨 장식적인 모양들이 나타나기 시작합니다. 이는 거대한 형태에서 세분화되면서 디테일이 살아나는 것을 말합니다. 특히 로마 건축과 비교하면 창의 틀에 디자인이 들어가고 층을 구분하는 경계선이 생기면서 건축물의 디자인이 달라지고 있습니다. 일반건물의 3단 규모의 공간 층이 생기면서 1층에는 노동인구와 집기들을 위한 공간으로 사용되고, 중간층은 공용 공간으로 사용이 되며, 최상층은 개인 공간으로 구분이 되기 시작합니다. 즉 다층 구조 건축물은 로마네스크에서 시작된 것입니다.

수직적인 건축물의 형태는 수평적인 요소인 벽과 같은 구조적인 용도의 기능 및 방어적인 기능을 담고 있지만, 이는 기독교적인 표현으로 인간과 하나님 모두 지상에 있다는 표현입니다. 즉 지붕은 가능한 높이 올라가려는 신앙적인 표현이 담겨 있는 것으로 앞에서([그림 I-20] 참고) 살펴보았듯이 중세 건축의 성격을 기독교적으로 해석해야 한다고 언급했습니다. 이러한 수직적인 표현이 후에 고딕에 새로운 건축물에 대한 아이디어를 제공하게 되며 더 올라가려는 고딕인들의 신앙적인 희망에 로마네스크보다 더 복잡한 건축물을 등장합니다.

이러한 로마네스크(로마풍)적인 건축물은 지금도 많이 건축물의 디자인으로 사용되고 있는데 대표적인 것이 시카고 건축과 마리오 보타입니다. 그러나 이 두 개의 스타일 뿐 아니라 지금도 많이 쓰이는 중정형식의 건축 무르이 원조는 로마네스크입니다. 지금도 도시 한복판에 영역의 구분을 위한 성곽과 같은 건축물을 시도하거나 아니면 조용한 분위의 공간을 도시 내 조성하고자 한다면 로마네스크처럼 중정을 두는데 그 기원은 로마네스크입니다.

[그림 Ⅰ-28] 4시즌 호텔_ 멕시코 시티

[그림 Ⅰ-29] slilence_독일

위의 [그림 Ⅰ-28]은 멕시코에 있는 4시즌 호텔로 호텔만의 공간을 형성하고자 중정형식의 건축물로 지은 것이며, [그림 Ⅰ-29]은 독일 뉴 에이지 밴드 쉴러의 음악비디오에 등장하는 풍경으로 도시 내 조용한 휴식공간을 만들고자 시도한 건축물입니다. 이러한 중정 형태의 건축물은 로마네스크에 그 기원을 두고 있습니다.

(a) 먀살 피일드 백화점, 시카고

(b) 마퀘트 빌딩, 시카고

[그림 Ⅰ-30] 로마네스크 양식

이 두 건물은 시카고에 있는 건축물로 1871년 시카고 대화재 이후 완공한 건축물입니다. 시카고는 당시 인구가 300만 명이 넘는 거대한 도시로 미국의 상업도시로 성장하고 있었습니다. 대부분의 건축물이 목조로서 대화재는 시카고 도시의 건물

60%를 화재로 잃을 만큼 큰 화재였습니다. 이로 인하여 많은 사람들이 집을 잃고 도시 재건에 힘써야 했습니다. 이때 [그림 I-30]과 같은 건축물들이 많이 들어섰는데 이 당시 주도적인 건축가가 바로 라이트의 스승 루이스 설리반이었습니다. 그는 목조 건축물 대신 철골구조로 빌딩을 시도하였으며 고층 빌딩을 위하여 엘리베이터를 도입하여 새로운 빌딩의 시대를 열게 된 것입니다. 그런데 대부분의 건축물이 위의 그림처럼 3단 구조로 그 디자인을 보여주고 있습니다. 우리가 소위 시카고파 또는 보자르파라고 부르기도 하는데 당시 시카고 건축을 주도한 대부분의 건축가가 파리 보자르에서 건축을 배운 사람들이었습니다. 보자르 건축학교는 근대 이전의 양식 중에서도 특히 로마네스크 양식을 가르친 학교였습니다. 즉 근대가 시작되었지만 새로운 디자인을 시도했다기보다는 클래식한 디자인을 가르친 학교였습니다. 이것이 근대 건축가들에게는 큰 걸림돌이었습니다. 특히 바우하우스에서는 보자르 학교의 교수들에게 모두 가르치는 것을 그만두라고 권고할 정도였습니다. 이 시카고 건축이 포스트모더니즘의 시작이었습니다. 유럽에서는 근대의 물결이 급물살을 타고 흘렀지만 사실 미국으로서는 역사적인 배경이 짧기 때문에 유럽과 같이 근대의 물결만을 타고 갈 수는 없는 노릇이었습니다. 그래서 미국은 이미 그 당시부터 독자적인 노선을 걷는 것이 보였으며, 특히 근대에 등장하는 아크 앤 데코만 보아도 이러한 성향이 잘 나타나고 있습니다. 이렇게 로마네스크는 시카고에서 그 명맥을 유지하다 지금은 포스트모더니즘 건축가들이 즐겨 사용하는 표현에서 로마네스크가 등장하며 이를 잘 정리하여 보여주는 건축가는 바로 마리오 보타입니다. 그의 건축에는 이렇게 3단 구조를 잘 표현하여 로마네스크의 명맥을 이어가고 있는 것입니다. 이는 현대에 등장하는 건축물이 수직적인 형태 또는 고층 건축물로서 근대 건축은 그 외부적인 디자인이 단순하며 내부적인 기능에 충실하지만 이를 외부적으로 표현하기에는 수직적 형태의 원조인 로마네스크가 가장 적합하기 때문입니다. 이에 관하여 후반부에 다시 설명할 것입니다.

◈ [그림 I – 31] San Francisco Museum of
Modern Art(SFMOMA 1995)

◈ [그림 I – 32] 교보타워(2003)_ 마리오 보타,
한국

3-3 고딕: 고딕의 뜻 흉측하다, 혐오스럽다

십자군 전쟁에서 역사에 등장한 상인조직 길드는 무역을 통하여 상업을 더욱 발전시키면서 도시에 대한 인식을 바꾸기 시작했습니다. 사람들이 농촌에서 도시로 몰리고 왕가와 교회 측을 포함한 권력층은 이에 대한 새로운 정책이 필요했습니다. 특히 분권화된 왕권이 교황청을 위협하고 상인계급이 성장하면서 교회는 더욱더 강력한 이미지를 필요로 했던 것입니다. 초기 기독교는 인간과 하느님의 영역이 하늘과 지상으로 구분되어 분리가 되었었으나 로마네스크에서는 하나님을 인간의 지상으로 끌어들여 숭고한 삶을 영위할 것을 강요하는 교리를 나타내고자 건축물이 그 이미지를 표현하려고 수직적인 형태를 취하였습니다. 그러나 시대가 변하고 봉건주의제도 하에서 다양한 기능을 하는 사회에 막강한 이미지를 교회가 필요로 하면서 이전 시대보다 더 강렬한 모습의 교회 건축물을 필요로 하게 된 것입니다. 이러한 목적을 달성하는 건축물로 로마네스크의 수직 형태가 좋은 예가 되어 주었습니다. 즉 고딕의 시작은 로마네스크에서 시작된 것입니다. 프랑스에서부터 이 양식이 시작

되었는데 노르만 족이 프랑스에 귀화하면서 만든 건축물 노르만 양식이 급속도로 퍼진 것입니다. 로마네스크와 크게 다르게 된 점은 바로 벽의 두께입니다. 기독교가 고딕부터 지상에 인간이 있고 하나님이 하늘로부터 내려온다는 교리를 만들면서 인간은 이에 대비하는 삶을 살아야 했고 신앙적인 준비를 위한 건축물로 하나님을 맞이하러 가는 인간의 소망을 나타내기 위하여 하늘로 더 치솟는 모양을 갖기 위하여 로마네스크보다 높은 수직성의 건축물을 원하게 된 것입니다. 그러나 로마네스크가 갖고 있는 건축물의 단점은 위로 더 치솟기에는 문제가 있었는데 그것은 바로 두꺼운 벽이 갖는 무게였습니다.

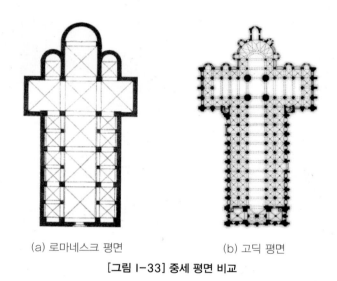

(a) 로마네스크 평면　　　　　　　(b) 고딕 평면

[그림 I-33] 중세 평면 비교

평면은 고대 로마의 바실리카에서 그대로 전해졌지만 더 높이 올라가기에는 벽 두께의 한계가 있었기에 고딕은 기본적으로 벽 두께를 줄이는 작업을 시작하였습니다. 그러나 여기에는 안전에 대한 문제와 이를 처음 시도하는 불안감이 있었기 때문에 개구부에 아치 형태의 변화를 시도할 수밖에 없었습니다. 거의 원형에 가까웠던 아치는 위에서 내려오는 하중을 견디기 위하여 뾰족 아치로 형태를 바꾸고 벽의 두께도 더 얇게 만들었습니다. 그러나 벽이 위의 하중을 견디지 못하고 측면으로 넘어갈 수 있다는 불안감에 벽을 지탱할 수 있는 구조를 시도하는데 이것이 바로 플라잉 버트레스(부벽)입니다. [그림 I-34]의 그림에서 보면 플라잉 버트레스와 우측의 벽이 있고 그 사이가 비워져 있는데 실은 이 모든 것이 하나의 벽이었다고 생각하면 됩니다. 고딕의 건축물은 위로 올라가기 위하여 하중을 줄이는 방법을 시도하였는데 벽이 얇아지면서 측면으로 벽이 넘어갈 수 있다는 불안감에 버트레스로 보강을 하여 벽의 구조를 안전하게 시도했던 것입니다. 이러한 관점에서 위의 평면을 비교해보면 로마네스크의 벽 두께는 모든 공간을 감싸고 있는 것을 볼 수 있는 반면 고딕 평면은 벽이 개방되면서 버트레스 같은 지지대로 받치고 있음을 알 수 있습니다.

[그림 I-34] 플라잉 버트레스-고딕

(a) 창의 3분할 표현

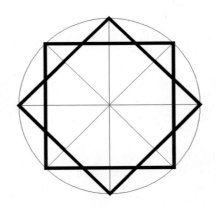

(b) 창의 8분할 표현

[그림 I-35] 고딕 건축물의 창 분할 방법

이렇게 벽을 개방하면서 로마네스크까지 두꺼운 벽으로 인하여 기능을 하지 못했던 창의 역할이 두드러지면서 고딕 시대에는 창의 활용방법을 생각해낸 것입니다. 벽이 두꺼우면 창이 갖고 있는 환기, 채광 그리고 시야 확보에 대한 기능을 제대로 할 수 없습니다. 더욱이 이 시대에는 구조적인 문제 때문에 창의 높이가 사람의 시야보다 높은 곳에 위치해 있기 때문에 시야에 대한 기능을 창에 부여하기가 힘들었습니다. 그러나 얇아진 벽에 의하여 창이 채광의 역할을 부여 받으면서 고딕 건축물은 창의 활용에 대한 연구를 한 것입니다. 이 시대에는 앞에서 언급하였듯이 대부분의 문서는 수도원에서 작성을 하였고 상류층의 공통 사용언어가 라틴어였기 때문에 일반인들은 교회에서 제공하는 정보 외에는 습득할 수 있는 교리가 없었고 대부분이 문맹자였습니다. 그래서 고딕 시대에는 새로운 기능을 부여 받은 창에 성경적인 내용을 담아 이를 교화하는 데 사용하기 시작하여 색유리를 적극적으로 활용한 것입니다. 이것이 일반인들에게도 유리 사용에 대한 아이디어를 주어 이 시대의 창은 색유리를 많이 사용하게 됩니다. 고딕의 건축물은 로마네스크에서 그 형태적인 아이디어를 얻었다고 하였습니다. 그러나 이를 더욱 발전시켜 고딕은 로마네스크보다

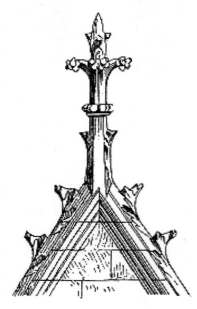

[그림 I-36] 고딕건축물 첨탑 끝 표현
(1856)

더 하늘을 향하여 치솟기를 바랐기 때문에 건축물의 무게 줄이는 작업을 해야만 했습니다. 그 작업의 일환으로 모든 벽에 성경적인 내용을 조각하여 벽의 자체 하중을 줄이는 작업을 하게 되고 심지어 첨탑을 조금이라도 더 올리려고 마지막 부분까지 조각하는 것을 잊지 않았습니다. 그러나 아직 이렇게 높이 올라가는 건축물에 대한 인식이 적었으며 특히 모든 부분을 남기지 않고 조각한 건축물의 벽면의 형태가 사람들에게는 익숙하지 않았던 것입니다. 특히 뼈대가 남은 건축물의 형태가 너무 단순하여 각 부분에 돌기 같은 부분들이 튀어나와 있는 것은 흉물스럽게까지 보였던 것입니다. 내부에 아치들이 만나 이루어지는 볼트

가 이전에는 자연스럽게 둥근 모양이었는데 위로 치솟는 형태를 만들다 보니 뾰족형 아치가 등장하고 개구부에도 이전에 볼 수 없었던 반원아치가 변형이 되자 이를 자연스러운 형태로 받아들이지 못했던 것입니다. 그래서 조르지오 바사리(Giorgio Vasari 1511~1574년)는 고딕을 아주 경멸스러운 건축물로 간주하고 이를 고딕 양식(Gothic은 게르만족의 이름에서 파생된 이탈리아어 'Gotico'로서 '외계인, 야만적인'이라는 의미)이라고 이름 붙인 것입니다. 사실 고딕 건축물은 건축물 하나만 보면 안 되고

조각적이고 그림과 같은 회화적으로 건축물을 보았어야 하는 것입니다. 그러나 바사리의 평가는 고딕에 대한 결정적인 단어를 사용할 수 없었던 고딕의 이전 시대나 그 이후 사람들에게 동떨어진 형태로 방황하던 이들에게 결정적인 역할을 하게 되었지만 바사리의 평가가 그대로 자리를 잡게 되면서 고딕은 부정적인 건축물로 인식되게 된 것입니다. 1773년 독일의 문호 괴테가 ≪독일의 건축≫이라는 책에서 고딕을 독일의 건축물로 19세기 국가 건축물로 여기게 되면서 경멸 속에서 이어온 고딕에 대한 재평가가 긍정적으로 바뀌게 된 것입니다. 그는 이 책에서 스트라스부르 대성당(Straßburger Münster, 1439)을 보고 사람이 어떻게 이러한 위대한 건축물을 돌로 만들 수 있는가라는 찬사를 보낼 때까지 고딕은 암울한 시대를 살아 온 것입니다. 그러나 고딕은 고대와 중세를 통틀어 실험적인 건축물의 기술적인 개발과 건축의 기본을 다시 시도한 것으로 로마네스크의 장신 정신에 기반을 두고 출발하였습니다. 고딕이 시작될 당시 영적인 것, 신학적인 것, 정치적 그리고 경제적 기술적인 출발점으로 교회 건축에 대한 사회적 요구에 부흥하기 위한 실험적 시도와 변화였습니다. 여기에는 도시 중심에서 커나가는 권력형 건축물을 통한 통치자와 성직자의 권력에 대한 시위였습니다. 왕의 권한과 군주제를 지향하는 귀족들, 대성당의 사회적 역할과 주교 및 도시의 지도자들에 대한 시위로 시작된 장인 정신의 시작이었지만 이것이 점차 화려해지고 거대해지면서 초기의 경건한 열정으로부터 점차 벗어난 형태가 만들어진 것입니다. 상인들의 영향력이 커지고 도시가 변화하면서 새로운 교회 건축물을 필요로 했던 것입니다. 하늘의 예루살렘을 향한 그들의 바람은 교회 예식과 교회 사물과 모든 교회 기기를 신성한 것으로 바꾸면서 표적과 신비로 교회를 탈바꿈하기 위한 환경이 필요했던 것입니다. 여기서 가장 잘 적용된 것이 바로 빛이었습니다. 그래서 내부로 신성한 빛을 끌어들이기 위하여 벽면 자체를 사라지게 하고 커다란 창문을 만들기 위한 고딕의 작업이 필요했던 것입니다. 이를 위한 필수적인 구조변경이 필요했던 것입니다. 태양 광선으로부터 시작되는 신비한 빛이 교회 전체를 장식하고 건축물 자체를 형이상학 자체로 보이게 해야 했던 것입니다. 이렇게 여러 가지 목적을 위하여 로마네스크 건축물을 변형하여 고딕이 탄생한 것입니다.

[그림 Ⅰ-37] Social housing in Evry_
파리, 프랑스

[그림 Ⅰ-38] 잠실종합운동장_
서울, 한국

　　이러한 의도가 현대 건축물에도 많이 적용되는데 이는 고딕 건축물이 갖고 있는 구조적인 아이디어로 바로 플라잉 버트레스 같은 부벽의 사용입니다. 고딕에서는 부벽이 구조적인 시도였지만 현대에 와서는 본 형태에 대한 형이상적이고 연속성에 대한 지루함을 감추기 위한 용도로도 많이 쓰이고 있습니다. 이는 구적적인 지식이 없더라도 심리적으로 안정된 느낌을 주기도 하고 제 2의 스킨으로 사용되기도 하는데 리차드 마이어 같은 건축가도 즐겨 사용하는 표현입니다. 오히려 현대에 와서는 고딕이 필요했던 반투명 유리의 콘셉트보다는 반대로 직사광선이 내부로 유입되는 것을 막아주는 썬바이저 같은 기능을 하는 데 사용되기도 합니다.

근세(New Time) 발생의 시대적 배경: 비잔틴 제국의 멸망(기독교의 약화로 인문학 발달)

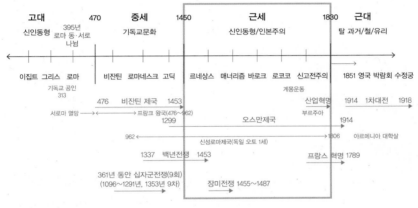

[그림 Ⅰ-39] 연대표_ 전쟁기준

고대와 중세를 시기적으로 구분한 것은 바로 근세의 시작인 르네상스였습니다. 이들은 자신들이 당시 최첨단(new time)이라고 여겼기 때문에 이전 시대와 구분이 필요했던 것입니다. 그래서 고대와 중세를 나누었는데 여기에는 시대적 코드 신인동형과 기독교라는 특징이 있습니다. 근세가 시작되는데 많은 사건이 있었습니다. 이 사건들이 바로 근세의 필요성을 불러온 것입니다.

기독교가 공인되고 급기야 국교화되면서 기독교는 황제의 권력과 함께 로마 제국의 중요한 역할을 담당하게 됩니다. 황제는 권력을 유지하는 데 종교의 힘을 빌리고 물리적인 통치뿐 아니라 정신적인 지배도 담당하는 데 종교가 중요한 역할을 한다는 것을 알게 되었습니다. 이러한 필요성으로 인하여 권력과 함께 기독교의 역할이 점차 확대되었습니다. 그러나 로마에 위치하고 있던 제국은 노르만 민족과 게르만 민족의 이동으로 인한 잦은 침략으로 로마가 지형적으로 안정되지 못하다고 생각하여 수도를 당시에 그리스에 속해 있던 지금의 터키 비잔틴으로 옮기게 됩니다. 이곳은 이미 로마가 점령하고 있었지만 로마 제국의 중요 도시로서 역사적으로 역할을 담당하지 못하였지만 수도를 옮긴 후 권력이 비잔틴으로 옮겨가기 시작한 것입니다. 이즈음 로마 제국에 편입된 게르만 민족의 수가 많아지고 공화당 시절인 로마는 결국 게르만의 오도아케르 장군에 의하여 화려했던 로마 제국이 멸망하고 맙니다. 그러나 비잔틴으로 옮긴 로마, 즉 동로마는 아직 건재하며 정치도 공화정에서 제정 시대로 강력한 왕권을 유지하고 있었습니다. 서로마 지역은 게르만 민족뿐 아니라 노르만족의 이동과 함께 계속적인 침략으로 인한 전쟁으로 혼란스러운 상황이 계속됩니다. 로마 황제가 무너지고 마치 춘추전국 시대와 같은 상황 속에서 유럽의 지역은 암흑 시대로 접어들었습니다. 교황청은 로마 황제가 있던 시기처럼 안정을 찾지 못하고 외부의 침략을 계속 받아야만 했습니다. 새로운 세력이 생기면 종교를 이용

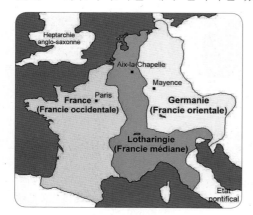

[그림 Ⅰ-40] 초기 프랑크 왕국의 3개 분할영토

하려는 세력들이 교황청을 자신의 권력 안에 두려는 시도로 늘 불안했습니다.

여러 왕국으로 불안정하게 지속되던 옛 로마 제국에 게르만족의 하나인 프랑크족이 강대해지면서 하나의 국가를 세우는데 이를 프랑크 왕국이라 부릅니다. 프랑크 왕국이 유지되어 오다 선왕보다 강력하지 못한 세 아들의 분열로 옛 로마 제국은 다시 3개로 분열되는데, 둘째

아들이 서쪽에 서 프랑크, 막내가 동쪽에 동 프랑크 그리고 맏이가 중간에 중 프랑크 이렇게 3개로 나뉘게 됩니다. 이 프랑크 왕국이 지금의 프랑스, 독일 그리고 이탈리아의 모습입니다. 나중에 서 프랑크와 동 프랑크가 커지고 중 프랑크는 이탈리아 부근으로 작아집니다. 그리고 동 프랑크가 다시 강대해지면서 작아진 중 프랑크 왕국을 제외하고 옛 로마 제국의 대부분을 통일하게 됩니다. 이 왕이 바로 동 프랑크의 오토 1세입니다. 자주 침략의 위협을 받은 교황은 옛 로마 황제처럼 자신을 지켜줄 강력한 권력을 필요로 하던 시기라 오토 1세에게 도움을 청합니다. 아직 기독교의 영향이 크던 시기이기에 오토 1세도 교황의 신임을 얻는 것이 좋을 것이라 생

각하여 교황을 돕기 위해 지금의 이탈리아 지역인 중 프랑크로 내려가 그곳마저 평
정합니다. 이렇게 되어 다시 옛 로마 제국의 영토가 하나의 왕국 체제로 만들어 집
니다. 이 기회를 틈타 교황은 오토 1세에게 로마 황제의 왕관을 수여합니다. 그래서
다시 옛날처럼 로마 제국이 만들어 지는데 이를 다시 만들어졌기 때문에 신성로마
제국이라 부릅니다.

과거 로마 제국은 로마 사람들과 관계가 있지만 신성로마 제국은 로마 사람들과
관계가 없습니다. 그래서 아직 건재한 비잔틴 제국은 이를 받아들이지 못하며 자신
들이 로마 제국의 정통성을 갖고 있다고 주장합니다. 교황청(서방 정교회)보다 자신
들이 더 오래된 기독교의 뿌리라고 생각하는데 로마에서 교황을 세우자 이에 대하
여 불만이 많았던 비잔틴 제국(동방 정교회)은 사실 교황도 인정하지 않았던 참에 로
마 황제까지 세우자 서로마와 동로마의 관계는 더 나빠진 것입니다. 이렇게 되어 역
사 속에서 서방 정교회와 동방 정교회는 서로 불신을 갖고 발전하게 되었고 정치적
으로도 분리가 된 것입니다. 그러나 이 신성로마 제국은 900년 가까이 30년 종교전
쟁(1618년~1648년)까지 이어졌고, 지금 유럽 여러 나라의 공통의 역사로 자리 잡게
됩니다.

황제와 교황은 다시 옛 로마 제국처럼 안정을 찾기 시작하고 수도원과 교회도 막
강한 권력을 갖고 자리잡게 됩니다. 그러나 이즈음 기독교는 크게 두 개의 형태로
자리를 잡는데 비잔틴 제국을 기점으로 하는 비잔틴 교회, 예루살렘 교회, 안디옥
교회, 알렉산더 교회를 기점으로 하는 동방 정교회와 로마를 기점으로 하는 로마 교
황청, 이렇게 다섯 개의 교회를 중심으로 자리를 잡습니다. 그러나 신성로마 제국의
탄생으로 안정을 되찾은 서로마에 비해 동쪽에서는 다른 세력들이 등장하기 시작합
니다. 이슬람인들입니다. 이들은 아직 조직화되지는 않았지만 서서히 동쪽에서 세력
을 키워가고 있었습니다. 이전까지 이슬람 지역인 예루살렘은 기독교인들이 마음대
로 성지순례의 목적으로 방문할 수 있었으나 이슬람인들이 점차 세력화되면서 어렵
게 된 것입니다. 이에 격분한 서방에서는 다시 예루살렘을 탈환하고자 했던 것입니
다. 그런데 예루살렘은 사실 기독교의 성지뿐 아니라 이슬람의 성지였으며 유대인의
성지이기도 했습니다. 이러한 이유로 예루살렘을 서로 차지하려 했던 것입니다. 교
황청은 다시 이곳의 방문을 자유롭게 하고자 군사를 모집하여 예루살렘으로 떠나는

데 이것이 바로 제1차 십자군 전쟁입니다. 이들은 모두 옷에 십자가를 나타내고 전쟁으로 떠납니다. 그래서 십자군이라 부르는 것입니다. 이 십자군은 여러 차례에 걸쳐 진행되었는데, 이는 성공하지 못했다는 의미입니다. 물론 1차는 성공적으로 탈환하지만 그 후 다시 뺏기게 되어 계속 전쟁이 진행된 것입니다.

　이러한 실패 배경 속에는 다른 원인도 있었습니다. 전쟁 참여의 큰 주제는 예루살렘 탈환이었지만 전쟁에 참여하는 군인들의 속셈에는 모두 다른 뜻이 있었습니다. 교황은 교세 확장이 목적이었고, 왕은 영토 확장과 불안한 정세에 대한 외부로의 관심이었으며, 상인들은 무역 확대(이때 상인조합 길드가 만들어짐)라는 목적이 있었고, 일반인들은 먹고 살기 힘들었지만 군인의 신분은 의식주를 해결할 수 있었기에 참전의 목적이 있었습니다. 이러한 다양한 의도들이 십자군을 잔인하고 약탈하는 군대로 만든 것입니다. 다양한 목적은 집약된 지도를 어렵게 했으며 그들의 의도와 맞지 않으면 언제든 목적을 달리하는 군대로 바뀌는 내부적인 문제가 있었던 것입니다. 특히 제4차 십자군 원정은 본래의 의도를 망각한 원정으로 약탈과 침략의 성격을 띤 그 어느 원정보다 잔인무도한 성격을 갖고 있었습니다. 다른 원정은 육지를 돌아갔던 것에 반해 4차는 빠른 길을 선택하기 위하여 배를 타고 가게 되었는데, 이때 등장한 것이 바로 베네치아 상인(베네치아 공화국)들입니다. 이들은 무역에 사용한 배를 군인들의 수송을 맡게 되었는데 이때 가난한 십자군이 지불하지 못한 수송비를 감해주는 조건으로 비잔틴 제국을 침략하는 제안을 내세운 것입니다. 십자군도 기독교인이고 비잔틴도 기독교 국가인데 베네치아 상인들은 비잔틴에 많은 보물과 풍부한 물자가 있다는 소문으로 이들을 예루살렘이 아닌 비잔틴으로 방향을 돌리게 한 것입니다. 당시 이집트와 무역을 하는 베네치아 상인들(베네치아 공화국)을 비잔틴이 방해를 했기 때문에 늘 비잔틴이 걸림돌이었던 베네치아 상인들에게는 절호의 기회였던 것입니다. 십자군에 비참한 모습으로 점령당한 비잔틴 제국은 이때 1204년에서 1261년 기간 동안 잠시 비잔틴 역사를 중단하고 점령한 십자군이 라틴 제국(다른 이름 로마니아 제국)을 세워 다른 국가로 존재하게 됩니다. 후에 다시 비잔틴 제국으로 부활하지만 이미 많은 영토를 잃었고 약소 제국으로 남게 됩니다.

　이렇게 십자군은 여러 차례 군사를 일으키지만(361년 기간) 오히려 이슬람이 뭉치게 하는 계기만 만들어주고 십자군의 예루살렘 탈환에 대한 목적을 달성하지 못하고 성전은 흐지부지하게 됩니다. 서방 가톨릭을 접한 우리에게는 십자군에 대한 이미지가 거의 무관심한 수준이지만 이슬람 사람들에게는 일본을 대하는 우리의 생각과 거의 비슷합니다. 이렇게 십자군 전쟁에 큰 성과를 거두지는 못했지만 서양은 이로 인해 큰 변화를 갖고 옵니다. 특히 상인계급이 성장하고 시민의식 또한 성장합니다. 이것이 근세를 불러오는 밑바탕이 됩니다.

이 전쟁을 통하여 가장 타격을 입은 곳은 교황청입니다. 교황의 세력은 약해지고 종교에 대한 의지도 약해지는 결과를 갖고 오게 됩니다. 십자군 전쟁을 통해 강력해진 이슬람은 세력을 확장하기 시작하여 살라딘(술탄)이 지하드(이슬람의 성스러운 전쟁)를 조직하여 점차 유럽으로 세력을 넓혀가기 시작합니다. 그 후 오스만 1세가 비잔틴 제국을 평정하면서 이슬람의 세력은 더욱 강대해져 오스만 제국을 건설합니다. 그의 아들 오르한 1세는 후에 동로마 제국과 동맹을 맺기도 하지만 후에 동로마를 침공합니다. 서로마와 사이가 안 좋았지만 오스만 제국이 동로마를 침공하자 다급해진 동로마가 서로마에 도움을 청하지만 이미 세력이 약해진 교황은 이에 도움을 줄 수 없는 상황이 되어 동로마는 아주 비참하게 이슬람의 오스만 제국에게 점령을 당하게 됩니다. 오스만 제국은 동로마를 점령 후 비잔틴의 이름을 이스탄불(이슬람인의 땅이라는 의미)로 바꿉니다. 이것이 근세를 불러 오는 가장 큰 사건이 됩니다.

십자군 전쟁으로 기독교의 세력이 약해졌지만 그래도 기독교는 신성로마 제국의 정신적인 줄기로 의지하는 형태를 갖고 있었습니다. 그러나 동로마가 멸망하자 이는 정신적인 충격으로 다가왔고 이 사건으로 인해 기독교에 바탕을 두었던 모든 사회의 틀이 흔들리기 시작한 것입니다. 이것이 중세의 마지막을 고하는 사건이 되었으며 동로마에 거주했던 로마인들은 다시 서로마로 피신하여 새로운 시대의 필요성을 요구하게 되는데 이것이 바로 최초의 인문학이 됩니다. 기독교 시대에는 모든 지식의 바탕을 성경에 두었기 때문에 이에 반하는 내용들은 모두 이단으로 취급될 정도로 금기시 되었습니다. 특히 십자군 전쟁뿐 아니라 이즈음 유럽은 다른 전쟁으로 복잡한 상황이 있었습니다. 본래 봉건제도가 정착해 있던 시기라 기사들이 공을 세우면 왕은 그들에게 충성을 약속 받고 땅을 주었는데 그 영토가 마치 하나의 나라 규모에 가까울 정도로 컸습니다. 그들은 하사받은 영토에 가서 영주가 된 후 마치 왕처럼 살게 되고 본래의 왕은 황제가 됩니다. 이렇게 받은 영토는 자급자족이 가능할 정도의 규모이기에 굳이 황제나 교황에게 전폭적으로 의존할 필요가 없었던 것입니다. 프랑스 왕은 이러한 봉건제도를 남발하여 가장 강력한 권력을 갖고 있었음에도 가장 영토가 작은 황제이기도 했던 것입니다. 노르만족이 프랑스에 귀속되면서 받은 영토 중 하나가 바로 지금의 영국입니다. 그래서 그들은 영국으로 가서 앵글로 색슨족과 마찰을 빚기도 했습니다. 그런데 이들은 영국의 영토뿐 아니라 프랑스에 속한 노르망디 육지 땅도 소유하고 있었습니다. 프랑스의 신하였던 노르망디 공작이 영국의 왕이 되면서 상황이 복잡해지고, 십자군 전쟁에서 패한 왕의 소환문제도 겹치고, 이에 프랑스가 주도한 아비뇽유수(프랑스가 내세운 교황 때문에 로마 교황이 로마교황청을 비우고 아비뇽으로 70년간 정착한 사건) 등 여러 가지 복잡한 문제로 영국과 프랑스가 끝내 영토 문제로 거의 116년간의 전쟁을 하게 됩니다. 이 전쟁은 강력한 영국이 프랑스를 침공하게 되고, 프랑스 땅에서만 이루어지는데, 프랑스는 거의 모든 땅을 빼앗기고 아주 작은 성에서 마지막 전투를 준비하게 됩니다. 이때 혜성처럼 등장한 사람이 바로 시골 출신의 촌스러운 소녀 잔 다르크(Jeanne d'Arc)입니다. 신의 계시를 받았다는 이 백색의 소녀가 전쟁에 앞장서 옛 영토를 모두 회복하고 영국은 섬으로 물러납니다. 이 전쟁은 동로마 비잔틴이 멸망하는 1453년에 끝나는데 이 전쟁이 이슬람에 몰리는 동로마에 관심을 둘 수 없는 계기이기도 합니다. 이 두 전쟁을 통하여 많은 무기가 개발되고 특히 화포가 등장하면서 기사라는 역할이 역사 속에서 사라지는 계기가 됩니다. 시민계급이 성장하고 수직적인 사회계급이 점차 다양하게 등장하기 시작합니다.

　프랑스 땅에서 있었던 백년전쟁이 끝나고 재건에 힘쓰던 프랑스보다 오히려 영국이 복잡해집니다. 전쟁을 주도했던 가문은 전쟁 패배의 원인을 묻는 다른 가문에게 황당해하고 왕위 계승에 있어서 제외시키려 하자 두 가문이 왕위 찬탈을 위한 전쟁을 시작하는데 이 두 가문의 문장이 바로 붉은 장미와 백장미입니다. 그래서 후에 셰익스피어 등 사람들이 이를 장미전쟁이라고 이름 붙인 것입니다. 이 장미전쟁은 백년전쟁이 끝난 지 2년 후에 일어난 것을 보면 영국의 세력 다툼이 복잡했음을 알 수 있습니다. 장미전쟁의 우여곡절 끝에 붉은 장미가 승리하고 헨리 6세가 왕의 자리를 차지하고 헨리 7세에 이어오지만 영국은 또 다시 세계에 영향을 주는 사건을 만들게 됩니다. 장미전쟁을 통하여 많은 귀족 출신들이 목숨을 잃고 귀족 위주의 사회는 불안해지면서 평민 출신들이 정계에 진출하는 일이 발생하게 되며, 이러한 세태가 자리 잡으면서 사회 변화를 겪으면서 이미 프랑스에서 있었던 시민혁명과 같은 사건을 미리 준비하게 되지만, 프랑스와는 또 다른 역사를 만들어 가게 됩니다. 강대국과 손을 잡기 위하여 당시 헨리 7세는 영국 내부의 안정된 정치를 맞이하게 되면서 외부로 관심을 돌리는데, 스페인 또는 포르투갈과 같은 해상 강대국과 손을 잡기 위하여 이전부터 행해오던 왕가 간은 결혼을 진행하여 아들 아서를 스페인 공주와 결혼시키게 됩니다. 그러나 아서가 바로 죽자 스페인 공주를 돌려보내야 하는데, 갖고 온 많은 지참금도 탐이 났고 스페인과의 관계를 유지하고자 둘째와 다시 결혼을 시킵니다. 그 아들이 바로 유명한 헨리 8세입니다. 헨리 8세는 자신보다 나이 많은 형수와 어린 나이에 결혼을 한 것입니다. 헨리 8세는 어린 시절부터 아버지인 헨리 7세와 동행하면서 역사공부뿐 아니라 이미 많은 정치 경험을 하였기에 장미전쟁이 왕위계승 문제로 일어났음을 알고 있었습니다. 그래서 그는 아들을 얻으려고 노력하였으나 스페인 공주였던 첫 번째 왕비가 아들을 낳지 못하자 천주교의 원리에 따른 결혼을 무효로 돌리기 위하여 교황청에 청원합니다. 그러나 당시 교황청에 막대한 군사와 자금을 대는 스페인 공주였던 첫 번째 왕비와의 결혼을 무효로 하는 것이 교황청에는 엄청난 모험이기에 이를 반대합니다. 그래서 화가 난 헨리 8세는 로마교황청과 영국천주교의 분리를 선언하고 자신이 영국의 종교까지 지배하는 선언을 하면서 자신에게 충성을 강요합니다. 그러면서 첫 번째 왕비의 시녀에게 평소 관심을 갖고 있었기에 왕비를 폐위하고 시녀와 결혼을 하는데 그 시녀가 앤 불린입니다. 그러나 이 시녀 또한 아들을 낳지 못하고 딸을 낳자 3년 만에 폐위시키고 다른 여자와 결혼하면서 무려 6번의 결혼을 합니다. 중간에 아들을 낳았지만 어린 나이에 사망합니다. 이렇게 헨리 8세에 의하여 로마로부터 독립한 영국의 천주교가 바로 성공회입니다.

이 시기에 유럽은 종교개혁이 일어나 개신교가 있었고, 영국에도 캘빈파와 루터파의 개신교가 자리를 잡고 있었습니다. 이들이 바로 청교도인입니다. 그러나 헨리 8세의 종교적인 압박과 갈등에 이들은 견디다 못해 나중에 헨리 8세의 두 번째 왕비였던 시녀 출신의 앤 불린의 소생인 엘리자베스 1세 때 메인플라워호를 타고 청교도인과 승무원 합쳐 150명 정도가 미국으로 건너갑니다. 미국이 그전에 아메리카로 온 사람들이 있었음에도 청교도인들을 내세우는 데는 이유가 있습니다. 이들이 도착한 시기는 혹독한 추위가 있었던 겨울이었으며, 그 시기에 많은 사람들이 죽어 100명도 안 되는 사람들만이 살아남았지만 겨울이 지나 갈 동안 배에 남아 있으면서 또다시 많은 사람들이 죽습니다. 날씨가 풀려 육지로 내려왔지만 이미 먹을 것이 충분하지 않은 상태에서 어려움이 부딪히지만 인디언들의 도움으로 옥수수재배 방법을 배우고 살아남게 되며, 첫 수확의 날이 미국의 추수감사절이 됩니다. 그러나 이제 먹을 것을 해결한 이들은 인디언 토벌을 시작하고 신대륙 정복에 들어섭니다. 청교도인들 이전에 아메리카로 온 사람들을 지금의 미국인들은 금을 찾으러 온 사람들로 보고 신대륙의 정복과는 무관한 사람들이라 여겨 미국 역사에 남을 만한 업적으로 여기기에는 좋은 모델이 아니었습니다. 그러나 가나안 정복을 이스라엘인들이 했듯이 신대륙 정복을 위한 청교도인들의 인디언 정복을 새로운 미국 역사로 만들기 위하여 청교도인들을 미국의 역사로 확대하기 시작한 것입니다. 이때 청교도인들에게 죽은 인디언들의 숫자는 실로 놀랍지만 미국인들은 거기에 초점을 맞추지 않고 신대륙을 향한 개척에 역사의 틀을 만들기 위하여 이들을 미화하기 시작한 것입니다.

청교도인들의 미국 이동은 유럽에도 영향을 미칩니다. 이렇게 영국의 변화가 있는 동안 유럽은 신성로마 제국은 황제가 바뀌기는 하지만 불안한 상태로 계속 지속되고 있습니다. 또한 이즈음 기독교의 지도자들은 왕족은 아니지만 왕과 같은 권력과 생활을 유지하고 있었습니다. 그러나 예전과 같지 않아 교황청이나 수도원이 보유하고 있는 영토도 감소하고 있었습니다. 교황청의 더 많은 경제력에 대한 욕구가 급기야 면죄부 판매라는 수단까지 동원하게 되어 이를 통해 많은 부를 갖게 됩니다. 그러나 이는 신학자들에게 의문을 갖게 했고 이로 인하여 독일의 마틴 루터와 스위스 캘빈에 의한 종교개혁에 불을 지피게 됩니다. 루터는 종교자체의 변화에 초점을 맞추었고 캘빈은 일반인의 변화가 종교개혁의 역할을 해야 한다는 취지 아래 시작됩니다. 이것을 발단으로 독일에서 구교와 신교 간의 30년 종교전쟁이 시작됩니다. 시작은 그랬지만 사실상 교황청과 권력의 분열이라는 바탕이 있었기 이것이 가능했던 것입니다. 두 사람의 종교 개혁 전에도 종교에 대한 변화 시도가 있었지만 그 때는 교황과 권력이 하나로 뭉쳐 있어 보호 받지 못한 개혁이었기에 성공할 수 없었습니다. 그러나 종교의 권력이 막강해지는 반면 여러 국가들이 생기면서 왕의 영향은 오히려 축소되는 경향으로 서로 간에 불신이 생기는데 면죄부 판매를 통한 교황청의 횡포가 심해지지만 이를 적극적이고 표면적으로 나타낼 수는 없었습니다. 그런데 신학자들이 이를 들고 일어나자 왕들이 이들을 비호하고 보호하면서 종교개혁이 진행될 수 있었던 것입니다. 특히 캘빈의 일반인 변화에 대한 초점은 구텐베르크의 인쇄기 발명과 함께 제일 먼저 인쇄한 것이 바로 성경이었는데 이를 접한 시민들의 지지가 큰 힘이 되었던 것입니다. 그래서 독재자들은 시민들의 깨달음을 제일 싫어하기에 언론 통제를 중요한 정책으로 삼기도 하는 것입니다. 모든 나라는 그 나라 국민 수준에 맞는 지도자를 갖는다는 처칠의 말의 근거는 바로 이러한 배경에서 시작된 것입니다. 그래서 우리가 우매한 지도자를 갖게 된 것은 우리의 책임도 있습니다. 객관적이지 못한 국민은 객관적이지 못한 지도자를 갖게 되고 정당하지 못한 국민은 정당하지 못한 지도자를 갖게 되는 것이며, 국민 간에 서로 하나가 되지 못한 국가는 국민을 위하지 않는 지도자를 갖은 것을 역사 속에서 보게 됩니다. 당시 가장 중요했던 영적인 분야를 담당한 종교의 개혁이 바탕이 되고 라틴어 위주의 문서와 정보가 인쇄술의 발달로 각 나라의 다양한 언어로 출판되면서 시민들이 깨어나고 본질을 알면서 이러한 과정들이 인문주의를 바탕으로 한 근세로 향하는 기초가 된 것입니다.

중세에서 근세로 가는 배경을 정리해 본다면 십자군 전쟁을 통하여 시민의식이 발달하고 중세의 기사가 화포의 발달로 쇠퇴기를 맞게 되며 기독교 국가였던 비잔틴의 멸망은 종교에 의지했던 사회가 새로운 인간에 대한 방향으로 관점을 돌리게 되며 기독교 위주의 정서적인 사회풍토가 약해지면서 새로운 돌파구를 향한 시도가 있게 되며 종교전쟁을 통하여 규제와 자유라는 풍토가 자리 잡게 됩니다. 이 모든 것은 인간중심 사회라는 시대적 키워드가 바뀌면서 종교와 인간성의 대립이 등장하게 됩니다. 이 중 이슬람에 의한 기독교의 비잔틴 멸망은 더욱 충격적인 사건이었으며 이로 인하여 기독교가 중심이었던 중세에 인문주의자들이 새로운 시대적 설정을 제창하지 못하다가 로마에서 이 사건을 계기로 인문주의에 대한 이론을 펼치기 시작합니다.

비잔틴 제국의 멸망을 단순히 한 제국의 멸망으로 보면 안 되고 이는 이슬람이 기독교를 무너트린 사건으로 보아야 합니다. 이로 인하여 동방의 예루살렘 교회, 안디옥 교회. 알렉산드리아 교회가 이미 이슬람에 넘어갔고 마지막 남은 비잔틴마저 이슬람에 무너지자 이전의 동방 교회는 모두 사라지고 유일하게 남은 러시아 동방 교회만 남은 것입니다. 이로 인하여 기독교는 불안감을 가질수밖에 없었으며 과거의 교황과 황제의 권력 다툼에서 이득이 될 것이 없었기에 변화된 사회에 맞추어 기독교도 변화를 모색하게 된 것입니다. 특히 절대적이었던 교황청의 권력이 헨리 8세에 의하여 탈퇴라는 충격적인 선언이 국왕들에게 새로운 계기를 주었으며 교황청과의 결별이 가능하다는 것을 암시하게 됩니다. 로마로 피신한 학자 중 역사학자인 Leonardo Bruni와 인문학자 Giannozzo Manetti가 제창한 인문주의 이론이 힘을 얻게 됩니다. 위에서 Bruni의 이론을 보면 종교는 현세보다 사후를 더 중요시했던 반면 그는 현세의 중요함을 주장하고 개인의 가치를 더 나타내려 한 것이 보입니다. 근세로 들어서면서 신학 위주의 학문을 문법, 웅변, 시 그리고 역사라는 4개의 분야로 학문의 범위를 정하고 특히 신앙적인 것보다는 역사적인 부분을 더 강조하는데, 이를 위하여 클래식적인 부분을 강조하면서 그리스와 로마의 철학과 사상을 기초로 하려는 의도가 보입니다. 여기서 이집트는 제외된 것이 인간의 존엄성을 나타내기 위하여 필요한 것이 영웅들의 역사 속 등장과 철학인데 그 내용들을 그리스와 로마가 더 많았기 때문입니다. 그리고 새로운 시대이지만 이론을 정립하기 위해서는 증명이 필요한데 지난 과거 속 등장하는 영웅들의 역사는 신에 비교되는 좋은 예가 될 수 있기 때문입니다. 그러나 근세는 이러한 내용을 증명하기 위하여 중세를 제외하였는데 이는 너무도 당연한 것으로 근세의 시작 동기는 중세가 싫어 등장한 것이기에 당연히 그 이전의 고대를 교훈 삼을 수 밖에 없었던 것입니다. 아마도 중세가 신본주의가 아니었다면 고대를 예로 들 필요는 없었을 것입니다. 신본주의에서 탈피하기 위한 방법으로 고대를 예로 삼은 것입니다. 그래서 근세의 시작이 르네상스(Renaissance=again make 다시 만들다)라고 이름 붙여진 것입니다. Manetti의 이론을 보면 중세에는 문장의 주어가 대부분 예수였다면 그가 주장하는 것은 인간입니다. 인간의 능력, 가치 그리고 존엄성을 다시 알기를 바라는 의도가 잘 나타나 있습니다. 이러한 시도가 근세에 작용하여 종교만 의지하는 것보다 인간 스스로 개척하고 노력하는 새로운 사회를 요구하는 것이 보입니다. 특히 그의 이론에서 1번은 중세에는 감히 입 밖에도 낼 수 없는 기독교의 입장에서 이단과 같은 주장으로 이 내용만 보아도 새로운 시대가 중세와는 많이 달라졌음을 알 수 있습니다. 근세가 시작되기 전 고대와 중세라는 단어도 시대적 구분도 없었습니다. 그러나 근세는 자신들이 최첨단이며 이전 시대와 차별화하기 위하여 이를 구분할 필요를 느꼈고 새로운 4개 학문 중 역사부분에서 이를 명확하게 구분하게 된 것입니다. 중세에는 신본주의입니다. 이를 구분하는 것은 인간사를 인정하는 것이며 신앙에서 탈피하려는 의지를 보였으며 인간 역사에 대한 학문 자체를 정리할 필요가 있었던 것입니다.

<표 Ⅰ-1> 인문주의

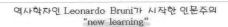

역사학자인 Leonardo Bruni가 시작한 인문주의
"new learning"

1. 인간의 성질을 알려는 욕구
   2. 한 개인의 성과를 중요시 하는 경향
   3. 지금 현세의 삶을 천국에서의 삶 보다 중요시 하는 경향
   4. 클래식 작품을 중요시 하는 경향
   (여기서 클래식이란 하는것은 그리스와 로마의 문명을 말합니다.)
   5. Grammar(문법), Rhetoric(웅변), Poerty(시), History(역사)의 발달
   (예전의 성경에 관계된 학문의 발달과 대조 됩니다.)
   6. 인간을 찬양하고 영광스럽게 생각하는 경향

인문학자 Giannozzo Manetti
2. 인간이 주인공
   1. 인간은 이세상의 주인이며 왕이며 황제이다
   2. 인간은 아름답고 예수 그리스도를 인간의 형상으로 나타내는 것도 괜찮다.
   3. 인간의 몸은 이 우주의 조화를 나타내는 생물이다.
   4. 이 세상에는 인간이 연구하여 알게 되지 못하는 비밀이란 없다.
   5. 이 세상은 인간을 위해 만들어졌다. 신은 필요치 않다.
   6. 인간은 신이 그의 마지막이 아니다. 인간의 마지막은 그의 지식과 창조성에 있다.

근세는 중세와 명확한 구분을 갖기 위하여 고대의 신인동형을 다시 갖고와 기초로 삼았으며 이에 인간중심의 시대를 열고자 중세의 신본주의와 비교되는 인본주의를 정립하였습니다. 중세의 건축은 신본주의를 지향하는 이미지로 수직적인 형태가 등장하는데 이는 하나님에 대한 소망을 담은 것으로 수직은 땅에서 하늘로 향하는 방향성을 갖고 소망과 믿음의 이미지를 갖고 있는 것입니다. 그러나 근세는 이를 탈피하고자 다시 고대에서 그 형태의 근원을 갖고 와 수평적인 이미지를 재구성하는 것을 시도합니다. 제1의 형태에 속하는 시대 중 유일하게 중세만 수직적인 이미지를 갖고 있는 이유가 바로 이것이며 고대와 근세는 다시 수평적인 이미지를 유지하게 된 것입니다. 고대는 시대적 코드가 신인동형으로 인간을 신격화하는 시대였기에 이

를 보여주기 위하여 많은 동상들을 만들었지만 중세는 기독교적인 바탕 때문에 하나님 외에 다른 형상을 만드는 것이 금기시되어 동상이 사라졌지만 근세에 들어 고대의 신인동형적인 정신을 받아들이면서 다시 곳곳에 동상 같은 형상들이 등장합니다. 그러나 고대의 신인동형 정신을 근세가 받아들이지만 신인동형보다는 인간의 역할을 중요시하기에 인신동형이라고 붙이는 것이 옳습니다. 중세의 건축물 스케일과 작업 콘셉트는 모두 신의 스케일에 맞추어졌기에 인간에게 그다지 안락한 공간이나 요소를 갖고 있지 못했습니다. 그러나 근세에 들어 모든 스케일과 콘셉트도 인간에게 맞추려고 시도하기 때문에 인간에 대한 연구가 육체적인 것뿐 아니라 정신적인 것까지 연구하게 되면서 공간의 구조, 크기 그리고 디자인의 변화를 갖고 옵니다. 그러나 새로운 이론으로 근세도 바로 시작했다기보다는 고대에서 많은 근거를 갖고 오는데 다빈치의 비트루비스적 인간, 즉 인체비례도 소묘작품이 그 대표적인 것입니다.

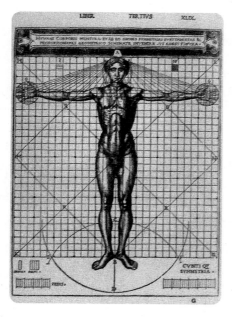 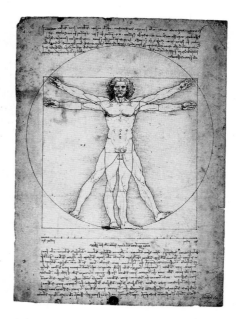

(a) Vitruvian Man_ illustrated edition by Cesare Cesariano

(b) Vitruvian man_ 레오나르도 다빈치 소묘

[그림 Ⅰ-41] 비트루비안 맨

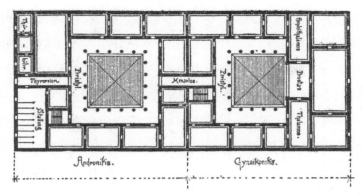

[그림 Ⅰ-42] Roman house plan after Vitruvius

다빈치는 자신의 이론을 정당화하기 위하여 고대 로마 건축가 비투르비우스가 쓴 ≪건축 10서 3장≫에 나오는 건축에 적용되는 인체의 비례규칙을 신전 건축 시 적용해야 한다는 대목을 인용하여 이 소묘를 그렸습니다. "인체의 자연적인 중심은 배꼽이다. 등을 대고 누워서 팔 다리를 뻗은 다음 컴퍼스 중심을 배꼽에 맞추고 원을 돌리면 두 팔의 손가락 끝과 두 발의 발가락 끝을 연결하면 원이나 정사각형을 얻을 수 있다. 사람 키를 발바닥에서 정수리까지 잰 길이는 두 팔을 가로 벌린 너비와 같다." 라고 그는 서술하였습니다. 이에 맞추어 근세의 건축 공간의 범위와 스케일의 변화가 생겼고 이것이 지금 건축계획의 기초가 되고 있습니다. [그림 Ⅰ-42]의 그림처럼 원래 로마는 비투르비우스의 건축원리에 맞게 공간을 형성하려고 시도했습니다. 그런데 중세에 들어 스케일이 신에 맞추다 보니 웅장함과 신비로움을 표현하게 되어 인간의 스케일이 제외된 것입니다. 여기서 로마라 함은 기독교 공인 이전의 고대 로마를 의미하는 것입니다. 이렇게 고대의 기술을 다시 부활시킨 것이 근세의 시작입니다. 그래서 근세는 고대의 숫자, 비례 그리고 우주를 하나로 보는 이론이 바탕이 되는 것입니다. 우리는 근세 또는 근세의 시작 르네상스를 문예부흥기에만 초점을 맞추어 바라보기 때문에 정확한 이해가 어려운 것입니다. 그 배경을 이해해야 왜 문예부흥이 일어났고 그들의 화려한 모습이 등장했는지 알게 되는 것입니다. 르네상스를 문예부흥, 바로코와 로코코를 떠올리면 화려함 이것이 근세를 알고 있는 대부분입니다. 그러나 근세에는 매너리즘이 아주 중요하고 이 매너리즘의 등장으로 바로코와 로코코의 화려함이 이해될 수 있는 것입니다. 이 모든 시작에는 고대의 철학과 이론이 바탕으로 있었기 때문에 가능했기 때문입니다. 1,000년에 걸쳐 신학과 수도원 주도의 학문과 집필이라는 큰 틀에 맞추어 발달했던 중세에는 다양한 시도가 어려웠으나 이제 근세에 들어 새로운 시도를 하기에는 중세의 영향이 너무 크기에 근세는 고대의 기초적인 시작이 필요했던 것입니다. 그래서 고대 논리를 갖고 오게 되는데 이것들이 근세를 이해하는 데 중요한 열쇠입니다. 근세에 가장 영향을 주었던 고대 논리 중에 피타고라스 이론이 있습니다. 그는 만물(우주)의 근원은 '숫자'라고 말을 했습니다. 여기에 영향을 받아 이를 더 발전시킨 사람이 바로 플라톤입니다. 그의 이론을 우리는 플라톤 이론이라고 합니다. 그는 '우주', '질서' 그리고 '미'는 모두 하나라고 합니다. 이러한 이론에 근세를 정착시킨 사람들이 바로 근세에 영향을 미친 레오나르도 다빈치, 미켈란젤로, 라파엘로, 브라만테 그리고 건축가 알버티입니다. 이들이 이러한 이론에 영향을 받았다는 것이 바로 이들의 작품 또는 근세의 작품을 이러한 이론을 바탕으로 이해해야 한다는 것입니다. 즉 근세의 작품을 '우주', '질서' 그리고 '숫자'와 연결 짓지 못하면 근세의 미를 이해하기 어렵다는 것입니다.

새로운 국가의 생성이 일어나고 강대국과 식민지의 새로운 조합이 생기면서 중세보다 더 넓은 영역의 진출이 일어나고 이로 인하여 상인의 위치가 중요시 되면서 이로 생기는 경제적인 부가 갖고 오는 결과로 건축물의 많은 부분이 화려해지는 현상도 나타납니다. 근세 이전까지 역사에 등장하는 건축물 대부분이 권력자들의 소유였다면 이러한 사회변화로 별장과 같은 다른 기능의 건축물이 등장하기 시작합니다. 근세 말로 가면서 시민들의 의식이 달라지고 상인조합 길드가 사회적으로 역할을 맡으면서 새로운 기능의 건축물이 화려하게 등장합니다.

르네상스(Renaissance): 고대의 부활

내용을 파악하기 전 먼저 각 시대를 부르는 이름에 대한 이해가 먼저라고 앞에서 여러 번 언급하였습니다. 왜냐하면 그 이름들이 지어진 배경이 바로 내용이기 때문입니다. 그러나 우리는 각 시대의 이름을 그냥 받아들이고 내용을 접하기 때문에 이미 이해하지 못한 시작이라 그 다음 과정에서 어려움이 있는 것입니다. 고대의 3시대 이집트, 그리스, 로마는 아직도 존재하는 나라 이름이기 때문에 받아들이는 어려움이 없지만 그 이후부터는 이름에 대한 배경을 알면 이해하는 데 도움이 되리라 생각합니다. 그러나 이름에 대하여 큰 의미를 부여할 필요는 군이 없습니다. 예를 들어 비잔틴은 로마 제국의 세력이 비잔틴으로 옮겨 갔기 때문에 비잔틴이라 부른 것이고 건축물도 동양과 서양의 형태가 합쳐지는 통합적인 이미지가 등장하는 것입니다. 그러므로 비잔틴 하면 그 이전 서양 평면의 기본인 직사각형 바실리카에 동양의 형태 원이 접해진 것이라 생각하면 됩니다.

그 다음 로마네스크는 우리말로 '로마풍'이라고 생각하면 됩니다. 로마풍의 형태가 다시 되살아나고 이에 정치적인 상황으로 울(울타리)이 생기면서 성곽의 형태와 3단 형식의 건축물이 등장하는 것을 생각하면 됩니다. 그 이후의 고딕은 '흉측하다, 혐오스럽다'라는 뜻으로 온 몸에 문신을 한 이미지를 생각하라고 언급했습니다. 그 이유는 건축물이 과거보다 더 높이 상승하기 위하여 기존에 갖고 있던 형태로는 그 무게를 감당할 수 없어 하중을 줄이기 위한 방법으로 벽의 두께를 줄이고 이에 벽에 성경적인 내용을 조각하면서 좀 더 높이 올라가려는 시도를 하여 구조적인 안정을 꾀하기 위하여 얇아진 벽을 지탱하기 위한 방법으로 벽의 측면에 지지대를 두었는데 이를 '플라잉 버트레스'라고 부른다고 하였습니다. 기존의 두꺼운 벽을 갖고 있는 창이 기능을 다하지 못했는데 고딕에 와서 벽이 얇아지면서 창의 기능을 제대로 하게 되어 창을 좀 더 선도적인 목적으로 활용하기 위한 방법으로 성경적인 내용들을 담았다는 것입니다. 중세는 고대, 중세 그리고 근세를 통틀어 수직적인 형태를 갖고 있는 유일한 시대입니다. 이유는 기독교라는 종교적인 상황이 시대적 코드가 바탕에 있어 이를 보여주기 위한 시대적 상황 때문에 수직적인 형태가 등장하게 된 것입니다. 이 수직적인 형태는 기독교의 자존심이기 때문입니다.

이제 고딕 이후에 근세가 시작되고 그 초기가 바로 르네상스입니다. 이 이름에 대한 내용도 먼저 이해를 하는 것이 좋습니다. 앞에서 설명하였듯이 르네상스는 Re+naissance라는 두 개의 단어가 합쳐진 합성어입니다. 대부분의 단어가 외국어로 이를 우리 단어로 먼저 변경하여 그 뜻을 아는 것이 중요합니다. 르네상스는 프랑스어로서 영어가 아니라서 우리에게 더 거리감이 있고, 이를 그대로 받아들였기 때문에 이를 이해하는 데 의미 전달에 문제가 있는 것입니다. Re+naissance에서 Re는 영어의 again의 뜻으로 보통 영어 단어에 Re가 붙으면 그 단어에 '다시'라는 의미가 담겨 있습니다. 그리고 naissance는 영어의 make라는 뜻입니다. 그러므로 르네상스는 다시 만들었다(Remake 또는 again make)는 뜻입니다. 그렇다면 여기서 우리가 짚고 넘어가야 하는 것이 바로 르네상스는 앞의 다른 시대처럼 고유의 의미를 갖고 있거나 지역적인 의미도 아니고 그 시대의 형태나 의미도 갖고 있지 않은 단어입니다. 즉 그 시대의 사회적 분위기를 담은 단어로 독창적인 시작을 뜻하지 않고 중세에 대한 반감으로 중세에 대한 무엇인가 다른 의도를 나타내기 위한 의미를 갖고 있는 것입니다. 그렇다면 무엇을 다시 만들었다는 뜻일까요? 바로 앞의 내용에서 언급한 것처럼 고대를 다시 끌고 와 새로운 시대에 적용했다는 뜻입니다. 그런데 지금에 와서 르네상스라는 이름은 그 어떤 시대보다도 더 긍정적이고 희망적인 이름으로 인식되고 있습니다. 이는 바로 인본주의와 새로운 문물 그리고 과학의 발달이라는 문예부흥이라는 시대적 성격이 바탕에 있고 이것이 주로 전달되었기 때문입니다. 그러나 사실상 르네상스가 시작하던 시기는 그렇게 희망적인 사회분위기를 갖고 있지 않았습니다. 전쟁이 빈번하고 흑사병이 아직도 만연하며 귀족층 외에는 비참한 생활을 하던 시기였습니다. 그러나 인간이 소외되고 획일화 되었던 신본주의가 만연하던 중세에서 인간이 역사의 주인으로 바뀌는 과정이 실로 희망찬 메시지였던 것은 사실입니다. 이는 오랜 역사 속에서 기독교라는 영적인 의지체였던 대상이 다른 것도 아니고 기독교의 이단 중 최고로 여겼던 이슬람에게 비잔틴이 멸망하면서 영적인 불안과 사회의 불안으로 절망할 수도 있었던 사건에서 인간이 소외되었던 중세의 암흑에서 벗어 날 수 있다는 당시 인문주의 학자들의 발 빠른 희망찬 메시지가 전해왔기 때문입니다. 어쨌든 르네상스라는 이름은 다시 만든다는 뜻입니다. 이를 먼저 기억하고 근세를 시작하기 바랍니다.

근세의 영어 표현은 New time입니다. 다른 곳에서는 Early modern period라고 표현하기도 하지만 이는 옳지 않습니다. Early modern period은 근대를 지칭해야 합니다. 왜냐하면 근대 이후에 Late modern이 등장하기 때문입니다. 중세가 거의 1,000년이 지난 후 새로운 시대가 시작되었기 때문입니다. 앞에서도 언급했지만 이 이름 고대, 중세 그리고 근세(New time)라는 이름은 근세 자신이 붙인 것입니다. 그러므로 그들이 붙인 이름을 그대로 유지하는 것이 옳습니다. 자신들이 당시에 새로운 시대이고 첨단이라고 생각했기 때문이며 이는 사실이기도 합니다. 그러나 르네상스가 Again make라는 의미는 근세의 New time과는 조금 동떨어집니다. 그래서 근세(New time)라는 이름은 처음부터 등장한 것이 아니고 고대의 정신을 이어오기는 했지만 다양한 사회변화와 발전을 이루면서 르네상스 후기에 붙여진 이름입니다. 정리하면 르네상스는 고대의 정신을 다시 갖고 온 것이라고 생각하면 됩니다. 이 바탕에 인간의 스케일로 시작한 것입니다. 그러나 기독교의 역할이 사라진 것은 아닙니다. 과거보다 그 영향력이 약해진 것뿐이지 아직도 기독교와 신성로마 제국의 관계는 유지되고 있었습니다.

아직 유럽은 제국의 형태로 유지되고 국가 간의 봉건제도와 같은 사회풍조는 과거보다는 약해졌지만 신성로마 제국은 1800년 초까지 이어집니다. 그러나 새로운 시대는 인간에 모든 초점이 만들어지고 인간 스스로 세상사를 헤쳐 나가기를 선언한 이상 신앙이 주는 믿음보다 인간 스스로 능력을 키워나가고 인간이 바라보는 관점에서 모든 것을 판단하기를 바라던 시기입니다. 기준이 하나님이 기뻐하시는 기준에서 인간 스스로 기쁨을 느끼는 시대로 온 것입니다. 그래서 이 결과는 좀 더 현실적으로 바뀌어야 하며 사실적인 표현이 주를 이루게 됩니다. 정확한 표현과 신앙적이지 않고 논리적이어야 하며 우주의 질서에서 기인한 이론을 바탕으로 모든 것이 질서정연해야 하며 신앙적인 판단이 아닌 규칙과 균형이 있어야 하고 인간의 관점에서 조화롭고 논리적이어야 합니다. 이를 위해서는 사실주의가 바탕에 있고 종교적인 바탕이 아니라 인간이 이해할 수 있는 자연의 법칙처럼 자연주의를 따르게 되었고 중세에는 모든 것을 믿음으로 바라보았다면 이제는 새로운 관점에서 사실주의를 위하여 인문화에도 표정에 대한 관심이 높아졌으며 논리적인 표현을 위하여 상상력보다는 사실적인 표현을 위하여 옷의 주름까지도 실질적인 모델이나 이와 유사한 모델을 상대로 표현하기 시작합니다. 이를 잘 나타낸 것이 바로 레오나르도 다빈치입니다. 중세까지 불가능했던 누드화가 이제 근세 들어 자연스럽게 등장하는 것을 보면 기독교가 아직 있지만 과거처럼 강하게 작용하지 않은 것을 알 수 있습니다. 다빈치는 한 때 동성연애로 문제가 된 적이 있습니다. 중세에는 바로 화형에 처할 수 있었지만 그러나 지인의 도움으로 풀려났다는 것은 이제 사회가 많이 달라졌음을 의미합니다.

(a)   (b)   (c)

(a) 천사에 둘러싸인 성모와 아기 예수(1270년)_ 첸니 디페포 치마부에, 중세미술
(b) 암굴의 성모(1485년)_ 다빈치, 루브르 박물관
(c) 풀밭의 성모자와 아기 요한(1506년)_ 라파엘로, 비엔나, 르네상스

[그림 Ⅰ-43] 중세와 근세의 성화

위 [그림 Ⅰ- 43] 세 개의 그림은 이탈리아의 치마부에(Ci ma bu e, 1240~1302)의 그림(a)과 레오나르도 다빈치 그림(b) 그리고 라파엘로 그림(c)입니다. 그림 (a)는 중세 말기의 그림(1270년)이고, 그림 (b)는 근세 초기 르네상스 그림(1485년)이며, 그림 (c)는 라파엘로 산치오(Raffaello Sanzio, 1483~1520)의 1506년도 그림 '풀밭의 성모자와 아기 요한'입니다. 중세는 모든 것을 신앙적인 초점에 맞추었기 때문에 교회의 모든 것은 다른 방법을 사용하지 않고 신앙적인 목적을 이루는 데 방향을 맞추었습니다. 그래서 다양한 분야가 발달하기보다는 대부분이 종교적인 차원에서 다루어진

것입니다. 즉 종교에 도움이 되지 않는 것은 지향하지 않았다는 것입니다. (a) 그림은 이름이 '천사에 둘러싸인 성모와 아기 예수'입니다. 가운데 성모마리아와 예수가 있고 양쪽으로 여섯 천사가 있습니다. 중세미술을 보면 성스러운 이미지 전달에 목적을 두었기 때문에 그림에서 표정이 모두 같고 기쁜 것인지 슬픈 것인지 완전 무표정합니다. 여섯 천사의 얼굴이나 손의 크기가 앞이나 뒤에 상관없이 모두 같은 크기이고 성모가 앉아 있는 의자도 입체가 아닌 듯이 보입니다. 성화의 배경에는 금색을 두었으며 일반인과 차별화를 주기 위해 후광 또한 금색으로 만들었습니다. 그러나 (b) 그림과 (c)의 그림은 근세에 그린 것으로 일단 배경에는 저 멀리 파랑색 계통의 색을 썼는데 이는 희망적인 메시지를 담고 있습니다. 그리고 후광 또한 테두리만 있을 뿐 금색이 사라지고 배경 또한 멀리 있는 것은 작고 가까이 있는 것은 크게 그리고 색도 멀어질수록 흐릿해지는 원근법을 사용했습니다. 또한 (a)의 그림은 배경이 없는데 근세의 그림은 배경을 두어 사실적인 표현을 하려고 했던 것이 보입니다. 르네상스에 등장하는 여성은 그리스의 미를 담으려고 시도했으며, (b)와 (c)의 그림을 보면 모두 얼굴이 우측으로 향한 것을 알 수 있습니다. 중세의 건축물은 수직성을 갖고 있다고 앞에서 언급한 것처럼 그림도 수직적인 구도를 갖고 있는 반면 르네상스 그림들은 삼각형 구도를 갖고 있습니다. 이 삼각형 구도가 안정하다고 생각한 것입니다. 이 또한 고대에서 갖고 온 구도입니다. 이 또한 그리스의 동상들이 갖고 있는 방향과 일치합니다. 이는 곧 우리가 성화를 볼 때 (a)와 같은 것은 중세이고, 배경과 후광에 금색이 있다면 이 또한 중세의 그림이라는 것을 알면 됩니다. (b)와 (c)의 두 그림 중 지팡이를 들고 있는 아기가 있는데 이는 세례 요한으로 르네상스 이후 그림에 지팡이를 들고 있는 사람이 있다면 이는 세례 요한이라고 생각하면 됩니다. 이는 그림에서 열쇠를 갖고 있는 것이 베드로를 뜻하는 것과 같은 뜻으로 르네상스부터는 성경에 입각한 사실주의를 표현하다 보니 이렇게 그림에 일정한 코드가 나타나는 것입니다. 또한 (c)와 (b)의 그림에서 아기의 손이 두 손가락을 펴고 있는 모습이 있는데 이는 축복을 하는 자세로 이것이 후에 축복할 때 하는 모양으로 자리 잡게 됩니다. 이렇게 르네상스부터는 모든 것에 사실적이고 질서와 규칙을 적용하려는 의도가 보입니다.

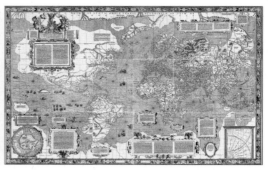

(a) 헤리퍼드의 세계지도(1300년경)　　　　(b) 메르케터(Mercator)의 세계지도(1569년)

[그림 Ⅰ-44] 중세와 근세의 세계지도

[그림 Ⅰ-44] (a)의 그림은 1300년 경 중세 헤리퍼드의 세계지도이고, (b)는 1569년도 르네상스 메르케터의 세계지도입니다. 중세에는 지도 또한 종교적인 성격을 반영하여 (a)의 지도에는 십자군 전쟁 말기의 상황을 표현한 배경 그림이 들어 있고, 지도의 동쪽은 예수의 머리, 서쪽은 발 그리고 남북은 예수의 손을 의미합니다. 그리고 예루살렘을 중앙에 위치하도록 지도를 구성한 반면 르네상스는 기하학적이며 정확한 표현을 하려고 시도했으며, 경험과 이상이 서로 결합된 동질성을 나타나도록 한 것입니다. 중세는 오로지 신앙적인 부분에만 작업 성향을 담다 보니 2차원적 표현이 주를 이루었으나 르네상스는 사람이 보는 관점을 살리도록 하였으며, 입체적인 표현을 시도하게 됩니다.

[그림 Ⅰ-45]는 지금은 교황선출(콘클라베) 장소로 쓰이는 시스티나 성당에 있는 피에트로 페루지노의 '교회 열쇠를 받는 성 베드로'라는 그림으로 1482년 작품입니다. 남쪽과 북쪽 벽에 그려진 성화들 중에서 가장 유명한 그림입니다. 예수가 베드로에게 천국의 열쇠를 수여하는 모습을 통해 베드로의 후계자인 교황의 권위를 신성화시켰습니다. 그림의 중앙에 있는 돔형 건물은 솔로몬 성전을 르네상스 양식으로 표현한 것이고, 그 양쪽에 있는 개선문은 콘스탄티누스 대제의 개선문을 본뜬 것입니다. 왼쪽 개선문에 적힌 'IMENSV SALOMO TEMPLVM TV HOC QVARTE SACRASTI'와 오른쪽 개선문에 적힌 'SIXTE OPIBVS DISPAR RELIGIONE PRIOR'는 시스티나 성당을 건설하도록 한 교황 식스토 4세를 찬양하는 라틴어 문구로, '이 거대한 성전을 축성한 그대 식스토 4세는 부유함으로는 솔로몬에 미치지

[그림 Ⅰ-45] 교회의 열쇠를 받는 성 베드로(1481~1482), 피에트로 페루지노, 로마

못하나, 믿음으로는 솔로몬을 능가했다'는 의미를 갖고 있습니다.

위의 [그림 Ⅰ-45]에서 중세와의 큰 차이를 보이는 것들이 있는데 바로 수평성입니다. 중세는 주로 수직성을 강조한 반면 르네상스는 수평성을 강조하는데, 이는 고대에 주로 사용했던 특히 그리스 양식의 엔태블러쳐(Entablature)의 방식입니다. 그림을 보면 수평성이 강조되고 주로 사용하는 삼각형 구성을 볼 수 있습니다. 그리고 좌우대칭을 의도적으로 사용했음을 알 수 있습니다. 이는 다분히 의도적으로 고대의 비례와 질서를 나타내기 위한 방식입니다. 그림의 구성도 대칭이지만 그림의 사람들 또한 대칭적으로 배치되어 좌우로 몰려있고 가운데는 비워있는 구조입니다. 건축물도 좌우가 같으며 각각의 건축물도 대칭적인 형태를 갖고 있습니다. 가운데 건축물의 지붕이 돔으로 나타난 것은 중심적인 의미를 갖고 있고 로마의 상징적인 형태를 갖고 온 것입니다. 좌우에 있는 사각 건축물 위에 장식을 갖고 있는 것은 아주 새로운 표현으로 이는 유럽의 방식이 아닌 것으로 보아 르네상스 이후 더 넓은 세계로 향한 의미를 나타내는 것입니다. 광장의 바닥이 격자 형식으로 되어 있는 것은 당시에는 가능하지 않은 형태이지만 이것이 원근법적인 그림의 형식을 더 강하게 보이게 합니다.

돔 지붕을 갖고 있는 가운데 건축물의 중앙 아치 위에 삼각지붕은 고대 그리스 양식에서 갖고 온 것으로 이는 중세에는 전혀 없던 표현으로 근세부터 건축물에 등장합니다. 광장 가운데 예수를 중앙으로 좌우로 제자들이 일렬로 늘어선 형태는 고대에 철학자들과 제자들이 섰던 구조를 그대로 인용한 것입니다. 그림을 자세히 보면 예수와 제자들은 머리 위에 후광 테두리가 있고 그렇지 않은 사람들은 모두 모자를 쓰고 있는 것이 보입니다. 이는 근세로 시대가 바뀌었지만 아직 기독교가 영향력 있는 시대임을 나타냅니다. 가운데 건물의 입구를 보면 두 사람이 서있습니다. 이는 개구부의 스케일을 엿볼 수 있는 부분으로 중세에 비하여 문이 크지도 높지도 않을 것을 보았을 때 이미 인간의 스케일에 맞추어졌음을 알 수 있습니다. 그리고 중세에는 개구부 위에 아치 형태로 되어 있는데(그림의 양 옆) 근세부터는 개구부 상단을 수평적으로 만든 것을 볼 수 있습니다. 이 또한 고대에 썼던 방식입니다. 그림의 전체적인 배경은 이런데 이 그림에서 미스터리인 것은 3개의 건축물이 갖고 있는 형태가 로마네스크의 3단 형식이라는 것입니다. 로마네스크 또한 중세의 건축 양식인데 이를 사용했다는 것은 르네상스가 갖고 있는 한계가 아닌가 합니다.

로마는 광장이 도시에서 중요한 역할을 합니다. 그림에서 전체적으로 삼각형 구조와 수평적인 구조를 사용했는데 이 또한 중세의 수직적인 구조와 비교되는 것으로 차별화를 둔 것을 알 수 있습니다. 전체적으로 원근법이 사용되는데 이 원조는 다빈치로 그의 작품 중 최후의 만찬이 잘 보여주고 있습니다. 사실

세인트 패트릭 대성당, 뉴욕

미술을 전공하지 않은 사람들이 작품을 잘 이해한다는 것은 어려운 일입니다. 보통 유명한 사람들이 유명하지 않은 사람들보다 그 분야에서 실력이 더 좋아 유명해졌다고 생각할 수도 있습니다. 사실은 그렇지 않습니다. 유명한 사람들은 유명하지 않은 사람들보다 실력이 반드시 좋아서 그런 것은 아니고 그들은 몇 가지 특징이 있습니다. 그들은 우선적으로 언행일치를 보이고 있습니다. 그들은 작품을 만들 때 어떻게 만들겠다는 콘셉트가 있고 그렇게 실행합니다. 그래서 작품을 볼 때는 설명을 듣거나 읽고 난 후 보아야 정확한 이해를 할 수 있는 것입니다. 그리고 그들은 반드시 스타일이 있습니다. 그래서 우리는 그들의 작품을 반복해서 이해할 수 있는 것입니다. 그리고 그들은 그들을 유명하게 만든 부분의 원조일 가능성이 큽니다. 이것이 그들을 유명하게 만드는 가장 큰 원인입니다. 피카소를 생각할 때 그가 그림을 잘 그려서 유명하다고 생각하는 사람은 적습니다. 그러나 피카소를 생각할 때 그가 입체파의 원조라고 생각하는 사람들이 많습니다. 이것이 그를 유명하게 만든 원인입니다. 그러므로 작품을 관람하러 가서 그가 그림을 잘 그렸다고 하는 것은 그 작가에 대한 칭찬이 아닙니다. 미술가들은 다 그림을 잘 그립니다. 잘 그리는 것을 자랑하려고 그림을 전시하려는 것이 아니고 그들은 잘 그리는 그 실력에 자신의 메시지를 전달하려고 하는 것입니다. 그러므로 관람을 가면 그가 작품을 통하여 무엇을 전달하려는지 그것을 파악해야 하는 것입니다. 그런데 유명한 사람들의 작품을 실력으로 평가하려고 하기 때문에 우리는 얻고 오는 것이 별로 없는 것입니다. 왜냐하면 우리는 그들의 실력을 평가할만한 지식을 갖고 있지 않기 때문입니다.

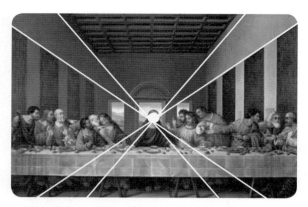

[그림 I - 46] 최후의 만찬(1498)_ 산타마리아 델레그라치에교회, 다빈치

위의 [그림 I-46]은 누구나 아는 다빈치의 최후의 만찬입니다. 이 그림에서 우리는 무엇을 보나요? 아마도 다빈치의 그림이라는 것 또는 성격의 최후의 만찬이라는 것 외에 보는 것이 없는 사람도 있을 것이며 혹시라도 가운데가 예수라는 것 정도만 보는 사람도 있을 겁니다. 다빈치는 이 그림을 통하여 자신이 얼마나 그림을 잘 그리는가 알리려고 그린 것이 아닙니다. 여기에는 그림 속의 선처럼 원근법을 사용하였고 원근법의 소실점(선이 만나는 곳, 바라보는 눈의 위치) 부분에 주인공을 넣는 기법 그리고 앞의 광장처럼 원근법의 그림에는 위의 그림처럼 격자 형태를 넣어 운건법을 더 강조하는 것 등이 있습니다. 물론 지금 이러한 그림을 그린다면 그렇게 주목할 만한 일은 아닙니다. 모두가 알고 있으니까. 그러나 이러한 기법의 원조가 바로 다빈치라는 것입니다. 그가 시도하기 전 중세처럼 평면적인 표현이 주를 이루었던 것입니다. 그러므로 르네상스의 3대 미술거장 중 미켈란젤로와 라파엘로도 이러한 기법을 다빈치를 통하여 깨달았을 것이라 추정합니다. 물론 이 그림에 대한 많은 이야기들이 있습니다. 그러나 그러한 것은 인터넷을 통하여 알 수 있으므로 여기서는 생략합니다. 그러나 이 그림을 보면서 단순히 성격적인 부분만 보기보다는 그 와는 전혀 상관없는 부분도 있습니다. 이를 알면 그림에서 그 부분도 보이게 됩니다.

1981년 러시아 에르미타주 박물관에서 15세기 중반 약 500년 전 노트 한 권이 발견됩니다. 코덱스 로마노프라 불리는 요리노트로 누구의 노트인지 알 수 없었지만 양피지 종이에는 요리 아이디어로 가득 찼습니다. 이 책에는 다양한 주방기구 스케치와 필체가 있었습니다. 그리고 내용 중에는 다음과 같은 글이 수록되어 있었습니다. '건강하게 살려면 닥치는 대로 먹어서는 안 된다. 그리고 모자란 듯 먹어야 한다. 꼭꼭 씹어 먹어야 하고 무엇을 먹든 간단한 것을 제대로 익혀먹어야 한다' 또한 반복적인 내용으로 다음과 같은 글도 있었습니다. '담백한 요리의 이점을 세상 모든 사람들이 알아야 한다' 이 노트의 내용은 당시 피렌체 최고의 맛 집 '세 마리 달팽이'라는 레스토랑을 문 닫게 한 이야기에서 시작됩니다. 당시 이유 없는 원인으로 사람이 죽어 가면서(추측건대 당시 스페인 감기가 치명적이었다) 이 레스토랑의 요리사들이 사망하자 홀에서 서빙을 하던 아르바이트생이며 이 노트의 기록자가 주방장이 됩니다. 아직 스파게티가 등장하지 않았던 시기로 당시 이탈리아 음식의 주재료였던 메추리, 개구리, 달팽이, 물개, 토끼, 뱀, 공작새, 양머리, 등이었는데 이 청년은 이 모든 것을 외면하고 신개념 요리를 선보이고자 합니다. 자신의 일에 열정으로 가득 차고 새로운 것에 대한 상상력이 풍부한 이 청년은 지금까지의 기름진 요리방법이 틀렸으며 담백한 요리가 이로움을 세상에 알리고자 했던 것입니다. 특히 모든 것에 상상력이 뛰어나지만 요리사가 꿈이었던 그에게 주방장 자리는 새로운 음식을 선보일 좋은 기회였습니다. 안초비(이탈리아 요리에 사용하는 절임 생선)에 녹색 이파리를 덧붙인 간결한 요리를 앞세운 새로운 주방장의 요리로 레스토랑이 운영됐지만 그 명성에 종지부를 찍고 음식이 인정받지 못하면서 식당은 폐업되었습니다. 거리로 내쫓긴 이 청년은 손에 쥐어진 새로운 일자리를 위한 추천서(당시에는 일자리를 잃으면 이전 직장에서 추천서를 작성해 줌)에 음식이 아닌 만돌린 연주자로 적극 추천된 것에 만족하지 못하고 자신이 추천서를 고치기 시작합니다. 장치 발명가로 타의 추종을 불허하고 회화와 조각에 뛰어난 실력을 갖고 있으며 특히 음식을 잘하는데 그 중에서도 세상에 없는 최고의 빵을 구워낸다고 추천서 내용을 스스로 변경합니다. 추천서를 들고 피렌체를 떠나 당시 폭군으로 알려진 밀라노 스포로치 궁에 있는 총독 루노비코 스포르차(후에 이 청년의 후원자가 됨)에게 전달합니다. 추천서를 받은 총독은 다재다능한 이 청년을 요리사가 아닌 파티 총 책임자로 채용하게 됩니다. 요리를 하지 못하게 된 이 청년은 무엇을 하던 열정적인 사람으로 밀라노 최고의 파티를 기획하게 되고 이것이 성공하여 총독의 신임을 얻게 되어 드디어 요리사가 됩니다. 다양한 요리를 시도할 수 있는 기회가 온 것입니다. 총독 조카 혼인을 위한 파티를 위한 음식으로 계란을 곁들인 돼지고기와 빵, 삶은 양파 한 개 그리고 계란 한 개 등을 선 보였지만 파티는 실패합니다. 기름진 음식을 좋아하던 이탈리아 사람들에게 환영 받지 못한 것입니다. 총독의 노여움을 샀으나 포기를 모르는 이 사람은 요리뿐 아니라 궁정 주방에 대한 열정도 가득하여 신개념의 주방을 만들면 최초가 될 것이 며 사람들이 총독을 우러러 보게 될 것이라는 말로 설득하여 다시 기회를 얻게 됩니 다. 몇 달에 걸쳐 오리털 뽑는 기구, 돼지고기 써는 기구, 반죽하는 기구, 자동화된 조리기구, 자동석쇠, 사람대신 장작을 나르는 기계, 인공 비를 뿌려 화재를 막는 기 계 등을 설계합니다. 드디어 신개념 주방을 오픈 하는 날 음식을 기다리던 사람들이 참지 못하고 주방으로 가보니 난리였습니다. 천장에서는 물이 멈추지 않아 바닥은 물난리이고, 반쯤 죽은 소가 빠져 나오려고 발버둥을 치며, 장작 기계는 멈추지 않 아 부엌은 나무로 가득하지만 단 하나 작동하는 것은 끝없이 음악을 보내는 시끄러 운 반자동 북이었습니다. 동력을 해결하지 못했던 것입니다. 이런 와중에 등장한 음 식은 담백을 자랑하는 단지 상추 두 잎에 루도비코 총독을 실물처럼 조각한 사탕무 하나(조각 실력이 뛰어남). '세 마리 달팽이'라는 레스토랑에 이어 '이 사람은 요리 빼 고 다 잘 한다'는 내용의 총독 추천서와 함께 1495년 산타마리아 델레 그라치 수도 원으로 17년 궁중 생활을 뒤로 하고 다시 쫓겨납니다. 일을 끝맺지 못하는 사람이라 는 수식어를 갖고 있는 수도원에서 그의 임무는 벽화를 그리는 일이지만 1년 동안 붓 한 번 잡지 않고 음식과 와인을 모두 축내기만 하자 수도원이 총독에게 고자질 합니다. 그가 수도원에서 그려야 하는 벽화는 대부분 만찬 그림입니다. 그는 만찬 그림에 들어 갈 음식을 선별하는 시간이 필요했던 것이었습니다. 2년 7개월 수도원 체류 기간 중 그가 그림을 그린 시간은 단지 3개월입니다. 나머지는 모두 준비 기간 이었습니다. 그가 드디어 벽에 만찬 그림 들을 그리기 시작했습니다. 지금까지의 요 리 방법이 틀렸다고 세상에 알리고자 했던 그가 이때 탄생시킨 걸작이 바로 레오나 르도 다빈치의 "최후의 만찬"입니다. 요리사를 꿈꾸며 그렇게도 알리고 싶었던 소 박하고 담백한 음식으로 가득 채운 레오나르도 다빈치의 식탁이 드디어 탄생된 것 입니다.

다빈치의 최후의 만찬 그림을 보면서 사람들은 그의 원근법적인 구도와 각 인물 의 표정, 자연스러운 포즈 등 전문가로서의 우수한 능력과 새로운 시도를 말하지만 정작 그의 다양한 인간적 메시지가 담긴 모데(창조자)와 대모데(추종자)의 차이를 알

아차리지 못합니다. 그가 위대한
것은 언제나 모데의 위치에 있었
다는 것입니다. 작가는 자신의 세
계관을 자신의 작품에 담습니다.
우리가 주시해야 하는 것은 그는
자신의 신념을 모든 디테일에 나
타냈다는 것입니다. 작품을 감상
하는 방법에는 보고, 듣고 그리고
읽는 것이 있습니다. 이 3가지 중
하나라도 부족하면 충분한 감동을

루샐라이 가족궁전 내의 마리아노밸라 성당 파사드(1470)_
알베르티설계(1457~8년), 르네상스

받기 어렵습니다. 잘 알고 있다는 것은 3박자, 즉 그림으로 그릴 수 있어야 하고,
글로 쓸 수 있어야 하며, 말로 설명할 수 있어야 합니다. 이 3가지 중 하나라도 못
하면 자세히 모르는 것입니다. 소위 위대한 작품들은 작가들의 3박자 언행일치를
보여준 것입니다. 그래서 프로들이 뛰어난 것이 아니고 언행일치를 보이는 능력이
있기 때문에 프로인 것입니다. 아마추어는 큰 그림만 그리지만 프로는 디테일을 통
한 마무리라는 것을 인식하며 작품을 감상한다면 작가와의 영적 교감을 얻을 수 있
습니다. 이렇게 다빈치의 작품을 통하여 르네상스는 신으로부터 점차 독립적인 존
재로 떨어져 나가기 시작한 것입니다. 여기에 도 하나의 천재가 인간의 능력을 개발
하면서 르네상스를 독자적인 시대로 만들기 시작합니다.

　다빈치만큼 다양한 경험과 지식을 바탕으로 왕성한 활동을 펼친 사람이 바로 미
켈란젤로인데 르네상스 3대 거장 중 한 사람으로 그리스부터 전해 온 3가지 기둥
외에 각진 기둥의 원조로서 독자적인 기둥을 선보입니다. 그는 다양한 직함을 갖고
있는 당대의 천재 중 한 사람으로 다빈치같이 조각, 미술 건축 등에 조예가 깊었습
니다. 그러나 이렇게 훌륭한 천재들이 등장하게 된 배경에는 피렌체의 메디치 가문
을 빼 놓을 수 없습니다. 노블레스 오블라이즈(Noblesse Oblige: 사회지도층의 도덕적
의무)의 원조라고 할 만한 가문으로서 르네상스는 이 가문이 없었다면 가능하지 않
았을 것이라고 감히 말할 정도로 역사 속에서 긍정적인 영향력을 행했던 가문입니
다. 이 가문이 없었다면 다빈치나 미켈란젤로도 없었을 겁니다. 또한 피렌체라는 작

은 도시도 역사 속에 등장하지 않았을 겁니다. 메디치 효과(Medici effect)라는 말의 원조이기도하며 근세의 바탕이며 근대를 앞당기는데 혁혁한 공을 세운 350년 전통의 가문이기도 합니다.

앞에서 르네상스는 재창조의 의미이며 고대의 그리스와 로마의 철학과 학문을 갖고 왔다고 했는데 이 영향이 바로 메디치 가문의 역할이었습니다. 서방 가톨릭과 동방 가톨릭이 사이가 안 좋음에도 불구하고 이 가문은 경계를 두지 않고 플라톤 학문에 조예가 깊은 동방 가톨릭을 초대하여 공부를 하고 이를 통하여 자식들을 교육시켰던 것입니다. 로마의 작은 공화국(당시에는 이탈리아뿐 아니라 유럽의 대부분 나라가 공화국이나 공국(군주가 다스리지 않고 공작이 다스리는 형태)의 형태였습니다) 피렌체가 르네상스의 원조가 되고 세계의 중심지가 된 데에는 바로 메디치의 존재가 큰 의미를 두고 있습니다. 메디치 가문은 경제력의 많은 부분을 베스트셀러가 아닌 고서를 모으는 데 투자를 했고, 이를 통하여 자녀 교육뿐 아니라 최초의 공공도서관을 만들어 대중을 위한 투자에도 힘을 쏟아 고대, 특히 플라톤에 대한 학문을 정착시키는 데 힘을 쏟았습니다. 이러한 투자뿐 아니라 예술인 양성에도 힘을 쏟아 다빈치와 미켈란젤로 같은 위대한 천재가 세상에 나오는 데 큰 역할을 합니다. 이러한 지지를 받은 그 둘은 르네상스를 꽃피우는데 지지대 같은 역할을 했습니다. 다빈치의 작품은 르네상스의 기본 성격인 균형, 조화 그리고 비례관계의 작품 경향을 보였다면, 미켈란젤로는 그리스의 역동적인 신체의 특징을 살려 과감한 힘과 동적인 표현을 조각 뿐 아니라 미술에도 나타내고 건축물에도 이러한 특징을 살리고자 조각적인 이미지를 잘 넣어 조각과 같은 건축물이 탄생하는 원조로 자리를 잡게 됩니다. 물론 르네상스의 건축 이론을 정립한 레온 바티스타 알베르티(Leon Battista Alberti, 1404~1472년)도 있습니다. 그는 고대 로마 건축가 비투르비우스가 쓴 《건축 10서》를 재정리하여 《건축이론 10서》를 썼는데 이 책이 근세의 건축이론을 이해하기 좋은 내용입니다. 그는 다른 건축과 차이나게 만들려고 했지만 아직은 르네상스 초기로 로마네스크의 이미지를 크게 벗어나지는 못했습니다. 그러나 미켈란젤로의 건축물은 분명하게 차이가 나는 것이 그는 건축물의 표면을 모두 조각처럼 다루었다는 것입니다.

[그림 Ⅰ-47] Laurentian Library_ vestibule, 미켈란젤로

[그림 Ⅰ-47]의 건물처럼 표면에 디자인 처리를 할 수도 있지만 미켈란젤로는 음각을 넣어 알버티의 방식에 조각과 같은 기법을 사용한 것입니다. 특히 그리스 양식의 기둥이 단에서부터 올라오는 방식을 갖고 있는 반면 르네상스에서는 기둥이 위에서 등장하는 표현이 많이 있습니다. 이는 하단부와 상단을 분리하는 방식을 취한 것으로 수직적인 요소를 첨가해 더 면이 길어 보이게 하는 방식입니다. 이러한 방법은 사실 고전적인 방법을 더 발전시킨 것으로 기존의 틀을 바꾼 것이라 할 수 있습니다. 이렇게 기존의 방식을 바꾼 것이 그의 작품에 자주 등장하는데 가장 대표적인 것이 그의 그림 최후의 심판입니다. 이 그림에는 기존의 틀을 벗어나 표현이 많이 있어 심지어 이단적인 작품이라는 말까지 들었습니다.

[그림 Ⅰ-48]의 그림은 그가 천장에 그린 '천지창조' 다음에 그린 것으로 '최후의 심판'입니다. 조각가인 그는 그림보다는 조각에 더 관심을 보였지만 교회의 강압에 의해 그렸지만 오히려 조각보다 그림으로 더 유명해지는 결과를 얻기는 했습니다. 그런데 그의 천지창조도 마찬가지이지만 중세에는 성화 속에 등장하는 영적인 인물들의 특징이 머리 위의 후광과 천사들의 날개입니다. 그러나 그의 그림에서는 등장하지 않습니다. 사실 그의 그림뿐 아니라 르네상스 들어서면서 날개와 후광이 사라지는 것을 볼 수 있습니다. 이는 신을 인간화시키는 것이라는 설도 있지만 또 하나는 후광이나 날개를 달아 신격화시키는 것이 태양신이라는 종교에서 유래했다고 합

[그림 Ⅰ-48] 최후의 심판_미켈란젤로

니다. 동방 정교회는 이를 따라 하지 않았는데 로마 가톨릭인 서방 정교회에서 태양신의 종교 습관을 갖고와 신격화시키는 것을 나타냈다는 설이 있습니다. 천지창조나 최후의 심판을 보면 그가 신앙심이 없고서는 이러한 그림을 능력으로만 나타낼 수는 없습니다. 그러나 그는 새로운 시대에 새로운 그림을 보이려고 했으며 특히 이 최후의 심판은 천지창조 완성 후 25년 만에 그린 것으로 시간적으로 차이가 나기도 하지만 이 최후의 심판(1536년)을 그리기 9년 전 미켈란젤로에게는 신앙적으로 천국과 지옥에 대한 판단을 흐리게 하는 사건이 있었는데 그것이 바로 로마약탈(1527년) 사건입니다. 이 사건을 다 설명하기 어렵지만 스페인의 주도하에 개신교 용병이 로마 교황청을 침공하는 사건으로 이 사건으로 로마는 비참한 모습을 갖게 됩니다. 그러나 고집세고 자존심 강하며 무엇이던 확신을 갖고 사는 미켈란젤로에게 이 사건은 전쟁이라는 객관적 관점이 아닌 기독교와 기독교의 싸움이라는 신앙을 앞세운 싸움이라는 부분에서 이 사건 이후 신앙적인 방황이 줄곧 있었던 것입니다. 조각을 좋아하고 천지창조에서 그림에 질렸다고 하며 강력한 교황의 권유로 다시 그림을 그렸다고 하지만 사실 종교를 앞세운 잔인한 전쟁을 바라 본 미켈란젤로에게 신앙적으로 확신을 잃은 상태에서 천지창조처럼 그림을 그린다는 것이 고통이었을 수도 있었을 겁니다. 신앙을 가진 자는 천국으로 갈 것이라는 확신이 로마약탈을 본 그에게 흔들림이 있었고, 신앙적인 확신을 인정하지 않고 싶었을 수도 있었을 거라는 것을 그의 그림에서 볼 수 있습니다. 또한 초기 미켈란젤로의 든든한 후원자였던 메디치가를 몰아낸 성직자 지롤라모 사보나롤라(Girolamo Savonarola, 1452~1498년)년가 피렌체에 '새로운 예루살렘(Nuova Gierusalemme)'을 건설하여 '종교적 회심'을 통한 신앙의 회복을 이루고자 시도하는 것이 그의 마음에 들지 않았으며, 특히 예술을 종교의 목적을 달성하기 위한 도구로만 보는 사보나롤라의 견해에 절대적으로 반발했습니다.

미켈란젤로의 초기의 작품이라 불리는 '계단의 성모'나 '구름의 성모'에는 후광이 등장합니다. 그러나 그 후의 작품들에는 후광이 사라집니다. 특히 작품 최후의 심판이 이단이라는 소리를 들은 이유에는 이러한 경향들이 강하게 등장하기 때문입니다. 예수의 구부정한 자세, 천사들의 힘겨운 모습 등등 여러 가지가 있지만 미켈란젤로의 자화상이 그 고뇌를 가장 잘 나타내주고 있습니다. 그러나 그의 신앙심이 약해지지 않았다는 것은 사람들을 구하는 모습에서 알 수가 있습니다. 이는 아직 기독교의 역할이 사회적으로 존재하지만 지식인 층에서 변화가 있음을 알 수가 있습니다. 특히 로마약탈은 미켈란젤로뿐 아니라 많은 이들에게 신앙적인 변화가 있었음을 알 수 있는 대목입니다. 이것이 근세의 변화가 되었으며 르네상스를 통해 근세 전체에 왕족과 교회 귀족 뿐 아니라 새로운 상인 층이 사회적 역할로 등장하는 계기가 됨을 알 수 있는 것입니다. 근세의 시작은 고대에서 출발했다고 언급하였습니다. 교황청은 고대를 이단으로 보았기 때문에 이를 달가워하지는 않았습니다. 그러나 기독교가 상대적으로 약해지고 있음을 고대의 부활을 받아들일 수밖에 없었다는 것입니다. 이는 중세가 끝나고 르네상스가 시작할 즈음에는 그 차이가 크게 나지 않았지만 르네상스가 무르익으면서 점차 르네상스 초기의 규율과 비례 그리고 규칙적이고 사실적인 표현이 퇴색되면서 점차 근세만의 특징을 나타내고 있었는데 그것이 바로 왕족, 귀족 그리고 교황으로부터 점차 독립적인 상황으로 번지면서 반항적인 인간의 특징이 나타나기 시작합니다. 이러한 배경에는 사회적인 변화도 있었지만 다빈치, 미켈란젤로 그리고 라파엘로 같은 대표적인 사람들이 이미 모든 것을 표현했기 때문에 르네상스적인 표현으로 계속 나가기에는 다른 사람에게 비교가 되는 부담으로 작용했습니다. 특히 이 세 사람 중에 미켈란젤로가 이 반항적인 표현에 선도적인 역할을 했다는 것은 주목할만한 일로 아마도 피에타(Piet)가 그 내용을 보여주었다고 생각합니다. 위대한 작품을 보면 모두 로마나 아주 유명한 사람이 했을거라는 생각이 그는 맘에 들지 않았고 이러한 사회적 풍토에 그는 더 반항적인 사람으로 변해 규칙과 질서를 벗어나는 작품을 의도적으로 만들었는지도 모릅니다.

르네상스 건축: 중세건축과의 근본적인 단절
로마 개념의 복귀

신인동형론적 부재 의도적 재도입(고전주범의 재도입)

이오니아식 작은 기둥

코린트식 벽기둥

형태가 분화되고, 위계적이며 통합된 형태
중세는 수직적이고 르네상스는 통합된 조화이다.

기본적 도형의 배타적 사용(공간의 집중성 강조)

[그림 Ⅰ-49] 산피에트로대성당(San Pietro Basilica)_ 베르니니

그의 작품을 보면 초창기에는 르네상스의 질서와 규칙 그리고 비례관계 등 고대의 잔재를 잘 보여주고 있었는데 후반으로 갈수록 하나의 특징보다는 다양한 성격을 나타내고 고유의 내용을 전달하기보다는 자신의 생각과 철학을 담은 내용들이 등장하기 시작합니다. 앞에서 언급하였듯이 천지창조의 경우 순수한 신앙에 대한 일반인들이 갖고 있는 생각보다 자신의 종교적인 철학이 곳곳에 등장하는 것을 볼 수 있습니다. 이러한 그의 시도가 다른 사람들을 혼란스럽게 할 수도 있지만 반대로 새로운 생각을 갖게 할 수 도 있었던 것입니다. 특히 다빈치, 미켈란젤로 그리고 라파엘로 이 세 사람이 르네상스를 대표할 만큼 대부분의 표현이 등장했기 때문에 이들보다 뛰어난 표현이 아니라면 관심을 갖는 다는 것이 쉽지 않은 일이었으며 이들과 같은 방식으로는 눈에 띄는 작품을 만들기는 너무도 힘든 일이었습니다.

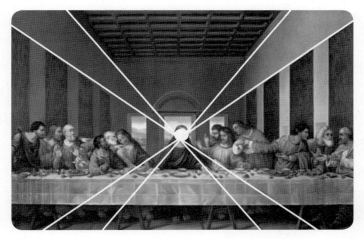

(a) 다빈치의 최후의 만찬

(b) 틴토레또의 최후의 만찬

[그림 Ⅰ-50] 매너리즘

위의 [그림 Ⅰ- 50]을 비교해보면 (a)의 그림은 다빈치의 최후의 만찬으로 원근법적인 구도에서 가운데 소실점을 두어 그 점의 위치에 주인공을 두는 구성을 보여주고 있습니다. 그러나 (b)의 그림에서는 가운데 후광이 있는 부분이 예수인데 그림의 구도는 소실점이 우측 위쪽에 위치하고 있습니다. 즉 소실점의 위치가 곧 주인공의 위치라는 다빈치 구도에 익숙한 사람들의 기대를 저버린 것입니다. 다빈치의 그림에서 그러한 구도를 설명한다면 소실점과 주요인물의 만남이라는 '규칙'이 이해되고 이러한 규칙을 사용한다면 훨씬 더 '균형'이 잡힐 것이며 이러한 균형 속에서 화가가 누구를 중요인물로 생각했는가 생각과 구도의 '질서'가 맞아떨어지며 이것이 보는 이로 하여금 이해가 된다면 그것은 논리적이 되는 것입니다. 그러나 위의 틴도레또 그림에서도 이러한 주장을 할 수도 있겠지만 설득력이 부족합니다. 그것은 사실 논리적이지 못하다고 단정짓기보다는 구성의 규칙이 없기 때문에 다빈치의 그림보다 훨씬 즉흥적이며 동일한 주장을 하기에는 뭔가 질서를 찾기 힘들다는 것입니다. 이러한 표현이 틴도레또뿐 아니라 다른 화가들한테서도 등장합니다.

[그림 I-51]의 그림을 자세히 살펴보면 어딘가 어색한 부분이 보이기 시작합니다.

자연스러운 상황을 나타내지 않고 무엇인가 상황을 꾸민 것 같이 보이며 아기를 안고 있는 성모의 자세가 하체와 상체의 연관성이 맞지 않고, 아기의 허리가 유난히 길게 표현되고 왼쪽 다리가 오른쪽 다리에 비하여 지나치게 비대하며, 성모의 목, 손가락 등도 전체적인 비례와 맞지 않습니다. 특히 뒤의 기둥이 원근법에 의하여 사람보다 작게 그려지기는 하였지만 기둥 밑에 있는 사람의 모습은 원근법과 오히려 맞지 않은 형국입니다. 이 그림을 종합적으로 보면 매너리즘이 갖고 있는 늘어진 비례와 포즈가 꾸며져 있고 원근법이 명확하지 않게 구성되어 있는 것을 볼 수 있습니다. 즉 자연스럽지 않게 인위적으로 특정 기법이나 양식을

[그림 I-51] 목이 긴 성모 파르미자니
(1534년)

적용했다는 것으로 매너리즘에서 주로 보여주는 진부한 내용, 색의 음침함, 비례의 파괴 그리고 늘어진 모양 등을 보여주고 있습니다. 이러한 표현이 작업상 나타난 현상이라면 잘못한 것이지만 의도적으로 한 것이기 때문에 그에 대한 이유를 분석할 필요가 있습니다.

앞에서도 언급하였지만 르네상스는 고전에 근거를 두고 있고 인간의 시점에서 시작하려는 의도가 있기 때문에 질서와 비례 등 규칙을 갖고 시작했는데 르네상스의 콘셉트는 사진처럼 정확한 표현에 시작을 두었습니다. 그러나 이미 다빈치와 미켈

[그림 Ⅰ-52] 영화 어벤져스(2012년)

란젤로 등이 앞서 갔기 때문에 그들보다 더 훌륭한 표현을 하지 않고는 두각을 나타낼 수 없으며 또한 틀에 맞추어 표현한다는 것에 반발심도 갖기 시작한 것입니다. 영화 어벤져스를 보면 많은 영웅들이 등장합니다. 이 영웅들은 각자의 영화에 주인공으로 등장했던 인물들로 이미 관객들에게 충분한 능력을 인정받은 영웅들입니다. 그러나 이들이 계속 등장하는 영화가 1편과 같은 효과를 보기 힘들다는 것을 감독을 이미 깨달은 것입니다. 어떤 영화구성을 해도 감독은 딜레마에 빠질 수밖에 없습니다. 이를 매너리즘이라고 합니다. 그래서 감독은 모두를 한 영화에 출연시키는 모험을 합니다. 물론 그렇다고 처음에 영웅들이 단독으로 출연한 영화만큼 효과를 보지는 못합니다. 그러나 모두가 출연하면 어떨까라는 자극적인 호기심은 얻을 수 있었습니다. 그래서 선과 악이 싸운다는 설정에 대한 고정관념은 이미 선과 선의 대립이라는 새로운 설정에서 긴장감을 갖고 오게 됩니다. 감독이 매너리즘을 어떻게 풀어나가는가에 이제 해결책이 있는 것입니다. 즉 1편, 2편 그리고 3편이 나오면서 관찰자가 느끼는 선과 악의 대립에 대한 반복적인 구성과 뻔해지는 예측되는 결과가 곧 감독의 고민이 되는데 이것을 매너리즘에 빠졌다고 합니다. 그래서 기존의 구성을 파괴하고 기존의 흐름을 뒤바꿔 놓으며 진부함에서 벗어나려 시도합니다. 이것이 바로 매너리즘입니다.

르네상스가 시작한 고전의 틀, 성경이 바탕이 되는 진부한 내용의 파괴, 구성 속에 담겨진 비례의 파괴, 정확한 비율을 갖고 있는 형태를 늘어트려 관심을 유도, 고전에 대한 반발 등을 표현하면서 마치 사춘기적인 행동을 보이면서 관심을 유도하려는 시기가 바로 매너리즘 시대입니다. 근세가 시작되었지만 아직 기독교의 영향은 중세와 큰 차이를 보이지 않고 있었습니다. 그러나 인문주의의 시작과 함께 인간의

실존적 문제의식에 대한 관심이 점차 커지면서 이제는 통합적으로 가던 조직과 전체주의를 벗어나 인간 그 자체를 바라보면서 틀에 박힌 세계질서를 파괴하고 긍정적인 문제만 바라보지 않고 문제 자체를 다루는 차원으로 바라보는 것이 매너리즘입니다. 이 배경에는 미켈란젤로의 그림 최후의 심판이 아주 중요한 역할을 했습니다. 그가 다빈치와 다른 점이 있다면 다빈치는 르네상스의 이념을 가능한 그대로 이행해서 보여주었다면 미켈란젤로는 후반으로 갈수록 고전의 구성을 깨고 자신만의 방법대로 표현을 했다는 것입니다. 이것이 규칙과 질서를 중요시했던 사회에 새로운 충격으로 다가왔으며 새로운 시도를 바탕으로 한 매너리즘에 대한 자신감을 불어 넣었다고 생각하면 됩니다. 그래서 후기 르네상스에서 매너리즘이 시작했으며 이후에 바로크, 로코코 등이 등장하지만 모두 매너리즘이라고 보아도 무방하며 시작이 있으면 후반에는 반드시 매너리즘이 등장한다고 생각해도 됩니다.

이러한 현상이 건축에도 등장합니다. 알버티(Leon Battista Alberti, 1404~1472년, 철학가, 건축가)는 르네상스 초기의 건축가로서 르네상스 사상에 대표적인 건축가로서 고대 로마 건축가 비투르비스가 쓴 《건축 10서》를 재 정리하며 특히 고대건축을 연구하여 1450년에 《건축론》 10권을 비투르비스처럼 발간합니다. 이 책은 르네상스 건축의 지침서처럼 영향을 미쳤으며 여기서 장식과 구조에 대한 정의도 내립니다. 그는 고전 건축을 르네상스에 접목시켜서 중세와 다른 건축을 시도하는데 중세의 로마네스크 건축을 바탕으로 하고 있습니다. 왜냐하면 중세 건축 중 고대와 관계 있는 것이 바로 로마네스크(로마풍)이기 때문입니다. 이 중에 특히 3단 형식의 입면을 주로 사용합니다.

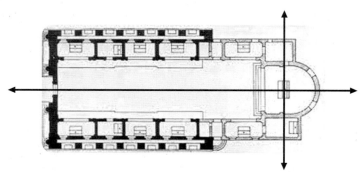

[그림 Ⅰ-53] Malatesta Temple, Church_ 로마네스크 타입(1468),
Leon Battista Alberti.Rimini.Italy

[그림 I-53]의 평면은 알버티가 설계한 교회 건물로 로마네스크 양식을 많이 적용한 건축물입니다. 중간의 축을 기준으로 보았을 때 상하 대칭임을 알 수 있습니다. 이렇게 르네상스는 고대 바실리카 평면에서 볼 수 있는 대칭 형태를 평면뿐 아니라 입면에도 적용을 하였는데 이를 적극적으로 전파한 것이 알버티입니다. 그는 떼어 내어도 안전에 상관없는 것을 장식이라 정의하고 장식과 구조에 대한 정의를 내리면서 건축물에 장식적인 내용을 추가하는 것에도 적극적으로 활용합니다. 이것이 르네상스의 일반적인 구성입니다. 그러나 매너리즘 건축가들은 이를 더 이상 적용하지 않고 반 고전적인 구성을 시도하여 이에 대한 구성을 파괴합니다.

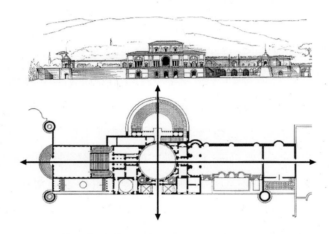

[그림 I-54] villa madama(1518년)_ 라파엘로 산치오, 로마. 이탈리아

[그림 I-54]의 건축물은 라파엘의 도면으로서 평면을 살펴보면 좌우가 대칭을 벗어났으며, 상하 대칭을 이루지 않는 형태로 [그림 I-53]의 알버티 평면과 비교가 됩니다. 물론 매너리즘 표현이 발생했다고 하여도 르네상스 양식이 끝난 것은 아니고 다른 양식과 마찬가지로 모두 진행이 되기는 하지만 매너리즘이라는 새로운 시도가 등장했다는 것입니다.

[그림 I-55]의 도면은 베드로 성당으로 좌측에서부터 브라만테, 라파엘 그리고 미켈란젤로의 계획안을 보여주고 있습니다. 초기 브라만테의 도면은 완벽한 대칭으로 비례, 질서 그리고 비율이 정확하게 적용된 것으로 특히 원의 사용은 우주적인 철학이 반영되어 배치된 것을 알 수 있습니다. 브라만테에게 의뢰한 교황이 죽으면

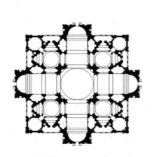
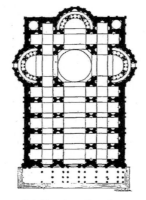
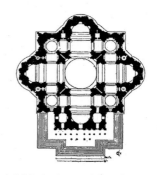

(a) Bramante's plan   (b) Raphael's plan   (c) Michelangelo's plan

[그림 I – 55] 베드로 성당의 평면변화

건축 어렵지 않아요

서 계획안은 라파엘에게 넘어가는데, 라파엘 평면의 경우는 전실을 길게 늘인 것을 볼 수 있습니다. 이는 초기 교황청의 건축가가 브라만테였으나 후에 브라만테의 초청으로 라파엘이 지방에서 올라와 교황청의 일을 하게 되면서 작업한 것으로 시간차가 있음을 알 수 있습니다. 브라만테는 모든 방향에서 대칭을 이루는 우주적인 정사각형의 성격이 강하다고 본다면, 라파엘의 평면은 수직적인 형태로서 한 방향에서 대칭을 이루며 주요 공간과 서브 공간이 배치되는 성격을 보여주고 있습니다.

라파엘은 자신의 평면이 최종 선택되기를 바랐지만 교황청이 미켈란젤로의 평면에 관심을 보이고 있음을 알고 어려운 부문을 미켈란젤로에게 하게끔 유도를 합니다. 그러나 교황청은 미켈란젤로의 평면을 최종 선택을 하며, 이를 계기로 라파엘이 미켈란젤로를 싫어하게 되는 계기로 작용하게 됩니다. 이 내용은 라파엘이 그린 교황청 집무실의 아테네 학당에 그대로 드러나는데, 미켈란젤로를 혼자 고만하는 모습으로 묘사를 하고 그가 존경하는 다빈치를 가장 중요한 위치에 넣게 됩니다.

미켈란젤로는 베드로 성당의 돔을 올릴 때 그 작업이 아주 힘든 작업이었기에 어려운 상황에 부딪힐 때마다 성당의 돔을 떠올리자고 스스로 되뇌고는 했다고 합니다. 옆의 건물을 보면 고대의 요소뿐 아니라 르네상스에서 시도한 질서와 비례 그리고 규칙이 그대로 적용되었음을 알 수 있습니다.

[그림 I-56]은 매너리즘 건물인 로마에 있는 제슈이트 예수회 본산건물인데 미켈란젤로풍으로 위층을 연결하는 각이 진 기둥 디자인이 있고, 알베르티풍의 스크롤

이 있습니다. 또한 필레스터에 홈을 파지 않고 르네상스에서 큰 기둥으로 사용하는 코린트식 기둥이 있습니다. 입구 위의 아치 안에 삼각형이 있는 형태로 전체적인 입면을 이루고 있는데 이렇게 건물의 입면을 구성하는 것은 일반적이지는 않습니다. 즉 함축적으로 말한다면 표현할 수 있는 요소는 다 사용한 셈인데 이러한 형태를 두고 어느 양식이라 부르기에는 명확하지 않으며 이를 매너리즘 양식이라고 합니다. 즉 라파엘이나 미켈란젤로 그리

[그림 Ⅰ-56] Jesuit 예수회 본산
(1575~1584)_ 로마

고 알버티 같은 경우는 자신의 스타일을 명확하게 나타내고 있지만, 다른 건축가들은 이들보다 더 개성적인 표현을 하기에는 한계를 느낀 것입니다. 그래서 일정한 스타일을 나타내기보다는 복합적인 구성을 갖고 있는데, 이것이 바로 매너리즘의 특징이라고 말할 수 있습니다. 건축물의 외형을 이렇게 다양한 형태로 나타내다 르네상스 말기 또는 매너리즘에 와서는 공간의 한계를 외부와의 연결로 눈을 돌리기 시작한 것입니다.

[그림 Ⅰ-57] Via della Rotonda(1571년)_ 안드레아 팔라디오, Vicenza, 이탈리아

[그림 Ⅰ-57]의 건축물은 안드레아 팔라디오의 빌라 로툰다입니다. 팔라디오는

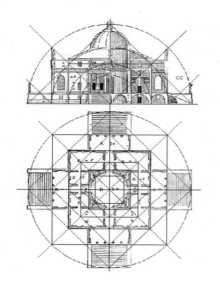

로마 건축가 비트루비우스와 알버티를 잇는 건축가로서 당대 누구보다 고전을 연구하여 이를 건축물에 적용하여 유럽 르네상스 말기와 매너리즘 건축물에 있어서 가장 영향력 있는 건축가 중 한 사람입니다. 그의 건축물은 실로 조각 같은 이미지와 정확한 비례, 그리스 신전이 갖고 있는 절도와 절제미를 가장 잘 나타내는 건축가입니다. 이 빌라 로툰다가 의미하는 바가 큽니다. 지금까지 등장한 건축물은 전반적으로 왕족이나 종교적인 건축물이었는데 주거 형태의 건축물이 등장한 것이고 또 하나는 고전을 가장 잘 반영한 건축물이라는 것입니다. 건축물의 평면이 고대의 철학에서 모든 미는 우주와 숫자적인 관계를 갖고 있다고 했는데, 이 평면은 그것을 잘 반영한 것입니다. 평면의 모든 부분이 질서와 규칙을 반영하고 원의 영역 안에 공간을 갖고 있다는 것입니다. 팔라디오는 고전의 가장 순수한 부분을 반영하려고 노력하였으며 절대적인 비례관계와 숫자의 영역 안에서 구성을 하였다는 것입니다. 그런데 이 빌라 로툰다가 다른 건축물과 비교하여 더 중요한 의미는 바로 공간의 해체입니다. 이 로툰다 이전의 건축물은 내부와 외부가 완벽하게 단절되었다는 것입니다. 그러나 이 빌라는 외부의 영역을 내부로 끌고 들어 왔거나 아니면 내부가 외부와 연결되었다는 것입니다. 지금에야 이런 건축물이 많지만 이전에는 그러한 건축물이 없었습니다. 이 건축물이 있는 비첸차는 이탈리아 북부 베네토 주에 위치하고 있는 도시로서 1404년 공화국이 된 베네치아와 밀라노 사이의 주요 도시입니다. 평균 온도가 영상 14℃ 정도이고, 강우량이 많은 도시로서 밀라노와 베네치아 사이에서 이탈리아와 유럽을 잇는 지역으로 휴양을 위한 주말주택으로서 기능을 하는 이점이 있습니다. 이전의 건축물이 강력한 기능을 갖고 있는 업무적인 기능을 하였다면 이 빌라는 주말 주거를 위한 기능으로서 휴양을 위한 목적을 갖고 있습니다. 그래서 공간의 기능이 다른 건축물과는 차이를 갖고 있어야 한다고 팔라디오는 생각했을 지도 모릅니다. 그래서 빌라의 주변 환경과의 시각적 동선뿐 아니라 기능적인 소통을 갖기 위하여 주변이 관통하는 평면을 만든 것입니다.

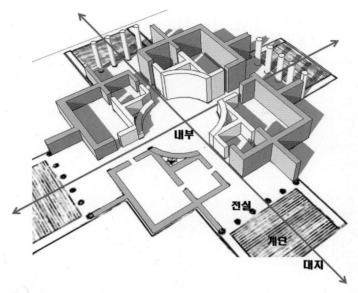

[그림 Ⅰ-58] Via della Rotonda(1571년)_ 안드레아 팔라디오, Vicenza, 이탈리아

이러한 콘셉트가 반영된 건축물이기에 이 빌라 로툰다를 나타낼 경우에는 반드시 건물 주변의 정원과 같이 표현해야 합니다. 팔라디오가 나타낸 이 빌라에서 우리가 눈여겨 보아야 할 것은 외부와의 접촉이 직접적으로 이뤄지지 않고 대지, 계단, 전실 그리고 내부라는 순차적인 방법입니다. 이는 그리스 신전에 사용되는 방식으로 속세와 신성한 영역의 단계별 기능을 표현한 것입니다. 여기서 주목해야 하는 것이 바로 대지입니다. 그리스 신전은 단순히 대지의 속성만을 갖고 있었지만 이 빌라는 건물 주변에 정원을 가꾸었다는 것입니다. 이것은 새로운 시도입니다. 지금까지 정원이 등장한 적이 없었습니다. 건축물의 새로운 주변 요소가 등장하게 되었으며 정원이라는 신을 대체할 요소가 만들어진 것입니다. 이로 인하여 유럽은 정원에 대하여 관심을 갖기 시작한 것입니다. 정원의 시작은 프랑스입니다. 프랑스의 왕권은 자연마저 다스리는 절대권력을 추구하기 시작한 것입니다. 그래서 프랑스는 궁전을 만들 때 기존의 자연 상태를 인정하지 않고 절대군주에게 충성하는 형태로 정원도 꾸민 것입니다. 프랑스 정원을 살펴보면 전체적으로 왕이 거주하는 건축물에 중심축이 맞춰지고 주변의 정원이 마치 좌우로 신하가 나열하듯이 배치되는 형태로 만들어졌습니다. 이를 우리는 프랑스식 정원이라고 부릅니다.

⊙ **[그림 Ⅰ-59] 베르사유 궁전의 평면구조_** 프랑스

프랑스식 정원은 궁전의 앞에 배치되어 있는 것이 주를 이룹니다. 영국도 또한 정원을 갖기를 원했습니다. 그러나 백년 전쟁을 거치면서 영국이 프랑스와 사이가 좋지 않기 때문에 프랑스와 같은 정원을 만드는 것을 원치 않았으며, 따라서 영국으로서는 고민이 아닐 수 없었습니다. 프랑스와 다른 성격의 정원을 꾸미기를 원했지만 차별화시키기는 쉽지 않았던 것입니다. 그러던 중 화가들이 그린 풍경화에서 영국은 작업의 방향을 얻게 됩니다. 화가들이 그린 그림 속의 정원은 프랑스와 달리 건축물이 주를 이루지 않고 정원의 일부분으로서 역할을 하는데 그 풍경이 훨씬 마음에 들게 된 것입니다.

풍경 속에는 건축물뿐 아니라 다양한 요소들이 전체를 이루면서 하나의 모습을 이루는 것이 프랑스보다는 더 자연적이며 어울림이 좋았던 것입니다. 특히 화가 클로드 로랭의 그림 속에는 역사적인 이야기를 담은 풍경화가 건축물과 자연과 잘 조화를 이루는 모습이 영국은 마음에 든 것입니다. 그래서 영국은 프랑스와 다른 성격의 정원을 꾸미는데 풍경화에서 그 이미지를 갖고 왔기 때문에 영국 정원을 풍경정원이라고 부르기도 합니다. 영국에서 제일 유명한 공원이 스투어헤드 정원인데 화가

[그림 Ⅰ-60] 아폴론에게 제물을 바치는 풍경(1662)_ 클로드 로랭

클로드 로랭의 그림을 판박이처럼 만들어 놓은 것을 알 수 있습니다. 지금도 우리 주변에 있는 건축물을 보면 클래식한 이미지를 갖고 있는 건축물이 많은데 사실 어느 양식이라고 단정 짓기에 어려운 것들이 많이 있습니다. 이 책의 후반부에 가서 클래식한 디자인을 갖고 있는 건축물을 구분하여 다시 이름 붙

[그림 Ⅰ-61] 스투어헤드 정원(1741)_
클로드 로랭, 월트셔주, 영국

이겠지만 일단 제1의 형태에 속하는 건축물은 여기서는 모두 클래식하다고 부르겠습니다. 이렇게 클래식한 형태들 대부분이 지금에 와서는 다양한 클래식한 이미지를 갖고 있는데 모두 매너리즘이라고 불러도 무방할 정도로 복합적인 디자인을 끌고 왔다고 보면 됩니다.

　매너리즘에 관하여 헐리우드 영화를 빗대어 다시 정리해 본다면, 1편과 같은 효과를 볼 수 없게 된 영화감독이 2편과 3편을 만들면서 점점 내용이 더 추가되고 본질을 잃어가면서 나중에는 아이언 맨으로 출발한 영화가 아이언 맨이 아니고 어벤져

스가 되는 것과 같은 것입니다. 그러나 이전의 이미지와 내용은 유지되고 있습니다. 단지 초기의 순수한 특징을 더 이상 갖지 않으며 다양한 양식의 집합체라고 생각하면 됩니다. 이 매너리즘적인 양상을 벗어날 때 우리는 새로운 것이 등장했다고 말합니다. 우리 주변에서 쉽게 볼 수 있는 [그림 I-62]의 건축물들이 매너리즘적인 요소를 갖고 있습니다.

(a) 현대백화점 본점(1985), 압구정

(b) 한국은행 본점(1907)

(c) 연세대학교 원주 캠퍼스

[그림 I-62] 매너리즘 요소의 건축물

근세가 시작하면서 사회에 큰 변화를 준 그룹이 있는데 바로 상인입니다. 이 상인은 십자군 전쟁 때 길드라는 조직을 만들어 왕족도 아니고 종교지도자도 아니지만 사회의 한 구성원으로서 역할역 점차 키워나가고 있었습니다. 베네치아 공화국 같은 경우에는 이미 이 상인그룹이 활성화되어 조직적으로 활동하며 지도자층에 점차 영향을 미치기 시작합니다. 그러다 피렌체의 메디치 가문의 경우는 피렌체 공국(군주의 작위가 공작이 다스리는 국가)의 지도자로 가장 큰 영향을 행사하고 있었습니다. 이들은 왕족이나 종교 지도자와 같은 지위를 같고 알력을 행사할 만큼 큰 세력을 확보하고 있었는데 점차 국가가 식민지를 확보하면서 많은 부를 확보하고 국가의 제정에 큰 영향력을 행사하면서 이들의 권위를 무시하지 못하는 상황까지 온 것입니다. 이들의 영향력은 점차 정치뿐 아니라 많은 예술가의 스폰서로 자리 잡으면서 예술에도 영향을 주었고 또한 건축물에도 이들의 영향이 나타나기 시작하는데 그것이 바로 화려함입니다.

르네상스가 시작되면서 고대의 철학과 학문이 자리를 잡게 되지만 이는 단순히 정치와 종교의 정체성을 위한 도구였습니다. 그러나 매너리즘이 시작되면서 탈 고전주의가 등장하고 규범과 질서가 틀이 바뀌고 새로운 형태가 등장하는데 여기에는 상인들의 영향력이 지배적입니다. 이들은 직접적인 위치를 나타내기에는 세력에 대한 정통성에 밀리기 때문에 보조적인 역할과 추가하는 위치로 아직은 자리를 잡지만 구성하는 데 필요한 경비를 마련하는데 교황청과 왕권에도 지대한 지지를 하면서 그 두 세력에 호응을 얻게 됩니다. 그래서 이들의 의지가 담기면서 기존에 있던 틀이 무너지고 르네상스보다 화려하고 혼란스러운 형태들이 등장하는 것입니다. 이 것이 바로 바로크입니다. 바로크의 뜻은 '기괴하고 삐뚤어진 진주'라는 뜻입니다. 이러한 이름을 갖게 된 이유의 배경에는 상인들의 사회적인 위치가 아직은 안정되지 않았음을 의미합니다. 그러나 이들의 역할은 역사 속에서 아주 중요한 의미를 갖고 있는데, 이것이 후에 산업혁명과 시민혁명의 근거가 되는 것입니다. 이들의 사회적 역할이 점차 증가하는 것은 맞지만 왕족이나 종교지도자에 비하여 지위에 대한 정당성이 명확하지 않았습니다. 그래서 이들은 자신들의 위치를 인정받고자 하는 의지가 있었으며 이를 위해서 기존의 사회구조가 변화해야 했었습니다. 그래서 이들은 예술가들을 자신들의 영향 아래 두었으며 종교, 과학 그리고 정치적인 위치를 집중된 세력에 머물지 않고 넓게 퍼지게 하는데 주력하게 됩니다. 이는 그 안에서 자신들의 위치를 찾고자 하는 계획도 있었지만 넓게 퍼지면서 주체세력을 약화시키는 명분도 있었던 것입니다. 그래서 중심이라는 초점을 흐리고 방사하는 형태를 추구하게 되며 기득권에 묶여 있는 모든 시스템을 개방하고 역동적으로 만들려는 시도를 하게 되는 것입니다. 특히 상업을 통해 얻은 경험에서 세계의 다양성과 문화의 발달을 알고 있기에 한정된 사고를 갖고 있는 지도자들에게 외부의 상황과 변화를 전달하는 전도자로서 국가의 시스템을 개방하고 국가의 변화에 대한 지식을 전달함으로써 역동적인 사회를 만들고자 시도했던 것입니다. 그러나 앞에서 언급하였듯이 이들의 위치는 아직 지도자들에게 정당성을 부여받지 못하였으며 불안한 동거를 하고 있는 상태로 이를 직접적으로 나타낼 수는 없었습니다. 그래서 예술을 통한 정신적인 암호를 곳곳에 담았는데 가장 큰 역할을 한 것이 바로 예술 분야였습니다. 즉 예술 작품에 획일화된 사회체제와 고정관념에 대한 비웃음을 담기 시작하였습니다.

　다빈치가 획일화의 시작이라면 라파엘로는 이를 계승하는 자였고, 미켈란젤로는 이를 부수는 자였습니다. 하나의 초점과 일방적인 방향이 아닌 빛이 분산하듯이 무한함을 나타내려 하였고, 고정된 점보다는 움직임을 보여주었고, 안정보다는 힘에 의한 파생을 나타내려고 했던 것입니다. 기득권과 같은 일부에 의한 사회가 아니고 사회를 모두가 하나의 배역을 맡아서 연기하는 거대한 극장의 무대처럼 보았으며 하나하나의 역할이 중요함을 보여주기 위하여 표현하다 보니 안정된 르네상스의 표현과 비교한다면 무엇을 나타나내는지 알 수 없을 정도로 혼란스러움을 느끼기도 한 것입니다. 즉 바로크는 하나의 통일된 표현된 것을 나타내기보다는 전체를 보여주려고 노력했기 때문에 르네상스에 익숙한 사람들에게는 혼란스럽게 느껴진 것입니다. 그래서 바로크의 예술은 그 어느 시대보다 중요한 요소였으며 가장 중요한 역할을 했습니다. 왕족이나 귀족, 종교 지도자는 자신의 기득권을 유지하려고 한 반면에 상인의 새로운 조직은 이들 안에 귀속되려고 했지만 거부당했습니다. 그래서 이들은 기득권의 설득보다는 대중의 깨우침이 더 빠르다고 느꼈을 수도 있습니다. 그래서 아직 문맹자들이 많은 시대이기에 예술을 통한 교화에 힘썼으며, 이 예술에 자신들의 목적을 담았습니다. 그것은 바로 혼란이었습니다.

바로크가 '기괴하고 삐뚤어진 진주'라고 앞에서 언급하였었는데 이는 르네상스를 기준으로 말한 것입니다. 질서있고 비례관계가 투철하며 명확한 구성과 분명한 전달을 나타낸 것을 '값진 진주'라고 본 것이며 이를 르네상스라고 생각한 것입니다. 이에 반하여 르네상스의 틀을 벗어났기 때문에 바로크를 그렇게 이름 붙였지만 사실 그렇게 부정적이라 볼 필요는 없는 것입니다. 르네상스를 근세의 시작으로 보았고 이를 기준으로 시작한 것이기에 매너리즘을 예술의 사춘기로 보았지만, 대부분의 시기의 말이나 과정에서 이러한 시대는 늘 있어 왔습니다.

중세에는 고딕이 기존의 틀을 벗어난 성격을 보였으며 근대에는 더 많은 매너리즘이나 바로크 같은 성격의 이미지가 반복되고 있었습니다. 바티칸의 평면을 보면 과거 건축물이 하나의 메스 덩어리로 외부와 내부의 명확한 구분으로 이루어진 반면 바티칸의 영역은 앞의 거리에서 서서히 시작하여 열주가 나열되어 있는 원을 통과하여 건물 내부로 연결됩니다. 이는 과거에는 명확하게 구분되어 있던 권위적인 표현과는 다른 것으로 개방적인 영역에서 단계적으로 거치면서 폐쇄적인 성격을 보여주는 것으로 시대가 변화하고 있음을 다른 교회나 궁전과 비교해 보면 잘 알 수 있습니다. 명확한 기능만을 갖고 있던 건축물이 개방성을 갖고 상호작용한다는 이미지를 나타내며 거대한 열주회랑이 원을 그리고 있는 영역은 마치 팔을 벌리고 있는 모습으로 포용하는 듯한 이미지를 나타내고 있습니다. 물론 이러한 표현은 바티칸이 처음은 아닙니다.

이집트 신전을 보면 외부에서 내부로 들어 갈 때 거대한 열주회랑이 있는 전실을 먼저 통과해야만 했습니다. 이 전실을 통과하면서 작고 왜소한 인간이 자신의 모습을 통해 겸손해지고 반대로 신전에 들어가기 전 엄숙한 분위기를 갖게 하려는 의도가 있었으며, 또한 외부는 인간의 영역이며 신전은 신의 영역으로 이를 직접적인 접촉이 아닌 이러한 중간 성격의 영역을 통하여 순화하는 정신적인 영역을 만드는 것이 고대에 많이 사용했던 방식입니다. 특히 중앙의 오벨리스크는 사실 이단의 사물이지만 중심을 나타내는 중앙의 영역 표시뿐 아니라 수직적인 이미지가 숭고함을 나타내고 모든 것의 중심으로서 기능을 보여주기 때문입니다. 열주 회랑을 옆에서 보면 벽과 같은 폐쇄성을 갖고 있지만 정면에서 보았을 때는 개방성을 나타내는데,

이것이 성스러운 영역과 인간적인 영역을 중화하는 기능을 하게 됩니다. 사각형이나 다른 형태가 아니고 원의 형태를 열주 회랑이 이루는 이유는 원은 고대에서부터 사용했던 우주적인 성격도 있지만 모나지 않은 이미지의 특징이 주는 모든 부분에서 동일한 거리를 나타내는 것 때문에 정적인 이미지로 많이 사용합니다.

이렇게 과거와는 다르게 다양한 기능을 하는 건축물을 나타낸 것이 바로 바로크의 의도입니다. 비뚤어진 진주라고 부정적인 이름을 붙이기는 하였지만 그래도 사회의 변화와 다양한 기능을 보여주는 것이 특징인데, 특히 바티칸 궁전 위에 동상이 있는 것은 과거 중세에서는 불가능했던 모습입니다. 이것은 하나님 외에 다른 형상을 만드는 것이 교리에 맞지 않았기 때문입니다. 그러나 근세에 들어 이러한 형상들이 많이 등장하게 되는데 이것이 바로 문맹자들에게 주는 메시지로 이 영웅들을 생각하면 일반인들이 깨달음을 얻기 바라는 의도가 있었기 때문입니다.

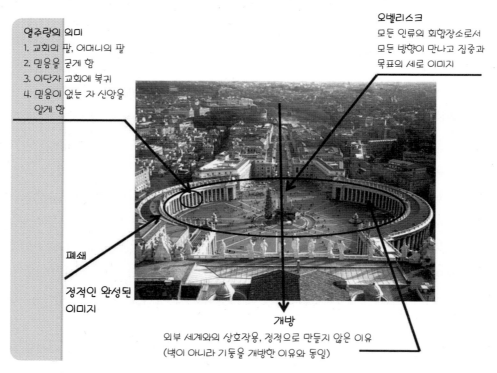

[그림 Ⅰ-63] 바티칸 베드로 성당: 모든 교회의 어머니_ Gian Lorenzo Bernini

시대를 구분하기 위하여 바로크라고 이름 붙였지만 사실 바로크는 매너리즘 후기에 속합니다. 그래서 이렇게 다양한 기능을 과거와는 다르게 하나의 영역에 넣은 것입니다.

바티칸을 전체적으로 살펴보면 축이 형성되어 있는데 이는 과거의 건축물에서 볼수 없는 것으로 축은 곧 역동성을 의미하며, 즉 움직임이 없으면 축이 형성되지 않습니다. 정체되어 있고 안정감 있는 것이 바로 고대의 비율과 질서 그리고 비례관계입니다. 그러나 매너리즘은 앞에서도 언급하였지만 반 고전을 추구하려고 했었습니다. 특히 이러한 정적인 것을 싫어하는 이유 중의 하나가 바로 시대의 변화를 내포하고 있었기 때문입니다. 왕족이나 귀족 또는 종교적인 지도자도 아니지만 그들에버금가는 부를 축적한 부르주아의 등장은 정적인 상황에서 사회의 영향력 있는 위치를 결코 차지할 수 없다고 생각했을 수도 있습니다.

천지창조가 완성되었을 때 교황청은 나체의 모습과 너무 종교적이지 않은 것에충격에 빠져 벽화를 삭제하려고 했었습니다. 심지어 미켈란젤로가 죽은 후에 그의제자가 그림에 옷을 입히는 변경을 할 정도로 오랜 시간 고민하기도 했었다고 합니다. 이는 고민에 초점을 맞추지 말고 기독교의 본산인 교황청이 고민했다는 것이 중요한 논제입니다. 과거 같으면 결코 고민하지 않고 다시 그렸을 테지만, 그 상태로화가의 고집을 꺾지 못하고 고민했다는 것은 교황청이 고민할 만큼 과거보다 세력이 약화되거나 변화에 반응했다는 것입니다. 과거처럼 강압적인 교리의 압력을 행사할 수 없음을 깨달았지만 교황청이 지속되어야 함을 느꼈을 것입니다. 직접적인 영향을 교황청이나 왕족이 받지 않는다면 그대로 유지하는 결정을 했다는 것이 중요한 초점으로 이러한 과정이 지속되면서 권력의 한계를 느꼈을지도 모릅니다. 그래서후에 프랑스의 루이 14세가 강력한 왕정을 이끌어 갔다는 것은 반대로 위기감을 느꼈다고 볼 수 있습니다.

[그림 I-64] 바로크

[그림 I-64]의 그림을 보면 다양한 구성축이 그림 속에 있는 것을 알 수 있습니다. 또한 내용을 살펴보아도 마치 성격 속의 내용 같기도 하고 또는 그리스 신화의 내용을 나타낸 것처럼 보이기도 하면서 뚜렷하게 어느 내용을 나타내려고 하는지조차 알 수 없게 아주 산만한 구성임을 알 수 있습니다. 이 그림의 구성을 [그림 I

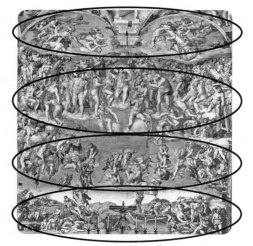

[그림 I-65] 최후의 심판_ 미켈란젤로

-65]와 비교해 볼 수 있습니다. 이 그림은 앞에서도 다루었지만 미켈란젤로의 최후의 심판입니다. 이 그림도 복잡한 내용을 보이고 있지만 전체적인 구조는 수평적인 형태를 갖고 있습니다. 특히 수평적으로 동일한 내용을 유지하고 있어 잣히 보면 그 구성을 이해할 수 있게 표현되어 있습니다. 르네상스 초기에는 삼각형 구도를 그림에서 다루었다고 근세 초기 내용에서 다루었습니다. 그것이 수평적 구도로 바뀌었고 매너리즘에 와서 깨

110

지면서 바로크에서는 일정한 구도 축을 갖지 않고 그려지고 있음을 볼 수 있습니다. 이는 매너리즘을 거치면서 바로크에 와서 의도적으로 역동적인 표현을 보이기 위해서 사용하였음을 볼 수 있는 것입니다.

[그림 Ⅰ-66] 천사에 둘러싸인 성모와 아기 예수(1270년)_ 치마부에, 중세 미술

[그림 Ⅰ-67] 풀밭의 성모자와 아기요한(1506년)_ 라파엘로, 비엔나 르네상스

[그림 Ⅰ-68] 성 마르코의 유해발견(1562년)_ 틴토레토, 매너리즘

위의 그림은 좌측부터 중세, 르네상스, 매너리즘 그리고 아래에 바로크 시대 그림입니다. 현대에는 자신들의 개성을 살려 개인적인 스타일을 나타내서 그리는 것이 일반적이고 이에 익숙한 우리에게는 동일한 구성을 갖고 그림을 표현했다는 것 자체가 이해하기 어려운 일이지만 사실 과거에는 단락 근대에서 그 내용이 등장하겠지만 대체적으로 페트론 체제(후언제도)라는 특이성 때문에 통일된 구성을 갖고 그림을 그리는 경우가 많았으며, 스폰서가 원하는 대로 만들어주는 것이 일반적인 상황이었습니다. 그래서 다른 구성을 시도한다는 것이 어려운 시대였습니다. 이로 인하여 그 시대의 그림의 구성을 이해하는 것이 오히려 쉬울

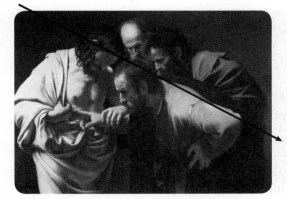

[그림 Ⅰ-69] 의심하는 토마(1602~1603년경)_ 카라바조, 포츠담

수도 있습니다.

중세에는 종교적인 상황으로 스폰서의 주체가 기독교였으며 르네상스는 약해지기는 했지만 마찬가지로 종교가 강했지만 중세보다는 후광이나 직접적인 표현이 약해져서 삼각구도로 그림의 구성이 바뀌었으며, 매너리즘에 와서 탈 고대 또는 고전이라는 반발이 심해지면서 반항적인 구성이 등장하였고, 바로크에 와서는 역동적인 표현을 하기 위하여 사선의 구성이 등장합니다. 이를 전체적으로 본다면 예술의 자유가 더 주어졌다는 것입니다.

바로크가 괴팍하고 과장되며 삐뚤어진 진주라고 이름 붙여졌지만 아마도 이는 과거의 표현과 연관지었기 때문일 것이며 오히려 구성의 틀을 유지했던 과거보다 더 자연스러운 새로운 구성의 시도라고 볼 수 있습니다. 프로 예술가들은 자신의 실력을 뽐내려고 작품을 만드는 사람은 없습니다. 훌륭한 자신의 실력에 오히려 사회에 대한 메시지나 개인의 정신적인 유흥을 나타내려 할 것입니다. 예술가가 자신의 작품에 어떤 메시지를 담지 않고 자유롭게 예술의 범주에서 모든 것을 쏟아 부을 수 있는 시대는 참으로 평화로운 시대입니다. 인본주의라고 하여 신본주의에서 탈피해서 새로운 시대가 시작되고, 르네상스라는 고대의 철학을 담아 인간의 삶을 더 영화롭게 하려는 목적으로 시작하여 과학이 발달하고, 문명의 발전으로 이전보다 더 편리해졌지만 인간은 배부른 것보다 머리가 부른 것을 사실은 더 좋아 합니다. 그래서 삐뚤어지고 기괴하지만 규칙과 비례와 구성이라는 틀이 얼마나 거추장스러운 것인지를 매너리즘은 알리기를 원했습니다. 특히 귀족과 평민이라는 수직적인 고정된 사회 신분 구조에서 어느 누군가는 이를 부수기를 원했으며 폐쇄된 사회 구조에 침묵의 소리로서 이러한 규칙부수기를 시도했는지도 모릅니다. 이것이 바로 바로크입니다.

권력을 얻지는 못했지만 부를 얻게 된 상인귀족들은 이를 예술가 먹여 살리기뿐 아니라 건축물의 내부에도 투자하기 시작한 것입니다. 아직 기독교와 왕족의 존재가 명확한 시대라서 건축물의 전체적인 형태까지 변화를 시도할 수는 없었습니다. 그래서 상인들은 내부 인테리어부터 변화에 물꼬를 트기 시작한 것입니다. 살아 있는 것은 꿈틀되고 어수선합니다. 권력자들은 질서와 규칙을 원하지만 그렇지 않은 자들은 자신들이 살아 있음을 나타내려고 합니다. 무질서하고 역동적이며 하나의 틀이 아니라 다양성을 보여주기를 원하며 각 개체의 존재가 인정받으며 그 개체들이 모여서 전체를 만들기를 원하는 것입니다.

바로크 그림을 보면 형태의 외곽선이 명확하지 않습니다. 만화를 보면 움직이는 표현에는 뒤따라 오는 형태가 희미하게 나타나는 것을 볼 수 있는데 이러한 표현의 원조가 바로 바로크입니다. 동일한 배경을 갖기보다는 가장 어두운 부분에서 가장 밝은 부분으로 다양한 빛의 표현에서 생명체의 정체성을 나타나내고 살아 있는 것을 보여주기 정체된 포즈를 피하고 뭔가를 향하거나 지적하는 이미지를 나타내 그림 속에서 관찰자가 함께 팔의 움직임과 시선을 따라 움직이기를 바로크는 원했던 것입니다.

[그림 Ⅰ-70] 성 미쿨라세 성당(1703)_ 프라하

규칙과 질서 속에 권력자가 만든 틀에 비권력자가 규칙 없는 배치로 장식을 하였지만 권력만큼 부도 영향력 있음을 보여주기 위하여 그들이 갖고 있는 능력을 나타내다 보니 딱히 어떻다라는 정확한 느낌보다는 화려하다는 표현이 가장 잘 어울립니다. 그래서 바로크의 형태는 달리 철학적인 표현을 할 필요는 없습니다. 그들이

113

갖고 있지 않은 권력에 그들이 갖고 있는 경제력을 예술가들의 힘을 빌려 나타낸 것이기 때문에 화려하다는 느낌이면 됩니다. 그래서 이탈리아의 바로크는 화려한 것입니다. 그러나 이러한 표현을 싫어하는 사람도 있었습니다. 이 사람은 이탈리아의 화려한 바로크가 너무도 부러웠습니다. 그러나 이탈리아 바로크의 화려함과 찬란함 그리고 환상적인 표현은 그가 너무도 갖고 싶었던 반면, 이 표현 속에 담겨진 무질서함에 권력자로서의 불안감도 생긴 것입니다. 모든 질서는 자신의 통제 아래에 있어야 한다는 생각으로 그는 로마의 바로크를 프랑스로 갖고 가면서 다시 고대의 질서, 절대, 순수 그리고 통일감을 담아서 갖고 온 것입니다. 그가 바로 루이 14세인데 그는 절대왕정을 꿈꾸던 사람입니다. 그래서 그는 로마의 바로크를 고전 속의 통제와 질서라는 규칙 속에서 진행되도록 한 것입니다. 그래서 우리는 로마가 먼저 바로크를 시작했지만 프랑스 바로크를 고전주의 바로크라고 부르는 것입니다.

[그림 Ⅰ-71] 거울의 방(1680)_ 르 브렁과 망사르, 베르사유

[그림 Ⅰ-72] 바이에른 비스교회_ 바로크, 독일

[그림 Ⅰ-71]은 베르사유에 있는 거울의 방으로 프랑스 고전주의 바로크 양식을 보여주는 대표적인 곳입니다. 로마의 것과 비교되는 것이 화려함은 동일하지만 질서정연하고 규칙적이며 로마의 바로크가 감성적인 이미지를 갖고 느낌 그대로를 표현했다면 프랑스는 이성적인 디자인을 보여주고 있었습니다.

[그림 Ⅰ-72]는 독일 비스교회의 내부 모습으로 로마 바로크와 큰 차이를 보이지 않게 상당히 역동적이며 화려함의 극치를 보여주는 것이 독일은 로마의 것을 그대로 받아들였음을 알 수 있습니다. 근대에 들어서 아르누보라는 스타

일이 등장합니다. 이들은 과거의 것은 죽은 이미지라서 직선의 형태를 이루고 있다고 주장하기에 아르누보는 곡선과 곡면을 주 이미지로 내세웁니다. 그러나 바로크의 건축물이 곡선과 곡면을 나타내지 않지만 사실 내부적으로는 곡선이 많이 사용되었음을 바로크를 통하여 알 수 있습니다. 또한 피카소의 분석적 큐비즘에서 미래파 또한 아르누보처럼 역동적이고 다이내믹한 이미지를 보여주기 위하여 사선을 사용하는데, 이 또한 엄격히 말하면 바로크에서 출발했다고 할 수 있습니다. 어쨌든 매너리즘이 르네상스의 과도기적인 이미지의 과정이었다면 바로크는 이를 완성하는 매너리즘의 후기에도 속하는 것으로 독자적인 모습을 보여준 것은 확실합니다.

건축은 시대를 반영합니다. 그러므로 건축을 이해하려면 먼저 그 시대를 이해하여야 합니다. 제1의 형태에 속하는(고대, 중세, 근세) 건축디자인의 경우는 특히 그렇습니다. 근대는 시대적인 변화의 영향으로 철과 유리라는 재료뿐 아니라 두 가지 혁명에 의하여 변화를 하였고 현대는 개인적인 특징이 강하고 시대적으로만 구분하기에는 그 개성이 너무도 강하기에 다방면의 성질을 건축물 자체에 형태적인 이유를 갖고 있지만 제1의 형태에 속하는 양식은 분명하게 그 시대를 반영했고 그 시대를 이해하는 것이 먼저입니다. 사실 형태는 두 가지뿐이라고 정의를 하였지만, 제2의 형태인 근대가 등장하는데, 바로 앞에 신고전주의가 있었고 여러 사건이 있었지만 역으로 바로크의 역활이 컸습니다. 역사 속에서 상인의 등장은 훨씬 이전부터였지만 본격적으로 사회의 중심적인 역할을 담당하고 시대변화를 부는데 지대한 공을 세웠기 때문입니다. 특히 메디치 가문은 여기서 중요한 원인으로 등장한 것입니다. 이렇게 바로크에서 상인의 등장이 극대화 되면서 다음 단계인 로코코의 등장이 가능했던 것입니다.

바로크를 다시 정리하면 이전 시대까지의 형태는 고대의 이론에 근거하여 규칙과 질서 그리고 일정한 틀을 바탕으로 구성이 되었다면 매너리즘 시대를 거치면서 바로크는 구체적인 표현을 넘어 감성적인 느낌이 시작된 시작입니다. 형태 그 자체가 주는 감성에서 빛을 이용한 느낌을 전달하며 권력에 의한 설계와 일정한 틀을 나타내려고 시도했다면 바로크는 상인이라는 계급이 급성장하면서 자신들의 정체성을 구체적으로 드러내게 되는데 그것이 바로 부르주아의 등장입니다. 이들의 콘셉트가 일정한 틀을 갖고 있는 것은 아니었습니다. 그래서 더 감성적으로 다가 온 것입니다.

그러나 프랑스의 권력자들은 바로크의 화려함을 갖고 싶었지만 이성적이지 못한 구성은 받아들이지 않고 고전의 질서를 바탕으로 로마의 바로크를 갖고 와 질서와 규칙 그리고 통제할 수 있는 바로크를 실천하여 일정한 틀 속에 바로크를 발전시킨 것입니다. 그래서 프랑스의 바로크를 고전주의 바로크라고 이름 붙인 것이지만, 큰 틀은 왕정입니다.

다양한 국가의 형태가 만들어지면서 왕의 권력이 주를 이루었습니다. 특히 영국, 프랑스, 스페인 그리고 네덜란드의 시민국가가 성립되면서 국가 간의 권력은 국가적인 차원에서 발달하는데 여기에는 왕의 권력이 무엇보다 중요했습니다. 이렇게 주체가 발달하면서 바로크는 고전주의에서 시작한 근세의 르네상스에 대한 반발심이 새로운 개혁으로 등장하고 예술가는 지금처럼 자유로운 상태에서 성장한 것이 아니라 일정한 교육 틀과 시스템 안에서 성장하면서 국가가 원하는 형태로 발전되어 온 것입니다.

[그림 Ⅰ-73] 회개하는 막달레나
(1640~45)_라 투르

각 시대의 특징은 곧 집권자의 입김이 많아 작용했다는 것입니다. 사진처럼 정확하고 분명한 표현으로 시작한 르네상스에 맞게 변화를 해오다 시대적인 특징을 갖고 온 것입니다.

[그림 Ⅰ-73]을 보면 마치 사진을 찍을 때 조명을 비춘 것처럼 바로크는 매너리즘에 보인 비례의 파괴대신 빛의 사용을 통하여 표현하기를 좋아했고, 이전의 성격에 등장하는 인물이 성스러운 대접을 받았다면 바로크에 와서는 일반화되는 경향을 보이는데 이는 기독교의 위치가 그 만큼 약화되었음을 보여 주는 것입니다.

로코코: 조개 무늬 장식 또는 돌 조각 장식

바로크 이전의 양식 주체는 왕권과 기독교가 주를 이루었습니다. 그러나 십자군 전쟁의 타격과 다양한 국가의 형성으로 교황의 세력은 이전만큼 세력의 강세를 보이지 못하였고 그에 반하여 왕족의 역할이 다양해졌습니다. 기독교가 약화된 원인 중의 하나가 바로 종교개혁입니다. 당시에 많은 세금을 걷어 들인 교황청이 종교개혁으로 그만큼의 수익이 적어지자 더욱 더 권력의 곁에서 세력을 강화하려다 보니 왕족과의 분쟁이 생겼고 이는 귀족을 키우는 반대의 상황도 만들어진 것입니다. 이렇게 세력의 변화가 보이면서 새롭게 등장한 것이 부르주아입니다. 이들은 기독교 지도자나 왕족 또는 세습적 귀족 같은 위치를 갖지는 못했지만 지도층에서 그 세력을 넓혀가면서 기득권으로 진입하고 있었습니다. 이들이 기득권에 진입하게 된 경우는 전체 역사로 보면 오래 걸렸지만 하나의 결정적인 사건이 있었는데 그것이 바로 프랑스의 루이 14세입니다. 루이 14세는 원치 않게 다섯 살에 왕이 되었지만 정치를 할 수 있는 상황이 아니었습니다. 그래서 교황이 섭정을 하게 되지만 이후 어려운 상황을 많이 겪게 되고 심지어 유배를 가는 상황까지 벌어지는데 이 배경에는 귀족들이 있었습니다. 귀족들은 이때를 틈타 왕권을 교체하기 위해서 애쓰면서 루이 14세를 어렵게 만드는데, 그가 왕이 된 후에도 귀족에 대한 불신이 남아 있어 기술, 지식, 정보 그리고 부를 갖고 있는 상인그룹인 부르주아를 많이 측근에 기용하게 됩니다. 특히 프랑스는 영국의 청교도 박해처럼 낭트 칙령에 의한 개신교 보호 장치를 해체하면서 복잡한 상황에 빠지는데 당시 산업 분야 대부분에 종사하고 있었던 개신교 신자들이 거의 90년에 걸쳐 보호 받았던 제도에 의해 박해가 시작되자 해외로 이주하면서 프랑스는 경제 분야에 타격을 입게 됩니다. 그럼에도 불구하고 루이 14세는 시민들에게 10~15%의 세금을 걷고 종교세를 8% 정도 내야 했으며, 모든 시민은 반드시 십일조를 내야 하는 상태였기에 불만이 상당히 많은 상태였습니다. 아직은 봉건제도가 남아 있고 영주들이 세금을 걷고 있는 상태였기 때문에 상류층은 불만이 많지 않았습니다. 루이 14세는 제도를 바꿔 강력한 왕정제도로 바꿉니다. 자신의 절대 권력을 진행하면서 귀족에 대한 불신을 곳곳에 드러내고 자신보다 큰 건축물을 갖고 있는 귀족에게 질투를 느껴 경제상황이 이렇게 어려움에도 불구하고 그 귀족보다 더 큰 궁궐을 짓는데 이것이 바로 베르사유 궁전입니다.

어린 시절 힘들었던 기억을 갖고 있었던 파리를 떠나 인근에 화려한 궁전에서 생활하며 로마의 바로크가 갖고 있는 화려함에 반해 절대왕정이라는 규범 속에서 프랑스적인 고전주의 바로크를 실현하여 화려하지만 질서와 통제를 상징하는 베르사유 궁전을 축성합니다. 신성로마 제국이 독일에서 오스트리아로 넘어가면서 독일이 복잡한 상황에 처해 있는 동안 프랑스는 이렇게 경제 사정을 고려하지 않은 왕의 사치로 인해 점차 국가는 어려워지고 있지만, 스페인과 영국은 점차 강대해지면서 식민지가 많아집니다. 이러한 상황에 부르주아의 수가 많아지고 이들이 사회의 각 분야에서 두각을 나타내기 시작합니다. 루이 14세에 빌붙던 귀족과 부르주아들은 그의 방탕함과 사치스러움을 만족시키고자 베르사유 궁전에 거울의 방 외에도 내부 장식을 꾸미는 데 일조를 합니다. 이때 유럽은 점차 세력을 외부로 확장하면서 중국과의 거래도 발생하는데 이것이 새로운 문물을 받아들이는 좋은 기회가 됩니다. 당시 중국은 유럽강국들의 각축장으로 발전하였고 이에 따라 세계의 문물을 중국에서 수입하면서 다양한 경험을 유럽이 하게 됩니다.

베르사유 궁전의 거울의 방 자체를 하나의 큰 디자인으로 꾸몄는데 이것이 바로 바로크의 특징으로서 바로크는 전체 디자인을 커다란 하나의 덩어리로 보고 장식을 하였다면, 로코코는 더 섬세하고 조각적인 디자인으로 세분화된 성격을 갖고 있습니다. 이 배경에는 중국에서 본 자개장 디자인 같은 조각으로 전체를 꾸미는 방식입니다. 이는 커다란 변화로 지금까지 디자인이 유럽 자체에서 발생하여 유럽 자체가 소화를 하였다면 로코코는 유럽 외부에서 그 디자인 소스가 유입된 사례입니다. 조각적인 디자인이라 하여 로코코를 조개 무늬 장식 또는 돌 조각 장식이라고 부르기도 합니다. 바로크처럼 집단적이지는 않지만 개별화된 장식으로 곡선이나 곡면이 사용되는데 이것이 조개껍질에 있는 굴곡이나 자갈의 곡선이나 곡면과 유사하다 하여 이러한 이름이 붙은 것입니다. 바로크도 마찬가지이지만 단순히 장식적인 성격이 강하고 전체적이지 않고 부분 부분을 살리는 방식으로 밋밋한 부분을 채우는 방식입니다. 이러한 방식이 바로크가 끝난 후에 로코코가 등장한 것이 아니라 거의 말기에 겹쳐지면서 동시대적으로 진행이 되었는데 이는 루이 14세의 절대왕정에 의한 귀족과 부르주아의 아부에 의하여 진행된 것이 아닌가 합니다. 루이 14세 집권 동안 귀족이나 다른 계층은 사실 숨죽이며 살아야 했습니다. 그러나 그가 죽자 억압된 상황의 종말이라고 생각한 부류들이 서서히 기지개를 피며 등장하는데, 이 배경에는 루이 14세의 존재가 사라지는 의미도 있지만 사실은 왕족의 경제적 어려움입니다. 루이 14세 집권 당시 빈번한 전쟁과 사치스러운 생활은 다른 나라에 빚을 지게 되는 경제적 어려움을 남기게 되고, 이를 이어 받은 루이 15세는 이를 탕감하려고 노력하지만 이미 마음이 돌아선 귀족들은 비협조적인 자세를 보입니다. 그럼에도 귀족들은 풍족한 식민지에서 걷어 들인 부와 세금으로 풍족한 생활을 하게 되고 왕족이 허덕일 때 사치스러운 생활을 이어받게 됩니다. 여기에 귀족들의 부를 채워주는 부르주아들의 경제력은 이들을 떼어 놓을 수 없는 상황까지 되어 이제 시대는 왕족과 왕족의 힘을 얻지 못하는 종교지도자들이 배제된 새로운 국면으로 접어듭니다.

루이 14세 때 즐겼던 왕족들의 사치가 이제 다른 부류에게 넘어가는데 바로 귀족과 부르주아의 시대가 열린 것입니다. 국가 부의 주 수입이 이제는 세금이 아니라 식민지에서 갖고 온 원료와 무역에 의존하면서 경제 주체가 바뀐 것입니다. 이들은 엄청난 부를 쌓게되고 방탕해지면서 이들을 위한 복장과 사교장이 등장하고 왕족이 아닌 귀족이나 일반인들의 멋쟁이들을 위한 복장과 여자들의 의상이 달라지기 시작합니다. 이를 위하여 중국의 다양한 색이 등장하고, 바로크 양식인 덩어리의 장식이 아닌 섬세한 장식들이 등장하면서 본격적인 로코코의 시대가 열리는 것입니다. 바로크가 자리한 부분에 부족한 것을 채우는 방식으로 오히려 바로크를 더 완벽하게 만드는 역할로 바로크보다는 더 실용적이며 우아함을 강조하는 성격으로 금이나 은 조각 같은 금속으로 화려함을 더 하는 작용을 합니다. 무작위로 만들기보다는 나선형이나 원형의 무늬 또는 꽃 장식 같은 일정한 형태를 반복하여 사용하는 것으로 바로크가 대규모의 화려함을 보였다면 로코코는 일정한 무늬를 반복적으로 치장하는 방식을 취하고 있습니다. 그림에서도 이전에는 왕족이 품위와 절제를 보였다면, 로코코는 권력의 밖에서 자유분방한 귀족이나 부르주아가 사회의 만연한 쾌락이나 관능적인 모습을 오히려 풍자하고, 과거에는 자세를 잡고 그 모습을 보여주었다면 로코코 그림에서는 곡선적인 배경에 전체적으로 밝고 우아하고 밝은 모습에 옷 하나하나에도 장신구와 액세서리를 표현하고 공공연하게 그들의 외설된 표현 등을 보여 과거보다는 품위가 많이 떨어진다는 평가를 받았습니다. 매너리즘은 어두침침한 배경에 왜곡된 표현을 바로크는 밝은 것과 어두움의 표현, 로코코는 전체적으로 밝은 표현을 보여주는 차이를 보여주었습니다.

[그림 Ⅰ-74] 시돈즈 부인(1785)_ 게인즈버러

[그림 Ⅰ-75] 퐁파두르 부인의 초상(1756)_ 부세

위의 그림에서 [그림 Ⅰ-74]는 바로크 그림, [그림 Ⅰ-75]의 그림은 로코코 그림입니다. 전체적으로 보면 바로크 시대의 기름은 어두움과 빛의 대립을 잘 보여주고 전체적인 모습에 초점을 맞추었다면, 우측의 로코코는 오히려 자세가 기울고 전체적으로 밝으며 옷의 장식에 붙은 디테일이 화려하며 주변 상황도 일반 가정집이기

[그림 Ⅰ-76] 그네(1768)_ 프라고나르

보다는 살롱이나 장소적인 성격도 보여주며 화면 가득 화려함을 넣으려는 의도가 보입니다. 옆의 [그림 Ⅰ-76]의 배경을 보면 곡선적인 이미지를 넣어 생동감 있게 표현하였으며, 여인의 모습도 화려하고 젊은 모습이며, 관능적으로 아름답게 그렸으며, 여인의 밑에서 옷을 살펴보면 귀족인 듯한 남자가 여자의 치마 속을 살펴보고 있는데 여자가 기분 나빠하지 않는 것을 보면 애인인 듯 하며, 뒤에서 강하지는 않지만 그네에 달린 끈을 잡고 있는 것을 보면

남편인 듯하지만 자신 없어 보이는 것이 당시의 만연한 모습인 것처럼 보입니다. 정말 품위가 없는 장면으로 이러한 그림들이 공공연하게 등장한다는 것은 일반화된 풍속인듯 합니다.

로코코는 앞에서 언급하였듯이 왕족이 이끄는 문화가 아니고 귀족과 부르주아들이 주체가 된 문화로써 이들이 자유분방하다기보다는 억압된 사회 속에서 있었다는 것을 반전으로 느낄 수 있는 모습입니다. 바로크보다 품위가 없고 조개무늬라는 이름이 붙여진 이유는, 물론 중국의 영향도 있겠지만 과거에는 대단위나 규모가 큰 반면 로코코는 덩어리로 등장하지 않고 소규모로 반복적으로 등장하기 때문에 과거에 익숙한 사람들이 약간은 경멸하는 의미로 붙였을 수도 있습니다.

[그림 Ⅰ-77]의 건물은 독일 포츠담에 있는 프리드리히 대왕의 여름궁전인 상수시 궁전(Sanssouci)입니다. 이 건축물을 바라볼 때 생각해야 하는 것이 왕이 별장용으로 편안하게 쉬기 위한 용도로 지었다는 것입니다. 즉 그보다 왕으로서 사용하는 기능을 부여했다면 로코코가 아니라 바로크나 다른 디자인이 적용될 수도 있었다는 것으로 좀더 검소한 디자인을 적용하기 위하여 로코코라는 부분에 초점이 있는 것입니다. 일반적인 규모에 이미 많이 발달한 돔 지붕을 얹고 이에 바로크가 즐겨 사용하는 장식을 큰 규모가 아닌 로코코 양식으로 부분부분에 넣고 끝냈다는 의미입

[그림 Ⅰ-77] Schloss Sanssouci_ 포츠담, 독일

니다. 여기서 우리가 주목해야 하는 부분이 바로 반복입니다. 지금까지 로코코와 같은 반복이 대량으로 만들어진 적은 없었습니다. 이는 대량생산이 가능해졌으며 물론 석재로 만드는 것이 대부분이지만 내부에는 금속도 있습니다. 금속은 주물로 만드는 것이 일반적입니다. 즉 산업 형태가 서서히 수공업에서 팩토리 형태로 넘어가는 과도기를 보여주는 것으로 상인의 역할이 배경에 담겨 있다는 것입니다.

[그림 Ⅰ-78] Petersburg의 궁전(1703)_러시아

위 [그림 Ⅰ-78]의 건축물은 러시아 페터스부룩(Petersburg)에 있는 궁전입니다. 반복적인 표현과 성스러운 부분에 적용했던 금색의 표현이 두드러지는 모습으로 특히 벽면에 청색의 색이 들어 간 것이 특징입니다. 사진에서 우측을 보면 비잔틴 양식의 돔 지붕이 같이 표현되었는데 이는 교회의 건축물에 적용했던 표현으로 왕의 신분이 상승했음을 알 수 있는 부분입니다.

[그림 Ⅰ-79]의 의자는 로코코 양식의 대표적인 디자인으로 곡선과 곡면을 주 모티브로 삼은 것이 보입니다. 로코코가 더 이상 발전할 수 없었던 가장 큰 이유 중의 하나가 바로 이러한 곡선과 곡면의 남용이었습니다. 바로크

[그림 Ⅰ-79] 로코코 의자

보다 더 섬세하며 좀 더 디테일하게 디자인을 진행하면서 바로크가 놓쳤던 부분 디자인을 로코코가 담당하게 된 것입니다. 이것은 사실 더 화려해지기는 했지만 반대로 건축물에서 가구로 옮겨 갔다는 것은 더 서민적이 되었다는 뜻도 있습니다.

[그림 Ⅰ- 80] Furstenfeld Abbey(1700)_Bavaria, 독일

[그림 Ⅰ- 81] 성 미쿨라세 성당(1703)_프라하, 체코

[그림 Ⅰ-81]의 건축물이 바로크인데 위의 건축물과 비교하면 훨씬 더 화려하고 꽉 찬 느낌이 있는 반면, [그림 Ⅰ-80] 건축물들은 기둥이나 한 장소에 국한되어 장식이 배치된 것을 볼 수 있습니다. 마치 바로크가 전체적인 콘셉트라면 로코코는 이를 채우는 방식으로 장식의 배치가 상세하게 이뤄졌음을 알 수 있습니다.

"옛날에는 안 그랬는데 ……." 사람들은 가끔 이런 말들을 합니다. 이런 표현은 아주 오래 전부터 있었습니다. 르네상스가 시작한 것도 사실은 이런 표현부터 시작한 것이 아닌가 합니다. 왕의 집권을 통한 지배세력의 권력이 역사 이래로 진행되어 왔지만 정신적인 부분과 인간의 소망을 채워주는 역할을 담당하는 것으로 종교의 필요성이 자연스럽게 발생한 것입니다. 그러나 집권세력의 보장과 미래에 대한 두려움을 해소시키는 역할로서 종교가 필요했지 집권세력과 동일한 선상에서 종교가 자리를 잡았던 것은 아닙니다.

기독교 공인 이후 기독교는 종교를 통일하고 집권세력과 동일한 선상에서 세력을 확대해 나가고 영역을 넓혀 나갔지만 새로운 종교 이슬람의 등장으로 위기감을 느끼고 이에 대한 불안감을 여러 방법을 통하여 해소하려 했는데 그 중의 하나가 수직적인 건축물의 등장으로 모든 곳에서 교회를 바라보며 경외심을 갖도록 유도합니다. 이러한 상황이 고딕에 와서 극에 달하고 상징적인 교회건축물의 무리한 시도는 비잔틴의 몰락으로 정신적인 충격에 휩싸인 유럽은 교회의 시도가 부정적인 여론을 일으키면서 잠재했던 인본주의의 필요성을 느껴 사람들은 새로운 시대를 요구하게 됩니다. 이때 사람들은 옛날을 회상합니다.

보수는 개혁이 실패할 때 정당한 부름을 받습니다. 미래는 아직 오지 않았기에 확실하지 않고 현실은 진행형이기에 누구도 장담할 수 없는 상황에서 이러한 시기에 과거는 더 그 정체성을 인정받는 것입니다. "옛날에는 그러지 않았었는데……"라고 외친다거나, "그래도 옛날이 좋았어."라고 현재 상태가 적절치 않다고 생각하는 부류에서는 과거의 해법으로 회상하는 것입니다. 고딕의 시도가 너무 앞서갔다는 것입니다. 고딕 자체가 문제가 있었던 것이 아니고 사실은 주변 상황의 실패에 대한 탈출구로 희생양이 필요했던 것입니다.

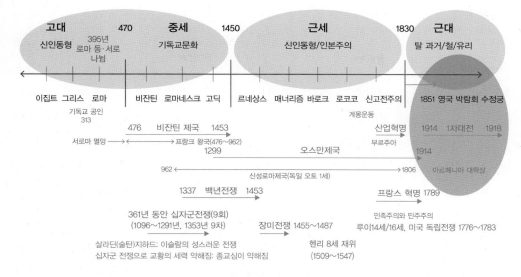

[그림 I-82] 연대표

[그림 I-82]의 연대표를 보면 근세가 시작되기 전의 유럽 상황이 복잡함을 알 수 있습니다. 기독교의 공인이 나중에 일어난 일이지만 시간이 흐를수록 왕관을 수여하는 주체가 교황으로 넘어가면서 가장 위기감을 느낀 것은 교황청입니다. 오히려 왕들은 신성로마 제국이 있지만 그것은 대외적인 것일 뿐 각 영토에 대한 자치권에는 큰 영향을 주지 않기 때문에 영주와 황제라는 체제에서 자주권이 생기는 양상으로 동등한 권리가 만들어지는 시기이기에 위기감을 과거보다는 크게 느끼지 않았을 겁니다. 그러나 전 유럽을 하나의 종교로 묶어 왔던 교황청으로서는 십자군 실패에 대한 타격뿐 아니라 종교개혁과 헨리 8세의 독립 그리고 이슬람의 성장 등 과거와는 다른 위기감을 느낀 것입니다. 종교라는 신성한 이미지 때문에 왕처럼 대놓고 세속적인 압력을 행사할 수는 없었고 왕족과의 알력을 드러낼 수도 없었을 겁니다. 더욱이 신성로마 제국이 생기면서 교황청이 갖고 있던 많은 영토도 내 놓은 상황에서 기독교의 입지는 갈수록 좁아지고 있는 상황이었습니다. 이를 감지한 왕권도 교황청의 세력을 늦출 수 있는 상황을 만들기 좋은 것이 바로 시대의 변화를 갖는 것이었습니다. 그러나 교황청의 눈치를 보지 않을 수는 없었기에 반 교황청의 사람들을 옹호할 기회를 엿보던 중 인문학자들의 인본주의 주장에 힘을 실어 준 것입니다.

그 좋은 예로 이들이 고대의 질서와 규범은 자신들에게도 입맛에 맞는 좋은 예가 되었기에 과거의 것을 지지한 것입니다. 즉 고대의 신인동형은 교황청도 속하고 왕의 존귀함도 동반적으로 수반하는 것인데 이를 주장한 르네상스가 제1의 신고전주의입니다. 이렇게 르네상스가 시작되면서 고대의 이성적인 논리가 등장하게 됩니다. 르네상스는 고대의 철학을 갖고 와서 재생한 것으로 이성적인 논리와 질서를 바탕으로 시작했는데 이에 반발심을 갖게 된 매너리즘이 반고전주의 노선을 타면서 르네상스가 보았을 때는 반항적인 구성을 나타낸 것입니다. 이에 더하여 바로크는 르네상스에서 사용한 안정적인 삼각구도를 탈피하여 대각선 구도를 사용하여 더 역동적인 구도를 보여주었고 르네상스에 있는 안정적이며 고정적인 자세를 취하지 않고 움직이는 자세의 한 부분을 취하여 생동감 있는 자세를 만들었으며 이에 극적인 효과를 보여주기 위하여 어두움과 밝음의 대비 속에서 마치 조명을 비추는 듯 극적인 이미지를 만들었습니다.

건축에서도 르네상스는 비례관계와 비율을 적용한 일정한 양식을 유지한 형태를 만든 반면 매너리즘에서는 다양한 양식의 조합으로 마치 여러 가지 요소를 박스에 넣어 흔들어 놓은 듯한 이미지를 주었으며 바로크에 와서는 액체 덩어리가 벽에 달라붙어 있는 듯한 비정형의 이미지가 정형의 이미지를 덮어버리듯이 감싸 꿈틀꿈틀대는 생명체가 당장이라도 보는 사람을 확 덮쳐 버릴 듯 달라붙어 있습니다. 이렇게 디자인의 변화는 사회의 요구가 작용하기 때문입니다. 이전에는 권력의 흐름이나 그 권력을 유지하기 위한 목적이 담겨 있기도 했지만 근세에 들어 새로운 기득권의 부각이 담겨 있었던 것입니다. 그러나 여기에는 과거 왕과 종교적인 지도자의 알력이 작용하여 서로 간의 위치를 확보하려는 의도가 강하였지만 근세에 와서는 반대로 이 둘의 존재가 약해지면서 그 틈을 비집고 새로운 세력의 등장이 담겨 있습니다. 존재가 약해진다는 의미가 권력뿐 아니라 경제적인 요소가 강력한 무기로 등장하면서 시대의 변화를 만드는 원인이 되는 것입니다. 일정한 영토에서 봉건주의는 권력의 강력한 무기였지만 영토가 확장되고 식민지 같은 영역에서 부의 축적이 권력 밖에서도 가능해지자 사회는 왕족, 종교 지도자, 귀족 그리고 부르주아라는 새로운 형태로 구성이 됩니다.

여기서 이 4개의 축이 일정하게 균형을 이루면서 흐른다면 권력이 당연히 가장 강력한 위치를 차지하겠지만 권력이 약해진다면 권력 외의 요소들이 성장할 수밖에 없었던 것입니다. 프랑스가 이러한 현상을 가장 잘 보여준 것으로 루이 14세의 재정 상태의 악화로 이를 이어 받은 루이 15세는 권력의 유지에 힘쓰기보다 선대에 물려 준 재정 악화에 대한 고민이 더 컸을 것이다. 이러한 상황에도 전쟁은 계속되면서 재정 상태는 더 악화되고 당시 지도자들이나 귀족은 세금에서 제외되어 더 많은 세금을 위하여 세금을 내는 영역을 넓히려 했지만 귀족들은 이에 동의하지 않았습니다. 이러한 상황은 곧 왕권의 약화를 의미하며 시민에 대한 압박으로 이어지고 있었습니다. 그러나 인쇄술의 발달로 시민들의 의식은 점차 지식화되고 바로크의 이미지는 문맹자들을 일깨우는 기능도 있었기에 이에 따라 사회가 점차 변화되고 있었습니다. 이에 루이 15세가 죽고 루이 16세가 즉위하지만 재정 상태는 변하지 않았으며 1775년에 즉위한 지 1년 만에 미국 독립을 돕기 위하여 군사와 재정을 지원하면서 프랑스는 더 상황이 악화되었습니다. 더욱이 미국이 독립하면서 시민들의 의식에 민주, 자유라는 새로운 기운이 돌기 시작하고 17세기와 18세기에 걸쳐 일어나기 시작한 시민 지적 운동인 계몽주의가 유럽을 휩쓸면서 새로운 사회의 욕구가 시민들 속에서 꿈틀대기 시작한 것입니다. 세금의 압박으로 힘들어 하는 시민들과는 상관없이 귀족들은 세금에서 자유로운 생활을 했습니다. 강력했던 소위 태양왕 루이 14세가 죽은 후 강력한 중앙집권이 무너지면서 억압 속에 있었던 귀족들은 퇴폐적이고 점차 타락해가는 모습을 보이면서 귀족과 부르주아가 주체가 되었던 로코코의 문화는 프랑스에서 날로 확산해 가고 있었습니다.

그러던 중 영국에서는 윌리엄 해밀턴(William Hamilton)의 폼페이 발굴에 대한 책이 등장하면서 고대에 대한 새로운 관심이 생기기 시작합니다. 이 관심이 확장되면서 유럽의 귀족 집안의 젊은이들이 장기간 이탈리아를 방문하여 고대를 배우는 그랜드 투어(Grand Tour)라는 과정이 유행처럼 번집니다. 이에 맞추어 Vitruvius Britannicus(Colen Campbell 1715), Palladio의 4권의 건축술(1715), De Re Aedificatoria(1726), The Designs of Inigo Jones(1727) 등 4권의 책이 출판되어 유행하는데, 이 중에 Vitruvius Britannicus가 가장 인기를 끄는데 이 책은 고대 건축가 비투루비우스에서 팔라디오까지의 건축물에 대한 내용을 정리한 것으로서 유명한 건축물들이 이 책에 등장하고 모두 고대의 이미지를 담은 건축물이었습니다.

영국의 신고전주의 디자인은 1750년대에 이탈리아와 달마티아 등 고전의 폐허를 관찰 여행하고 돌아 온 로버트와 제임스 아담 형제에 의해 시작되었습니다.

영국으로 돌아온 그들은 1773년에서 1779년 사이에 고전 건축 작품을 발표했습니다. 이 디자인 책은 유럽 전역에서 아담 레퍼토리라는 내용을 제공했습니다. 아담 형제들은 지난 수십 년 동안 유행했던 화려함과 장식 위주로 주를 이루는 로코코와 바로크 양식을 단순화하면서 이들이 적용한 그루지야 가옥에 고전의 콘셉트를 담아 로코코와 바로크보다 더 가볍고 우아한 분위기를 만들고자 시도했습니다. 이후 아담 형제가 작업한 주요 건축물이 등장하였고 아담스가 디자인 한 인테리어와 가구 등이 조전 비율에 맞추어 등장했습니다. 그러나 영국이 이러한 시도를 하는 와중에도 아직 귀족과 부르주아들이 주도하는 퇴폐적인 상태에 있었던 프랑스에 신고전주의를 시작한 부류가 등장하는데 로마에서 훈련을 받았고, 요한 요아킴 윈켈 만(Johann Joachim Winckelmann)의 저술에도 많은 영향을 받고 돌아 온 프랑스 미술 학생들에 의해 시작되었습니다. 이러한 배경에는 사실 집권층의 지원이 있었습니다.

고대가 집권층에게 매혹적인 이유는 바로 규범과 규칙이 담겨져 있다는 것입니다. 귀족과 부르주아가 이끄는 로코코 이후 점차 개방적이고 퇴폐적으로 흐르는 상황에서 이를 통제할 필요를 느꼈던 것입니다. 당시 프랑스의 예술가들은 도제 시스템 안에 있었는데 아카데미가 설립되면서 작업 내용이 점차 정부, 귀족 그리고 교회 등 중앙집권의 통제를 받게 된 것입니다. 모든 예술가들이 도제 시스템(페트론 체제) 안에서 정부가 원하는 작품을 만들게 되는데 그 성격은 고대의 신화, 역사적 사건, 성경 등에서 근거를 두는 이성적인 것에 초점을 맞춘 것입니다. 바로크와 로코코의 현란하고 화려한 이미지를 탈피하고 고대처럼 단순화하고 그리스나 로마의 영웅들이 국가에 충성하는 내용을 나타내는 것을 좋은 작품으로 선정한 것입니다. 특히 건축 벽의 단순화를 통하여 질서 있고 규칙적인 고대의 비율을 나타내도록 이끌어 갔던 것입니다. 이는 다른 시대에 겪지 못한 위기감을 집권층에서 느낀 것이며 자유분방한 분위기를 조절할 필요가 있다고 생각한 것입니다. 그러나 이렇게 진행되는 상황에서도 이전 시대와 크게 다른 점이 있다면 시민의 지식화와 부르주아의 등장입니다.

자연주의를 집권층은 철저히 배제하고 이성적으로 시민들을 끌고 나간다는 취지로 신고전주의를 일으켰지만 이미 계몽주의가 유럽 전 지역에 퍼져 시민들은 도덕성을 강조하고 상식적이며 경험적이고 과학을 의지하였으며, 과거보다는 더 많은 자유와 평등한 권리를 집권층에 요구하는 사태가 벌어집니다. 이럴수록 집권층은 고전 특히 그리스와 로마의 국가에 대한 충성을 계몽하고 예술을 통하여 나타내려 하지만 시민의 지적 사상운동 계몽주의가 부르주아를 바탕으로 기득권을 압박하기 시작합니다. 신고전주의 같이 과거를 돌아보는 과정은 한 시대가 새로운 관점에서 시작하지만 사실은 이전 시대의 신고전주의에서 시작하여 시간이 흐르면서 개혁으로 진행되다 그 시대가 절정을 이룰 때 다시 수면으로 떠오르는 과정을 반복한 것입니다. 하나가 주류를 이루며 계속하여 흐르는 것은 인간의 변덕스러운 심성이나 만족하지 못하는 특징 그리고 기득권의 기회보기 등의 이유로 가능하지 않을 수도 있습니다. 그런데 근세에 등장한 신고전주의는 르네상스에서 시작한 것과는 그 대상이 다른 것이었습니다. 르네상스의 신고전주의는 신본주의냐 아니면 인본주의냐에 초점이 맞추어져 있었다면 근세의 신고전주의는 수직적인 신분관계냐 아니면 수평적인 신분관계이냐에 따른 것이었습니다.

근세의 집권층은 기득권을 유지하려는 목적으로 고전을 갖고 온 것입니다. 이것은 베르사유 궁전에 있는 고전주의 바로크에서 벌써 나타나기 시작합니다. 매너리즘이 혼란과 과장 그리고 반 고전주의라고 정의를 내린 것은 르네상스와 고전에 그 기준을 두고 정의를 내린 것이고 바로크와 로코코에 대한 정의도 사실상 이러한 배경이 깔려 있는 것입니다. 반대로 바로크나 로코코에 이들을 기준으로 르네상스를 정의한다면 아마도 정적이고 너무 틀에 박혀있으며 규칙과 비례를 중시한 나머지 자유롭지 못한 표현이라고 했을 지도 모릅니다. 이렇게 정의를 내린 바탕에는 르네상스가 먼저 나타났고 이를 출발점으로 잡은 것으로 주체를 누구로 보느냐에 따라 긍정과 부정의 의미가 달라질 수도 있습니다. 앞에서도 언급하였지만 자유로운 표현이란 자신의 영역뿐 아니라 다른 영역의 표현도 수긍할 수 있어야 한다는 것입니다.

(a) 판테온(125년)_ 로마

(b) 판테온(1790년)_ 제르맹 스플로, 파리

[그림 Ⅰ-83] 판테온

[그림 Ⅰ-83]은 로마에 있는 판테온과 파리에 있는 판테온입니다. 물론 그 기능과 의미는 다르지만 왜 고대 건축물 중 판테온을 선택했는가 생각해보지 않을 수 없습니다. 로마의 판테온은 12신을 모시는 신전으로 사실 기독교의 교리와는 차이가 있습니다.

병을 낫게 해주면 종교적인 건축물을 짓겠다는 기도에 대한 서약을 지키기 위하여 옛 수도원 자리에 건축물을 지었다고 하지만 기독교 사회에서 왜 기독교 이전에 있었던 타 종교의 신이 있는 신전의 형태를 갖고 온 것인가 하는 것입니다.

(a) 개선문(315년)_ 콘스탄티누스, 로마

(b) 개선문(1806년)_ 나폴레옹1세, 파리

[그림 Ⅰ-84] 개선문

[그림 Ⅰ-84]의 (a)는 A.D. 315년에 지은 로마의 콘스탄티누스 개선문이고, (b)는 1806년도에 지은 파리의 나폴레옹 개선문입니다. 기독교에 있어서 콘스탄티누스 대

제는 중요한 인물입니다. 물론 개선의 축하를 위하여 이 건축물을 지었지만 이 건축물은 그 이상의 기능과 역할을 부여 받고자 고대의 형태를 빌어 만든 것입니다. 여기에는 집권자의 존경과 그의 업적을 기념하기 위한 목적도 있지만 기념비적인 이 건축물은 나폴레옹을 콘스탄티누스 대제와 같은 반열에 오르게 하기 위한 목적이 있는 것으로 고대의 영웅적인 모델로 그 기능을 더 하는 것입니다. 이렇게 근세 말기에 고전에서 갖고 온 형태들은 상징적인 의미를 부여 받고 집권자에 대한 존경심을 고대의 영웅에서 갖고 오고자 하는 목적으로 신고전주의가 시작된 것입니다. 그렇다면 고전주의라고 하지 않고 신고전주의라고 이름이 붙여진 이유는 무엇일까요? 디자인에서 고전주의, 신고전주의 그리고 포스트모더니즘이라는 이름은 과거와 연관이 있습니다. 이에 관하여는 근대에 들어가 포스트모더니즘에서 다시 다루기로 하겠습니다.

5 제1의 형태 정리
CHAPTER

　건축 형태에 대한 구분을 임의적으로 2개 제1의 형태와 제2의 형태로 나누어 보았습니다. 1의 형태는 고대, 중세 그리고 근세로 구분하였고 2의 형태는 근대 이후로 나누어 본 것입니다. 근대 이 후로 이 둘의 형태가 지금은 복합적으로 나타나고 있지만 형태 구분에 있어서 어느 정도 구분이 아직도 되고 있습니다. 1의 형태는 고대 이집트, 그리스 그리고 로마에서 그 근원을 찾아 볼 수 있습니다. 이것이 계속 발전과 변형을 이어오고 있지만 그 기본적인 공식은 유지가 되고 있습니다. 그래서 이들을 제1의 형태로 묶어 본 것이다. 이들의 공통점은 고대의 형태들이 쓰이고 있고 조적조로 이루어지고 있으며 순수한 형태 삼각형, 사각형 그리고 원이 반복적으로 지금도 쓰이고 있다는 것입니다. 또한 비례나 대칭을 형태 안에 사용하고 있으며 전체적으로는 하나의 테두리 안에 공간들이 들어 있는 특징도 갖고 있습니다. 이를 표로 다시 정리해 보면 아래와 같습니다.

이집트: 삼각형
그리스: 삼각지붕, 기둥, 단
로마: 아치, 돔, 조적조

삼각형, 사각형, 원

대칭, 비례관계

- 한 테두리 안에 공간이 집합적으로 있음.
- 장식적인 요소가 있음.

(a) 클래식건축물의 특징

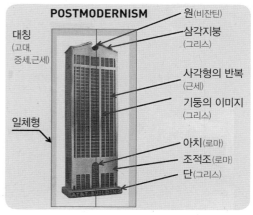

(b) AT&T 빌딩_필립존슨

[그림 I-85] 클래식 건축물

제1의 형태는 감성적인 표현이 주를 이룹니다. 기능도 물론 적용되지만 형태에 대하여 우선적인 배려를 한 것입니다. 이것이 모던 건축과 큰 차이를 보이는 것으로 제2의 형태는 우선적으로 기능에 더 중점을 두기 때문에 형태주의와 기능주의에 대한 마찰이 있었습니다. 제1의 형태는 하나의 테두리 안에 공간이 집합되어 있는 반면 제2의 형태는 기능적인 공간 분리가 형태 분리로까지 발전되어 다양하게 분화된 형태의 조합을 보여주고 있습니다. 이에 대하여는 근대에 들어가서 다시 다룰 것입니다. 이제 제1의 형태를 마무리 하기 전에 이 책의 앞 부분에서 나온 두 개의 건축 형태로 다시 돌아가 보려고 합니다. 이유는 여기까지 오면서 고대, 중세 그리고 근세에 대한 내용을 이해했나 한 번 살펴보려고 합니다.

아래 그림에서 좌측은 일단 그냥 넘어가고 우측의 형태를 살펴보기로 합니다. 우측의 형태를 보면 입구 부분에 삼각지붕과 기둥 그리고 단이 있습니다. 이 이미지를 어느 시대에 보았는지 떠올릴 수 있나요? 맞아요! 그리스 신전의 형태 3요소입니다. 2층 창 중에 큰 창과 작은 창 위에는 아치가 있습니다. 이것은 어디서 온 것인가요? 로마 건축에서 온 것입니다. 작은 창의 윗부분에는 아치와 삼각형이 같이 있습니다. 이것이 매너리즘에서 시작한 것을 기억할 것입니다.

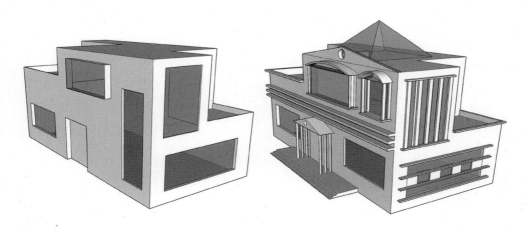

건축물의 양쪽으로 수평 띠가 보일 것입니다. 이것은 르네상스에서 온 것이며 위층의 창 부분에 사각기둥과 우측 벽 2층 부분에도 사각 기둥이 있는데 이는 미켈란젤로가 르네상스에 시작한 것입니다. 1층은 모두 좌우 대칭의 형태로 되어 있는데 이것은 고전에서 많이 쓰는 방법입니다. 지붕에는 삼각형의 천창을 두어 내부로 빛

을 끌어들였는데, 이는 이집트의 피라미드에서 갖고 온 이미지입니다. 그러므로 이 건축물은 클래식한 디자인을 갖고 있으며 한 시대의 양식이 아니고 다양한 시대의 내용을 하나의 형태에 갖고 있으므로 매너리즘이라고 전체적으로 부를 수 있는 것입니다. 클래식한 디자인을 과거의 것으로 치부하고 거리감을 두는 사람도 있는데 사실은 현대 건축물의 많은 부분이 이렇게 과거의 디자인을 갖고 있습니다.

II 제2의 형태에 속하는 형태

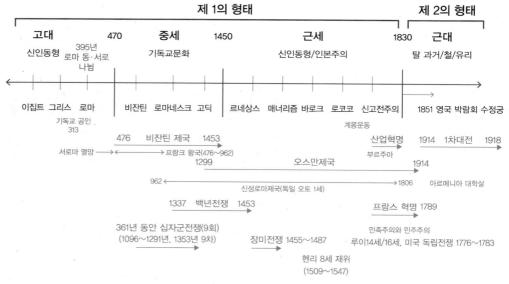

제 1의 형태 | 제 2의 형태

| 고대 | 470 | 중세 | 1450 | 근세 | 1830 | 근대 |

고대 신인동형 / 395년 로마 동·서로 나뉨 / 470 / 중세 기독교문화 / 1450 / 근세 신인동형/인본주의 / 1830 / 근대 탈 과거/철/유리

이집트 그리스 로마 / 비잔틴 로마네스크 고딕 / 르네상스 매너리즘 바로크 로코코 신고전주의 / 1851 영국 박람회 수정궁

기독교 공인 313 / 계몽운동

서로마 멸망 → / 476 비잔틴 제국 1453 / 산업혁명 / 1914 1차대전 1918
프랑크 왕국(476~962) / 부르주아
1299 / 오스만제국 / 1914
962 ← 신성로마제국(독일 오토 1세) → 1806 / 아르메니아 대학살
1337 백년전쟁 1453 / 프랑스 혁명 1789
361년 동안 십자군전쟁(9회) / 민족주의와 민주주의
(1096~1291년. 1353년 9차) / 장미전쟁 1455~1487 / 루이14세/16세, 미국 독립전쟁 1776~1783
헨리 8세 재위
(1509~1547)

[그림 II-1] 연대표_ 제2의 형태

제1의 형태는 고대, 중세 그리고 근세로 정의하였고 이제 근대로 들어서면서 제2의 형태라고 칭하였습니다. 사실 건축 형태의 양식을 부르는 이름은 그림의 인상파, 야수파 등처럼 무수히 많습니다. 그러나 굳이 이들을 정확하게 구분할 필요가 건축을 전공하지 않은 사람들에게는 오히려 혼란만 줄 뿐이고 이를 구분하기도 어려우며 초기에 그럴 필요도 없다고 생각하여 우선 2개로 나누어 본 것입니다. 이들 두 개로 나눈 경계선 기준은 근대입니다. 근대 이전은 고대에서 그 형태가 출발하였고 고대가 계속 발전하여 변형된 것이며, 고대가 반복적으로 변형되면서 등장하기 때문

에 고대만 잘 이해하여도 제1의 형태를 이해할 수 있습니다. 근대를 기준으로 삼은 이유는 근대부터 고대의 형태가 서서히 사라지며 형태 구성도 완전히 다른 출발을 보이기 때문입니다. 물론 초기 근대에는 과도기적인 시기라서 완벽하게 이를 구분하기는 어렵지만 근대는 탈과거를 모티브로 삼았으며 과거의 형태에서 벗어나려는 노력이 분명하게 보이기 때문입니다. 앞에서도 시대가 바뀔 때마다 그 배경에는 어떤 사건이나 이유가 있었는지 살펴보았습니다. 이번에도 근대가 갑자기 등장한 것이 아니고 그 배경이 있었을 것이며 어떤 사건이 있었는지 살펴보도록 하겠습니다. 근대까지 오는데 그 주체를 찾는 다면 권력, 종교, 부르주아 그리고 시민이라는 큰 틀이 존재했습니다.

중세 후 근세가 시작되면서 집권층의 새로운 의지가 담긴 고전적인 철학을 나타내는 고전이 되살아나고 이에 따라 질서와 규칙 등 규범을 나타내는 표현들이 등장하지만 이에 반감을 가진 매너리즘이 등장하면서 점점 발달하여 고전과 멀어지고 바로크와 로코코 등이 등장하면서 서서히 사회의 주체가 이동하는 모습이 등장합니다. 왕족과 종교지도자들의 입지가 점차 좁아지는 듯하면서 귀족과 상인 등 다른 계급들이 주체가 등장하는 모양을 보이기 시작합니다. 이에 루이 14세는 강력한 왕권을 휘두르는 체제를 만들어 귀족을 천대하는 정치를 보이면서 왕족의 세력이 강력해지는 모습을 다시 갖는 듯하지만 그가 죽은 후 다시 귀족들이 부각됩니다. 그러나 그가 남긴 국가 빚은 고스란히 국민들에게 넘어가면서 사회적 불안이 만들어 집니다. 특히 루이 14세 때 가톨릭에 잘 보이려고 개신교들을 보호하는 낭트 칙령을 100년 만에 폐지하면서 위그노(프랑스 개신교 신자들을 가리키는 말)들이 주변국가 국외로 추방되어 국가 산업이 더 어렵게 됩니다. 당시 프랑스의 대부분의 경제를 맡고 있거나 각 분야의 전문가들이 위그노가 많았기 때문입니다. 이것이 프랑스가 산업혁명의 주체가 되지 못한 큰 원인이 되기도 합니다.

이에 반해 영국은 개신교를 탄압했던 헨리 8세 이후 나라 정치가 안정되면서 산업에 더 신경을 쓸 수 있는 배경을 갖게 됩니다. 당시 건축가와 예술가들은 페트론 체제로 인하여 작품 활동에 자유롭지 못했습니다. 르네상스가 고전으로 시작하여 반 고전으로 변화되기는 하였지만 건축주들의 취향은 아직도 고전을 더 좋아했으며 이들을 만족시키는 것에 더 중점을 두었기 때문입니다. 그래서 신고전주의가 나온 것입니다. 유럽뿐 아니라 미국에서도 아직 신고전주의가 주를 이루었으며 건축에 대한 새로운 기술은 건축에 오히려 나쁜 영향을 준다는 인식이 강했기 때문에 새로운 것을 시도하려는 운동에 등을 돌리게 된 것입니다. 이 시기에 루소의 자연주의가 퍼지고 기득권에 대한 반발심도 있었지만 그로 인하여 건축가들의 입지도 좁아질 수도 있었습니다. 왜냐하면 루소는 속박과 규제에서 벗어나 자연으로 돌아가자고 외치면서 과거 권력의 상징이었던 건축도 이에 포함하여 '건축은 일종의 강력한 강박관념이다'라고 표현하였기 때문입니다. 그래서 근세 후기에 와서는 다른 분야에서 괴테 또는 베토벤 같은 그 시대를 대표하는 사람들이 나온 반면 특별하게 눈에 띄는 건축가가 나오지 않은 것입니다.

근세 말에 들어와 자유, 평등 그리고 박애라는 자유주의 이념이 등장하지만 이는 기존질서를 위협하는 것으로 기득권층에서는 인식하고 있어 전통적인 형태만을 고집하게 되는 양상이 나타난 것입니다. 특히 지배계층과 새롭게 등장하는 부르주아들은 과거에 있었던 형태가 부와 권력을 나타내고 뿌리 없는 자신들의 출신을 그리스나 로마와 같은 영웅주의에 정통성을 부여하고 싶은 의지 때문에 이러한 고전형태를 더 추구하게 된 것입니다. 그래서 신고전주의가 등장하고 이 기득권들은 자신들이 고대 그리스나 로마의 정통성을 이어가는 족보를 갖는 것이라고 자신들을 특권층에 놓으려고 생각한 것입니다. 프랑스가 정치적으로 안정되지 않고 있을 때 영국은 안정된 국내정치를 산업으로 눈을 돌리고 새로운 식민지의 등장으로 생각지도 않은 원료에 대한 풍부함을 해결하려고 시도합니다.

특히 이 시기에 가장 주목을 끌었던 것이 면화인데 이에 대한 대량생산이 미국에서 일어나고 이를 수용하기 위하여 영국에서 시도하던 중 기계라는 새로운 방법이 등장합니다. 그 전에는 수공예적인 방법으로 작업이 진행되었는데 기계라는 새로운 수단을 위한 동력의 필요성에 의하여 과거에는 크게 각광받지 못했던 석탄이 쓰이고 수력에 의한 기계작동과 증기에 의한 기계발달로 대량생산이 가능해지면서 사회는 급변하게 됩니다. 이에 반해 위그노가 추방된 프랑스는 산업이 어려워지고 날로 쌓여가는 부채에 허덕이면서 지배계층과 피지배계층 간의 문제가 생기고 급기야 봉건 시대가 무너지면서 나폴레옹의 쿠데타에 의한 제1 제정 시대가 시작되지만 이 또한 왕정 세력에 몰락하고 사회 정세는 오히려 그 이전보다 더 악화됩니다. 이러한 정세의 흐름 속에서 급기야 시민 세력이 더 강화되지만 다시 나폴레옹의 조카 나폴레옹 3세가 나폴레옹 1세의 후광을 등에 업고 세력을 잡아 제2의 제정 시대를 열지만 그의 잔인하고 무기력한 정치는 시민혁명을 더 부추기게 됩니다.

나폴레옹 3세가 정권을 잡으면서 1789년의 시민혁명과 같은 재발을 막으려고 도시계획을 하게 되는데 오스만이라는 도시건축가를 앞세워 언제든 정부가 시민을 제압할 수 있는 도시구조를 재구성하는데 이것이 지금 파리의 도시 형태입니다. 오스만은 파리를 재구성하면서 바로크적인 외관에 신고전주의를 적용하게 됩니다. 그러나 이미 프랑스는 국가재정을 해결하려고 시민들에게 더 많은 부담을 지우면서 물가는 오르고 농업에 타격을 입고 농사를 짓던 많은 사람들이 일자리가 있는 도시로 몰리게 됩니다. 이러한 상황으로 도시는 인구밀집 현상에 대한 해결책이 필요하게 되어 새로운 주택 정책이 필요하게 되며 이에 노동자들에 대한 처우문제가 발생합니다. 이 당시 노동자들의 상황은 극히 어려워 나폴레옹을 포함한 전쟁에서 죽은 사람들보다 건설현장을 포함한 산업현장에서 죽은 사람들이 더 많은 실정입니다.

새로운 건축이 오히려 역사에 해가 된다는 인식이 있었지만 발전하는 산업시스템 때문에 과거에 없었던 새로운 건축물의 수요가 등장하게 됩니다. 예를 들어 대량 생산에 의하여 물건을 저장할 창고가 등장하고 이를 판매해야 하는 상업시설이 등장하며 상시 전시를 위한 백화점 같은 시설들이 만들어졌습니다. 또한 노동자들에 대한 처우가 사회문제로 등장하면서 그들을 위한 주택에 대한 제안이 이 시기에 쏟아져 나오며 새로운 주택이 등장하는데 이것이 바로 르코르뷔지에의 300만을 위한 아파트입니다. 프랑스는 3번에 걸친 시민혁명은 왕정정치를 마감하고 세금을 많이 낸 사람이 투표권을 가졌던 시대도 변화하면서 누구나 투표권을 갖는 민주주의 체제의 공화국으로 변화합니다. 그러나 사실 권력의 이양이라는 변화만 있었을 뿐 일반 시민에 대한 변화는 크게 변하지 않았습니다. 즉 왕족이나 귀족에 의한 착취가 중산계급의 착취라는 형태로 바뀌었을 뿐입니다.

프랑스는 이렇게 자유, 평등 그리고 박애라는 인권선언으로 새롭게 등장하면서 유럽 최초의 민주주의를 탄생시키지만 아직 왕정 체제에 있는 다른 나라들에게는 불안한 변화였습니다. 경제가 어려워지고 물가가 오르면서 급기야 관망하고 있었던 여성들이 시민혁명에 본격적으로 참여하여 무기고를 점령하고 파리에서 베르사유까지 행진하면서 왕을 참수시키고 제정 시대(왕이 집권하는 형태)는 막을 내리고 공화국(시민이 선출한 대표를 선출하는 형태) 시대로 바뀝니다. 이때 재정 시대를 찬성하는 쪽이 우측에 앉아 있고 이를 반대하는 사람들이 좌측에 앉아 있어서 좌파라는 말이 생기게 된 것입니다. 그러나 프랑스의 시민혁명은 유럽 정치를 변화시켰고 이로 인하여 모든 산업 및 시민의 생활에 대한 변화를 갖고 옵니다. 이것이 근대라는 새로운 시대를 만든 것입니다. 시민혁명으로 과거에 페트론 체제에 있었던 예술가들의 작업 방식 또한 달라집니다.

[그림 II-2] 프랑스 혁명과 아줌마 부대

건축주의 요구를 만족시키면 되는 것이 당시 건축가의 능력이었기에 새로운 시도라는 것은 의미가 없었습니다. 대부분의 건축주는 신고전주의에 그 뿌리를 두고 있었기 때문에 건축가 또한 과거의 양식에 관심을 돌릴 수밖에 없었습니다. 그러나 산업혁명 이후 소비와 생산이 계속적인 관심사로 떠오르면서 이에 대한 건축물의 요구도 상승하기 시작한 것입니다. 생산된 물질을 보관하기 위한 창고 및 이와 관련된 건축물이 필요했으며 이를 소비하기 위한 방법으로 등장한 것이 바로 홍보를 위한 만국박람회입니다. 사실 박람회의 원조는 프랑스입니다. 프랑스는 자신들의 물건 홍보를 위하여 박람회를 개최하였는데 만국이라는 개념보다는 지역적인 특성이 더 강해서 국가적인 차원이 아닌 지역적으로 소극적인 차원에서 이뤄졌습니다. 그러나 프랑스와 사이가 좋지 않았던 영국은 산업혁명의 연장 차원에서 박람회를 프랑스와 차별을 두고자 했습니다. 그래서 1851년 런던에서 대 박람회를 개최하는데 이것이 최초의 만국박람회입니다. 박람회는 지속적으로 설치하는 것이 아니라 그 기간만 유치하는 목적이므로 행사 후 철거를 해야 하는 건축물입니다. 또한 과거에는 없었던 건축물이기에 이에 대한 새로운 건축구조가 필요했습니다.

이렇게 새로운 건축 형태의 만국박람회는 지금까지 자유롭지 못했던 건축가와 엔지니어들에게 자신들의 기술을 마음껏 발휘할 수 있는 너무도 좋은 기회였습니다. 신고전주의로 진행되어 오던 시기에는 역량 있는 건축가가 등장하지 못했는데 이제 건축가가 필요한 시기가 시작된 것입니다. 이때 시대를 대표할만한 건축물이 쏟아져 나오기 시작합니다. 그런데 이 새로운 건축 형태를 구성하는 재료들은 이전에 주로 사용하던 석재와는 다른 연철과 강철로서 건축가들에게도 쉬운 것은 아니었습니다. 그래서 기술자들이 두각을 나타내기 시작하고 특히 온실을 주로 설계하던 기술자들이 각광을 받기 시작합니다.

에펠탑을 건설한 구스타프 에펠도 사실은 온실 건축가였습니다. 런던에 있는 최초의 만국박람회는 석재와 목재만 보았던 사람들에게 너무도 경이로운 건축물이었습니다. 철재 구조와 유리로 덮힌 박람회장은 사람들에게 마치 수정처럼 보였습니다. 그래서 사람들은 이를 수정궁이라 부르기 시작한 것입니다. 1851년도에 만들었기에 그 길이도 1851피트로 대규모 공간을 갖고 있었습니다. 모양은 과거 대성당처럼 십자가 평면에 교차하는 부분에는 대규모 돔을 설치하였지만 내부 분위기는 사람들이 보던 성당의 내부와는 완전히 다른 것으로 종교적인 장소가 아니라 상업과 관계된 기능이 있는 곳으로 세속적인 행위가 일어나는 곳으로 경건함이 아닌 인간미, 현실성 그리고 인간의 유희가 일어나는 것을 배려한 곳이었습니다. 이러한 공간의 성격이 사람들을 더 즐겁게 하였고 관심을 끌게 된 것입니다.

이 만국박람회는 바로 유명해졌으며 특히 22미터의 천장의 높은 내부 공간에 나무들을 그대로 살린 형태가 인상적이었기에 곳곳에서 이러한 작업을 따라 만들게 되었는데, 파리의 중앙시장과 밀라노에서는 보행자 거리를 온통 유리로 덮은 형태로 날씨를 신경 쓰지 않고 상업적인 행위가 가능하도록 하는 아이디어가 등장하기 시작한 것입니다. 파리 박람회에서는 당시 세계에서 제일 높은 300미터 높이의 에펠탑(당시 가장 높았던 건물은 파리 노트르담 성당 90미터, 쾰른 성당 100미터)이 박람회장의 입구에 등장하면서 이목을 끌기도 했습니다. 물론 모든 사람들이 이 철제구조를 좋아했던 것은 아닙니다. 수정궁 같은 경우는 어느 정도 받아들였지만 파리의 세계박람회 기계 광장에 개최된 기계관 앞에 설치된 에펠탑의 경우는 파리 어느 곳에서도 보이는 이 뼈다귀 형태에 거부감이 들어 높이 300미터에 맞추어 1미터 당 한 사람씩 구성되어 300인의 반대인 조직이 구성되기도 했습니다. 이중 프랑스의 소설가 모파상도 있었는데 이 사람은 국적을 바꾸는 것까지 고려할 정도였습니다. 이 에펠탑도 박람회의 일정에 맞추어 사실은 20년 후에는 철거할 계획이었습니다. 철거계획의 큰 이유 중 하나가 바로 계단을 오르기 힘들었기 때문입니다. 그런데 이즈음 미국에서 전기가 발명되고 독일에서 모터가 발명되면서 엘리베이터가 개발되면서 현재까지 유지하면서 파리의 랜드 마크가 될 수 있었습니다.

근대의 시대적 키워드는 기계입니다. 근대가 가능할 수 있었던 것은 기계의 발달입니다. 그래서 제1차 산업혁명을 기계라고 부르는 것입니다. 이렇게 기계가 발달하고 제2차 산업혁명 전기가 등장하면서 근대는 신고전주의에 종지부를 찍고 급속도로 과거와의 결별을 준비합니다. 그러나 한편에서는 절충주의도 진행되고 있었는데

그것이 바로 시카고 건축입니다. 시카고는 1871년 10월에 도시의 10% 이상이 3일 간의 화재로 불에 소실됩니다. 당시 주요 도시였던 시카고는 인구가 밀집된 도시였습니다. 10만 명 이상이 집을 잃는 대화재였습니다. 이후 시카고는 도시 재건을 위하여 건축가들을 모집하는데 그 중에 라이트의 스승 설리반이라는 건축가가 철골구조와 엘리베이터를 주장합니다. 그런데 시카고 건축가 대부분이 파리의 보자르 학교의 영향을

[그림 II-3] 시카고 대화재_ 화재가 났던 시카고 도시(진하게 표시된 부분)

받은 사람들이었습니다. 보자르 건축학교는 로마네스크, 신고딕 그리고 르네상스 등 고전을 주로 가르치는 학교로 여기에서 영향을 받은 건축가들은 시카고에 이러한 건축양식을 주로 설계합니다. 그래서 시카고의 당시 건축물들은 고층에 로마네스크가 갖고 있는 3단 형식의 외관 그리고 일정한 규칙을 갖고 있는 신 르네상스 양식을 보여주는 것입니다. 이것이 후에 독일 건축학교 바우하우스가 주장하는 근대 건축정신에 어긋난다고 하여 아카데믹적인 보자르 건축 교수들은 모두 학교를 떠나라는 선언을 하기도 합니다.

　시기적인 특성상 완전한 근대의 이미지로 순식간에 탈바꿈 하기는 어려웠지만 근대의 변화는 나타나기 시작합니다. 특히 철과 유리라는 주물방식의 공통점을 갖고 있는 재료가 주가 되면서 형태 변화를 갖고 오게 됩니다. 그러나 아직은 완전한 과거와의 탈출을 꾀하지 못하고 부분적으로 바로크나 로코코의 장식이 가미되는 형태가 남아있게 됩니다. 과거와 근대의 차이, 감성적이냐 이성적이냐라는 이념의 차이로 갈등을 갖고 있을 때 미술가 러스킨은 중세 고딕적인 장인정신의 사상을 바탕으로 건축 7등이라는 디자이너의 자질을 정리한 것을 발표합니다. 여기에는 건축에 들어가는 장식은 기계가 아닌 손으로 만들어지는 것이 더 가치가 있다고 발표합니다. 즉 수공예의 가치는 손으로 만드는 것이 더 예술적이라는 주장입니다. 이에 고딕의 본질이라는 러스킨의 영향을 받은 윌리엄 모리스는 자신의 집 레드 하우스를 짓고

(a) 중세의 건축가　　　　　　(b) 근대의 건축가(1893년)

[그림 II-4] 건축가

그곳에 들어가는 집기나 가구 등을 모두 스스로 제작하여 미술공예운동에 앞장섭니다. 이러한 모리스의 사상이 한때 주를 이루면서 기계에 대한 기대감이 줄어들고 수공예에 대한 미술공예운동이 일어납니다. 그의 사상을 보면 기계에 의한 대량생산에 의하여 제품의 질이 떨어지고 예술적 가치도 저하된다는 것으로 이를 동시에 추구하는 방향으로 수공업을 일으키고자 하는 것입니다. 이로써 그는 예술의 대중성과 실용성을 동시에 갖고자 하는 것입니다.

그러나 이에 동의하지 않는 아돌프 루스라는 건축가는 탈과거의 근대정신을 주장하며 장식은 강도와 같다는 정신으로 1908년에 ≪장식과 범죄≫라는 책에서 '장식은 곧 죄악이다'라고 주장합니다. 앞의 르네상스 부분에서 알버티를 다루면서 장식과 구조라는 차이에 대하여 구조는 형태에서 안전과 관계있는 것이며, 장식은 떼어내어도 구조나 안정에 상관없는 것이라고 언급한 바가 있습니다. 이 부분을 생각하면 아돌프 루스의 장식이라는 개념을 이해하기 쉬울 것입니다. 시대적 변화에도 변하지 않는 건축가들을 향하여 그는 최초의 철근 콘크리트의 무장식 개인주택 슈타이너 주택을 빈에 1910년에 선보입니다. 또한 구조적인 불안감에 쌓여 있는 과거의 건축가들을 향하는 동시에 과거의 구조에 근대의 구조가 얹힌 루스 하우스도 빈에 선보입니다. 이는 포템킨 도시를 비웃는 암시적인 메시지로 과거의 건축물이 구조와 형태에서 자유롭지 못한 겉치레에 묶여 있음을 꼬집는 것이었습니다. 사실 이러한 배경에는 과거 건축가들이 자존감을 가질만한 시대적 환경이 아니었습니다. 건축주의 요구를 만족시켜야 능력을 인정받는 시대로 선택의 폭이 많지 않았던 것입니다.

(a) 루스 하우스(1911년)_ 비엔나   (b) steiner House(1910년)_ 비엔나

[그림 II-5] 아돌프 루스의 장식

미국 건축의 거장 프랭크 로이드 라이트(Frank Lloyd Wright, 1867~1959년)가 젊은 시절 증인으로 법정에 출두한 적이 있습니다. "당신 직업이 뭡니까?"라고 판사가 그에게 물었고, 라이트는 "나는 최고의 건축가입니다."라고 대답했습니다. 그 후 친구들이 어떻게 그렇게 자신 있게 말할 수 있냐고 물었습니다. 그러자 라이트가 말했습니다. "나는 내 자신에게 최고의 건축가가 되겠다고 맹세했어. 그래서 그렇게 말할 수밖에 없었어." 라이트는 후에 미국뿐 아니라 전 세계에 영향을 주는 위대한 건축가가 되었습니다.

최고의 건축가란 무엇을 말하는가 생각해 볼 수 있습니다. 전문 분야로서 건축가라는 직무가 명확하게 구분된 것은 오래되지는 않았습니다. 건축가라는 이름이 명확하게 등장하는 초기 건축가는 성경의 구약(출 35:11)에 성소 건축가 브살렐이 등장하고, 이집트의 피라미드 건축가 임호텝이 있습니다. 그 시대 건축가 직무라는 것이 지금과 차이가 있다면 건축주 요구에 맞추어 만들면 그것이 능력이었습니다. 이러한 추세는 근세 말의 신고전주의까지 지속됩니다. 고대에는 권력의 입김이 강했고 중세에 들어와 종교 지도자들의 취향을 맞추었어야 했으며, 인본주의 초기에 고대의 것이 등장하고, 다빈치나 미켈란젤로 같은 건축가들의 개인적인 미적 감각이 등장하기는 했지만 고전적인 이미지가 다시 중시된 신고전주의 시대에는 건축주들의 취향을 충족시키는 것이 건축가들에게 중요한 방향이었습니다. 때마침 산업혁명의 조짐을 보이기는 했지만 역사 만들기에 앞장선 미국이 신고전주의 형태를 추구하고, 유럽은 기득권에서 자신들이 고대 그리스나 로마의 정통성을 갖고 있는 것처럼 나타내려는 의도로 고전을 추구하면서 새로운 기술을 건축에 적용해 보려 했지만,

home

건축심리학

건축에 악영향을 준다는 인식이 사회적으로 팽배해 건축가 스스로 새로운 것에 등을 돌리는 입장을 취할 수밖에 없었습니다. 즉 건축가가 자신의 창작 활동을 자유롭게 할 수 없었고 사회적으로 인정받지 못한 시대였습니다. 건축가의 자존감에 상처를 입은 시대였던 것입니다.

시대가 바뀌고 산업혁명이 일어나면서 대량생산에 따른 현상이 사회에 등장하기 시작합니다. 자본주의가 새롭게 등장하는데 이 시기에 걸 맞는 공장, 창고, 오피스, 백화점 등 새로운 건축물의 수요가 나타납니다. 이 건축물들은 건축주의 의견에 의존하기보다는 기능에 더 초점을 맞추는 것이었습니다. 이 시기에 새로운 건축 재료도 등장하면서 이를 해결하는 건축자와 기술자라는 직무가 등장하는데 이것이 지금까지 이 둘의 업무구분을 혼동하는 계기가 됩니다. 이렇게 구조가 다양한 건축물이 나타나면서 건축가 양성에 대한 필요성을 느끼고 19세기 중반에 공업학교와 공과대학이 등장합니다. 건축가 양성의 필요성을 사회가 요구하지만 양식이라는 개념이 분명하지 않았고 대부분이 과거의 디자인을 답습하고 있었습니다. 그러나 자본주의에서 시작한 형태들은 과거 형태와 달랐고, 또한 과거 양식은 건축가들이 자존감을 갖고 했다기보다는 건축주의 요구에 의한 형태들입니다. 예를 들어 프랑스 보자르 건축학교에서 가르치는 건축 형태는 대부분이 신고딕 또는 로마네스크 양식이었으나 박람회장 같은 대형 건축물에는 아치 외에는 이를 적용하기 힘들었습니다. 1890년대에 진보주의자들은 근대 건축의 독자적인 양식이 있어야 한다는 주장을 제기하게 됩니다. 이는 근대 양식에 대한 필요성을 나타내는 것이기도 했지만 그 내면에는 건축가들의 독자적인 사회적 지위에 대한 상승을 시도하기 위함도 있었던 것입니다.

사회가 변화하면서 건축가의 사회적 지위에 대한 명확한 입지도 필요함을 깨닫고 1923년 6월 23일 이탈리아에서 법이 하나 통과되는데 유럽에서 건축가도 법으로 보호받는 전문직으로 인정되어 전문 집단으로서 최초로 인정받게 됩니다. 이로 인하여 건축의 활동 범위가 명확하게 정해집니다. 이것이 지금까지 이어지면서 건축의 범위는 점차 넓어져 본격적으로 대학에서 전문가 교육을 받게 된 것입니다. 이렇게 근대의 시작에는 건축가의 자존감을 세우는 일이 아주 중요했습니다. 이로서 근대의 건축가가 독립된 영역의 전문가로 들어서면서 고유의 영역에 대한 긍지를 갖고 비로소 자신만의 표현을 나타내기 시작합니다. 근대는 이렇게 시작했습니다.

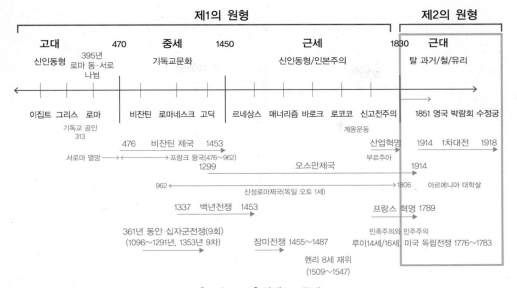

제1의 원형			제2의 원형

고대 470 **중세** 1450 **근세** 1830 **근대**

신인동형 395년 기독교문화 신인동형/인본주의 탈 과거/철/유리
로마 동·서로
나뉨

이집트 그리스 로마 비잔틴 로마네스크 고딕 르네상스 매너리즘 바로크 로코코 신고전주의 1851 영국 박람회 수정궁

기독교 공인 계몽운동
313

476 비잔틴 제국 1453 산업혁명 1914 1차대전 1918

서로마 멸망 → ← 프랑크 왕국(476~962) 부르주아
1299 오스만제국 1914

962 ← 신성로마제국(독일 오토 1세) → 1806 아르메니아 대학살

1337 백년전쟁 1453 프랑스 혁명 1789

361년 동안 십자군전쟁(9회) 민족주의와 민주주의
(1096~1291년, 1353년 9차) 장미전쟁 1455~1487 루이14세/16세, 미국 독립전쟁 1776~1783

헨리 8세 재위
(1509~1547)

[그림 II-6] 연대표_ 근대

[그림 II-6]의 연대표를 보면 제1의 원형에 속하는 양식의 종류는 고대 3개, 중세 3개 그리고 근세에는 5개로 나뉘어 있는데, 제2의 원형에 속하는 근대에는 아랫부분을 보면 그 종류가 엄청납니다. 이는 기간적으로 보아도 근대는 짧은 시간에 많은 양식이 등장했음을 알 수 있습니다. 여기에는 그만한 이유가 있었을 겁니다. 가장 큰 원인이 페트론 체제의 붕괴가 아닌가 합니다. 시민혁명과 함께 무너진 기득권의 붕괴로 각 분야의 예술가들은 홀로서기를 해야 했으며 진보적인 양식주의자들은 이로 인하여 독자적인 양식을 가져야 했을 겁니다. 위에 열거한 근대양식들은 반드시 순서적으로 등장했다기보다는 우후죽순처럼 등장했다고 보면 됩니다. 이러한 성격이 당시 새로운 시대에 대한 급박한 상황을 말해 줍니다. 이들의 성격은 완전히 다른 성격도 있지만 서로 간에 영향을 주기도 하고 유사한 내용을 어느 정도는 공동으로 갖고 있는 것도 있습니다. 위에 열거된 양식 중 Neu-, Neo- 등은 신고딕 또는 신르네상스라고 보면 되고, 이는 근대에도 새롭게 등장한 과거의 양식입니다. 근대는 크게 모던, 레이트 모던 그리고 네오모던 이렇게 3가지로 압축할 수 있습니다. 하단부에 Postmodern이 있는데 이는 과거와 관계된 것으로 제1의 형태 범주에 넣는 것이 옳습니다. 제1의 원형은 국가나 시대적인 형태 반영이 있는 것에 반하여, 제2의 원형으로 묶은 근대는 개인적인 성격이 강한 형태 표현으로 보는 것이 옳습니다.

프랑스의 루이 16세가 1774년에 즉위한 이후의 유럽은 많은 전쟁이 발발하여 복잡한 상황에 있었습니다. 이러한 상태에서 영국은 더 많은 자본이 필요하여 영국의 식민지였던 미국의 세금을 인상하게 됩니다. 이전에도 영국은 여러 가지 문제에서 발생한 재정을 식민지에서 충당하려는 움직임이 있었지만, 강력한 힘을 갖고 있었던 당시 영국에 맞서는 것은 무리였던 식민지들은 이에 따를 수밖에 없었던 것입니다. 그러나 여러 가지 사건이 일어나면서 미국은 영국과 화평을 하려고 시도했지만 영국은 식민지인 미국의 이러한 태도가 마음에 들 수는 없었던 것입니다. 이에 영국이 군사를 움직여 본보기를 보여주려고 했던 것입니다. 이에 미국은 영국군의 군대 경력이 있는 워싱턴을 대통령으로 선출하면서 집결했으며, 당시 독립적으로 운영되면서 자율적이던 13개 주의 미국이 이 사건으로 하나가 되어 필라델피아에서 1776년 7월 4일 영국으로부터의 독립을 주장하는 독립자유선언문을 낭독하게 됩니다. 이 사건을 계기로 영국은 군사를 파견하고, 1783년까지 8년에 걸친 미국의 독립전쟁이 시작된 것입니다. 근대가 시작되는 사회적 배경에 미국의 독립전쟁이 산업혁명이나 시민혁명과 같이 중요한 이유는 이것이 유럽에 지대한 영향을 끼쳤기 때문입니다.

미국 독립전쟁 이전부터 산업혁명의 조짐은 있었지만 미국 독립 이후 산업화의 발달이 급속하게 변화하는 것은 전쟁의 영향도 있었습니다. 미국의 독립은 세계 산업에 영향을 주었는데 이는 미국의 독립정신이 유럽뿐 아니라 프랑스 국민들에게도 정신적으로 큰 자극을 주었으며, 특히 국가 부채가 많은 프랑스가 미국 독립전쟁에 미국 편에서 자금뿐 아니라 군사적인 지원을 하여 경제가 더 어려워지고 국민들의 불만이 높아지면서 시민혁명에 또 하나의 이유로 작용을 합니다. 특히 미국이 영국으로부터 독립하면서 유럽은 새로운 시대인 근대를 과거와 구분하기 위하여 탈과거라는 기치 아래 시작한 반면, 독립적인 역사가 필요한 미국으로서는 정통성의 필요성을 느껴 유럽과는 반대로 탈과거가 아닌 과거의 연속성을 만들고자 오히려 신고전주의에 열을 올리게 됩니다. 특히 미국의 독립은 유럽 국가에 자유에 대한 새로운 계기가 되어 프랑스 혁명에 박차를 가하게 되어 나폴레옹 3세 이후 공화국이 설립되고 민주주의에 대한 발판을 만들게 됩니다. 이는 유럽 다른 국가에도 영향을 주어 유럽은 민주주의의 국가가 등장하기 시작합니다. 이는 정치적인 성격뿐 아니라 모든 분야에 독립적인 사상과 활동에 촉진제가 되어 새로운 양상들이 등장합니다. 그래서 근대에 등장한 양식들이 그 이전의 시대보다 훨씬 많은 이유가 된 것입니다.

[그림 Ⅱ-7]의 그림은 프랑스 7월 혁명을 배경으로 한 것입니다. 그림에 등장하는 여자의 이름은 마리안으로 실의에 찬 시민들을 대신하여 앞장 선 것입니다. 이 그림의 배경을 설명한다면 본래 혁명에 참여하려는 의도는 아니었고 시위에 나간 남동생을 찾으러 나갔다가 그림 아래 좌측의 하의가 벗겨진 채로 10발의 총알을 맞고 죽어 있는 동생의 모습에 마리안은 분

[그림 Ⅱ-7] 뉴욕 자유의 여신상 모델 마리안 민중을 이끄는 자유의 여신(1830)_7월 혁명, 들라크루아

노하여 동생의 복수를 위하여 최소한 10명에게 복수한다는 다짐아래 깃발을 들고 시위대의 앞장을 서는 장면입니다. 물론 8명에게 복수를 하지만 이것이 프랑스와 영국의 100년 전쟁에 등장한 프랑스의 잔 다르크 같은 이미지로 시민들에게 다가오고 혁명은 성공을 합니다. 그러나 이 그림이 갖고 있는 배경도 중요하지만 마리안이 쓰고 있는 빨간 모자를 우리가 주목하면 더 흥미있는 이야기를 들을 수 있습니다.

이 모자의 유래는 로마 시대까지 거슬러 올라가게 되는데 들라크루아의 그림 속 마리안이 실질적으로 빨간 모자를 쓴 것은 아닙니다. 로마 시대에 여자가 투표권을 갖게 된 배경에는 한 여자의 역할이 컸는데, 이 여자가 빨간 모자를 썼으며, 그 여

자의 빨간 모자가 자유의 상징으로 인식되어 [그림 Ⅱ-7]의 그림에서도 자유를 상징하는 심볼로 빨간 모자를 사용하였고, 이후 나치 시대의 파리 레지스탕스들이 빨간 모자를 쓰고 있었던 이유가 바로 여기에 있습니다. 마리안이라는 이름은 화가가 지은 것으로 가장 평범한 여자의 이름을 의미하는 것으로 평범한 시민을 뜻합니다.

이 그림의 배경은 1830년으로 이후 미국이 독립 100주년이 되기 10년 전 1866년에 프랑스는 미국의 독립을 기념하기 위하여 선물을 준비합니다. 물론 미국에 전달된 것은 아직 자유의 여신이 세워질 미국의 도시가 결정되지 않아 그보다 훨씬 늦은 10년 후인 1886년입니다. 프랑스인들은 자신들도 자유를 얻은 기쁨이 미국과 통하였으며, 특히 자신들의 지원으로 미국이 독립을 얻었다고 생각하기에 100주년 독립 생일 선물을 준비하는데 그것이 바로 '자유의 여신상'입니다. 그렇다면 왜 여신일까요? 바로 로마신화에 자유의 여신 리베르타스(Libertas)가 여자였으며, 이 마리안도 여자였기에 자유의 상징으로 여신으로 결정하였으며 그 모델이 바로 이 그림의 주인공 마리안이었습니다. 그러나 프랑스가 자유의 여신을 준비하던 10년 기간 중 마리안이 쓰고 있던 빨간 모자는 리베르타스의 머리 모양을 참조하면서 지금 뉴욕에 있는 자유의 여신상은 태양의 모양을 한 머리를 갖고 있는 것입니다.

형태는 태양의 모양이지만 그 내부는 철골 형태로서 당시 철골구조로 가장 촉망을 받았던 정원건축과 철골 구조 다리의 전문가이자 후에 에펠탑을 설계한 구스타프 에펠이 만들게 됩니다. 이러한 과정들이 가능했던 것은 바로 철골이 근대에 새로운 건축 재료로 각광 받았기 때문입니다. 이렇게 근대는 과거와 달리 새로운 변화가 많이 등장합니다. 그런데 새로운 시대가 시작되는 환경의 일환으로 루소의 낭만주의가 등장하는데 이것은 오히려 근대를 반대하는 부정적인 입장으로 자연으로 돌아가자는 이러한 이론가들의 주장도 강하게 작용하면서 건축 또한 부정적인 것으로 받아들여지기도 합니다. 이러한 과도기적인 상황 속에서 일반 대중과 예술가들의 불일치로 예술은 변화된 사회를 거부하고, 일반 대중은 근대정신에 예술이 동참하지 않는다고 생각하여 예술가들을 오히려 무시하고 경멸하는 상황이 발생하기도 합니다. 그렇지만 새로운 변화는 이 불일치 속에서 계속 진행되며 근대의 물결이 점차 강해지고 있었던 것입니다.

근세 말 신고전주의 시대에는 그 시대를 대표할만한 건축가들이 등장하지 않는다고 언급했었습니다. 과거의 양식을 좇아갔고 새로운 양식이 오히려 건축에 악영향을 미친다는 사회적인 인식 때문에 새로운 것을 시도하지 않았던 것입니다. 그러던 중 산업혁명이 본격화되고 철과 유리가 건축의 주재료로 등장하면서 이 시대를 대표하는 획기적인 건축물이 등장하는데 그 중의 한 가지가 바로 영국 박람회를 위하여 만들어진 수정궁입니다. 대체적으로 석재나 목재 건축물만 보던 사람들이 철골구조에 유리로 뒤덮인 박람회장을 보자 신비스럽고 화려한 모습에 수정처럼 보이고, 그 규모가 1851피트(555미터, 1851년도에 박람회장을 열었기 때문에 기념하기 위하여 1851피트 규모로 만들었음)의 길이에 사람들은 수정궁이라고 이름 붙인 것입니다. 물론 박람회장이기에 영구적인 건축물은 아니어서 후에 다른 곳으로 옮겨놓았지만 화재에 지금은 존재하지 않습니다.

이렇게 당시 이 재료가 새로운 시대에 적합한 것으로 인식되면서 건축가보다는 온실관리자들이나 구조기술자들이 이에 대한 철골구조에 더 경험이 많았는데, 에펠탑 설계자 구스타프 에펠도 구조공학자로 이 당시 철골다리를 비롯하여 두각을 나타내기 시작합니다. 프랑스도 1889년 프랑스 혁명 100주년을 기념하는 세계박람회를 개최하면서 입구에 에펠탑을 만듭니다. 당시 가장 높은 건축물이 파리에는 97미터의 노트르담 성당과 쾰른 대성당이었는데, 에펠탑은 300미터 가까운 세계에서 최고

⊙ (a) 영국 박람회의 수정궁(1851년)

⊙ (b) 프랑스 세계박람회의 에펠탑(1889년)

[그림 II-8] 박람회와 철골구조

높은 건축물로 등장합니다. 최초의 마천루 건축물이 등장한 것입니다(마천루의 기준은 높이 200미터 이상 또는 50층 이상). 당시 이 에펠탑을 탐탁지 않게 생각했던 사람들은 심한 거부감을 가졌으며 1미터 당 한 사람 씩 300인의 반대 위원을 만들며 거부 의사를 보입니다. 이 300인 중 가장 심한 거부감을 갖고 있었던 프랑스의 대문호 모파상의 일화는 아주 유명합니다. 에펠탑을 만들던 초기에는 엘리베이터가 설치되지 않아 현재 레스토랑이 자리 잡은 곳까지 올라가는데도 힘들었고 초기 계획이 박람회용이었기 때문에 설치 후 20년 후에는 철거하려던 계획이었습니다. 그러나 전기와 엘리베이터의 설치로 지금까지 살아남아 파리의 대표적인 명소로 자리 잡은 것입니다.

2-1 아르누보(Art nouveau=New art)와 자포니즘(Japonism)

근대가 시작되면서 양식이라는 개념이 좀 더 명확해지기 시작합니다. 근대 이전에는 양식이라는 단어의 의미는 그저 과거의 것을 한다는 개념이었는데 근대에 쏟아지는 형태들의 성격이 다양하고 또한 이전에는 하나의 형태에서 다른 하나가 등장하는데 많은 시간이 걸렸던 반면 근대에는 과거처럼 시대적인 성격보다는 개인적인 취향처럼 독단적인 경향을 보이면서 이에 대한 구분을 할 필요가 느껴져서 이 또한 하나의 양식으로 자리매김을 하고 있었던 것입니다.

근대는 실로 아주 짧은 시간 속에서 다양함을 보이는데 그 공통점은 바로 탈과거입니다. 특히 과거의 산물이었던 장식을 배제하고 새로운 구조와 형태를 시도하려고 한 것입니다. 그 중 두드러진 양식이 바로 아르누보입니다. 앞에서도 언급하였지만 일단은 내용보다는 각 양식의 이름을 먼저 이해하는 것으로 합니다. 아르누보(Art nouveau)라는 단어가 우리에게 친밀감을 주지 못하는 이유는 바로 이 단어가 프랑스 언어이기 때문입니다. 새로운 아트라는 뜻으로 Art는 영어의 Art와 동일하고 누보(Nouveau)는 영어의 New라는 의미를 갖고 있으니 New art라고 생각하면 훨씬 더 친밀감을 느끼는 단어가 될 것입니다.

그렇다면 무슨 근거로 이들은 자신들을 새로운 아트라고 불렀을까 생각해 볼 수

그는 화가다운 생각으로 정체되어 있는 빈 벽을 이해하지 못한 것입니다. 즉 비워진 것은 생동감이 없다고 생각했으며 여기에 곡선을 넣어 다이내믹한 분위기를 나타낸 것입니다. 근대의 주 건축 재료인 철의 주물이 가능한 장점도 최대한 이용한 것입니다.

아르누보는 프랑스뿐 아니라 유럽 전 지역에 영향을 끼친 신개념 예술 표현으로 각 나라에서 부르는 아르누보에 대한 이름을 보면 알 수 있습니다. 아르누보는 벨기에 말이고 이를 영국에서는 '근대양식(Modern Style)'이라고 불렀으며, 프랑스에서는 '국수양식(Style Nouille)', 스페인에서는 '근대주의 양식(모데르니스모)', 오스트리아에서는 '시세션 스틸(Secession Stil)', 이탈리아에서는 '자유양식(Stile Liberty)', 벨기에는 '채찍 끝선 양식(The coup de fouet)'이라고 불렀으며, 독일에서는 '젊은이의 양식(Jugend Stil)'이라고 불렀습니다.

이는 유럽의 한 나라에서 다른 나라로 전파되었다면 그 나라의 이름을 갖고 왔을 것인데 각자 고유의 이름을 갖고 있다는 것은 유럽 각국에서 동시에 이 양식을 접했다는 의미이기도 합니다. 특히 독일의 도시 다름슈타트는 독일 아르누보의 발상지로 마틸덴훼헤라는 도시 언덕에 아르누보 양식을 표현한 마을이 아직도 보존되어 있기도 합니다.

◀ [그림 II-14] 아르누보 **주택_** 마틸덴훼헤, 다름슈타트, 독일

(a) 시카고에 있는 아르누보 지하철 입구   (b) 오스트리아의 아르누보 주택_오토 외그너

(c) 아르누보 DDP(동대문 디자인 플라자)_자하 하디드

(d) 아르누보 실내장식   (e) 플로렌스의 아르누보 주택

[그림 II-15] 아르누보 건축물

아르누보가 신예술이라는 이름을 유지할 수 있었던 이유는 과거의 형태들이 직선으로 만들어진 것과 비교가 되기 때문입니다. 그래서 곡선으로 된 형태들의 원조는 아르누보 양식으로 보아도 무방합니다. 예를 들어 아르누보의 근원에 자포니즘과 연관을 시키듯 [그림 II-15] (c)의 건축물처럼 자하 하디드의 DDP(Dongdaemun Design Plaza) 또한 곡선으로 되어 있는데 이를 우리는 해체주의 또는 네오모더니즘이라고 범주에 넣지만 시작은 아르누보에서 시작해야 합니다.

프랭크 게리 작품 또한 마찬가지입니다. 이들은 자신들의 작품취향과 디자인 스타일을 갖고 시작했지만 이들의 작품에는 곡선의 표현이 들어 있고 왜 이들이 곡선을 사용했는가 생각해 보았을 때 그 결과는 생동감과 다이내믹한 이미지를 담기 위한 것으로 볼 수밖에 없는데 그 시작은 아르누보이기 때문입니다.

해체주의와 네오모더니즘은 그 이후의 범주로 좀 더 상세한 영역으로 나눌 경우에 해당하는 것입니다. 예를 들어 아르누보 대표적인 건축가로 가우디를 뽑는데 사실 그의 작품도 분석해보면 신고딕과 관계가 있으며 다른 건축물의 경우에는

[그림 II-16] Tanzendes Haus in Prag(1994~1996년)_ Frank Gehry, Dekonstruktivismus

이슬람 문양이 반복적으로 사용되었음을 알 수 있습니다. 이는 엄격하게 말한다면 아르누보를 필요로 하는 근대정신과 차이가 있습니다. 그러나 가우디가 시도한 곡선과 자연에서 그 소스를 갖고 온 것에 초점을 맞춘다면 아르누보와 일맥상통하기 때문에 가우디의 작품도 이 범주에 넣을 수 있는 것입니다. 단지 자하 하디드의 형태는 생동감과 동적인 표현을 담으려고 했으며 자연에서부터 그 근원을 갖고 오지 않았다는 것이 차이가 있기는 하지만 생동감 있는 형태를 보이기 위한 곡선의 의도는 아르누보가 원조이기 때문입니다.

이러한 관점으로 본다면 오스트리아 건축가 훈드레트바서(Hundertwasser)도 아

르누보를 정확하게 이어온 건축가라고 볼 수 있습니다. 그는 직선과 표준화의 반대자로 유명한 화가이며, 건축 및 환경보호자로 살았습니다.

[그림 II-17] 주거 단지(2000)_ Hundertwasser, Waldspirale. 다름슈타트, 독일

[그림 II-18] 카사(주택) 밀라_가우디

그의 작품은 자연을 그대로 옮겨 놓은 듯한 이미지를 담고 있는데 이 건축물을 보면 가우디의 카사 밀라를 떠올리게 됩니다. 두 건축가의 작업 표현은 유사함이 많이 있는데 가우디가 자연의 색과 형태를 보여주었다면 훈드레트바서는 거기에 색을 입힌 것입니다. 물론 두 건축가의 차이점은 시작부터 많은 차이가 있고 가우디가 아르누보의 대표적인 건축가로 각광받는 데는 그의 자연사랑에 있기도 합니다. 근대

가 시작될 즈음 루소의 자연으로 돌아가자는 낭만주의 영향이 그의 작품에서 나타나고 학생 시절 가우디(Gaudi)는 건축 학교에서 소유한 이집트, 인도, 페르시아, 마야, 중국 및 일본 미술의 사진 모음을 연구할 수 있었으며 이를 작품마다 적용하려고 시도했습니다. 이 컬렉션에는 스페인의 무어 기념물도 포함되어 있어 그의 작품에 영감을 불어 넣기도 했습니다.

특히 그는 고딕을 사랑했지만 불완전하다고 생각하여 구조적으로 보완하려는 의도가 나타나기도 하고 모든 것을 자연적으로 표현하는데 그는 많은 조형적 경험을 쌓았고 이를 작품마다 시도한 것이 그를 더 뛰어난 건축가로 만든 것입니다. 사그라다 파밀리아(Sagrada familia) 본당의 내부 지붕에 있는 쌍곡선 디테일은 실로 아트와 구조를 동시에 보여주는 자연의 아름다움을 표현한 것으로 그가 얼마나 자연을 사랑했는지 알 수 있는 작품입니다. 그의 자연과 인간의 공간을 연결하는 유기적인 흐름은 실로 근대의 강력한 기능주의를 꼬집는 것으로 당시 러스킨과 윌리엄 모리스의 기술과 예술의 합치를 원하는 기술공예운동(Art and craft movement)에 동의했다는 것을 보여주는 강력한 주장입니다. 그는 건축물 자체도 하나의 자연에 속한 개체로 인식되기를 원했던 것입니다. 이것이 아르누보의 정신을 완성하는 결정체로 그의 작품을 보게 하는 것입니다.

(a) 사그라다 파밀리아 대성당

(b) 사그라다 파밀리아의 본당

[그림 Ⅱ-19] 가우디, 스페인

그는 삶 자체도 자연적인 모습을 갖기를 원해서 인위적인 모습을 거부했는데 파밀리아 대성당에서 나오던 날 그는 전차에서 사고를 당합니다. 부상당한 그를 차에

태워 병원으로 보내려 하지만 남루한 행색의 그는 몇 번을 거부당하고 급기야 병원으로 가지만 운전사는 그를 노숙자로 보고 대형병원이 아닌 보건소 같은 곳에 내려줍니다. 당시 파밀리아 대성당은 주중에는 노숙자를 위한 공간으로 사용하고 주일에만 성당의 용도로 사용하는 목적으로 건축되고 있음을 사람들은 알고 있었기에 그의 행색과 성당 앞이라는 상황이 이러한 오해를 불러오게 됩니다. 지금처럼 미디어가 발달하지 않은 상황에서도 가우디는 이미 유명인이었습니다. 그러나 그의 행색으로 판단하는 사회에 대한 실망으로 지인이 와서 그가 대형병원으로 옮기기를 원하지만 그는 그곳에 남기를 고집하고 그곳에서 1926년 죽음을 맞이합니다.

훈드레트바서 또한 행색이 가우디와 비슷하게 하고 다녔습니다. 그는 짝이 맞지 않는 슬리퍼에 남루한 옷차림 그리고 다듬지 않은 수염 등이 그를 노숙자처럼 보이게 한 것입니다. 자연주의를 고집하는 사람들은 이렇게 자신의 삶 속에서 겉치레 또한 인위적인 것을 거부하며 자연을 실천하려고 노력한 흔적을 볼 수 있습니다. 가우디의 삶도 그러했고 그의 건축물은 장식 그 자체를 부정하였으며, 오히려 건축물을 자연의 장식으로 생각하여 만들기 시작합니다. 초기에 가우디는 아직 페트론 체제에 있었는데 면직사업의 대부호였던 구엘 집안의 대부분이 건축물을 담당한 건축가였

(a) casa el capricho(1883~1885)   (b) Finca Guell(1844~1887)

[그림 II-20] 구엘 집안 건축물_가우디

습니다. 그래서 그 집안에서 투자한 공원도 구엘 공원이라 부르는 것입니다. 처음부터 가우디가 각광을 받은 것은 아니었고 구엘 집안의 건축물을 본 시에서 그에게 파밀리아 대성당을 후에 맡긴 것입니다.

[그림 Ⅱ-20]의 건축물들은 가우디가 설계한 구엘 집안의 것으로서 초기에는 그림처럼 문양을 반복적으로 나타내는 이미지였습니다. 이를 통하여 그가 이슬람의 디자인을 연구한 것이 잘 나타나며 이 외에도 가우디는 동양 특히 일본이나 인도의 형태를 접목시키려고 연구하기도 했습니다.

그의 건축물에 전체적으로 나타나는 공통점이 바로 오픈된 문양의 연속입니다. 이것은 이전 유럽에는 없던 표현으로 자연과의 소통을 나타내는 것으로 파밀리아 대성당의 경우에는 상부에 있는 이 틈으로 유입되는 빛의 마술을 보여주고 있습니다. 앞의 훈트레트 바서와 비교했던 건물은 카사(주택) 밀라(건축주 이름)인데 전체적인 이미지가 자연스러운 곡선을 갖고 있으며, 발코니의 경우 해초의 모양을 하고 있습니다. 가우디는 이렇게 자연에서 그 이미지 소스를 갖고 왔으며 자연적인 형태를 접목시키려고 노력하는 것이 아르누보의 정신을 보여주는 건축가로 인정받은 것입니다. 그러나 아르누보를 자세히 살펴보면 근대가 주장한 무장식과 조금 차이가 있습니다. 그것은 바로 아르누보를 본질적으로 살펴보면 과거에 했던 장식적인 개념이 담겨 있어 관습적이고 2차원적인 장식(빅토르 호르타)의 개념이 있다는 것이 근대와 조금 차이가 있습니다.

2-2 글라스고우(Glasgow)

2014년 5월 23일 영국 Glasgow에 있는 글라스고우 예술 학교(Glasgow School of Art, 현재는 The Mackintosh Building으로 명명)가 화재에 휩싸이자 소방관들이 건물을 구하려고 온 힘을 쏟습니다. 물론 화재를 잡으려는 목적도 있었지만 그 건물이 유명한 건축가의 작품이며, 도시 글라스고우뿐 아니라 전 세계가 자랑하는 명물이었기 때문입니다. 도서관은 모두 소실되었지만 나머지 건물은 다행히 보존할 수 있게 되었습니다. 이 건물은 글라스고우파의 매킨토시가 설계한 것으로 건축비

평가들에게 영국 최고의 건물 중 하나로 꼽히기도 했습니다. 그는 스코틀랜드 사람이지만 학교도 글라스고우에서 나왔고 대부분의 활동도 이곳에서 하였습니다. 건축가, 예술가, 화가, 그리고 가구 및 직물 그리고 금속 디자이너로 활동했는데 영국의 아르누보와 특히 비엔나의 아르누보인 세제션(Vienna Secession) 스타일에 많은 영향을 주었습니다. 그러나 곡선을 주 소재로 하는 아르누보와는 차이가 있습니다.

당시 유럽의 대부분이 아르누보의 매력에 빠져 있을 때 그는 다른 사람들과 차별된 디자인을 선보인 것입니다. 그도 다른 유럽인들처럼 일본 문화에 빠져들었고 질감과 빛을 이용한 일본의 제품과 공간의 질을 살펴보면서 적용하는 일본의 공간에 매료되었으며 과거에는 가구가 소유자의 부를 표현하는 장식품으로 더 쓰이는 것에 그는 거부감을 느끼고 실용적이고 기능적인 부분을 부각시키려고 노력했습니다. 이는 근대주의 사상과 일치하는 것으로 역사와 전통에 중점을 두는 것보다는 혁신적인 아이디어와 새로운 기술을 개발하는 데 노력을 한 것입니다. 즉 현재의 실용성과 미래에는 어떻게 변할 것인가를 고만했던 것입니다. 그래서 작업의 방법에 무거운 장식과 전해오는 계승적인 스타일을 가능한 배제하고 새로운 것을 나타내려 노력한 것이 근대주의자들에게 관심을 끌게 된 것입니다. 그래서 그는 소유자의 요구에 초점을 맞추려고 노력하였고 너무 대중적이지 않지만 예술적인 면도 적용하려고 하였는데 이를 위하여 스코틀랜드의 아르누보와 일본식 표현의 단순성을 나타내려고 했던 것입니다. 건축에서도 강력한 사각형과 곡선을 갖고 있는 꽃과 같은 장식적인 모티브를 혼합하여 사용했던 것입니다.

그의 작품이 아르누보와 큰 차이를 보이는 것이 바로 사각형이고 또한 디테일한 표현이라는 것입니다. 사실 매킨토시의 건축 경력은 그가 영향을 준 것에 비하면 그리 길지 않습니다. 그는 후에 까다로운 건축에 환멸을 느끼고 1923년 프랑스 남부 지중해 연안 마을 Port-Vendres로 이주하여 주로 수채화 작가로 활동하게 됩니다. 그의 작품에서도 나타나지만 그는 인공적인 것과 자연적인 것 사이에서 발생되는 것에 많은 관심을 보였습니다. 이것이 그가 근대 초기 과도기적인 시절에 있었음을 나타내주는 특징입니다. 근대 초기에는 기계의 매력에 빠져 있었던 반면 반대로 낭만주의도 성행하여 자연으로 돌아가자는 루소의 주장도 크게 각광받고 있었던 시기입니다. 매킨토시도 너무 기계의 미학에 빠지지 않고 자연의 미학을 나타내려 했는데 이는 모리스와 존 러스킨의 공예미술정신(Art & Craft Movement)과도 일치하는 것이었습니다. 그러나 앞에서 언급한대로 그는 형태에 장식적인 것보다는 실용적이고 기능적인 것을 첨가하려고 했던 것은 사실입니다.

(a) Chair(1904년)　　　　(b) Reusable Window Decoration(1904)

[그림 Ⅱ-21] Art Nouveau_ 찰스 레니 매킨토시

위 [그림 Ⅱ-21]에서 (a)는 매킨토시의 디자인을 보여주는 의자로서 과거 장식 위주의 디자인과 비교하면 여러 가지 면에서 간단해졌으며, 심플한 형태를 취한 것이 한편으로는 일본의 디자인 성격도 엿볼 수 있습니다. 특히 등받이가 높이 올라간 것은 매킨토시만의 디자인 특징입니다. (b)의 창에는 그만의 사각형에 꽃무늬 곡선을 가미하여 부드러움을 시도하였지만 꽃의 배치가 사각형의 각 모서리와 중앙에 놓은 것을 보면 전체적인 간결함을 유지하려는 것이 보이고, 특히 하나의 사각형에는 동일한 형태의 꽃을 배치한 것이 혼란스러움을 피하려는 의도를 잘 보여주고 있습니다. 아르누보가 단순히 곡선과 곡면만을 나타낸 것을 보면 그는 이와 차별하기 위하여 전체적인 틀은 언제나 사각형을 사용했음을 알 수 있습니다.

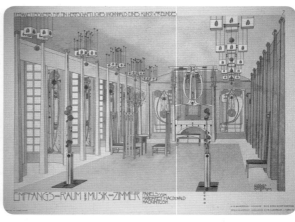

(a)　　　　　　　　　　　　(b)

[그림 Ⅱ-22] Design for a house foran artlover(1901년), Library interier_ 매킨토시

그의 인테리어도 살펴보면 그 표현방식이 일정함을 알 수 있습니다. 사각형의 틀을 기본적인 형태로 갖고 있고 언제나 그런 것은 아니지만 가끔 긴장감을 줄이기 위하여 꽃의 곡선을 인용하여 장식하는 것을 볼 수 있습니다. 이는 사각형이 인간의 형태라는 것이 이미 르네상스 시절에 알버티에 의하여 주장되어 왔고 꽃은 자연의 일부로서 앞에서 언급한대로 인간의 형태와 자연의 형태를 혼합하여 그 평균성을 표현하는 데 주력한 것입니다.

[그림 Ⅱ-23] 의자(1904년)

[그림 Ⅱ-23]의 의자는 매킨토시가 1904년에 디자인한 의자로 그가 전체적으로 사각형에 얼마나 심혈을 기울였으며 의자의 앉는 부분의 뒷부분이 곡선으로 되어 있는 것을 볼 수 있듯이 아르누보의 영향을 받았다는 것을 알 수 있습니다.

매킨토시의 격자 사랑은 실로 강렬했습니다. 그러나 처음부터 그의 디자인이 인정받았던 것은 아닙니다. 글라스고우 근처에는 클라이드 강이 위치해 있습니다. 당시 산업혁명이 일어나던 시기에는 수력발전소 때문에 강의 역할이 아주 중요했습니다. 그래서 이 도시도 산업혁명의 영향을 크게 받았고 당시 세계에서 가장 큰 중공업 산업시설과 조선생산 센터가 있었던 곳입니다. 그래서 산업혁명의 영향을 가장 빨리 작용하는 도시 중 하나로 성장하면서 소비재에 대한 수요와 공급이 신속하게 일어나며 이를 위한 예술적인 필요성도 가장 빨리 요구되던 도시였습니다. 그래서 이를 위한 해결책 중의 하나로 다른 도시보다 더 아시아 스타일과 모더니스트 아이디어가 접목되는 현상이 일어날 수 있었습니다.

[그림 II-24] 글라스고우 예술학교 북쪽 입면_ 매킨토시, 글라스고우, 영국

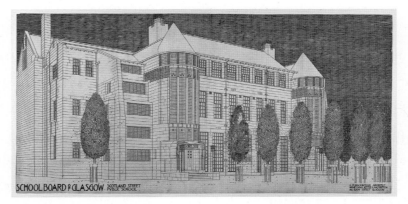

[그림 II-25] The Hunterian Univeristy of Glasgow_ Charles Rennie Mackintosh

일본 또한 폐쇄정책에서 개방정책으로 바뀌면서 급진적으로 세계화에 불을 붙여 열강들과 교류를 하면서 자연적으로 일본 해군이 클라이드 강에 조선소 건설에 참여하면서 글라스고우 도시와 연결이 되고 이로 인하여 일본의 문화가 전달되어 여기서 일본의 영향을 받는 문화가 유럽에 전해지게 되는 것입니다. 이것이 바로 앞에서 다룬 자포니즘입니다. 자포니즘이 유럽에 건너와 영향을 주었다는 부분은 사실 아르

Glasgow School of Art North Front 9

[그림 II-26] 글라스고우파의 작품 세계 - 1

누보로 변형되면서 많은 부분이 변형되었지만 글라스고우파의 매킨토시 작품에서는 전체적인 이미지에서 자포니즘이 드러나는데, 특히 사각형의 틀에 그런 성격이 많이 보입니다. 그래서 이러한 성향을 담은 글라스고우가 처음부터 명성을 얻은 것은 아니었습니다. 매킨토시, 그의 아내 마가렛 맥도날드(Margaret MacDonald), 아내의 자매 프란체스 맥도날드(Frances MacDonald), 그리고 허버트 맥네허(Herbert Mac-Nair)가 수업에서 만나 '글라스고우 4(The Glasgow Four)'를 결성하여 작품을 발표하였지만 관심을 받지 못했습니다.

이들의 작품은 근대가 무르익는 1900년 초반에 들어서면서 관심을 갖기 시작하면서 글라스고우, 런던 그리고 비엔나에서 전시를 하게 되고 후에 독일에서 전격적으로 지원하면서 전격적으로 두각을 나타내기 시작한 것입니다. 글라스고우는 흐지부지되고 매킨토시와 그의 아내가 주로 작품을 만들면서 4각형의 직선적인 작업이 주를 이루게 됩니다.

(a) 매킨토시의 시계디자인　　　　(b) 호프만의 의상 디자인

[그림 II-27] 글라스고우파의 작품 세계 - 2

　그의 작품 중 글라스고우 예술학교는 선을 살리고 사각형의 이미지로 과거의 건축물 디자인과 차별화시키면서 건축가로서도 두각을 나타내기 시작합니다. 매킨토시는 건축물뿐 아니라 [그림 II-27]의 그림처럼 다양한 디자인 작업을 보여줍니다. 그의 작품만이 뛰어난 것이 아니라 그는 근대 과도기에 차별화된 작품으로 시대적인 직선의 원조가 되었다는 것이 더 가치 있는 것입니다.

(a) The Willow Tearooms features furniture(1904년)

(b) 인테리어(1904년)

[그림 II-28] 찰스 레니 매킨토시

다른 시대보다 20세기는 인류역사상 중요한 변화의 시기였습니다. 제1차 산업혁명에 기계, 제2차 산업혁명에 전기가 나오면서 산업뿐 아니라 인류의 삶이 급속도로 변화하는 시기였습니다. 로마 제국 시절 유럽은 하나였습니다. 즉 국가권력의 경쟁할만한 조건이 아니었기 때문에 삶의 질을 비교할만한 상태도 아니었고 더 좋은 조건으로 가고자 하는 의지도 적었으며 통째로 움직이기에 그 속도도 아주 늦었던 것입니다. 그리고 건축물의 형태도 건축의 요구 조건에 맞추는 상황이었기에 그 넓은 대지의 영역에 단순한 형태가 유지되었던 것입니다.

로마가 멸망하고 프랑크 제국이 들어서며 후에 동 프랑크, 서 프랑크 그리고 중 프랑크 등 세 개의 형태로 유럽이 분리되지만 하나의 집안이었지만 국가 간의 경쟁이 성립될 즈음 다시 신성로마 제국의 통일로 유럽은 다시 하나가 됩니다. 물론 오스만 제국 등 주변 국가가 있었지만 유럽의 패권은 선진국형으로 주변국가에서 새로운 문물을 받아들이기에는 기술적인 진보가 아직은 유럽이 최고였기에 큰 도움을 받을 수는 없었습니다.

큰 변화 중 하나는 오스만이 비잔틴을 침공할 1400년도 중반 당시 이미 총기류가 등장하면서 기사라는 특권층이 사라지며 무기의 선진화가 국가권력의 하나로 자리 잡아가고 있었다는 것입니다. 그러나 봉건제도는 아직 진행 중이었고 왕권과 신권의 두 바퀴가 유럽을 지배하고 있었던 것입니다. 근세에 들어서면서 기독교 국가 체제의 변화가 생기고 인문학의 등장과 과학의 발달은 특히 인쇄술의 발달은 문자의 보급을 통하여 라틴어를 통하여 지배계층이 하나로 묶여 있었던 과거와는 달리 신성로마 제국의 약화와 함께 언어를 중심으로 국가 형태가 만들어지고 자체적인 독립국가의 성장이 본격적으로 시작되는 것입니다. 이렇게 유럽은 오래 기간 하나의 역사 속에서 묶여 있다 점차 자신들만의 역사를 갖게 되지만 사실은 이것이 그렇게 오래되지는 않았던 것입니다. 근세 들어 각 강국이 성장하며 세계는 새로운 판도가 짜여지지만 아직은 지금과 같은 교통이 발달하지 않은 시대였기 때문에 바다를 갖고 있는 나라가 영토 확장에 유리했으며 이러한 조건에서 영국, 스페인 포르투갈 같은 나라들이 우세했으며 프랑스는 100년 전쟁의 여파로 아직은 안정되지 못하였지만 바른 속도로 옛 영광을 되찾고 열강의 대열에 합류합니다. 새롭게 짜여진 유럽의 패권은 과거와 같은 전쟁을 하기보다는 유럽 외의 지역을 해상을 통하여 탐험하기 시작하며 이를 통하여 많은 식민지를 확보하게 됩니다. 바다에서 승리한 국가가 강국으로 살아남으며 영국과 프랑스는 강국의 축으로 등장하기 시작합니다.

식민지에서 들여 온 원료는 자국의 이익과 산업에 큰 도움이 되며 이를 활용하는 방법을 모색하게 됩니다. 그러나 프랑스는 루이 14세부터 국가가 빚에 쪼들리고 또한 각 분야의 주축을 맡고 있었던 개신교 신자 위그노를 추방하면서 영국보다 산업혁명에 뒤쳐지기도 하고 또한 시민혁명을 오랫동안 겪으면서 유럽에서 강국의 자리를 위협받기도 합니다. 그러나 나폴레옹의 등장으로 영국은 다시 유럽 강국의 자리에 서게 됩니다. 사실 프랑스는 안정되면서 박람회도 도시차원에서 시작했지만 영국보다 더 먼저 박람회를 시작할 정도로 산업혁명에 열심을 냈었습니다. 프랑스에서는 위그노가 추방되고 산업혁명에 뒤쳐지는 상황에서 영국은 직물의 대량생산을 위한 산업화가 급속도로 진행되면서 강국의 자리를 확고히 하고 있었습니다. 그러나 영국의 미국 식민지 침략으로 프랑스의 루이 16세는 미국을 지원하면서 더 많은 부채가 국가에 쌓이게 됩니다. 나폴레옹이 프랑스에서 영웅으로 남는 이유가 바로 이러한 국가 위기상황에서 프랑스를 안정화시키고 다시 유럽의 강국으로 올려놓았기 때문입니다.

이렇게 유럽이 산업화의 소용돌이 속에서도 영국과 프랑스는 경제 강국의 위치를 지키게 됩니다. 그러나 독일과 독립한 미국이 급속도로 발전하면서 앞의 두 나라는 경제대국으로서의 위치를 위협받게 되는 것입니다. 다른 나라와는 다르게 독일은 국가경제를 자유로운 틀 속에서 성장시키지 않고 국가체제 안에서 관리하는 형태로 성장하게 됩니다. 특히 이유를 정확히 알 수 없는 1차 대전의 발발은 유럽의 변화시켰을 뿐 아니라 전 세계의 판도도 바뀌는 사건입니다. 전쟁 전 이미 프러시아는 강력한 국가 체제 안에서 무기, 물리, 화학 그리고 전기 등 과학에 대한 관리를 체계적으로 하면서 유럽은 급속도로 변화하게 됩니다. 1차대전이 1914년에 시작하지만 이때까지 미국은 중립국으로 유럽의 전쟁에 관여하지 않았던 것입니다. 그러나 독일에 의한 미국 상선의 공격은 1917년 미국이 유럽의 전쟁에 참여하게 만들고 전쟁 후 유럽은 미국과 러시아의 경제적 영향을 받게 됩니다. 그러나 이때까지만 해도 세계에 정치적인 분리는 없었습니다.

러시아에서 최초의 노동자혁명이 일어나고 레닌사상에 대한 관심이 생기면서 세계는 두 개의 정치적 이념에 의해 분리가 생기기 시작합니다. 이러한 과도기 속에서 20세기는 이념의 싸움이 일어나고 모든 분야에 변화가 급속도로 일어나는 시기가 바로 20세기입니다. 앞에서 다룬 아르누보와 글라스고우는 사실 과거의 형태에서 완전히 분리되었다고 볼 수는 없었습니다. 그러나 세계정세 속에서 윌슨의 민족자결주의에 의하여 국가가 독립되고 오스만 제국도 1923년 지금의 터키공화국으로 정식 출범합니다. 이렇게 정치적인 변화뿐 아니라 정신적인 독립도 생기면서 탈과거에 대한 욕구가 더 강해진 것입니다. 1차 대전은 1914년에 시작하여 1918년에 끝나지만 이때 지금까지 전쟁 중 가장 많은 사상자를 내는 전쟁으로 기록됩니다. 이 전쟁을 통하여 산업이 더욱 발달하고 세계열강의 모습에 변화가 생긴 것입니다. 러시아에서 노동자 혁명 후 많은 예술가들이 노동자 일깨우기 운동을 하게 되고 이 시기에 등장한 예술들이 20세기 예술의 큰 틀이 되었으며 근대뿐 아니라 현대까지 이어 오고 있는 것입니다. 과거에는 신분제도가 귀족과 평민이라는 수직적인 신분관계였으나 이제 노동자와 자본가라는 수평적인 신분관계로 바뀌게 됩니다. 이는 과거와 달리 고정적인 신분 형태가 아니고 언제든 뒤바뀔 수 있는 것으로 노동의 가치를 변화시키는 역할을 하게 됩니다. 이렇게 신분제도의 변화는 다양한 계층의 참여와 아이디어의 가능성을 열었고 새로운 시도에 대한 뒷받침이 된 것입니다.

자본주의가 시작되면서 건축가의 입지도 달라지고 사회의 전문가로서 인정받는 시대가 도래한 것입니다. 밖으로도 이제 새로운 사회에 대한 욕구가 강해지고 프랑스의 계급투쟁이 한 때 왕족과 같은 기득권들이 자신들의 입지에 대한 불안감으로 관심 대상이었지만 이제 유럽 사회도 공화국이 도래하면서 프랑스에 대한 혁명은 관심 밖의 일이 되었으며, 오히려 계급간의 타협이 아니고 민족 간의 타협을 보려는 시기도 온 것입니다. 이제 정신적인 혁명이 중요한 이슈로 떠오르면서 새로운 시대를 준비하고 있었습니다. 정신적인 측면을 담당하는 것이 바로 예술인데 이 시기 가장 강력하게 관심을 불러 온 것 중 하나가 바로 러시아의 혁명이며 이를 통하여 두 개의 예술적 방향이 설정되는 것이 바로 말레비치(Kazimir Severinovich Malevich, 1878~1935년)와 리스즈키(Lazar Markovich Lissitzky, 1890~1941년)의 합리주의

(supermatism)와 빅토르와 베스닌 형제의 구성주의입니다. 이러한 2개의 주의가 발생한 이유에는 근대가 시작되면서 탈과거와 새로운 재료에 대한 적응으로 인하여 건축가보다는 기술자가 부각되는 현상이 일어나고 대량생산에 의한 상품의 질이 떨어지면서 예술적인 방향이 필요하다고 생각했기 때문입니다.

20세기 초는 이렇게 새로운 예술적 이념을 정착시키는 운동이 일어난 것으로 과거에서 완전한 형태 탈피를 모색하려는 움직임이었습니다. 합리주의는 새로운 재료와 구조 그리고 기술에 대한 분석을 필요로 하면서 이를 디자인에 정착시키려는 것이고 구성주의는 반전통적인 특징이 강하고 순수한 형태의 기능적 조합에 따라 형태분리를 주장하는 것이었습니다. 즉 형태 안에 존재하는 가장 순수한 사각형과 원의 조합으로 형태를 단순화 시키는 작업을 하는 것입니다.

합리주의 운동이 러시아에서 발생하였지만 1차 대전 중 많은 과학자들의 활동을 각 국가는 기억하고 있으며 이를 적극적으로 활용하려고 노력하며 실험과 연구 등 다양한 시도가 각 분야에 적용되기 시작하는데 하나의 결과를 얻기 위하여 다양한 분야에서 가능한 것을 접목시켜 합리적인 결과를 얻어내는 것으로 지금으로 말하면 융·복합 같은 원리 같은 것입니다. 이 시기에 대중교통이 변화되고 하나의 빌딩에 전기, 엘리베이터 같은 여러 편리함을 도입하여 여러 가지를 실험하는 예술 활동이 등장하기 시작했습니다. 이때 등장한 예술 중 하나가 바로 다다이즘입니다. 1차 대전 중 국가를 믿고 참여했던 사람들이 돌아 온 고향은 실망 그 자체였습니다. 이들은 확고한 믿음을 버리고 보이는 것을 그대로 믿지 않는 자신들만의 관점을 나타내고자 그들의 양식에 대한 이름조차 붙이기를 거부하면서 활동했었습니다. 이렇게 합리주의는 다양한 시도 속에서 새로운 것을 만들어 내는 것으로 여러 분야로 나누어지며 예술의 한 분야로 등장하기 시작한 것입니다.

구성주의는 예술가의 가장 순수한 형태를 만드는 것으로 사실상 내용보다는 형태를 중요시 하는 것으로 기능적으로 공간을 분리하여 나타내는 것입니다. 그러나 이두 개의 러시아 예술의 근본에는 시민을 깨우치려는 의도가 있었습니다. 문맹자가 많았던 당시 복잡한 내용으로서는 알기가 어려웠기 때문에 단순한 이미지를 통하여일반인들이 알기 쉽게 하려는 문화운동의 일종이었습니다. 구성주의는 합리주의가 발달한 것으로 이를 형태화하여 기능적으로 분리시키는 것입니다. 즉 구성주의는 대상을 부각시켜 각 형태가 갖고 있는 조직의 껍데기를 제거하여 실용적으로 형태를 예술화시키는 작업입니다.

근대 초기는 과거와 큰 차이를 보이지 않았는데 근대의 성격과 현대건축의 기초를 이루게 된 것이 바로 이 합리주의와 구성주의가 나오면서부터입니다. 이는 과거의 형태들이 하나의 틀 안에 전체 공간을 포함하고 있었다면 이 두 개의 원리가 등장하면서 명확한 탈과거의 모습을 보여준 것입니다. 이 당시 양식이라는 것이 과거의 형태들에만 적용이 되었는데 근대의 건축가들이 자신들 양식의 필요성을 느끼고 명확한 원리를 제공하려는 의도가 있었던 것입니다.

이 두 개의 합리주의와 구성주의가 근대 건축 양식을 출발시키는 좋은 계기가 되었습니다. 이 중에도 말레비치와 엘 리스츠키의 합리주의는 순수주의처럼 인식되기도 하면서 다른 분야에도 새로운 시도를 하는 계기를 제공한 것으로 칸딘스키의 미술과 피카소의 입체파 미술에 연관이 되고 이것이 건축에도 영향을 미친 것입니다. 이렇게 미술에서 먼저 새로운 시도를 하는 경우가 많은데 이는 미술이 2차원이라는 표현의 방법에 있어서 3차원의 건축보다 더 실험적인 시도가 용이할 수도 있기 때문입니다. 이러한 근대의 변화가 가능할 수 있었던 계기에는 앞서 말한 재료의 변화인데 특히 철과 유리의 주재료 등장은 주물이라는 형태와 기술의 다양한 가능성이 배경에 있었기 때문입니다.

2-4 **합리주의와 구성주의**

합리주의는 절대주의라고 부르기도 합니다. 하나의 사물을 온전하게 분석하여 마지막까지 얻을 수 있는 최소한의 요소, 즉 더 이상 분해할 수 없는 형태 요소를 나타내는 것입니다. 이는 과거의 다양한 형태들이 특정 재능이나 소질 그리고 지식을 동반하는 일정한 지식층을 위한 표현으로 일반적이지 않으며 순수하지 못하다고 합리주의 자들은 생각한 것입니다. 마치 모든 숫자의 시작은 '0'이나 '1'에서 시작해야 하는 것과 같은 이치와 같습니다. 더 이상 분해할 수 없는 단계로 형태에서는 삼각형, 사각형 그리고 원으로 본 것입니다.

이 기본적인 형태의 이해 없이 이들로 이루어진 복합적인 형태의 이해는 불가능한 것으로 본 것입니다. 즉 일반적인 형태를 이 기본적인 형태를 분석하여 이들이 어떻게 전체 형태 안에 담겨져 있는지를 보여주고자 하는 것으로서 그들의 최종 목표는 (그림 II-29 참조) 초심으로 돌아가는 것입니다. 그래서 말레비치는 우리에게 익숙한 형태를 이 기본적인 삼각형, 사각형 그리고 원으로 다시 분석하여 보여준 것입니다.

[그림 II-29] 코알라

[그림 II-29]의 사진에서는 형태만을 갖고 전체에 담겨져 있는 가장 기본적인 형태요소들을 분석하였는데 건축뿐 아니라 다른 분야에서 재료를 갖고 분석할 수도 있고 기술적인 방법 등 하나의 테마를 정하여 그 범위 안에서 분석의 방법을 찾아볼 수도 있습니다. 이는 당시 문맹자가 많았던 러시아에서 이들을 교화시키자는 취지로 시작한 것으로 복잡한 구조보다 먼저 가장 순수한 형태를 이해하는 것이 우선적이라고 생각한 것입니다. 이러한 작업 방법이 후에 미니멀리즘에도 지대한 영향을 미쳤습니다.

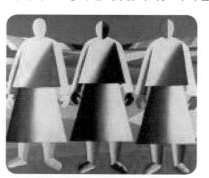

[그림 II-30] 초원 위의 세 소녀_
Malewitsch

[그림 II-30]은 '초원 위의 세 소녀'라는 말레비치의 그림으로 상세한 부분은 제거하고 최소한 요소만을 나타낸 것으로 색도 원색적인 요소를 초기에 사용하였습니다. 이는 그가 이성적인 부분보다는 감성적인 것을 중요시하려는 의도로 그의 초기 작품인 흰 사각형 바탕에 검정색 사각형을 그린 것이 있는데 감정의 가

장 순수한 함을 나타내기 위한 것으로 검정색은 감성을 그리고 흰 바탕은 감성을
초월한 무의 세계를 표현하려고 한 것입니다. 즉 복잡한 구도를 제거하고 가장 순수
한 형태를 보여주려는 의도였습니다.

(a) 평면을 강조한 건축물　　　　　　　(b) 사각형을 강조한 건축물

[그림 II-31] 합리주의 건축물

합리주의 건축물과 구성주의를 명확히 구분하기는 쉽지 않지만 위의 건축물은 큰
범주로는 미니멀리즘에 들지만 그 기원은 합리주의입니다. 다양한 형태를 피하고 사
각형의 일관된 표현이 주가 되었고, (b)의 건축물 같은 경우는 재료의 분석을 통하
여 형태가 구분된 것이 합리주의를 잘 보여주고 있습니다.

[그림 II-32]의 그림은 리스츠키의
붉은 색과 흰색이 이루는 박자를 나타
낸 것으로 붉은 색 쐐기 모양의 삼각
형이 흰색의 원을 침투하는 모양이 강
하게 나타나고 있습니다. 이렇게 구조
적으로 단순한 형태는 이성적이지는
않지만 다양한 상상력과 감성적인 전
달이 빠르며 명확하지는 않으나 이미
지의 강렬함이 담겨 있습니다.

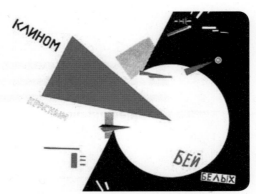

[그림 II-32] 흰색과 쐐기 모양의 붉은 색의 박자
(1917)_ 리스츠키

합리주의와 함께 러시아에서 시작된 것이 바로 구성주의입니다. 구성주의와 합리
주의의 큰 차이를 굳이 구분한다면 합리주의가 먼저 순수한 형태를 찾아내면 그 순

수한 형태를 다시 기능적으로 조합, 즉 구성하는 것입니다. 위에 리스츠키의 작품이 약간 혼동스러운 게 그는 합리주의와 구성주의 모두를 작품에 보여주고 있다는 것입니다. 그런데 이는 그래픽이나 미술 분야이고 건축에서는 기능적이라는 단어가 미술보다는 좀더 명확한 역할을 합니다. 과거의 건축물은 특징이 하나의 전체 형태에 다양한 공간들이 박스 안에 물건처럼 담겨져 있었는데 구성주의에 와서는 그 박스를 풀어헤친 것이라고 보면 됩니다. 즉 각 기능은 각 형태를 갖는 것이라고 이해하면 됩니다.

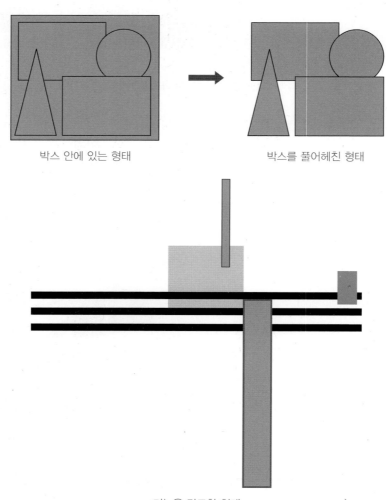

박스 안에 있는 형태   박스를 풀어헤친 형태

기능을 강조한 형태

178

구성주의는 과거의 통합적인 형태모임에 극적으로 반대하는 입장으로 기능적인 형태구성을 중요한 포인트로 잡고 있습니다. 기능에 초점을 맞추어서 형태의 다양성 등 각 공간에 대한 독립성을 보여주고자 한 것입니다.

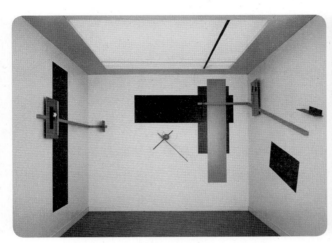 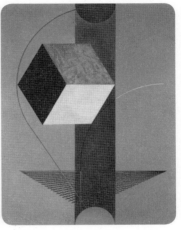

(a) proun room(1923년)   (b) Proun 99(1924년)

[그림 II-33] El Lissitzky의 proun room과 99번 작품

합리주의와 구성주의의 차이점은 합리주의는 가장 순수한 형태를 찾아내는 것이고 구성주의는 순수한 형를 기능별로 조합하는 것이며 공통점은 순수한 형태를 다루는 것이며 장식처럼 기능적이지 않은 것은 완점히 배제한다는 것입니다.

[그림 II-33]의 이미지는 리스츠키가 만든 프로운 room과 99번 작품으로 합리주의에서 잘 다루는 색으로 검정색과 흰 바탕입니다. 입체적 기능적인 표현으로 엘리스츠키가 몬드리안과 다른 점은 몬드리안은 2차원적인 표현을 다루었다면 엘 리스츠키는 3차원적인 표현으로 조감도적인 표현을 건축 표현에 도입했다는 것입니다. 이렇게 합리주의와 기능주의가 근대와 현대에 막대한 영향을 끼쳤는데 그것은 과거의 표현과 성격이 완전히 다른 것입니다. 근대 초기에는 탈과거적인 방향이 있었지만 완전히 분리되지 못한 상황에서 이들의 순수형태에서의 출발은 입체파뿐 아니라 국제양식의 방향도 제시하였으며 기능적인 형태가 무엇인지 알게 해주었고 이후 근대가 자체적인 양식을 갖지 못한 방황에 종지부를 찍는 역할을 한 것입니다.

피카소와 말레비치가 만난 것이 예술사에서 우연은 아닙니다. 과거 미술의 표현 방법이 실제적인 시각적 표현에 국한되었다면 20세기의 예술은 정신적인 표현으로 보여지는 것을 믿지 않고 그 본질을 나타내려 시도한 것으로 궁극적으로 모든 형태는 동일한 것으로 보이는 형태를 최대한 분해하고 조각 내어 가장 기본적인 순수형태로 나타내려고 시도한 것입니다. 물론 이 시대 예술가마다 약간의 차이는 있지만 그 근본 이론은 모두 같은 것으로 이는 새로운 시작을 하고 싶었던 것입니다. 그래서 피카소는 자신이 보는 것을 그리는 것이 아니고 생각하는 것을 그린다고 말한 것입니다. 현대 건축가 피터 아이젠만은 말하기를 "건축은 표준성에 흡수되지 않고 저항하는 것이다. 흡수에 대한 저항이 바로 현재성이다."라고 했습니다. 또 그는 "지나치게 새로운 것만큼 위험한 것도 없다. 그만큼 빨리 구식이 되어 버리기 때문이다."라고 말했습니다. 이 표현이 바로 아방가르드를 잘 표현한 것입니다.

아방가르드적인 개념의 원조를 보여준 사람이 바로 폴 세잔(Paul Cezanne 1839~1906년)입니다. 구체적인 것과 추상적인 것의 경계는 바로 현실입니다. 폴 세잔은 초기 일반적인 그림을 그렸으나 후에 모든 사물의 본질을 나타내려고 시도하게 됩니다. 즉 어떤 형태이든 더 이상 변하지 않는 단계까지 가서 최후의 순수한 이미지를 나타내려고 한 것입니다. 그래서 그가 마지막에 얻은 형태는 구(sphere), 원뿔(cone), 원통(cylinder)입니다. 이는 더 이상 분해할 수 없는 기하학으로 결론을 내린 것입니다. 세잔의 영향을 가장 많이 받은 미술가는 바로 피카소입니다. 피카소와 마티스는 그를 '우리 모두의 아버지'라고 칭할 정도입니다. 세잔은 후기 인상파로 불리기도 하지만 사실은 포스트 인상파(Post impressionism)로 인상파에서 입체파로 넘어가는 가교 역할을 한 미술가입니다. 그러나 일반인들은 세잔의 그림에서 초기 인상파와 후기 인상파의 차이를 알기는 쉽지 않은 것이 사실입니다. 작품의 진가는 그 예술가의 실력이 말하는 것이 아니라 그 예술가의 관점과 표현방법의 일치입니다. 모든 예술가는 자신의 작품에 대한 뛰어난 실력을 기본적으로 갖고 있습니다. 이 실력을 뽐내려고 작품을 하는 예술가는 없습니다. 실력은 자신의 관점과 메시지를 정확히 보여주려는 방법일 뿐 이것이 그 예술가를 평가하는 잣대가 될 수 없습니다. 누구나 노력하면 뛰어난 실력을 갖출 수 있게 때문입니다. 그 예술가가 자신의 관점과 철학을 담아 작품에 얼마나 잘 표현했으며 이를 통하여 우리가 새로운 관점을 갖는 데 도움이 되거나 일조를 하였고, 이로 인하여 예술사의 발자취를 남겼는가 하는 데 그 진정한 평가가 있는 것입니다. 사실 우리가 유명한 사람들의 작품을 감상하면서 그 사람의 실력을 정확히 판단하려면 최소한 그와 비슷한 능력을 가져야만 됩니다. 실력이 뛰어난 사람들은 어느 분야에나 있습니다. 그러나 모두 유명하지는 안습니다. 이유는 그 실력이라는 것이 노력한 결과이지 그 실력이 인류의 역사에 큰 족적을 남길만한 행위를 하지 못하면 그저 전문가로 남을 뿐입니다. 세잔의 가치는 화가로서도 아니고 그림을 잘 그리는 사람으로서도 아닙니다. 관행처럼 여기며 행했던 방법을 자신만의 방법을 찾아 그것이 후에 다른 관점을 만들어 우리에게 상상의 범위를 넓혀주었다는 것입니다. 세잔도 처음부터 인정받고 찬사를 받았던 것은 아닙니다. 전시회에서 조롱과 비웃음 속에서 시작했고 그림을 모르는 아마추어로 취급당하기도 했습니다.

우리에게도 이러한 시작 속의 위대한 영웅들이 많습니다. 비디오아트의 백남준은 자신의 아트가 관심을 받는 데 10년 이상 걸렸고, 피카소도 초창기에는 배고픈 화가로 꿈을 담은 청색 바탕의 그림을 그렸으며, 팝아트의 원조 앤디 워홀은 산업디자인을 공부한 구두회사의 일반 사원이었습니다. 그러므로 작품을 감상할 때는 그가 그 작품의 실력자라는 관점보다는 어차피 그들은 모두 한 분야의 실력자 입니다. ― 그들이 무엇의 원조인가를 먼저 알고 무엇을 나타내려고 했으며, 어떤 방법으로 그 메시지에 작품을 담는가를 알면 됩니다. 프로는 언(言, 작가의 관점)행(行, 작품)일치(一致)입니다. 만일 행(작품)만 있다면 그는 자신의 실력만을 바라보는 아마추어이거나 이미 있는 작품을 반복하는 전문가일 뿐입니다. 물론 관점(자신의 작품만을 위한 방향)을 나타내거나 이를 표현하려면 기본적으로 실력을 먼저 갖추어야 이것이 이루기 쉬우나 꼭 그런 것만은 아닙니다.

세잔의 첫 번째 고민은 사물을 바라보는 방향이었습니다. 모든 사물이 입체인데 대부분의 화가들은 한 방향에서만 바라보고 그리기 때문에 사물의 한 방향만을 표현한다고 생각한 것입니다. 이것은 그 사물의 본질을 정확하게 나타낼 수 없다고 생각한 것입니다. 우리가 그의 생각에 꼭 동의해야 되는 것은 아닙니다. 이것은 그의 관점이기 때문입니다. 중요한 것은 세잔 이전에는 아무도 이러한 생각을 하지 않았고 그렇게 생각할 수 있다고 인정하지도 않았던 것입니다. 그래서 그는 첫 작품 전시회 후 조롱 속에 마음의 상처를 입고 파리를 떠납니다. 그러나 위대한 사람들의 특징 중 하나가 자신의 작품에 대한 자존감입니다. 그는 자신의 방법을 포기하지 않고 시도합니다. 때로 관습에만 얽매여 있는 사람들은 그 관습이 잣대가 되고 평가의 기준이 됩니다. 그러나 관습을 바탕으로 이를 이해한 사람들은 그 관습이 위로 올라가는 사다리로 사용합니다.

세잔은 사물의 본질은 어느 방향에서 보는 가에 따라 다르고 어느 위치에 놓이는 가에 따라서도 다르게 인식될 수 있으며, 위치가 곧 빛을 받아들이는 원인이 될 수 있으며 어느 배경을 갖는 가에 따라서 그 사물의 인식 정도가 다르다는 것을 말하고 싶었던 것입니다. 이는 마치 고정된 사고는 일어난 사건을 다양하게 분석할 수 없는 원인이 될 수 있다는 원리와도 같은 것입니다. 그래서 그는 사물의 위치를 수없이 바꾸며 그 사물이 주는 본질을 읽으려고 노력했으며 사물의 위치만을 바꾸는 것이 아니고 자신의 위치, 즉 보는 사람의 위치도 바꿔 가면서 다양한 시도를 한 것입니다. 그러나 이렇게 시도했지만 한계가 있었습니다. 그것은 바로 사물이 갖고 있는 형태의 한계였습니다. 특히 사각형이나 삼각형 같이 형태의 테두리를 갖고 있는 형태들은 사물을 외곡하고 빛의 흐름이 자연스럽게 흐르지 않는 단점이 있음을 알게 된 겁니다. 그래서 그는 원 또는 구의 이미지를 갖고 있는 형태를 사용하고 특히 사과 같은 과일을 선택한 것입니다. 빛의 흐름이 단계별로 잘 나타나면서 사물의 변화를 디테일하게 느낄 수 있었던 것입니다. 이렇게 각 방향에서 바라본 모양 모두를 다 나타내려면 수없이 많은 그림을 그려다 보여주어야 할 것입니다.

그러나 세잔은 하나의 그림에 이 모든 것을 나타낸 것입니다. 그래서 그의 그림에 등장하는 과

[그림 II-34] 사과와 오렌지(1895~1900)_
세잔, 파리 오르세 미술관

일은 하나일 수가 없고 여러 개가 등장하는 것입니다. 사과나 탁자나 또는 커튼이 중요한 것이 아니고, 그것을 그린 화가의 실력이 중요한 것이 아니고, 그가 왜 그렇게 그렸는지 그 이유가 중요한 것입니다. 그 이유를 알았다면 아마도 조롱당하지 않았을 겁니다. 그가 다른 화가처럼 하나의 시점에서 바라본 형태를 단지 그렸다면 아마도 무난한 화가의 길을 갔을 겁니다. 그러나 시간이 걸렸지만 그가 표현한 다시점에서 오는 그림 속의 깊이와 여러 방향에서 바라본 사물의 본질이 형태를 입체적으로 보는 관점과 색의 흐름을 나타내지 않았다면 입체파의 피카소와 야수파의 마티스도 등장하지 않았을 것이고 이로 인하여 미래파도 데 스틸(De Stil)도 러시아 구성주의와 합리주도 등장하지 않았을 것이며, 이후의 건축을 포함한 예술의 단계는 현대라는 시기를 아직도 기다리고 있을지 모릅니다. 즉 그의 삶은 시간이 걸렸지만 그로 인하여 근대가 짧아지고 현대의 추상적인 형태시도가 가능해진 것입니다. 어느 시대나 매너리즘적인 단계가 있었습니다. 이는 관습을 더 발전시키는 방법으로 시기적인 전환점이라고 할 수 있습니다. 고대는 기독교의 공인이었고, 중세는 고딕이었으며, 근세는 매너리즘을 통한 신고전주의가 있었으며, 과도기적인 시대였던 근대에서 현대로 가는 전환점이 바로 세잔이었습니다.

세잔이 중요한 의미 중 또 하나는 바로 기술과 콘셉트의 분리입니다. 이전까지의 작품은 기술적인 표현과 판단이 주를 이루었으나 세잔 이후부터는 기술적인 분석과 평가 그리고 콘셉트의 유무입니다. 즉 구체적인 표현이냐 추상적인 표현이냐가 중요한 화두의 시작점이 된 것입니다. 피카소는 세잔의 영향을 받아 한 단계 더 나아가 입체로 만든 것입니다. 즉 세잔이 2차원이라면 피카소는 3차원으로 발전시킨 것입니다. 이것이 바로 입체파의 시작입니다. 피카소에게 모든 형태는 육면체(3차원)였던 것입니다. 그래서 추상미술의 원조를 세잔과 피카소로 보는 것입니다. 그렇지만 이 또한 형태를 읽을 수 있고 현실과 연결할 수 있기 때문에 절대적인 형태는 아니었습니다. 그래서 피카소의 열렬한 팬이었던 말레비치는 이를 더 발전시켜 화학에서 원소 분리하듯 형태분리를 하여 최후의 형태 원소인 검은 원, 흰 사각형 그리고 붉은 삼각형 등으로 분해한 것입니다. 더 이상 분해할 수 없는 절대적인 이미지 요소로서 이를 절대주의(suprematism)이라고 칭하게 된 것입니다. 여기서 이들이 주장한 내용을 정리하면 종합적 큐비즘과 분석적 큐비즘이 등장하는 것입니다. 이 두 개의 큐비즘에 영향을 받아 생겨난 것이 데 스틸(De Stil)과 미래파(Futurism)입니다. 피카소의 그림을 살펴보면 두 개의 원리가 명확하게 보이는데, 데 스틸에 Theo van Doesburg, 화가 Piet Mondrian, Vilmos Huszar, Bart van der Leck, 그리고 건축가 Gerrit Rietveld , 미래파에 필리포 토마소 마리네티(Filippo Tommaso Marinetti)가 있습니다.

피카소의 입체적인 표현의 원리는 [그림 II-35]와 같습니다. 피카소의 작품을 보면 초기에는 다른 미술가와 크게 다르지 않습니다. 그러나 그는 자신이 그린 그림에서 자유로움을 얻지 못한 것입니다. 그 구속이 바로 2차원적인 표현이었습니다. 그가 그리는 사물은 3차원인 반면 그의 그림은 2차원이라는 구속을 벗어 날 수 없었던 것입니다. 그는 이 구속에서 벗어나는 방법을 시각적인 표현에서 찾았습니다. 3차원적인 사물(큐빅)은 다양한 방향이 주는 모양의 구성으로 만들어 졌음을 깨달았고 이는 바라보는 위치에 따라서 차이가 있음을 깨달았습니다. 이 다양한 방향에서 얻는 모양의 조합이 바로 사물의 근본임을 나타내고자 했던 것입니다.

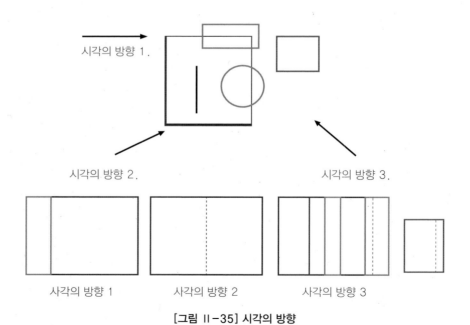

[그림 II-35] 시각의 방향

그는 하나의 사물을 여러 방향에서 바라본 각각의 그림을 조합하여 이를 구성하여 본 것입니다.

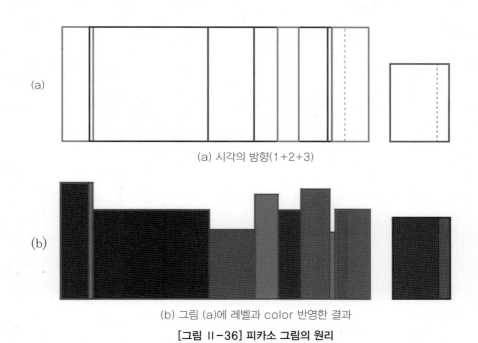

(a) 시각의 방향(1+2+3)

(b) 그림 (a)에 레벨과 color 반영한 결과

[그림 II-36] 피카소 그림의 원리

이러한 작업을 통하여 그는 다시 새로운 형태를 얻게 되었습니다. 그러나 여기에 필요한 것이 인간적인 시각과 작업입니다. 그래서 각각의 높이는 차이를 보이고 또한 원근감에서 오는 생명력을 색으로 재구성하였습니다. 이것이 그가 하나의 사물에서 얻은 새로운 3차원적인 형태이며 그것이 그의 자유였습니다. 본질적인 사물에서 출발하였지만 그는 표현의 자유를 얻었고 그의 사고에서 새로운 작품을 만들어낸 것입니다. 그러나 그는 더 많은 자유를 원했습니다. 그것이 바로 그가 얻은 형태의 원소를 재구성하는 작업이었습니다. 재구성은 그의 완벽한 자유에서 재탄생해야 되었던 것입니다. 원형과 동일한 모습을 보여야 하는 것 자체가 구속이라고 생각했기 때문입니다. 하나의 사물에서 얻은 요소들은 그 형태가 갖고 있는 원자와 같은 것이고 그 원자를 어떻게 구성하는가에 따라서 새로운 형태를 재탄생시키는 자유로움을 깨달은 것입니다. 이것이 그가 3차원적인, 즉 큐빅의 형태에서 찾은 자신의 작품입니다. 즉 그는 2차원에 3차원은 높이가 추가되는데 그 높이가 바로 각 개체 간의 간격으로 본 것입니다. 앞면과 뒷면의 사이에는 거리가 존재합니다. 즉 2차원 또는 두 개의 요소끼리는 서로 간의 앞뒤를 구분할 수 없습니다([그림 Ⅱ-37]에서 (a) 2개의 요소). 그러나 제3의 요소가 개입하면서 그림 1과 2의 관계가 좀 더 명확해집니다([그림 Ⅱ-37]에서 (b) 3개의 요소). 그는 이러한 방법을 사용하여 2가지 자유로움을 나타내려 했던 것입니다.

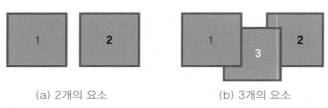

(a) 2개의 요소   (b) 3개의 요소

[그림 Ⅱ-37] 큐빅의 원리

이 작업에서 그는 좀 더 발전하여 모든 요소들의 구성이 규칙적으로 재구성될 수도 있지만 그렇지 않을 수도 있음을 보여주고자 한 것입니다. 만일 그 구성이 규칙적으로 재구성된다면 원형 그대로는 아니지만 그래도 어느 정도 형태를 유지할 수 있겠지만(종합적 큐비즘) 구성의 배열이 완전히 바뀐다면 새로운 형태(분석적 큐비즘)를 만들어 낼 수 있다는 가능성을 제시하려는 것이었습니다. 이러한 원리가 후에 다른 분야에도 영향을 주게 된 것입니다.

(a) 종합적 큐비즘   (b) 분석적 큐비즘

[그림 Ⅱ-38] 큐비즘의 두 가지 표현

[그림 Ⅱ-38]의 두 그림을 살펴보면 두 그림 모두 초상화입니다. 그런데 (a)는 명확하지 않지만 형태를 추측해볼 수 있고, (b)의 경우는 초상화라고 말해도 그림의 형태를 추측하기 어렵습니다. 이것이 바로 큐비즘의 두 가지 표현입니다. (a)는 종합적 큐비즘이고, (b)는 분석적 큐비즘으로 그린 것입니다. 이 두 가지 방법에 의하여 그가 우리에게 전달하는 메시지는 분석을 통하여 원형으로 돌아가기는 어렵지만 새로운 형태를 재창조할 수 있는 가능성을 제시한 것입니다. 그는 그저 이렇게 작업을 했을 뿐입니다. 그러나 그의 방법은 다른 분야에 새로운 아이디어를 제시하고 이를 통하여 다양한 시도가 선보이게 됩니다. 데 스틸(종합적 큐비즘)과 미래파(분석적 큐비즘)라는 새로운 형식이 등장합니다.

종합적 큐비즘은 원형에서 나온 각 요소에 대한 존재의 중요성을 부각시켜 이 각 요소가 모여야 종합적인 형태가 만들어지는 데 초점을 맞추었습니다. 그러나 분석적 큐비즘에서 각 요소의 존재는 중요하지 않습니다. 단지 전체적인 형태를 구성하는 각 요소가 필요할 뿐 각 요소 하나하나가 갖는 의미는 무시되어야 한다는 것입니다. 즉 새롭게 구성된 전체적인 형태가 더 중요하다는 것입니다. 도로에는 차도와 인도가 존재를 합니다. 이 두 요소는 도로라는 형태가 갖춰야 하는 기능을 위한 것을 구성하는 데 필요한 것이지, 인도와 차도의 존재는 무시되어야 한다는 것입니다. 그러나 종합적 큐비즘은 그렇지 않습니다. 도로의 기능을 구성하기 위하여 인도와 차도가 명확하게 구분되어야 한다는 것입니다. 이 둘은 내용면에서 약간의 차이를 보이지만 사실 그 근원은 같은 것입니다. 그리고 이 둘의 공통점이 바로 요소의 융 : 복합입니다. 작업을 완성함에 있어서 요소 중에 한두 개가 부족해도 완성되는 것이 아니고 구성요소 모두 존재해야 되는 것입니다.

데 스틸의 대표적인 미술가 몬드리안은 자신의 작품을 완성하는 데 필요한 요소를 설명하였습니다. 이 요소에는 기하학적인 형태, 순수한 형태, 수직과 수평의 구조, 형태의 다양성으로서 크기의 변화 그리고 3원색과 무채색의 구성을 그의 작업방법으로 제시하였습니다. 미래파는 속도의 미를 지향하는 것으로 이를 나타내는 형태를 표현하고자 수직과 수평보다는 대각선적인 형태를 지향하고 속도의 개념으로서 소음을 발생하는 요소들로 자동차, 도로, 기차역 그리고 불 켜진 도시 등을 지향하고 박물관이나 미술관 같은 정적인 것들을 배제하였습니다.

(a) 몬드리안: 데 스틸(종합적 큐비즘)　　　　(b) 미래파적인 디자인(분석적 큐비즘)

[그림 II-39] 데 스틸과 미래파

　　프로와 아마추어의 차이는 언행일치입니다. 이들은 작품을 그들의 콘셉트에 맞추어서 작업을 합니다. 작업의 내용 중 그들의 작업요소들이 한두 개 부족하다면 그것은 그들의 작품이 아닙니다. [그림 II-39]의 그림은 2차원적인 표현이지만 건축에서는 선의 굵기와 명암으로 원근감을 나타냅니다. 위 그림들도 그러한 관점에서 본다면 입체적인 느낌을 받을 수 있습니다. 이렇게 세잔의 그림에 영향을 받은 피카소는 더욱 자신의 콘셉트를 발전시켜 입체파에 대한 그림을 보여주며 근대적인 발전뿐 아니라 근대와 현대를 구분 짓게 하는 변화를 갖고 온 것입니다. 물론 말레비치와 엘리스츠키의 이론은 건축적인 면에서 공간구분을 과거와 형태적인 면에서 더욱 발전시켰지만 우선적으로 여기서는 종합적 큐비즘과 분석적 큐비즘이 건축에 영향을 준 데 스틸과 미래파를 살펴보기로 합니다.

2-6　미래파

　　지금까지의 과정에서 근대와 현대를 구분 짓는 경계선에 존재하는 것이 아방가르드입니다. 아방가르드라는 단어는 선두에 있는 경우 붙일 수 있는 단어입니다. 산업혁명과 시민혁명 이후 급진적으로 변화하는 과정 속에서 등장한 것이 근대입니다. 그러나 초기 근대는 과거와 명확한 구분하기 어려운 상황에서 시작했기 때문에 명확한 구분을 하기 어렵습니다. 그러나 과거 클래식과 현대와 구분하기는 이보다 쉬운데 이 계기가 바로 구성주의입니다. 구성주의는 과거와 명확한 차이를 보이는데 현대를 이끌어 가는 선두주자가 있었습니다. 이것을 우리는 아방가르드라고 부릅니다. 즉 어떤 새로운 시작을 알리기 위해서 나타나는 전조가 있는데 이들은 시간이 지난 후 살펴보면 이전 것과 이후의 것의 경계선에 위치한 것을 알게 되는데 이를 우리는 아방가르드라고 이름 붙일 수 있는 것입니다. 러시아의 구성주의가 그것으로 말레비치와 엘리스츠키의 이론이 그 시작이고 입체파 또한 그 성격을 보여주고 있는 것으로 근대와 현대를 구분 짓는 경계선에 위치하고 있습니다. 미래파는 과거와 다른 차별된 배경을 갖고 있는데 이들에게 미의 기준은 속도입니다. 즉 속도감이 없는 것은 미적으로 여기지 않았다는 것입니다.

　속도가 있는 것은 곧 소음과도 연결시켰으며 더 나은 미래로 가기 위한 방법으로 빠른 속도가 바탕에 깔려 있는 것으로 자동차, 기차역 등을 최고의 가치로 여겼다. 박물관이나 미술관 등 과거와 관련된 것을 부정적으로 여겼으며 다이내믹한 형태를 우선적으로 여겼던 것입니다. 주상복합 건축물 같은 동시다발적인 기능을 중요시 여겼으며 고층건축물의 필요성을 주장했으며 이를 위하여 엘리베이터 설치나 차도와 인도의 구분을 통한 자동차의 속도를 주장하고 깨어있는 도시를 위하여 가로등의 필요성을 중장하고 인류의 미래를 위하여 전쟁을 정당화 하는 강한 주장도 보였습니다. 형태에서도 안정된 이미지보다는 다이내믹한 형태로 경사진 이미지를 추구하였습니다.

(a) 형태의 연속성(1913년)　　　　　(b) 탄력성을 나타낸 그림(1912년)

[그림 II-40] 움베르토 보치오니

[그림 Ⅱ-40]의 두 작품은 움베르토 보치오니의 작품으로 역동성과 탄력적인 표현을 보여주기 위한 것으로 미래파의 대료적인 작품입니다. 미래파는 이탈리아에서 시작된 것으로 이곳의 성격을 잘 나타내지만 세계1차 대전까지 무솔리니의 파시스트와 같이 하다 전쟁 후에 사라진 짧은 기간 활동한 것으로 생명은 짧았지만 영향력은 아주 강렬했던 것으로 유럽에 많은 영향을 주기도 했습니다.

[그림 Ⅱ-40] (a)의 조각은 강렬한 운동력을 보이고 마치 강한 바람을 헤쳐 나아가는 조각처럼 바람의 속도를 형태에 나타낸 것으로 만화에서도 바르게 지나가는 것을 표현할 때 이렇게 형태의 흔적이 뒷부분에 남아 있는 것처럼 정지된 형태가 아니고 연속적인 움직임을 보여주는 것이며, (b)의 그림은 빠르게 움직이는 형태들이 서로의 잔영 속에 섞여 뒤엉켜 있는 것으로 2차원적이 이미지뿐 아니라 볼륨까지 갖고 있는 것으로 정지된 이미지가 아니라 탄력적인 성격을 보여주려는 표현을 알 수 있습니다.

특히 색이 뚜렷하지 않고 유사한 명암들이 뒤엉켜 있는 것이 혼란스러움을 주어 시간의 연속성을 보여주고 있습니다. 처음에 이태리에서 이들의 운동이 시작될 때 모두 이해한 것은 아닙니다. 그래서 1909년 2월 20일 젊은 이탈리아 변호사이자 시인인 필리포 토마소 마리네티(Filippo Tommaso Marinetti)는 프랑스 신문인 『르 피가로(Le Figaro)』에서 〈미래 지향적 선언문〉을 발표하면서 자신들의 미래 지향적인 운동을 정당화하였습니다.

미래 지향적 선언문

1. 우리는 위험에 대한 사랑과 에너지에 대하여 친근감, 대담함을 갖고 이를 찬양한다.
2. 용기, 담대함, 반란이 우리의 필수 요소입니다.
3. 지금까지의 문학은 부동적이며, 무아경과 수면을 선포했다. 그러나 우리는 공격적인 운동, 열정적인 불면증, 달리기, 공중제비, 파격적인 파워를 찬양할 것입니다.
4. 우리는 세계의 영광이 새로운 아름다움, 즉 속도의 아름다움으로 가득 찰 것을 설명할 것입니다. 폭발적인 소리를 내며 꿈틀되는 뱀을 닮은 커다란 파이프를 장식 한 레이싱 카처럼 달리며 울부짖는 차가 승리하는데 유리한다는 것을 보여줄 것입니다.
5. 우리는 책임감 강한 사람을 찬양할 것입니다.

6. 시인은 원시적 요소의 열렬한 충동을 증가시키기 위해 자신을 빛나고 화려하게 만드는 데 관대해져야 합니다.

7. 아름다움은 전투에 사용할 때만 가능합니다. 공격적인 성격이 없는 작품은 걸작이 될 수 없습니다. 시는 미지의 세력이 인간보다 먼저 굴복하도록 강요하는 공격적인 것으로 이해해야 합니다.

8. 우리는 수세기 동안 극한 곳에 있었습니다! 왜 우리는 불가사의 한 신비한 문을 열고 싶을 때 되돌아 봐야합니까? 시간과 공간은 이제 어제 사망했습니다. 우리는 이제 절대적인 상황에 살고 있습니다. 왜냐하면 우리는 영원한 속도를 창조했기 때문입니다.

9. 우리는 전쟁을(세계 유일의 인류청소를 위하여) 통하여 군국주의, 애국심, 아나키스트를 만들고, 사람이 죽는 아름다운 생각, 그리고 여성의 경멸을 통하여 세상을 영화롭게 할 수 있습니다.

— 『르 피가로(Le Figaro)』, 1909.2.20.

이 선언문은 너무도 강렬하여 부담감을 주었고 군국주의자들에게 호감을 얻었으나 미래파는 그들의 노력에도 불구하고 그렇게 오래가지 못하였습니다.

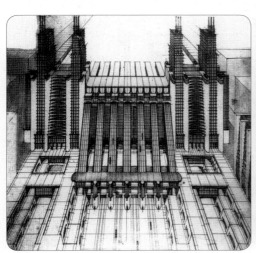

(a) Santelia03

(b) 레벨 차가 있는 거리에 면한 시스템과 서로 연결되고 외부 엘리베이터를 갖고 있는 건물(1914)_ Antonio Sant' Elia

[그림 II-41] 역동적 이미지의 미래파적인 건축물

이들의 지향적인 이론을 적용한 건축물들도 그렇게 많이 등장하지는 않았지만 그래도 위에서 보는 대로 몇 개의 건축물을 살펴볼 수 있습니다. [그림 Ⅱ-41] 건축물의 공통점은 철도, 상가 그리고 주거 등 다양한 기능이 한 곳에 밀집되어 있고 소음이 발생되며 다양한 바닥 레벨을 보여줘 역동적인 이미지를 나타내고자 한 것입니다. 특히 엘리베이터를 외부로 노출시키고, 사선을 만들어 정형적인 형태를 피하려고 한 것이 이들의 특징입니다. 미래파는 그 기간이 짧고 공격적인 이론으로 인해 1차 대전 전에 사라졌지만 현재에 와서도 미래파적인 건축물의 이미지를 볼 수 있습니다.

◈ (a) 샌프란시스코 메리어트 호텔(1989)_
Anthony J. Lumsden, 캘리포니아

◈ (b) 페로 하우스(1970년)_
Justus Dahinden, Zurich

◈ (c) Graduate Center(1963년)_
Frank Wallace, Oral Roberts University

◀ (d) 포틀랜드 빌딩(1982년)_
미샤엘 그래이브, 포틀랜드, 오레곤

[그림 Ⅱ-42] 사선이 형태 안에 있는 건축물

[그림 Ⅱ-42]의 건축물들의 공통점은 사선이 형태 안에 있다는 것이며, 엘리베이터를 외부에 노출시키려 했다는 것입니다. 현대 건축에 와서는 큰 범주로 각각의 양식을 갖고 있지만 이 형태 안에는 근원적인 이미지를 원조에서 찾아볼 수도 있다는 것입니다. 사실 어떤 형태가 중요한 것은 아닙니다. 건축의 근원적인 목표가 인간을 위한 공간 창출에 있기 때문에 이 기능을 충실하다면 건축물로서 큰 문제는 없습니다. 그러나 건축물에는 다양한 형태가 있습니다. 공간의 기능이라는 것이 개인적인 취향이 될 수는 없습니다. 공간을 이용하는 사용자가 언제나 명확하지도 않고 초기의 목적에 맞게 건축물의 수명과 이용자가 고정된 것이 아니고, 중간에 변경될 수도 있기 때문에 근본적인 방법으로 공간의 구조를 만들고 용도변경에 따라서 공간의 성격이 바뀔 수도 있지만 기본적인 골격은 유지하는 것이 일반적입니다. 그러나 이 형태를 만드는 데 형태 선정에 있어서는 공간의 기능보다는 설계자의 의도가 필요한데, 이 선택에 있어서 이미 존재하는 형태를 취할 수도 있고 이를 변경하여 형태의 연속성을 갖고 올 수도 있으며 또한 설계자의 전폭적인 창의력에 의존하여 새로운 형태를 만들어 낼 수도 있습니다. 이는 설계자의 선택입니다.

그런데 이 선택에 있어서 새로운 시도가 아니라면 기존의 형태 정통성에 대한 이해를 돕기 위하여 이전 형태부터 알고 시작하는 것이 좋습니다. 이는 형태 역사에 있어서 과거에 등장했던 모든 형태가 지속적으로 지금까지 이어지는 것이 아니고 기디온의 말처럼 일시적인 현상(유행)과 지속적인 형태(양식)의 법칙에 의하여 지금 우리가 갖고 있는 것은 과거의 형태 중 일부일 뿐입니다. 즉 과거에서 지금까지 내려온 형태들이 그 생명력을 유지하는 데는 그만한 이유가 있을 것이며 그 안에는 고급스러운 정통성도 있다는 것입니다. 역사라는 여러 조건에 걸려져서 그 생명력을 유지한 역사적 형태를 알지 못하고 새로운 의미의 형태를 만든 다는 것은 불가능하기 때문입니다.

[그림 Ⅱ-42]에서 선보인 건축물들이 그 한 예로 비록 생명은 짧았지만 지금도 사용할만한 이유가 충분히 있다는 것입니다. 초기 미래파의 선언문은 강렬하고 부담스러운 내용이 있지만 그러나 형태가 그런 것은 아닙니다. 특히 생동감 있고 속도와 강렬함에 대한 형태 언어를 보여주는 좋은 예로 차용되고 있는 것입니다. 21세기는 속도에 더욱 민감한 시기로 미래파의 콘셉트와도 맞아 떨어지는 부분이 있어 지금

을 신 미래파라고 부르기도 하는 이유입니다. 이들의 건축선언문에서 전통이나 양식을 부정하고 과학과 기술을 찬미하는 방향을 설정한 것은 진보적인 성향의 건축가들에게는 참고삼을 만한 가치가 있는 것입니다. 이들은 사용에 초점을 맞추었고 각 각의 시대를 반영할 수 있어야 하기에 쉽게 변형할 수 있는 건축을 찬미했으며 이러한 성격의 건축을 살아있는 건축이라고 정의한 것으로 미래파는 정적이고 억압적이며 육중함을 보여주는 건축 형태는 죽은 것으로 간주했습니다. 그래서 이들은 살아있는 움직임을 나타내기 위하여 속도의 미를 우선적으로 선택한 것입니다.

그런데 단점이 있다면 이들의 선언문에 기초하여 만든다면 가끔 피라미드([그림 II-42]의 (b) 건물) 같은 정적인 형태가 등장하기도 하는데 이는 이들이 주장하는 형태와 맞지 않는 것으로 이는 한계라고 볼 수도 있습니다.

(a) Hodek Apartment House
Prague(1913~1914)_ 요제프 코콜

(b) 분석적 큐비즘_ 건축 2

(c) 프라하의 큐 비스트 빌라(1912~1913년)
_ 요제프 코콜, 체코

(d) 피카소 초상화(1912년)
_ 후안 그리스

[그림 II-43] 체코 큐비즘과 분석적 큐비즘

초기 미래파 건축물은 동유럽 체코에서 많이 볼 수 있는데 [그림 Ⅱ-43]의 건축물은 프라하에 있는 것으로 각진 형태들이 미래파적인 표현입니다. [그림 Ⅱ-43] (d)의 그림은 후안 그리스가 그린 피카소의 초상화인데 분석적 큐비즘을 적용하여 그린 것입니다. 이 그림과 건축물들을 비교해 보면 큐비즘이 어떻게 건축물 디자인에 적용되었는지 이해가 쉬울 것입니다.

2-7 데 스틸(De Stil)

프랑스의 시민혁명 이전에 있었던 이성을 앞세운 계몽주의와 과거 로마나 그리스의 정통성을 다시 갖고자 했던 신고전주의가 주를 이루던 시기 말쯤에 낭만주의가 등장했습니다. 낭만주의(Romanticism)는 이성과 합리주의, 그리고 과거의 권력과 종교에서 오는 형식을 중요시하는 절대주의에 반하는 성격으로 형식을 탈피하고 개인의 자유로운 개성이나 감정을 더 중시하는 것이었습니다.

이러한 배경 속에서 등장한 것이 데 스틸입니다. 이들은 형식이나 절대적인 방식을 따르는 것처럼 근본적인 조화를 무시한 상태에서 수학적인 성질처럼 규칙을 거부하고자 했던 것으로 예를 들어 바로크 속에 있는 곡선을 무시하고 수직과 수평에 의하여 자유롭게 만들어지는 새로운 구성을 선보이고자 했습니다.

이 운동의 선두주자에는 테오 반 되스버그(Theo van Doesburg)가 있었습니다. 처음에 그는 반 고흐의 영향을 받아 인상파적인 이론에 바탕을 두는 그림을 그렸지만 고흐보다는 더 현대적인 미술을 그리고자 하는 욕구가 있었습니다. 그러던 그는 1913년 바실리 칸딘스키(Wassily Kandinsky)의 「Rückblicke」를 읽은 후 자신의 방향을 설정하여 화가로서 새로운 길을 선택하게 됩니다.

(a) 스테인드글라스(1928년)

(b) Contra construction project(1923년)

[그림 II-44] Theo van Doesburg

칸딘스키의 그림이 더 일상적인 그림보다는 더 수준 있고 영적이며 추상적인 그림이라고 생각했던 것입니다. 그러나 그는 미래파적인 표현에는 비판적인 입장으로 속도를 표현한 것을 하나의 모방이라고 본 것입니다. 그러다 어느 저널에 실린 몬드리안의 선의 중요성을 깨닫게 되고 이에 동의합니다. 선은 모든 형태를 나타내는 그 자체로 예술이라고 보았으며 선으로 모든 것을 표현할 수 있다고 생각하게 됩니다. 특히 바탕에 다른 색이 들어가면 그 위에 표현된 모든 것을 망칠 수 있기 때문에 흰색을 엄숙한 색으로 보았고 그 위에 놓이는 색상은 엄격하게 선택해야 한다고 생각했습니다.

이에 그는 몬드리안을 포함한 동일한 사고를 갖고 있는 사람들을 접촉하여 데 스틸이라는 잡지를 발행하여 그들의 이론을 홍보하기 시작합니다. 몬드리안과는 주로

서신을 통하여 대화를 하던 그가 몬드리안이 있는 파리로 이주하면서 두 사람은 빈번한 만남을 통하여 의견을 교환하지만, 의견 충돌이 생기는데 그것은 선의 배치였습니다. 내향적 성격을 갖고 있었던 몬드라인은 수직과 수평을 고집하지만 화려한 것과 역동적인 성격의 반 되스버그는 블스버그가 주장한 역동적인 이미지를 나타내는 대각선에 동의를 하면서 두 사람의 관계에 금이 가고 몬드리안은 데 스틸에서 탈퇴를 합니다. 이후 데 스틸 양식이 등장하는데 카페 드 유니(1925, JJP OUD)의 디자인과 홀리데이 홈(1919, 반 되스버그)의 내부를 디자인하면서 활동을 하게 됩니

[그림 II-45] 카페 드 유니(1925)_
JJP OUD, 로테르담.

다. 몬드리안과는 1915년에 만나 1924년에 결별했으므로 홀리데이 홈은 그와 헤어지기 전에 만든 작품으로 수직과 수평이 강하게 남아있습니다. 그러나 카페 드 유니는 그와 헤어진 후 2년 후의 작품인데 아직 대각선이 들어가지 않은 것을 보면 데스틸은 수직과 수평 그리고 대각선을 혼용하였음을 알 수 있습니다.

(a)홀리데이 홈 De Vonk 내부(1919)　　　(b) 홀리데이 홈 De Vonk 입구

[그림 II-46] Theo van Doesburg, Noordwijkerhout

[그림 II-47] Cafe Aubette(1926)_
테오 반 되스버그

[그림 II-47]의 그림은 카페 아우베테의 내부 모습으로 대각선으로 걸려 있는 형태들을 볼 수 있습니다. 그러나 자세히 보면 배치는 모두 수직과 수평선 안에서 이뤄진 것으로 이는 초기 데 스틸에서 주장한 그대로입니다. 즉 몬드리안과의 의견 차이는 수직과 수평 구조의 작품의 구성에 있는 것이 아니고 배치에 있음을 알 수 있습니다. 물론 몬드리안도 후에는 45° 각도를 인정하게 됩니다. 그러나 데 스틸의 콘셉트는 수직과 수평 구조에서 시작하는 것이었습니다.

1928년도에 데 스틸의 건축가 JJP OUD는 로테르담에 노동자들을 위한 300개의 주거시설과 2개의 상점 그리고 2곳의 온수 놀이터가 있는 대형 키프호크 주거단지(그림 II-48)를 설계하는데, 여기에 데 스틸 디자인을 적용합니다. 지금 있는 것은 대부분 손상되어 1990년대에 건축가 위츠 파틴(Wytze Patijn)이 대부분 복원한 것

┌
건축 어렵지 않아요
┘

[그림 II-48] Kiefhoek 주거단지(1928)_ JJP OUD, 로테르담

이지만 원형 그대로입니다. 이렇게 데 스틸이 20세기 들어 활발한 활동을 하는데 이들의 표현에도 몇 가지 공통점이 있습니다. 이 공통점의 배경에는 반 되스버그와 공통 설립자였던 피에트 몬드리안(Piet Mondrian)이 있습니다. 그는 20세기를 대표하는 화가이자 이론가로 20세기 추상미술의 대표 중 한 사람입니다. 그도 초기에는 다른 사람처럼 일반적인 인상파 그림을 그렸었습니다. 그러나 그의 마음속에는 영적인 그림을 그리고자 하는 욕구가 늘 있었습니다. 그러던 중 1911년 암스테르담의 큐비즘 현대미술 전시회에서 많은 영감을 얻고 큐비즘적인 그림으로 1차적으로 변화되고, 2차적으로 자신의 그림을 삼각형과 사각형이 담긴 둥근 형태로 변화하기 시작합니다.

이렇게 초기에는 입체파들처럼 자신의 그림들을 변화하기 시작하지만 뭔가 영적인 부분이 부족하다고 생각하던 중 파리를 방문하여 아방가르드를 만나면서 자신의 작품을 변화하기 시작합니다. 그러던 중 바트 반 데어 렉(Bart van der Leck)과 테오 반 되스버그(Theo van Doesburg)를 만나 자신의 이론을 정립시키는 계기가 되고 반 되스버그와 데 스틸을 설립하게 됩니다. 그러면서 그는 자신의 이론을 3가지로 정립하는데, 하나는 3원색(빨강, 파랑 그리고 노랑)과 기본색인 무채색(검정, 흰색 그리고 회색) 사용과 구성에 있어서는 두 가지 기본 틀(수평과 수직)로 형태를 제한하는 것으로 결정합니다. 그리고 3번째로 대칭성을 벗어나야 한다고 생각한 것입니다. 이는 순수한 예술의 표현에 그 목적을 둔 것입니다. 그러면서 자신의 원래 이름 Mondriaan에서 'a' 하나를 빼고 새롭게 출발합니다. 이것은 테오 반 되스버그도 마찬가지입니다. 원래 그의 이름은 테오 되스버그인데 그는 후에 'van'을 넣은 것입니다. 건축가 르코르뷔지에도 마찬가지입니다. 그의 원래 이름은 샤를르 에드와르 잔느레라는 화가였는데 파르테논 신전에 반한 그는 건축가로 나서면서 새로운 이름 르코르뷔지에를 자신의 외할아버지 이름에서 빌려와 건축계에서 활동하고, 미술계에서는 잔느레로 활동했습니다. 몬드리안의 그림은 계속적으로 변화하는 단계를 크게 3가지로 나누어 볼 수 있습니다.

1920년대의 그림[그림 II-49]들은 검정색 선이 얇아 마치 회색으로 가는 듯한 인상을 주며 그림의 마지막에 검정색 선들이 짧게 끝나는 특징을 보여주고 있습니다. 이는 전체 그림에서 이 그림이 일부라는 느낌을 주고 있는 것입니다. 위의 붉은 색

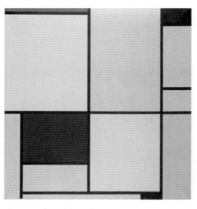

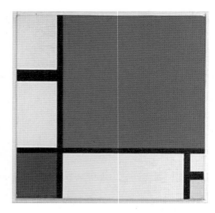

[그림 II-49] Tableau I(1921년)_ Mondriaan

[그림 II-50] composition red-blue-yellow(1930년)_ mondrian

이 일부만 보이게 하는 특징이 이를 더 강조하고 있는 것입니다. 특히 윗부분 검정색은 선이라기보다는 면으로 보여주고 있습니다. 바탕도 흰색만 있는 것이 아니고 회색계통도 보이고 있는 것이 특징입니다.

[그림 II-50]의 그림은 1930년대 초기 그림으로 가장 큰 차이는 그림의 테두리가 있다는 것입니다. [그림 II-49]의 그림보다 선의 개수는 적어졌지만 굵기가 더 굵어진 것을 볼 수 있습니다. 이는 선을 강조한 것으로 구성을 선에 더 역할을 부여했다는 것을 알 수 있습니다. 검정색 면은 사라진 반면 선을 2중으로 보일만큼 비중을 두었으며 앞의 그림보다 역동적인 성격으로 바뀌었다는 것을 알 수 있습니다.

[그림 II-51] Composition 10 (1939~1942년)_ Piet Mondriaan

[그림 II-49]의 그림은 공백을 차지하는 흰색과 회색이 많은 반면 [그림 II-50]의 그림에서는 원색이 더 압도적인 역할을 하게 하려는 의도였음을 알 수 있습니다. 특히 원색의 면적이 크게 차이 나게 그려 비례관계를 강조하면서 무게흐름을 두어 한 방향으로 시각적 움직임이 있게 한 것을 알 수 있습니다. 수직선은 두 개이고 수평선은 3개인 부분에서 이러한 성격이 더 잘 나타납니다.

일단 [그림 II-51]의 그림은 검은색 라인이

많아졌다는 것입니다. 이것이 앞의 그림보다 시각적인 복잡성을 보여주고 있습니다. 격자도 훨씬 복잡해졌으며 바탕이 더 강렬해지고 원색의 역할이 감소되었으며, 이전에 원색을 한 번씩 사용한 것에 비해 붉은 색과 노랑을 반복적으로 사용한 것을 보면 인터레이스기법(연결, 삽입 그리고 교차시키는 행위)을 사용하려는 의도를 알 수 있습니다. 이렇게 작품의 방향이 바뀌기는 하였지만 그가 말한 콘셉트는 유지하려는 의도가 분명히 보입니다. 그가 추구하는 영적인 콘셉트라는 것은 미니멀리즘에서 보여주는 "Less is More"와 일치하거나 다다이즘에서 말하는 고정관념 타파의 방법으로 추상적인 부분을 통하여 더 많은 것을 관찰자와 나누려는 그의 의도를 알 수 있습니다.

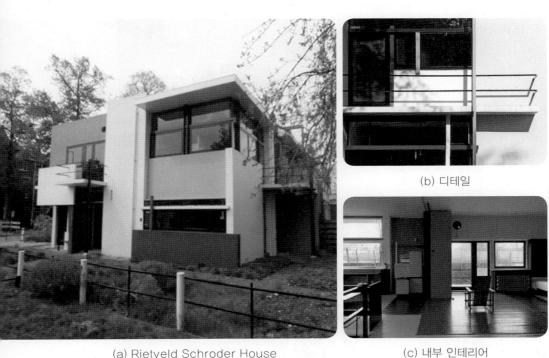

(a) Rietveld Schroder House

(b) 디테일

(c) 내부 인테리어

[그림 II-52] Rietveld Schröder House(1924)_Gerrit Rietveld

[그림 II-52]의 건축물은 1924년에 만든 네덜란드 유트레히트에 있는 슈뢰더 주택으로 데 스틸 디자인을 적용한 건축물, 디테일 그리고 내부 인테리어입니다. 다른 건축물들은 외형적인 형태를 양식적으로 적용한 반면 데 스틸은 형태보다는 미술적

성격이 강하여 표면적인 적용이 더 강합니다. 이는 데 스틸이 갖고 있는 미술적인 성격에서 나오는 것으로 이것이 3차원적인 형태로 구성된 건축물에 적용하는 것이 아이러니하기도 하지만 반면 어느 건축물에도 적용할 수 있는 가능성 또한 갖고 있는 장점도 있습니다. 이러한 가능성 때문에 지금도 데 스틸은 다양한 시도를 여러 부분에서 시도하는데 예를 들면 아래 그림들이 그 예입니다.

(a) 몬드리안 인테리어

(c) 몬드리안 상자

(b) 몬드리안 의상

(d) 몬드리안 운동화

[그림 II-53] 데 스틸의 다양한 시도

2-8 표현주의(Expressionismus)

산업혁명은 인간의 삶의 질을 변화시키는 중요한 역할을 했습니다. 이로 인하여 의식 또한 변화를 갖고 왔습니다. 지배층이 피지배층을 다루는 방법 중 하나가 충분하지 않은 제공을 지속하여 자신들을 의지하게 하는 것이었습니다. 산업혁명 이전까지 피지배층은 이러한 상황 속에서 진행해오다 물질의 공급은 이전보다 좋아졌습니다. 물론 모든 계층이 산업혁명의 혜택을 본 것은 아닙니다. 대부분의 서민층이 농업의 위치에서 산업현장에 노동력 공급을 위한 위치로 변경되었을 뿐 생활이 좋아진 것은 아닙니다. 그러나 과거에는 사회구조가 귀족과 평민이라는 고정된 형태였는데 산업혁명 이후 자본가와 노동자라는 변화를 꾀할 수 있는 새로운 구조로 바뀐 것입니다. 대량생산의 혜택이 대부분 자본가에게 돌아갔지만 과거보다 물질적인 공급은 확실히 효과가 있었습니다.

이렇게 물질적인 욕구가 사람들 간의 관계에서 사물로 점차 확대해가고 그에 대한 욕심은 점차 증가하고 있었습니다. 풍부하지 못한 서민층이 이런 상황인데 물질 선택의 기회가 있는 기득권에게 물욕은 더욱 증가했을 것입니다. 이렇게 물질에 대한 욕구가 해소되면서 사고에 대한 발달도 과거보단 더 다양해지고 계몽주의에서 낭만주의로 그리고 니체의 개인주의로 이동하고 있었습니다. 과거에는 종교에 의존하고 그 다음에는 물질에 대한 의존도가 증가하지만 아직 종교나 집단의 사회적 역할을 무시할 수는 없었습니다. 예술에서도 인상파와 같이 그 본질보다는 외형적인 아름다움에 반응하는 것에 대하여 변화가 오고 있었는데 이는 곧 그 개체의 본질에 치중하는 것이었습니다.

여기에는 관찰자의 대상에 대한 표현의 자유에 중점을 두고 그 대상이 갖고 있는 내면에 초점을 맞추어 보려는 것이었습니다. 1차 대전이 끝나고 유럽은 많은 변화가 찾아 왔습니다. 그것은 본질에 대한 방황입니다. 자신이 보고 믿고 따랐던 것이 실체가 아닐 수도 있다는 의심이었습니다. 이때 이러한 상황을 잘 표현한 것이 바로 다다이즘입니다. 그런데 이 다다이즘이 일어나기 직전 이미 이러한 분위기를 조성한 운동이 있었는데 바로 표현주의입니다. 당시 엘리트들이 갖고 있던 군국주의에 대한 실망과 정신적인 혼란이 있던 시기에 기독교와 군국주의에 부정적인 반응으로 호응을 얻지 못하던 니체의 철학이 그 틈을 메우고 있었습니다.

"고귀한 영혼은 자기 자신에 대한 경외심을 품고 있다."「선악의 저편」이라는 책의 내용이 메아리가 되어 유럽인들을 흔들었고, 아래와 같은 개인을 향한 니체의 명언들이 새로운 사고를 만들어 가고 있었습니다.

1. 너는 안이하게 살고자 하는가? 그렇다면 항상 군중 속에 머물러 있으라. 그리고 군중 속에 섞여 너 자신을 잃어버려라.
2. 나를 죽이지 않는 것은 나를 강하게 만든다.
3. 옛사람들이 신을 위해서 행했던 것을 요즘 사람들은 돈을 위해서 행한다.
4. 실제의 세상은 상상의 세상보다 훨씬 작다.
5. 애초에 얻고 싶은 바가 명확하지 않았던 자들에게는 잃을 것도 명확하지 않다.
6. 내게 있어서 무신론이란 증명이 불필요한 즉각적인 사실이다.
7. 고통을 통해 정신이 성장하고 새 힘을 얻게 된다.
8. 신은 죽었다. 신은 죽어있다. 우리가 신을 죽여 버렸다.

산업혁명 이전부터 부르주아가 있어 왔지만 프랑스의 시민혁명 이후 기득권이 물러난 자리에 이들의 입지가 사회적으로 커지면서 인간 내면의 문제를 다르기 시작했습니다. 니체는 상인의 가치평가를 긍정적으로 평가하지 않았습니다. 니체에 따르면 상인이란 수요에 따라 가치를 평가하는 자이고, 그 스스로가 사물 속으로 가치를 불어넣지는 못한다고 생각한 것입니다. 이는 예술적이거나 창조적인 태도가 아니라고 본 것입니다. 그래서 더 창조적이고 예술적인 것은 관찰자의 생각을 담는 것이라고 본 것입니다. 표현주의 보는 사물을 실질적으로 표현하는 것이 아니고 관찰자의 의도를 담아 색채, 구도를 변경하고 대상을 과장하거나 생략하는 등 의도적인 개인의 의견을 반영하는 것이라고 본 것입니다. 그러나 여기에는 인간적이고 심리적인 상황이 밑바탕에 있어야 하는 것입니다.

약간 다른 차원이기는 하지만 니체는 프로이센 국적을 버리고 마지막까지 국적을 갖지 않은 것으로 유명합니다. 이는 개인을 어디에도 묶어두지 않는다는 의미도 있지만 개인의 존재를 부각시키는 뜻으로도 볼 수 있습니다. 그만큼 개인의 생각이 중요하다는 것인데 이를 끝까지 파고들어 가면 개인의 느낌을 존중하자는 의미도 있습니다. 이는 일관된 자연의 습성을 따르지 않고 상황에 따라 변화되는 개인의 심적 상황을 표현하는데 중점이 있는 것입니다. 이러한 운동이 유럽 지역에 간간히 일어났지만 특히 독일의 뮌헨과 드레스덴에서 주축이 되어 활성화되면서 표현주의를 부를 때 독일의 표현주의라고 말하기도 합니다. 이 운동에 영향을 준 그림이 바로 노르웨이 화가 에드바르 뭉크(Edvard Munch, 1863~1944)의 자연의 외침(Der Schrei der Natur)입니다.

[그림 II-54] 자연의 절규_ 뭉크

> "친구 둘과 함께 길을 걸어가고 있었다. 해질녘이었고 나는 약간의 우울함을 느꼈다. 그때 갑자기 하늘이 핏빛으로 물들기 시작했다. 그 자리에 멈춰선 나는 죽을 것만 같은 피로감으로 난간에 기댔다. 그리고 핏빛하늘에 걸친 불타는 듯한 구름과 암청색 도시와 피오르드에 걸린 칼을 보았다. 내 친구들은 계속 걸어갔고, 나는 그 자리에 서서 두려움으로 떨고 있었다. 그때 자연을 관통하는 그치지 않는 커다란 비명 소리를 들었다."
>
> ― 뭉크가 1892년 1월에 남긴 글)

[그림 II-54]의 그림을 살펴보면 그의 그림의 특징 중 하나인 정면 응시입니다. 이는 표정을 통하여 무엇인가 호소하는 듯한 인상을 강렬하게 보여주는 것으로 애절함을 나타내고 있습니다. 또한 그림에서 무엇을 그렸는지 대상의 형체는 있으나 자연적인 모습이 아니고 그의 심리적인 상태를 표현하여 구부러지고 뒤틀린 형태를 갖고 있고 강력한 직선으로 경직성을 보여주고 있습니다. 색 또한 다양하지 않은 단순한 색과 반복적인 색을 사용한 것을 알 수 있습니다. 특히 얼굴의 일그러짐은 심리 상태를 강렬하게 보여주는 것으로 단순하고 가장 기본적인 요소를 사용하거나 강하게 과장하는 것이 뭉크뿐 아니라 표현주의 미술에서 볼 수 있는 표현입니다. 이는 개인의 감정을 더 중요시하는 작업의 방법을 나타낸 것으로 추상미술의 암시를 나타내며, 과거 예술의 표현이 객관적인 내용이라면 표현주의는 주관적인 내용을 담은 것이 의미가 있다고 할 수 있습니다. 이러한 표현이 사실 표현주의에서만 나타

나는 것은 아닙니다. 어느 시대나 기존의 틀과 방향을 벗어나는 작업이 등장했었습니다. 예를 들어 중세의 고딕은 그 이전의 표현 방법에서 벗어난 방법으로 이는 획기적인 표현 방법으로서 고딕(흉측하다 또는 혐오스럽다)이라는 이름을 얻게 된 것입니다.

독일 표현주의는 3가지 작업 방법으로 나뉘는데, 첫째는 1905년 드레스덴에서 결성된 '브뤼케(Bruecke, 다리파)' 그룹으로 키르히너, 헤켈, 슈미트 로틀루프 외에 놀데, 페히슈타인이 이에 속하고, 둘째는 1910년 베를린에서 바르덴이 창간한 예술잡지『슈투름』및 같은 이름의 화랑에 의하여 만들어진 '슈투름 그룹'이 있으며, 셋째로는 칸딘스키, 마르크를 중심으로 1911년 뮌헨의 신예술가동맹으로부터 갈라져 나와 결성한 청기사 그룹이다. 구성원으로는 이 밖에도 클레, 야우렌스키, 마르케, 쿠핀, 뮌터 등이 이 그룹에 속해있었습니다.

이 외에 프랑스의 야수파가 있는데 이들이 작업 방법이 기존의 표현과 많이 달라 이러한 이름을 붙였는데 단순한 형태와 원색으로 평면적 화면을 표현한 마티스, 두터운 마티엘을 사용한 블라맹크와 루오 등이 이 그룹에 속한다고 할 수 있습니다. 이들이 바로 시대적인 방법과의 차이에서 주는 충격으로 나타나며 근세에는 매너리즘이 바로 그 시대의 반항아처럼 인식된 것입니다. 이들도 기존의 틀과 구조를 파괴했으며 과장되고 비례파괴를 보이는 기형학적인 표현을 사용하였습니다. 이러한 예술의 사춘기적인 반항이 건축에도 적용되었는데 건축은 3차원적인 성격을 갖고 있기에 표현 방법이 미술과는 차이를 보이고 있다. 건축에서 나타내는 표현주의의 요소는 아래 4가지로 축약할 수 있습니다.

1. 고딕건축과 같은 수직적 형태: 수직은 방향성이 있고 중세 말에 나타난 형태로 인간의 정신을 정화한다는 의미를 갖고 있기도 합니다.
2. 결정체: 예를 들어 석탄이나 다이아몬드와 같은 구조체를 나타내며 이는 무형을 유형으로 표현한 것이며 섬세한 마음의 표현이기도 합니다.
3. 조소적 형태: 형태에는 크게 3가지로 구분할 수 있는데 골격적 형태(사다리처럼 골격이 들어난 형태로 파리의 퐁피두 건물처럼 구조가 그대로 보이는 형태), 평면적 형태(전체 형태에 평면이 강조된 것으로 미스 반 데에 로에의 바르셀로나 파빌리온 같은 건물) 그리고 조소적 형태(건축물의 하나의 조형물처럼 일정한 이미지를 갖고 있는 형태로,

멘델스존의 아인슈타인 탑과 같은 건물)로 마음이 보이지는 않지만 존재의 의미를 나타내기 위하여 일정한 형태로 표현하기도 합니다.

4. 조적조: 건축물의 재료로 벽돌처럼 쌓아 올리는 조적조 재료를 일반적으로 사용합니다. 이는 인간이 만든 재료이기도 하고 대지와 관계가 있습니다.

(a) 칠리하우스(1922~1924)_
후거, 프리츠, 함부륵, 독일

(b) 아인슈타인 타워(1922)_
멘델스존, 포츠담

(c) 나발 기념탑(1936)_
쿠스타프 에렌말, 라보에

(d) 크로스 교회_
파울루스, 베를린, 독일

(e) 헥스트 염색공장(1920~1924)_피터 베렌스, Ffm, 독일

[그림 Ⅱ-55] 건축의 표현주의 형태

위의 건축물들의 공통점은 앞에서 언급한 건축의 표현주의 4가지 특징들을 알아 볼 수 있습니다. 바로 위의 [그림 Ⅱ-55] (e)는 피터 베렌스의 헥스트 공장으로서 천장의 형태를 결정체로 만든 것을 볼 수 있습니다. 건축에서 표현주의 형태가 의미하는 것은 일반적으로 건축의 공간을 기능에 맞추어 설계를 했던 반면 인간의 내면을 형태에 담으려 했다는 것입니다. 이는 형태 시도에 대한 새로운 발걸음을 하나 더 내딛는 시도로 현대 건축의 형태에 대한 시작입니다. 이전의 고정된 건축물 형태를 추상적으로 다양하게 시도할 수 있음을 나타내는 것입니다.

2-9 Art & Deco

아돌프 루스는 장식을 범죄와 동일시 했습니다. 그는 장식은 범죄라는 생각에 "장식과 죄악"이라는 내용의 논문을 발표하고 이를 증명하기 위하여 1910년에 최초로 철근 콘크리트로 된 주택을 무장식의 구조로 선보였습니다. 장식과 구조의 구분은 곧 안전과 관계가 있습니다. 이는 르네상스 건축가 알버티의 이론으로 떼어내면 안전에 영향을 주는 것을 구조라 하고 안전에 아무 영향을 주지 않는 것을 장식으로 봅니다.

근대정신 중 하나가 바로 탈과거로
서 그 기준을 장식으로 본 것입니다.
즉 장식을 건축물에 적용하는 것은 곧
과거와 연결시킨 것으로 근대정신에
어긋나게 보았습니다. 그래서 루스는
장식의 사용을 반 근대적인 정신으로
본 것입니다. 산업혁명과 시민혁명 이
후를 시대적으로 근대로 보기도 하지

[그림 II-56] Steiner house(1910년)_
Adolf Loos, Viena, Austria

만 사실 초기의 근대 건축은 장식적인 표현이 많이 등장했습니다. 이는 과도기적인
표현으로 순식간에 장식을 배제하고 건축물의 형태를 표현한다는 것이 무리였습니다.
그래서 입체파나 아방가르드를 현대건축의 시초라고 보는 이유 중의 하나가 바로 장
식이 배제되고 기능적인 공간으로 작업 콘셉트가 이동하기 시작했기 때문입니다.

근대 초기에는 형태주의와 기능주의의 대립이었습니다. 즉 이전에는 형태주의가
주였고 아방가르드 등장 이전에는 두 개가 병행하던 시기였으며 그 이후는 기능주
의가 주를 이룬 것입니다. 그래서 아직도 형태주의가 만연한 파리가 니체는 싫었기
대문에 파리를 불태워버리고 싶다고 표현했으며 이에 동조한 르코르뷔지에는 기능
주의의 선두주자로 앞장 선 것입니다. 그래서 포스트모더니즘의 이론가 찰스 젱스
는 르코르뷔지에를 특히 싫어했습니다. 과거 건축물에서 장식의 대표적인 것이 바로
벽체구조에 있는 기둥과 공간에서 면적을 많이 차지하는 바로크식 계단이었습니다.
이러한 장식 요소뿐 아니라 바로크에 들어서 장식이 주를 이루고 로코코에서는 이
장식들이 더 디테일해지는 경향이 보이면서 근대 건축가들은 이 장식을 과거의 산
물로 보았던 것입니다. 아돌프 루스는 장식에서 벗어나지 못하는 과거의 건축가들
을 비웃기라도 하듯 루스 빌딩을 통하여 구조의 과감한 시도를 보여 주었으며 특히
철근 콘크리트로 구조의 연립주택을 선보여 무장식 건축물이 기능에 전혀 문제없음
을 알리려 노력했던 것입니다. 그러나 장식을 예술적인 한 부분으로 보는 예술가들
은 무장식의 표현을 질 낮은 제품으로 간주하였기 때문에 예술과 기술을 접목시키
는 Art & Craft 운동이 일어나기도 했습니다.

독일은 반 데 벨데와 무테지우스의 논쟁 끝에 산업제품의 규격화를 통하여 질을

높이는 방법을 강구하였으며, 지금도 이러한 시스템이 독일의 산업구조를 이루고 있는 것입니다. Art & Craft의 출발은 사실 아트와 데코로 나누어 생각해야 합니다. 이전의 바로크처럼 거대하게 출발한 것이 아니고 시각예술 차원으로 등장했는데 미술과 같은 2차원적인 부분에서는 크게 나타나지 않고 건축물이나 가구 등에서 등장했습니다. 루이 14세 또는 루이 16세 시대의 나타났던 디자인이 가구 등에서 나타났으며 건축물에서는 그 건축물을 위한 홍보 차원에서 등장한 것입니다. 그래서 이 스타일은 1차 대전 이후 프랑스에서 처음 시작합니다. 특히 건축물에서는 철근 콘크리트의 등장으로 과거처럼 각 부분을 조적식으로 분리해 쌓으면서 만들던 것과는 다르게 일체식으로 구조체가 만들어지면서 금속을 사용하거나 부조처럼 일부분을 장식하는 전체에 종속된 수준으로 나타났던 것입니다. 그런데 이것이 시간이 지남에 따라 데코 스타일이 점차 화려하고 독립적인 개체로 발달하기 시작한 것입니다.

이렇게 발달된 이 양식은 성격이 다른 2개의 협회가 만들어 집니다. 하나는 전통적인 장식을 추구하는 장식 예술가 협회기 1925년도에 창립됩니다. 가구 디자이너 Emile-Jacques Ruhlmann, Jean Dunard, 조각가 Antoine Bourdelle 및 디자이너 Paul Poiret가 이 협회에 포함되어 있습니다. 그들은 현대적인 형태에 전통적이며 복잡하고 값비싼 재료를 결합했습니다. 그러나 이에 반해 사회의 흐름이 과거를 거부하고 새로운 기술의 발전을 추가하고, 단순하고, 장식적이지 않으며, 저렴한 재료 및 대량 생산을 기반으로 한 스타일을 원하고 있었었습니다. 그래서 전통주의자들과 대립한 모더니스트들이 4년 후 1929년에 현대 예술가 협회를 창립합니다. 그 멤버로는 건축가 인 피에르 샤레, 프란시스 조르다인, 로버트 말렛 스티븐스, 르 코르뷔지에가 이 협회에 속해 있습니다. 아일랜드 디자이너 Eileen Gray, 프랑스 디자이너 Sonia Delaunay, 보석상 Jean Fouquet 및 또한 여기에 속해 있습니다. 그들은 부유층을 위해서만 만들어진 전통적인 아르 데코 양식을 맹렬히 공격했으며, 잘 건축 된 건물은 사람들이 이용하는 데 수월해야 한다고 주장했으며, 그러기 위해서 장식적인 형태보다는 기능을 따라야 한다고 주장했습니다.

물건이나 건물의 아름다움은 그 기능을 수행하기에 완벽함에 맞는지 그 기준 여부에 있다고 주장한 것입니다. 특히 현대의 산업 방법에 가구와 건물이 손으로 만들어져 값비싸져 대중이 사용할 수 없으면 안 되고 대량 생산에 의한 저렴한 비용을 창출함에 있음을 의미한다고 했습니다. Art & Deco 옹호자인 디자이너 Paul Fol-lot "사람이 살아가는 데 반드시 필요한 것만 있어야 하는 것은 아니다. 여기에는 부수적인 것들도 필요하다. 그렇지 않다면 꽃, 음악, 향수 등이 삶 속에서 필요한 이유가 없다."라고 기능주의만을 주장하는 모더니스트들에 반박하였습니다. 그러나 근대 건축술 보급에 앞장 선 르코르뷔지에는 집을 '삶을 위한 기계'라고 칭하면서 기계는 조금만 이상이 있어도 불량품을 생산할 수 있음을 알리고, 아르 데코는 과거 의 산물이며 모더니즘이 미래라고 주장하였습니다. 그의 주장은 점차 확대되어 교 육에도 반영이 되고 아르 데코를 감소시키는 데 작용했습니다. 특히 독일이 제품을 규격화하여 제품을 대량생산하면서 가격을 낮추자 아르 데코적인 디자인으로 시작 한 프랑스는 수출에 막대한 타격을 입고 아르 데코가 주춤하는 일이 벌어지기도 했 습니다. 모더니스트 들의 아르 데코에 대한 공격도 멈추지 않았는데 특히 1925 년 박람회에서 건축가 르코르뷔지에(Le Corbusier)는 '1925 Expo : Arts Déco'란 제 목으로 『L'Esprit Nouveau』라는 잡지에 대한 전시회에 대한 기사를 집필하였는데 이 책은 박람회에 출품된 다채롭고 호화로운 물건의 과도한 장식에 대한 강렬한 공 격이 주 내용이었습니다. 그리고 가구와 같이 실용적인 물건에는 장식이 필요 없다 는 생각이 그가 내린 결론으로 '장식이 없는 것이 곧 현대의 장식이다'라는 것입니다.

아르 데코가 프랑스에서 시작 됐지만 1차 대전에 세계역사에 등 장한 미국은 역사 만들기에 정성 을 쏟으면서 모던의 기능주의보다 는 역사적인 이미지를 갖고 있는 아르 데코가 더 적절하다고 생각 하여 오히려 미국에서 활성화되기 시작했습니다. 그러나 1929년 대 공황이 오면서 모던을 추구하는

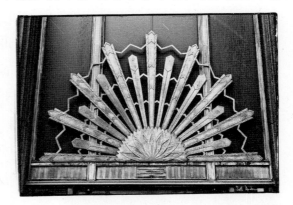

[그림 II-57] 위스콘신 가스 빌딩(1930)에서 일출 모티브

현대 예술가 협회의 주장이 더 강렬해지고 아르 데코는 점차 확장되지 못하면서 가 구 회사들의 경우는 개인을 위한 제품 생산보다는 시리즈 같은 기획물로 돌아서기 시작합니다. Art Deco 기간의 대부분의 조각품은 이름에서 알 수 있듯이 순전히 장

식적인 것이었습니다. 전시용으로 디자인 된 것이 아니라 오피스 빌딩, 정부 청사, 공공 광장 및 사적 용도를 장식하기 위한 것입니다. 대개 건물의 목적과 관련된 영웅적 또는 우화적인 인물이 거의 대표적이었습니다. 주제는 건축주나 후원자에 의해 선택되는 것이 일반적인 상황이었고 건물의 정면이나 특히 현관에 부착되었습니다. 사실 아르 데코는 신고전주의와 아르누보가 끝나면서 나타난 후속물이었기 때문에 고전을 답습할 수밖에 없었고 장식을 위하여 세계 각지에서 수집된 근대 이전 미술을 비롯하여 루브르 박물관(Musée du Louvre), 로망 박물관(Musée de l' Homme) 및 프랑스 국립 예술원(Afrique et d' Océanie)에 전시되면서 장식적인 부분을 영향을 많이 주었습니다. 물론 이곳에 전시되기 이전부터 폼페이(Pompeii), 트로이(Troy)의 발굴과 18세기 파라오 투탕카멘(Pharaoh Tutankhamun)의 무덤으로 인해 고고학에 인기가 있었습니다. 그래서 전통장식을 추구하는 예술가와 디자이너는 고대 이집트, 메소포타미아, 그리스, 로마, 아시아, 메소 아메리카 및 오세아니아 요소를 모티프로 통합하여 만들었습니다. 그리고 아르누보의 후속 조치로 등장한 것이기에 곡선이 아르 데코 곳곳에 담겨 있습니다. 아트 데코 기간 중 특히 1930년대에는 장식의 모티프가 건물의 기능을 나타냈습니다. 극장은 음악, 춤, 흥분을 묘사한 조각품으로 장식되었습니다. 전력 회사들은 해돋이를 나타냈고, 크라이슬러 빌딩은

[그림 II-58] Art Deco vase_
EmileLenoble

양식화된 장식품을 보여주었습니다. 1931년 파리 식민지 박람회의 Palais de la Porte Dorée의 프리즈(friezes)는 프랑스가 갖고 있는 다양한 국적 식민지의 이미지를 보여주었습니다. 1930년대의 WPA(사업추진청, Aorks Progress Administration) 벽화는 공장 노동자, 우편 노동자, 가족, 농부 등이 포함된 일반인을 대상으로 했습니다. 프랑스에만 이런 스타일이 있는 것이 아니라 식민지에도 많은데, 예를 들어 아프리카의 아르 데코 건물은 대부분 유럽 식민통치 기간에 지어졌으며 종

종 이탈리아와 프랑스 건축가가 디자인했습니다. [그림 II-58]의 그림은 꽃병(1937년)인데 에밀 레노블 (Emile Lenoble, 파리 장식 미술관 Museum of Decorative Arts)이 전통적인 아프리카 조각 나무 조각의 모티프에서 영감을 얻어 만든 것입니다.

아르 데코장식의 변화는 몇 가지 단계를 거쳤습니다. 1910년에서 1920년 사이 아르누보가 막바지에 다다르면서 디자인 스타일이 특히 장식 예술 분야의 프랑스 일러스트레이터이자 디자이너인 폴 아이리브(Paul Iribe, 1883~1935년)의 작업 스타일이 주를 이루다 점차 전통에서 디자인 소스를 갖고 오는 방향으로 바뀌기 시작했습니다. 또한 1912년 초 André Vera는 잡지 『L'Art Décoratif』에 장인 정신과 재료에 대한 서술을 하면서 자연에서 가져온 형태의 새로운 소재, 특히 과일과 꽃바구니와 화환을 사용하자는 내용의 에세이를 출간합니다.

(a) Paris 1908년의 Paul Iribe   (b) Paris 1908년의 Paul Iribe

[그림 II-59] 패션 드로잉_ Paul Poiret,

1910년부터 1920년까지의 아르 데코의 두 번째 경향은 포브스(Fauves)라고 알려진 예술적 운동의 밝은 색상과 다채로운 발레 슈즈(Ballets Russes)의 세트에 영감을 받았습니다. 이 스타일은 종종 상어 가죽, 진주 모, 상아, 착색 된 가죽, 옻칠을 하고 칠한 목재 및 그 기하학을 강조한 가구의 장식용 상감과 같은 이국적인 소재로 표현되었습니다. 스타일의 이 기간은 장식 예술의 1925 파리 박람회에서 자사의 높은 지점에 도달했습니다.

(a) Paul Follot ca(1925)　　　　　(b) 초기 아르데코 의자(1915)_ 시르카

[그림 II-60] Art Deco chair

[그림 II-61] 아르데코 디자인 콘솔(1925년)

1920년대 후반과 1930년대에, 새로운 재료와 기술에 영감을 받아 장식 스타일이 바뀌었습니다. 더 매끄럽고 장식이 덜되었습니다. 건축과 같은 가구는 모서리가 둥글고 모던한 스타일을 그대로 유지하면서 세련되고 유선형으로 변하기 시작했습니다. 크롬 도금 강철, 알루미늄 및 베이크라이트(초기 형태의 플라스틱)와 같은 새로운 재료가 가구 및 장식품에 등장하기 시작했습니다.

1930년대에 아르 데코는 영국의 집 디자인과 다양한 공공건물의 디자인에 눈에 띄는 영향을 미쳤습니다. 평평한 지붕으로 올라가는 직선, 흰색으로 장식된 주택 정면, 급격하게 기하학적인 문 주위와 높은 창뿐만 아니라 볼록한 곡선의 금속 코너 창은 그 기간의 모든 특징이었습니다.

(a)

(b)

[그림 II-62] Art deco house(1930년)

[그림 II-63] Christ the redeemer(1931)_

Paul Landowski.

가장 잘 알려진 가장 큰 아트 데코 조각 중 하나는 1922년과 1931년 사이에 완성된 브라질의 리오 데 자네이루가 내려다보이는 산 정상에 있는 프랑스 조각가인 폴 랜도스키(Paul Landowski)가 만든 그리스도 구속자 조형물입니다.

새로운 스타일로 파리에 지어진 마지막 건물은 1937년 오귀스트 페레(Auguste Perret: 현재 프랑스 경제·사회·환경회의)의 공공 작품 박물관과 루이-히 폴리 테크 보일로, Jacques Carlu 및 Léon Azéma의 Palais de Chaillot, 그리고 Palais 1937년 파리 국제 박람회

(a) Palais len 전면

(b) Palais len 내부

[그림 II-64] 렌 파빌리온(1937)_ 오귀스트 페레, 파리

의 도쿄; 그들은 알버트 스피어(Albert Speer)가 디자인한 나치 독일 (Nazi Germany)의 웅장한 파빌리온을 바라보았습니다. 알버트 스피어(Albert Speer)는 스탈린 소련의 똑같이 웅장한 사회주의적 현실주의자 파빌리온에 직면했습니다.

유럽이 국제양식이 등장하고 아르 데코가 점차 시들해 가는 성격을 보여주는 반면 미국은 오히려 아르 데코 건축물이 왕성하게 등장하여 도시를 채우고 있었습니다. 아르 데코 건축물은 가구나 인테리어 그리고 그림 같은 분야보다 그 특징이 뚜렷하여 이 양식의 건축물을 다른 양식과 구분하는 것이 오히려 쉬울 수도 있습니다.

(a) 크라이슬러 건물   (b) 크라이슬러 건물의
엘리베이터 문

[그림 II-65] 뉴욕 크라이슬러 빌딩(1927~1930년)_ 윌리엄 밴 Alen

[그림 II-65]의 건축물은 1930년도에 지어진 뉴욕의 크라이슬러 빌딩으로 아르 데코의 이미지를 잘 나타내고 있습니다. (a)의 사진을 보면 곧게 뻗은 수직선 형태에 상층부 모서리 곡선이 아르누보 후기에 영향을 받은 것을 알 수 있으며 장식적인 미이지가 아르 데코적인 형태임을 잘 보여주고 있으며, (b) 사진의 엘리베이터 문의 장식이 이국적인 것을 잘 보여주고 있습니다.

(a) General Electric Building의 Crown(1933년)　　　(b) 르 그랑 렉스(1932년), 파리

[그림 II-66] Crown

[그림 II-66]의 (a)는 제너럴 전기 본사 건축물로 건축물의 상부를 왕관 형태로 만든 것이 인상적이며, (b)는 파리에 있는 렉스 빌딩인데 상부의 이미지가 (a)와 유사함을 알 수 있습니다.

(a)　　　　　　　　　　　　　　　　(b)

(c)　　　　　　　　　　　(d)　　　　　　　　　　　(e)

(f) Mohawk Power Co 빌딩_ 시러큐스, 뉴욕　　(g) 철제 벽난로 스크린(1930)_Cleveland

[그림 II-67] Art & Deco

　　[그림 II-67]의 그림들의 공통적인 이미지를 보면 급하게 올라가는 직선과 철제 금속의 장식품들을 볼 수 있습니다. 이는 1930년대 이후 나타난 아르 데코의 특징으로 화려함을 극대화하려는 의도를 볼 수 있습니다. 이 이미지가 잘 등장하는 영화가 있는데 바로 배트맨입니다. 배트맨의 활동이 벌어지는 도시 이름이 고담시로서 이는 성경의 타락한 도시 소돔과 고모라에서 갖고 온 것입니다. 유럽은 Art & Deco가 근대가 시작한 후 1900년도에 등장한 것으로 장식에 대한 거부감이 있었음에도 진행이 되었지만 많은 질타를 받고 급기야 국제 양식에 밀려난 반면 미국은 오히려 1930년대 이후 활성화 되었는데 이는 역사 만들기가 그 바탕에 있기도 하였지

218

만 1차 대전을 통하여 세계 경제대국으로 급부상한 이유도 한몫을 한 것입니다. 유럽처럼 정통성 있는 건축물을 만들기에는 한계가 있었습니다. 그러나 아르 데코는 역사적인 이미지도 있었지만 부를 상징하는 디자인이 그 바탕에 있었기 때문에 미국의 대형 빌딩에 유난히 적용이 된 것입니다. 그러나 과거를 근대 건축가는 어두운 시기로 보았고 상업적인 이미지가 부정적으로 사고의 바탕이 될 수 도 있었기에 배트맨의 저자는 그 배경을 고담시라 이름지었고 배경을 아르 데코 이미지로 삼았는지도 모릅니다. 그래서 아르 데코 건축물이 모여 있는 뉴욕을 배경으로 삼았을 지도 모릅니다.

2차 세계 대전 후 아르 데코 디자인이 약해지면서 지배적인 건축 스타일은 르코르뷔지에(Le Corbusier)와 미스 반 데 로에(Mies Van der Rohe)가 개척한 국제 스타일이 점차 자리를 잡아가고 있었습니다. 소수의 아르 데코 호텔은 2차 세계대전 이후 마이애미 비치에 지어졌지만 다른 곳에서는 스타일이 크게 사라졌습니다.

[그림 Ⅱ-68] 크라이슬러 기류 세단형 자동차 (1934년)_ Design by Carl Breer

산업 디자인에서는 주크 박스와 같은 자동차 스타일링 및 제품에 계속해서 사용되었습니다. 1960년대에 베비리 힐리어(Bevis Hillier) 같은 건축 사학자들의 저서 덕분에 아르 데코가 이론적으로 정착하게 된 것입니다. 1970년대 미국과 유럽에서 아트 데코 건축물을 보존하기 위한 노력이 이루어졌으며 많은 건물이 복원되고 용도가 변경되었습니다. 포스트모던 아키텍처가 등장하면서 1980년대에 아르 데코도 등장하였지만 단순히 3차원적인 장식적 기능으로 사용이 됩니다. 현대에 와서는 아르 데코가 계속 디자이너에게 영감을 주며 현대 패션, 보석 및 세면 용품에 종종 사용됩니다.

3

CHAPTER

현대

근대와 현대라는 시기를 명확하게 구분하기는 어려웠습니다. 근대 이전은 산업혁명과 시민혁명을 통하여 건축에도 변화를 가져와 재료와 장식 그리고 기술의 변화속에서 양식을 벗어나 새로운 형태를 시도했고 특히 이전 시대에 없었던 기능을 요구하는 건축물이 등장하면서 근대의 새 바람이 불었지만 글라스고우파를 중심으로 형태와 개인적인 이미지가 등장하기는 하지만 아직도 과거의 양식에서 완전히 벗어나지는 못했기 때문에 근대의 초기도 완전히 새로운 건축 형태라고 보기도 어려웠지만 이전의 패트론 체제의 변화와 평면의 변화 그리고 건축구조의 변화가 이전과 다른 것은 사실이었습니다.

건축주의 요구에서 건축가의 개성과 이론에 입각한 형태들이 등장하지만 아직도 건축물에는 이전의 양식이 절충되어 등장하고 특히 대칭이라는 전체적인 형태의 범주는 아직도 실현되고 있어서 근대 초기는 양식적인 과도기였습니다. 그러나 입체파가 등장하고 절대주의 그리고 엘 리스츠키의 프로운 연작 등은 이전의 이미지와는 분명이 달랐고 근대초기의 이미지와도 차별이 나타나고 있었습니다. 이것은 새로운 시작을 알리는 신호탄이었지만 아트 데코의 등장은 근세에 신고전주의가 말미에 등장하여 과거로 되돌아가는 느낌을 주었습니다.

이에 반하여 근대의 건축가 중 아돌프 루소 같은 건축가는 장식에 대한 심한 거부감을 나타내는데 이는 곧 과거로부터 벗어나지 못한 건축을 꼬집는 것으로 아트 데코와 근대 건축은 마지막 싸움을 격하게 싸우게 됩니다. 이 시기만 해도 건축에 대한 전문적인 학교나 직업 훈련소가 등장하지 않은 단계였으나 1923년 6월 23일 이탈리아에서 법이 하나 통과되는데 유럽에서 건축가도 법으로 보호받는 전문직으

(a) 글라스고우 　　　　　　　　　　(b) 부엌의 변화

[그림 Ⅱ-70] 새로운 주방기구 및 가구 디자인

　이러한 흐름에 따라 새로운 사회 형태와 주거 형태가 등장하는데 이 중 하나가 바로 부엌의 혁명이었습니다. 산업혁명이 일어나면서 농촌에 있던 사람들이 도시로 몰려들어 새로운 주택 계획이 필요해졌고, 포화 상태의 도시는 새로운 서민 주거 형태인 '아파트'라는 해결책을 내놓으며 부엌을 변화의 주 포인트로 삼게 되었습니다. 빠르게 움직이는 사회에 발맞춰 새로운 음식이 요구되었고, 이에 따라 새로운 주방기구 및 가구 디자인도 등장하게 되었습니다.

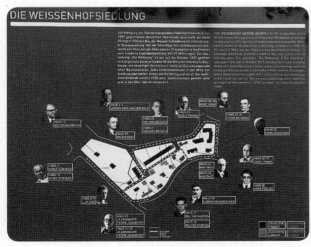

🔺 바이센호프 주택단지 모습

◀ Die Weissenhofsiedlung(1927년)

[그림 Ⅱ-71] 바이센호프 지들룽(Weissenhof siedlung)_ 독일공작연맹

프랑크푸르트 부엌

독일공작연맹이 슈투트가르트에 '바이센호프 지들룽(Weissenhof siedlung)'이라는 새로운 주거 형태를 선보이면서 부엌 또한 현대화가 시도됐고, 기차의 식당 칸에서 모티프를 가져오게 되었습니다. 요리에 대한 여성의 노동을 줄이고 동선을 효율적으로 하기 위해 근접 거리에 모든 것을 재배치했습니다. 그리고 기차에서 사용되는 음식 운반 수단을 부엌으로 끌어들였는데 이것이 그 유명한 '프랑크푸르트 부엌'의 시작이자 현재 부엌의 모태가 됩니다. 1926년 프랑크푸르트의 주거 단지 사업에 맞춰 오스트리아 최초의 여성 건축가 마가레테 쉬테-리호츠키가 설계를 하였습니다.

사실 여기에는 바우하우스 양식의 영향이 큽니다. 바우하우스는 규격화된 주거 공간에서 부엌이 어떤 기능과 형태를 갖추어야 하는지 연구했습니다. 어디서 먹고, 요리는 어디서 해야 하며, 잠은 어디에서 자야 하는지 등을 고려했는데, 여기에 결정적인 영향을 준 요소가 바로 음식과 요리였습니다. 거실과 부엌의 연결 관계를 고려해 부엌문을 슬라이딩 도어로 하고, 주거에

스토브(1927)_ 독일공작연맹

서 여성에게 변화가 요구되는 필수적인 공간으로 부엌에 초점을 맞춘 것입니다. 또한 비용이 높아지면 원래 목적과 달라질 수 있다는 우려 때문에 아파트를 시공할 때 부엌의 모든 가구를 붙박이로 해결하고 시공과 동시에 설치하였습니다. 여성이 부엌에서 시간을 절약하게 하여 가족과 보다 많은 시간을 갖게 하고, 최소한의 공간을 효율적으로 이용하도록 하기 위함이었습니다. 당시 주택의 변화와 함께 부엌이 달라지면서 모든 주방기구에 대한 현대화 바람이 일었고, 요리기구도 석탄에서 전기를 사용하도록 바뀌는 작업을 병행하게 되었습니다.

이러한 프로젝트는 생활의 전반적인 변화를 가져왔고, 주방의 동선 체계를 설정하여 그에 맞게 주방가구를 설치할 수 있게 했습니다. 또한 요리할 때 아이들을 쉽

프랑크푸르트 부엌은 현대 부엌의 효시가 되었다.

게 관찰할 수 있도록 유리문을 설치하고, 통풍을 고려한 발코니 등을 계획했습니다. 이것이 1927년 초기 현대식 요리를 위한 공간의 탄생입니다. 지금의 부엌 형태가 그 때와 많이 다르지 않은데, 이러한 부엌의 원조가 '프랑크푸르트 부엌'인 것입니다.

　건축가는 건축물을 설계하고 형태를 만드는 것이 전부라고 생각하는 사람들이 많지만, 사실은 그렇지 않습니다. 건축물은 고유의 기능을 갖는 공간입니다. 이 공간에 사용자가 들어와 머물면서 고유의 기능에 만족할 때 비로소 건축물이 완성되는 것입니다. 부엌은 요리만 하는 곳이 아니라 모든 공간에 활기를 불어넣는 곳입니다. 건강한 요리는 건강한 환경에서 나오게 됩니다. 마지막으로 르코르뷔지에가 한 말을 들어 보고자 합니다.

　　"가정에서 일하는 여성이 요리 외 새로운 삶을 기대한다는 것을 부정할 수는 없다. 그들은 더 이상 가족의 순교자가 아니다. 그들이 영혼 깊숙한 곳에서부터 '나는 행복해요', '정말 아름답네요'라고 말할 수 있게 하는 것이 바로 건축예술이다."

　이렇게 현대 건축은 건축물의 이미지뿐 아니라 생활 자체도 현대적으로 변화시키는 역할을 합니다. 왜냐하면 현대 건축의 이론 중에는 '형태는 기능을 따른다'라는 기능주의가 그 바탕에 있기 때문입니다. 당시 산업혁명의 영향은 실로 컸으며, 이를 사회에 적극적으로 사용하려는 운동이 한창이었는데 건축가 르코르뷔지에는 테일러주의(과학적 관리는 워크 플로우를 분석하고 종합하는 경영이론. 주요 목표는 경제 효율성, 특히 노동 생산성을 향상시키는 것. 그것은 프로세스공학과 경영에 과학을 적용하려는 초기 시도 중 하나입니다. 창업자 프레드릭 윈 슬로우 테일러(Frederick Winslow Taylor)의 이름에서 유래하여 과학 경영을 테일러주의(Taylorism)라고도 한다)와 포드주의(포드니스는 산업화되고 표준화된 대량 생산 및 대량 소비에서 근대 경제 및 사회 시스템의 기초입니다. 이 개념은 Henry Ford의 이름을 딴 것입니다. 그것은 20세기에 관한 생산, 노동 조건, 소비 및 관련 현상에 관한 사회, 경제 및 경영 이론에 사용됩니다)를 적극적으로 건축에도 받아들여 이를 적용하고자 했습니다. 그는 모든 사회 경제적 수준을 보다 높은 수준의 생활수준으로 창출하기 위해 현대 산업 기술과 전략을 지지한다는 내용을 L' Esprit Nouveau라는 저널에 기고했습니다. 그러면서 이를 선보이기 위하여 우선적으로 앞의 슈투트가르트의 바이센호프 주거단지를 조성한 것입니다.

이에 1932년 히치콕과 존슨은 국제양식이라는 단어를 처음 사용하면서 국제양식에 대한 홍보를 위하여 전시를 준비하는데 전시 카탈로그에 국제양식의 3가지 스타일 공간의 양(질량과 견고성에 반대 함), 규칙성 그리고 유연성이 있어야 함을 나타냅니다. 여기에 국제양식은 질량보다는 체적을 표현, 선적인 대칭보다는 균형을 강조, 장식품의 제거라는 세 가지 원칙을 추가합니다. 국제 스타일의 공통적인 특성에는 형태의 근본적인 단순화, 장식품의 거부, 유리, 강철 및 콘크리트 재료의 채택 선호가 포함됩니다. 또한 건물의 투명성, 건축(정직한 구조 표현), 산업화된 대량 생산 기술의 수용이 국제 스타일의 디자인 철학의 기여 등이 있습니다. 마지막으로 기계 미학과 건축 기능을 지원하기 위한 논리적인 설계 결정은 역사가를 넘어선 건축물을 만들기 위해 국제 건축가가 사용했습니다. 국제 스타일은 일반적으로 세 가지 구호로 요약됩니다. 장식은 범죄이며, 재료는 진실이고, 양식은 기능을 따릅니다. 그리고 르코르뷔지에(Le Corbusier)는 집에 대한 묘사를 '삶을 위한 기계'로 정의 내립니다.

1932년 국제양식 전시는 크게 성공하여 전 세계로 확산되며 이후 다른 스타일에 대한 표현이 점차 사라지는 경향마저 보이면서 과거 스타일은 소멸되어 가는 양상을 보이기 시작합니다. 그러나 1930년대에 바이마르(Weimar) 독일에서 나치 정권이 점차적으로 부상하고 나치가 현대 건축을 거부하자 전위 예술가였던 건축가, 대다수의 유태인들이 유럽 대륙을 떠나게 됩니다. 상당수의 유태인 건축가들이 팔레스타인과 소련 그리고 미국으로 가는 동안 멘델 손과 같은 일부 사람들은 영국에 자리를 잡게 됩니다. 그러나 전쟁 이후 미국이 반공산주의 정치 노선을 주장하고 필립 존슨의 기능주의 거부를 거부하면서 독일 슈트트가르트의 바이센호프 프로젝트 건축가를 비롯한 많은 건축가들이 소련으로 도피했었다는 사실을 숨기려 했던 일이 있었습니다. 처음에 소련이 기능주의와 국제양식에 훨씬 더 관심을 기울였기 때문에 Bruno Taut, Mart Stam, 바우 하우스의 Hannes Meyer, Ernst May 및 국제 스타일을 수행했던 중요한 인물들이 1930년 소련에서 거대하고 야심찬 이상주의 도시 계획을 수행하고자 했기 때문에 도시 전체를 건설하려고 했었습니다. 그러나 1936년 스탈린이 그들을 밖으로 내쫓았을 때 이 건축가 중 많은 사람들이 무국적자가 되어 다른 곳에 피난처를 찾아야 했었습니다. 예를 들어 Ernst May는 이 때문에 케냐에 자리를 잡게 된 것입니다.

국제 스타일의 디자인 특징 중 하나는 위치, 장소 및 기후에 무관하다는 것입니다. 즉 국제스타일 디자인은 어디서나 보편적으로 적용될 수 있는 것으로 인식되었습니다. 이 스타일은 지역 역사 또는 국가적 언어에 대한 반영을 하지 않는 객관적인 스타일로 발전되었던 것입니다. 이것이 반대로 국제양식 스타일의 약점 중 하나이기도 합니다. 2차 대전 이후 국제양식은 더욱 퍼져나가 특히 미국과 캐나다에서 더욱 두각을 나타내기도 했으며 유럽의 대부분 기업 건축물과 고층 건축물에 이 국제양식이 적용되었습니다. 그러나 점차 비평도 받게 되고 특히 라이트는 기계적이고 너무 기능적인 이 양식에 대하여 경고하기도 했습니다. 역사학자 로버트 콜리어 (Robert W. Collier)는 기존도시를 고려하지 않고 교통 및 토지의 영향을 반영하지 않으며 도시 계획을 잘 반영하지 못하는 양식이라고 비판하기도 했습니다. 그러나 이러한 비판에도 국제양식은 계속 전파되고 다음과 같은 특징을 정형적인 스타일을 갖게 됩니다.

1. 정사각형이나 직사각형의 선
2. 단순하게 3차원 돌출 사각형
3. 눈금처럼 수평으로 진행되는 창문
4. 모든 형태가 90도 정면

국제양식을 종합적으로 다시 살펴보면 직선 형태이고, 장식이 제거된 단순한 평면이고 그리고 내부가 개방된 모습이며 캔틸레버 구조를 사용하며 철근 콘크리트 구조에 유리와 강철을 사용한다는 것입니다. 국제양식을 위하여 많은 근대 건축가들이 등장하지만 대표적인 것이 미스 반 데 로에의 글라스 타워와 르코르뷔지에의 돔이노입니다. 미스의 글라스 타워는 이 전까지 있었던 건축의 구조를 바꾼 것으로 벽체구조에 한정되었던 하중의 흐름을 바꾸면서 벽의 자유로움을 시도한 것입니다. 벽의 자유로움은 곧 공간의 자유로움으로 이것이 바로 이전 건축과의 가장 큰 차이입니다. 아래의 그림을 보며 설명해 보겠습니다.

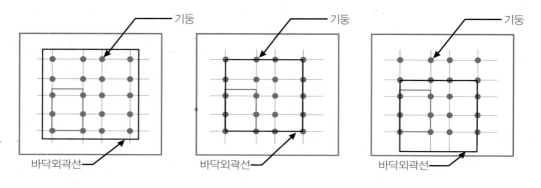

❶ 바닥외곽선이 기둥보다 더 외부로 돌출된 경우로 외부에서 기둥을 볼 수 없다.　❷ 바닥외곽선과 기둥의 라인이 일치하는 경우로 기둥이 외부에서 보인다.　❸ 드문 경우지만 바닥선이 기둥의 안으로 들어갔고 반대편은 바닥선이 돌출된 경우

위의 그림에서 벽체 구조는 일반적으로 바닥외곽선과 위치가 같은데 위의 그림에서는 3가지의 방법이 있습니다. 일단 기둥으로 하중을 전달하기에 벽이 갖고 있는 하중에 대한 부담이 없으므로 유리로 하여도 되는 것이 가능하게 되었습니다. 벽이라는 것의 의미는 시야가 더 이상 가지 못하는 곳을 벽이라고 정의합니다. 그러므로 이러한 건축물들은 하중을 기둥으로 하기에 벽을 유리로 만들 수 있고 유리벽은 시야를 통과시키므로 벽이 없는 건물입니다. 그러나 유리 벽 앞에 커튼을 치면 그 커튼이 벽이 됩니다. 그래서 유리로 된 건축물을 커튼 벽, 영어로 커튼 월(wall)이라고 부르는 것입니다. [그림 II-72]의 시그램 빌딩을 보면 전체가 유리로 덮여 있고 기

등구조로 되어있기 때문에 켄틸레버 형식으로 시작할 수밖에 없는 것입니다. 이 건물은 지상층을 살펴보면 바닥선과 기둥의 위치가 동일한 곳에 있으므로 앞의 그림에서 ②번에 해당하는 것입니다. 이렇게 미스의 건축물뿐 아니라 르코르뷔지에의 돔이노 시스템 또한 국제 양식에 큰 발자국을 남긴 것으로 그의 건축의 5원칙을 적용한 빌라 사보이에 잘 나타나고 있습니다.

[그림 II-72] Sesgram
Building(1958)_
Mies, New York

과거에 벽의 두께는 지금과 비교하면 아주 두꺼웠습니다. 로마 판테온 같은 경우는 거의 6미터에 가까울 정도였습니다. 이것이 고전 건축이 갖고 있는 구조의 한계였습니다. 그래서 더 다양한 건축 형태를 만드는 데 한계가 있었으며 고딕 외에는 고층 건축물을 만드는 데도 어려움이 있었던 것입니다. 벽이 두껍다 보니 창의 역할도 기능을 할 수 없었던 것입니다. 그래서 수직 형태를 시도한 고딕에서 컬러유리가 나오게 된 이유가 바로 벽 두께를 줄이면서 창이 본 기능을 하게 된 것입니다. 이러한 어려움이 고건축을 유지하게 된 원인 중 하나였는데, 르코르뷔지에는 하중에 대한 연구를 하고 벽체구조를 기둥으로 하중을 받는 골조구조로 변경하게 된 것입니다. 이것은 건축에 있어서 위대한 발명입니다. 이것이 현대 건축과 그 이전 건축의 가장 큰 차이를 보여주는 대목입니다.

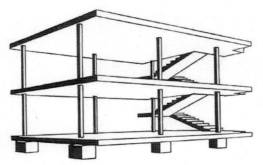

[그림 II-73] 돔이노 시스템_ 르코르뷔지에

지금 전 세계의 주택은 [그림 II-73]의 돔이노 시스템으로 짓는다고 생각하면 됩니다. 르코르뷔지에는 이 돔이노 시스템에 의한 혁신뿐 아니라 건축의 5원칙이라는 이론을 정리하여 발표하면서 박공지붕을 평지붕으로 바꾸는 혁신 또한 제시한 것입니다. 그의 5원칙을 살펴보면 1. 필로티 구조 2. 자유로운 평면 3. 자유로운 입면 4. 띠창 5. 옥상정원입니다.

1. 필로티 구조가 바로 골조구조로서 기둥으로 건축물에 하중의 흐름을 바꾸어 건축물이 빼앗은 대지를 다시 돌려놓는 자연주의를 보여준 것입니다.
2. 자유로운 평면은 각 층의 평면이 모두 다르게 할 수 있다는 것으로 기둥으로 하중을 받는 경우에 가능한 것으로 이는 골조구조의 혁신입니다.
3. 자유로운 입면은 건축물을 각 방향에서 바라보았을 때 모두 다른 입면을 갖게 디자인 한다는 뜻으로 디자인의 해방을 말하는 것입니다.
4. 띠 창은 이것도 골조구조에서 가능한 것으로 국제양식이 갖고 있는 점선처럼 창을 만드는 한계를 지적한 것으로 띠 창이 반드시 가운데 위치하지 않고 벽면에서 자유롭게 이동하여 예를 들면 모서리에 창이 놓일 수도 있고 돌출되거나 후퇴하는 형태도 가능함을 알려주는 것입니다.
5. 옥상정원은 구조적인 이유도 있지만 건축물이 빼앗은 자연을 다시 돌려주는 의미로 조감도에서 보았을 때 녹지의 흐름이 연속되는 장점을 갖고 있습니다. 그렇기에 옥상정원을 만들기 위해서는 평지붕을 만들어야 하는데 옥상정원을 만들지 않고 평지붕을 만든 것은 아주 잘못된 방법입니다.

이러한 5원칙을 잘 보여준 것이 바로 빌라 사보이입니다.

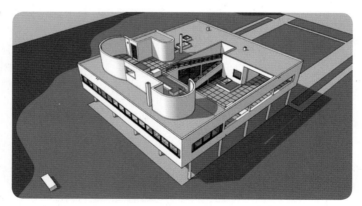

[그림 II-74] villa savoye(1931년)_ 르코르뷔지에, 프랑스

르코르뷔지에의 국제양식에 대한 노고는 실로 위대한 것이 맞습니다. 그의 작품이 고 건축에 강한 경고가 되었고, 고건축이 1970년까지 주춤하는 사례가 되어 그는 고건축을 추구하는 건축가들에게 강한 비평을 듣게 됩니다. 특히 니체의 파리를

불태워버리고 싶다는 것에 동의를 하면서 프랑스에서 주로 작품 활동을 했음에도 전 세계 그의 작품이 가장 적은 나라가 바로 프랑스입니다. 그러나 그의 국제양식에 대한 역할을 높인 것은 실로 위대한 것입니다. 그의 작품 못지않게 국제양식을 정착시키는 데 지대한 공을 세운 것이 바로 빌라 사보이 1년 전에 선보인 미스의 투겐하트 빌라입니다.

[그림 II-75] 투겐하트 빌라(1930년)_
미스, 체코

국제양식의 콘셉트에 들어 있는 방법대로 벽면에 색을 넣지 않고 벽면에 유리창과 벽, 다시 말해 보이드와 솔리드의 교차적인 이미지를 잘 나타내고 있으며 대칭을 피하고 장식을 배제하는 등 그들의 콘셉트를 그대로 보여준 형태입니다. 사실 [그림 II-72]의 시그램 빌딩에 앞서 그는 이전 건축에서 자유롭지 못한 사람들에게 [그림 II-76]의 건축물을 모델로 선보였습니다. 이는 글라스 타워로 국제양식의 표현 방법 중에 내부를 보여주는 건물의 투명성이라고 있었습니다. 이를 선보인 것으로 프로는 언행일치의 자세를 보여 준 좋은 예입니다. 그는 건축물의 공간이 자유롭지 못하다고 생각한 것입니다. 이

[그림 II-76] Glass Tower Ludwig(1920~1921년)_ 미스, 베를린

것이 고건축의 한 단면이라고 생각한 것입니다. 그래서 그는 평생을 공간의 자유를 위하여 설계를 했습니다. 그 좋은 예가 바로 바르셀로나 파빌리온입니다.

이 파빌리온의 위대함은 형태에 있는 것이 아니고 그 콘셉트에 있습니다. 아르 앤 데코가 성숙기에 있었던 1929년도에 많은 근대 건축가들이 국제주의와 장식에 대한 배타적인 입장을 취하고 있었을 때 미스는 그 이상, 즉 공간의 자유를 강력한 메시지로 전한 것입니다. 즉 몇 단계를 뛰어넘어 1900년도 중반뿐 아니라 지금까지도 우리가 풀어야 하는 미래 지향적인 공간의 미래를 보여준 것입니다. 여기에는 그의

[그림 Ⅱ-77] 바르셀로나 파빌리온(1929년)_ 미스 반 데 로에

암호가 담겨 있는데 사람들은 미니멀리즘을 나타내는 'Less is More'라고 말하기도 합니다. 그러나 그 이상의 것이 있는데 그것은 바로 고정관념으로부터 자유로워지는 것입니다.

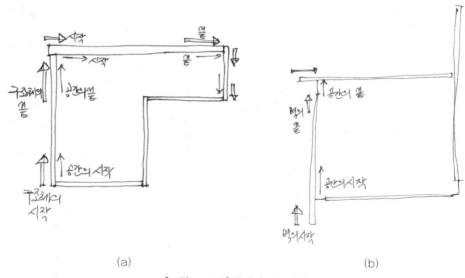

(a)   (b)

[그림 Ⅱ-78] 공간과 구조체의 관계

인식하고 있지는 못하지만 많은 건축가들이 공간의 시작과 구조체의 시작 또는 공간과 벽의 출발과 끝이 동일해야 한다고 무의식 속에 고정관념을 갖고 있는 것입니다. 미스는 이에 대한 의문을 던진 것입니다. 왜 그래야 하냐고. 즉 구조체 또는

벽의 존재와 공간의 존재를 분리하여 나타내고자 했던 것입니다. 이를 잘 보여준 것이 바로 위의 파빌리온입니다. 이 메시지를 완성시킨 것이 바로 필립 존슨의 글라스 하우스입니다.

[그림 II-79] Glass House(1949년)_ 필립존슨, 코네티컷 주, 미국

이 글라스 하우스는 역사 이래 모든 건축물의 콘셉트가 담겨져 있고 미래의 건축 콘셉트가 나아가야 할 해결책도 담겨져 있는 모든 것의 집합체로서 현재까지의 가장 완벽한 건축 형태입니다. 필립 존슨은 과거 양식을 담은 포스트모더니즘 또는 국제양식을 초월한 건축 형태를 설계했지만 국제양식에 있어서 중요한 역할을 한 것임에는 틀림없습니다. 국제양식이 자리를 잡는 데 중요한 역할을 하는데, 이에 대한 교육이 본격적으로 자리잡은 것도 중요한 이유입니다. 예를 들어 독일 데사우의 바우하우스 같은 경우는 새로운 양식에는 새로운 건축교육의 필요성을 인지하고 교육을 적극적으로 펼친 것입니다.

바우하우스의 역사는 1919년부터 1933년까지 이어지다 이후 독일 나치의 압력으로 폐쇄되었습니다. 초기 바우하우스는 독일이 늦게 산업혁명에 뛰어들면서 무테지우스와 반 데 벨데의 논쟁이 발단이 되어 1919년 반 데 벨데가 바이마르에서 시작하였습니다. 초기에는 바우하우스에 건축 전공은 없었고 다른 예술 분야만 다루었습니다. 그런 다음 모든 예술은 건축을 포함하여 총체적인 예술작품이 되어야 한다는 생

[그림 II-80] 바우 하우스 바이마르 본관(1904~1911년)

각에 건축이 추가된 것입니다. 1919년부터 1925년 바이마르, 1925~1932년까지는 데 사우로 옮기고, 1932년~1933년까지는 베를린으로 옮기는데, 초기 바우하우스의 전신 그랜드 듀칼 색슨 스쿨(Grand-Ducal Saxon Arts and Crafts)의 교장을 맡았던 반데 벨데가 벨기에 국적이라는 이유로 그만둔 이후에 역대 바우하우스 건축학교의 학교장을 월터 그로피우스(Walter Gropius, 1919~1928), 한네스 마이어(Hannes Meyer, 1928~1930)가 역임하였고, 루드비히 미스 반 로에(Ludwig Mies van)가 1930년부터 1933년까지 나치 정권의 압력을 받아 미국으로 갈 때까지 바우하우스의 교장이 바뀌게 됩니다. 한네스 마이어가 교장일 때 공산주의와 연관이 있어 미스는 그 후 한네스와 관계있었던 그 누구도 채용하지 않았습니다.

월터 그로피우스가 교장 시절인 1923년에 그는 "더 이상 로마네스크 양식의 대성당과 국민운동으로서 공예 중심 미학의 이미지를 만들지 않고 기계, 라디오 및 고속자동차의 세계에 적합한 건축물을 원합니다."라고 선언했습니다. 새로운 시대에 적합한 새로운 건축 스타일을 만들고자 했던 것입니다. 기능적이고 저렴하게 하기 위하여 대량생산에 적합한 재료를 필요로 한다고 말했던 것이다. 이 목표를 달성하기 위하여 그는 예술과 공예가 재결합해야 하며 단순히 대량생산이 아닌 예술적 가치도 있는 고급기능제품을 만들어야 한다고 주장한 것이다. 그로피우스가 이렇게 바우하우스를 국제양식으로 키우며 성장시켰고, 1928년 친구였던 바우하우스의 교수

한네스 마이어에게 학교를 맡기
게 됩니다. 그러나 급진적 기능
주의자였던 마이어는 오히려 많
은 갈등을 일으키고 이에 적응하
지 못하는 많은 강사를 해임시키
고 학교는 점점 학생들에게 좌파
이념이 확장됩니다. 그리하여
1930년 학교 이사회는 마이어를
해임시키고 그로피우스가 다시

[그림 II-81] 바우하우스

학교로 돌아와 주기를 원하지만 그는 미스를 추천합니다. 미스는 임명된 후 학생들
을 면담한 후 좌파를 해산시킵니다. 그러나 데 사우에서 학교가 점차 나치 정치색을
띠자 미스는 학교를 1932년 베를린의 버려진 공장을 빌려 자신의 돈으로 새로운 바
우하우스를 설립합니다. 그러나 10개월 후 나치의 간섭으로 1933년 미스는 학교를
자발적으로 폐쇄해 버립니다. 나치가 바우하우스가 추구하는 모던과 국제양식을 타
락한 예술로 간주하여 그로피우스는 이를 항의하지만 나치는 국제양식을 유대인의
양식처럼 간주한 것입니다. 그런데 사실 나치 주도 하에서 이뤄진 많은 건축이 이들
의 영향을 받았는데, 예를 들어 히틀러의 엔지니어인 프리츠 토트가 1935년에 만든
고속도로에 있는 다리와 주유소 대부분이 미스가 제안했던 국제양식 안을 그대로
사용한 것입니다. 학교는 폐쇄되었지만 미국과 각 나라로 간 교수들의 영향은 오히
려 국제주의를 전 세계에 알리는 계기가 되었으며 독일의 아파트를 비롯하여 많은
주택 건축물들이 당시 바우하우스의 교수들이 제안한 것들이었습니다. 이중 바우하
우스와 국제양식을 가장 잘 보존하고 있는 곳이 바로 이스라엘의 화이트 시티입니
다. 화이트 시티(Heb: הלבנה העיר, Ha-Ir ha-Levana)는 1930년대부터 텔아비브의 독
특한 형태의 바우하우스(Bauhaus) 또는 국제 스타일로 지어졌으며, 나치를 피하여
건너간 독일 유대인 건축가에 의해 4,000개가 넘는 건물로 지어졌습니다. 나치의
등장 후 텔아비브(Tel Aviv)는 세계 어느 도시의 바우하우스/인터내셔널 스타일(국
제양식)의 건물 중 가장 많은 수의 건물을 보유하고 있습니다. 보존, 문서화 및 전시
회는 텔아비브의 1930년대 건축 컬렉션에 관심을 불러 일으켰습니다. 2003년 UN-

ESCO(United Nations Educational, Scientific and Cultural Organization)는 텔아비브의 White City를 세계문화유산으로 지정하고 '20세기 초 새로운 도시 계획 및 건축의 뛰어난 사례'라고 선언했습니다.

데 사우로 이사한 바우하우스는 그들의 건축 이념에 맞는 학교 건물을 선보이는데 이는 국제양식을 따른 것으로 한 벽면을 차지한 창의 형태는 혁신적인 방법으로 부유의 의미를 시작한 좋은 계기입니다. 이와 유사한 방법으로 지어진 것이 그로피우스와 아돌프 마이어의 파구스 공장인데 특징이 모서리를 돌아가는 유리벽과 계단의 독립 그리고 밝은 내부의 이미지입니다. 간결하면서 혁신적인 강렬한 구조는 국제양식이 추구하는 파구스 공장에 걸려 있는 시계의 간결함이 이를 잘 보여주고 있습니다. 대칭을 탈피하고 시각적인 공간의 분류와 다양한 요소가 입면을 차지하고 있으며 유리 프레임의 간결한 처리가 특징이며, 대량생산을 위한 재료의 규격화를 선보인 건축물로서 저렴함을 꾀하면서도 품위 있는 건축물을 만드는 것이 국제양식의 방향이었습니다. 국제양식의 차이를 위하여 바이마르의 바우하우스와 데 사우의 학교를 비교하면 쉽게 이해할 수 있습니다.

(a) 데사우 바우하우스 창문   (b) Fagus 공장(1925)_ 월터 그로피우스와 아돌프 마이어, Lowe Saxony, 독일

[그림 II-82] 국제양식에 따른 건축물

미니멀리즘(Less is More)

무엇인가를 표현할 때 최대한의 표현은 무엇이 있을까요? 그것은 누가 보아도 그 대상에 대한 일치된 의견일 것입니다. 아니면 그 대상 그대로를 보여주는 것일 겁니다. 가장 좋은 것은 사진을 찍거나 대상 그 자체를 3D로 만들어 보여주는 것일 겁니다. 그러나 여기에는 표현하는 사람과 관찰자의 교류가 많지 않을 수도 있습니다. 완벽한 문장이라는 것은 의사전달에 있어서 하나의 오해도 생기지 않는 것일 겁니다. 이것은 공적인 것이나 빠른 전달에서 필요한 것입니다. 그런데 예술에 있어서는 예술가와 관찰자의 교감 사이에 무한한 상상력이 발휘될 때 우리는 감동받고 깨달음을 얻게 되기도 합니다. 예술가는 자신이 깨달은 감동을 작품을 통하여 표현하고 전달하고자 합니다. 예술가가 작품에서 구체적으로 표현한다면 많은 정신적인 교류보다는 동의하는 차원에서 끝날 수도 있습니다. 이 부분도 중요하지만 예술이 담당하는 부분은 정신적인 영역이 더 크기 때문에 깨달음의 차원은 많이 다릅니다. 대부분의 예술가들은 자신의 실력을 자랑하기 위하여 작업하기보다는 자신의 작품을 통하여 메시지를 담아 정식적인 교류를 더 원합니다. 구체적인 작업은 예술가의 의도가 온전히 전달된다는 장점도 있지만 관찰자의 참여나 관찰자의 작품에 대한 참여적인 교류부분이 적을 수도 있습니다.

그렇다면 최소한의 표현은 무엇일까요? 이는 반대로 표현자의 의도를 정확하게 알 수 없으며 그 의도를 추측해야 할 것입니다. 그 추측하는 부분이 바로 관찰자의 몫인데 이 부분에서 다양한 추측이 발생할 것입니다. 작업자의 표현이 마치 암호처럼 사용되어 하나의 작업을 통해 관찰자의 수만큼 다양한 추측이 발생할 수 있습니다. 이것이 추상적인 작업입니다. 추상화는 이렇게 탄생한 것입니다. 작업자와 관찰자의 사이에 틈을 두어 관찰자가 자신의 지식을 바탕으로 그 형태를 완성시키는 것입니다. 추상작품에는 크게 두 가지로 나누어 볼 수 있는데 하나는 현실에 존재하지 않는 것을 시각적으로 보여주어 그것을 상상하게 하는 것이고 또 하나는 형태에 대한 최소한의 요소를 통하여 전체를 상상하게 하는 것입니다. 이 후자가 바로 미니멀리즘입니다.

미니멀리즘은 미술에서 먼저 시작했습니다. 그 근원을 찾아보면 화가 카시미르 말레비치(Kasimir Malevich)부터 시작할 수 있습니다. 큐비즘과 미래파가 등장하던 시기에 그는 그림을 전시했는데 그 이전까지 이미지와 다른 형태로 대상을 시각적으로 묘사하는 것이 아니라 '순수한 예술적 감각의 패권'에 기반을 둔 추상 예술을 선보인 것입니다. 당시에는 이를 절대주의(Supermatism)이라고 불렀습니다. 이 전의 미술이 화려하고 풍부한 표현을 바탕으로 하였다면 그는 제한된 범위의 색상을 사용했고 원, 사각형, 선 및 직사각형과 같은 최소한의 형태의 기본적인 기하학적 형태에 중점을 둔 미술을 선보인 것입니다. 그는 전통적인 화가들은 하나의 구체적인 이미지를 통하여 공통적이거나 획일화된 사고를 삶 속에서 갖게 만드는 예술가적인 기술자라고 라고 생각하고 이는 곧 객관적인 사고를 갖게 하는 것이라고 보고 비객관성, 즉 주관적인 사고를 갖고 예술을 바라보게 하는 이미지를 만들고 싶었던 것입니다. 그것은 완성된 임지가 아닌 최소한의 형태 요소를 통하여 이뤄진다고 생각한 것입니다. 즉 구체적인 대상을 통하여 그것이 무엇인가를 알아차리며 그 대상에 대한 통일된 사고가 곧 자신이 바라보는 이미지를 통하여 확신하게 되는 사고의 숭배라고 본 것입니다. 이를 하나의 구성주의로 본 것입니다. 그래서 이와 반대로 사물에 대한 확신을 갖지 않게 되는 반유물론적 사고, 반획일적인 사고를 갖는 철학을 구현하고자 했던 것입니다.

하나의 사물이 있는데 원래의 모양에는 좌측에 손잡이가 있으나 화가가 우측에 손잡이를 옮겨 그리면 그 그림을 보는 사람들은 우측에 손잡이가 있는 것으로 생각하게 됩니다. 이에 대한 판단을 관찰자는 할 수 없는 것입니다. 음식이 나올 때 어떤 것은 맵고 어떤 것은 짤 수도 있습니다. 이는 요리사의 결정에 따라 먹어야 하는 강제성이 있습니다. 그래서 말레비치는 음식을 만들어 주지 않고 그 음식에 들어가는 최소한의 재료를 주어 먹는 사람이 스스로 자기 입맛에 맞게 만들어 먹게 하는 선택권을 주는 것입니다. 이것이 미니멀리즘의 기본 방침입니다. 그가 절대주의에 관하여 쓴 내용에 보면 다음과 같은 글이 있습니다. '예술이 국가나 종교에 봉사할 필요가 없고 틀에 박힌 역사를 증명할 필요가 없고 그 자체로 존재하며 어떤 대상을 나타낼 필요가 없으며 그 스스로 존재할 수 있다고 믿는다.', 즉 하나의 명확한 이미지가 특별한 역할을 할 수 있는 가능성이 있기에 명확한 형태를 갖지 않아도 그 스스로 존재의 의미가 있음을 나타낸 것입니다. 그렇다면 그 스스로의 의미는 어디서 오는 것일까요? 바로 관찰자가 만드는 것입니다. 즉 관찰자가 이미지를 바라보면서 스스로 만들어내는 것이 곧 객관적인 예술이라는 것입니다.

(a) 블랙 스퀘어(1915년), Tretyakov 갤러리, 모스크바

(b) 화이트 화이트(1918년), 근대 미술관, 뉴욕

(c) 검은 동그라미(1915년), 러시아연방박물관, 상트페테르부르크

[그림 Ⅱ-83] Kazimir Malevich의 절대주의적 이미지

[그림 Ⅱ-83]의 그림 이름은 (a) 검은 사각형, (b) 흰 사각형 위의 흰 사각형 그리고 (c) 검은 원입니다. 말레비치가 절대주의에서 사용한 이미지의 최소 요소는 사각형, 원 그리고 선입니다. [그림 Ⅱ-83]의 그림에서 우리가 얻을 수 있는 정보는 무엇이 있을까요? 흰 바탕 사각형 안에 검은 사각형, 흰 사각형 위에 흰 사각형 그리고 흰 사각형 위에 검은 원. 물론 더 상세하게 살펴보면 더 많은 정보를 얻을 수도 있겠지만 그렇게 많지는 않을 것입니다.

검은 사각형은 정 중앙에 있고, 가운데 그림 흰 사각형은 약간 기울어져 있고 검은 원은 우측 위로 쏠려 있습니다. 그것이 말레비치가 우리에게 준 최소한의 정보입니다. 그러나 그가 이렇게 간소하게 작업을 한 반면 나머지는 우리에게 상상할 수 있는 기회를 제공한 것입니다. 어떤 사람은 흰 바탕의 검은 사각형을 보고 사각 파이프를 절단한 것이라고 생각할 수 있고, 건축을 한 사람은 명도의 차이가 주는 원근법에 의하여 검은 사각형은 우리와 가깝고 바탕의 흰 사각형은 먼 곳에 있다고 느낄 수 있으며, 두 개의 종이를 겹쳐 놓은 것이라고 생각할 수도 있는 등 그 가능성은 무한합니다.

(a) 블랙 스퀘어(1915년), Tretyakov 갤러리, 모스크바

(b) 화이트 화이트(1918년), 근대 미술관, 뉴욕

(c) 검은 동그라미(1915년), 러시아연방박물관, 상트페테르부르크

[그림 II-84] Kazimir Malevich의 절대주의적 이미지 2

(a) 절대주의(1916~17년)_ Kazimir Malevich

(b) Proun(1925년)_ El Lissitzky

[그림 II-85] 절대주의와 미니멀리즘

이번에는 말레비치의 그림에 동물 사진을 첨가해 보았습니다. 많은 것을 생각할 필요 없이 하나는 사자 그림의 액자, 호랑이 액자 그리고 토끼의 액자 그 정도입니다. 물론 사자가 근엄하다, 호랑이가 무섭다 또는 토끼가 귀엽다 정도는 생각할 수도 있지만, 이는 왜 사자의 전체 몸이 아니라 얼굴만 넣었을까 또는 호랑이의 얼굴을 확대했을까하는 것입니다. 여기에는 다분히 이 액자를 만든 작업자의 의도가 담겨 있고 이 의도대로 관찰자가 유도당할 수 있다는 것이 말레비치의 생각일 수 있습니다. 말레비치는 러시아 화가입니다. 아마도 당시 시기가 러시아의 정치적인 상황으로 주입식 사회 분위기에 반항적인 의도로 정치에 현혹되는 국민들을 깨우치기 위하여 의도적으로 이러한 시도를 했을 수도 있었습니다. 그러나 추측은 말레비치가 이러한 시도를 다른 나라에 전하기보다는 러시아 내에서 활동을 주로 했다는 것입니다. 이러한 말레비치의 예술형식과 아이디어를 해외로 알린 사람이 바로 같은 러시아의 미술가이자 건축가인 엘 리스츠키(El Lissitzky)입니다. 그

는 말레비치의 작품에 깊은 인상을 받아 말레비치가 2차원적인 표현이라면, 엘 리스츠키는 3차원적인 표현 방법을 대각선으로 작업을 하여 나타냈습니다. 그러면서 그는 자신의 작품을 '회화에서 건축으로 가는 다리'라고 표현하여 이를 Proun이라 이름 붙였습니다. 그의 작품이 말레비치에서 데 스틸과 바우하우스로 넘어가는 교량 역할을 하게 된 것입니다. 이때까지는 미니멀리즘보다는 절대주의 또는 ABC Art로 불렸는데 미니멀리즘이라는 이름이 본격적으로 붙게 된 것은 1960년대입니다. 2차 대전 이후 여러 예술이 등장하는데 미니멀리즘도 이즈음에 등장하여 1970년대 초기 미국에서 더욱 활발하게 나타납니다.

(a) Harran_Ⅱ(1967년)_ Frank_Stella's

(b) magna on canvas painting(1958년)_ Kenneth Noland

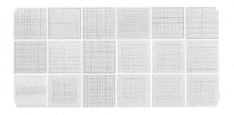

(c) Agnes Bernice Martin

(d) Al Held(1964년)_ 호놀룰루 미술관

[그림 Ⅱ-86] 미니멀리즘의 등장

[그림 Ⅱ-86]이 60년대에 등장한 미니멀리즘입니다. 이 분야의 예술가들은 사물 그 자체보다는 그 사물이 있는 공간을 더 중요시하게 된 것입니다. 즉 하나의 공간에 많은 사물이 있으며 그 사물들을 바라보는 관찰자는 그 사물에 집중하여 그 사물이 있는 공간을 인지하지 못하는 것과 같은 것입니다. 즉 그 사물의 본연의 가치는 어느 환경에 있는가에 다를 수도 있다는 것을 보여주는 것으로 사물을 바라보는 관찰자의 인지에 초점을 맞추는 것입니다. 다른 예술은 화폭이 평면이고 이미지도

평면입니다. 그러나 미니멀리즘은 그러한 평면성을 부정하고 사물이 갖고 있는 두께와 그 사물이 놓인 공간의 성격에 다라서 다르게 나타나는 관찰자의 지각, 인지도 그리고 감각을 중요시 여긴 것입니다. 즉 작가가 전달하려는 의도보다는 관찰자의 인지도에 중점을 둔 것입니다. 그러다 보니 작가의 의도는 적어지고 관찰자의 인지도를 높이는 것입니다. 그래서 [그림 II-86]과 같은 그림과는 달리 점차 미니멀리즘의 미술에 조각과 같은 입체적인 표현이 등장하지만 그 사물은 오히려 단순하고 최소한의 것을 보여주기 위하여 동일한 사물을 반복적으로 보여주게 됩니다. 이러한 표현으로 등장한 것이 댄 플라빈(Dan Flavin)의 형광등입니다.

(a) 회고(1969년)   (b) 무제(untitled)(1977년)

[그림 II-87] 사물의 반복_ 댄 플라빈(Dan Flavin)

[그림 II-87]은 댄 플라빈(Dan Flavin)의 작품으로 형광등을 반복적 그리고 일정한 간격으로 나열하여 하나의 이미지를 만들지만 그것이 무엇인지는 그렇게 중요하지 않습니다. 이 이미지가 갖고 있는 두께와 빛의 흐름을 통하여 우리가 인지하는 것은 어느 방향에서 보는가에 또 다른 것을 지각하고 감각을 얻게 되는 것입니다. 이는 무궁무진한 가능성을 갖고 있는데 작가는 그 무한한 느낌을 관찰자의 몫으로 돌린 것입니다. 즉 관찰자의 인지에 따라 이 작품은 다른 것으로 나타나는 것입니다. 즉 어떻게 보면 퓨리즘 같은 것으로 평면이 사라진 회화를 우리에게 제공한 것입니다. 말레비치에서 엘 리스츠키, 데 스틸에서 바우하우스의 전개 특징은 점차 구성요소가 사라지며 완벽함이란, '더 보탤 가능성이 있는 것이 아니라 더 이상 뺄 것

이 없을 때 그것이 바로 완벽함이다(앙투안 드 생텍쥐페리)'라는 말을 실현하는 것입니다.

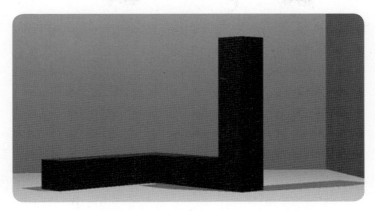

[그림 II-88] Free Ride(1962년)_ Tony Smith

[그림 II-88]의 작품은 Tony Smith의 Free Ride입니다. 이는 3차원적인 표현으로 육면체의 형태 중 더 이상 제거하지 못하는 마지막 요소만 남긴 것으로 여기서 더 요소를 제거한다면 육면체라고 볼 수 없습니다. 즉 미니멀리즘의 표현은 아무리 제거를 해도 작가의 의도를 최소한 갖고 있어야 한다는 것입니다. 입체가 면이 되고, 면이 선이 되는 것입니다. 즉 입체 형태의 최소한의 표현은 선에서 끝이 납니다. 건축에서 미니멀리즘적인 표현에서 우리가 기억해야 하는 부분입니다. 건축은 공간을 표현하는 3차원적인 성격을 갖고 있으므로 선 이상의 최소화할 수는 없으나 면의 표현까지는 많이 볼 수 있습니다. 미니멀리즘을 설명할 때 등장하는 것이 일본 문화입니다. 미니멀리스트들의 특징은 앞에서 언급했듯이 장식이 없는 단순함인데 일본 문화에는 이러한 특징이 잘 나타납니다. 특히 빛에 의한 채광이 주요소로서 빛에 따라 나타나는 움직임과 깨끗한 공간을 나타내려고 노력합니다. 빛이 사물의 본질을 솔직하게 보여주고 공간 안에서 가치를 재발견하는 데 중점을 둔 것입니다. 일본의 정원을 보면 이러한 성격이 잘 보이는데 사실 미니멀리스트들은 색도 절제하여 쓰지만 일본 정원은 미묘한 갈색과 흐린 주황색이 보이는 찰흙 벽의 조화를 잘 보여주면서 정원에 놓인 사물의 존재를 보여주는 듯하면서 정원의 공간과의 조화를 나타내려는 의도가 보입니다.

[그림 II-89] 료 안지(Ry an ji)의 Zen garden, 히가시야마 시대

[그림 II-89]는 미니멀리즘의 성격을 잘 나타내는 일본의 료 안지 정원으로서 정원을 사용하는 기능보다는 시각적인 기능을 통하여 관찰자의 지각과 인지 그리고 감각을 불러일으키는 기능을 더 한다고 볼 수 있습니다. 평면적인 성격을 피하려고 정원에 돌출 석재를 두고 그 주변으로 마치 파장처럼 원을 그려 넣은 것은 무슨 의미인지는 알 수 없지만 보는 이로 하여금 생각하게 하는 표현입니다. 이 정원은 이런 형태로 있지 않고 1년에 두 번씩 옆의 다른 곳으로 옮기기도 하는데 이것이 바로 공간의 성격에 따라 인지가 달라짐을 보여주는 것입니다. 예를 들어 이 정원뿐 아니라 일본의 다다미도 공간의 미니멀리즘적인 표현이고 그들의 미닫이문도 그 좋은 예로 건축의 미니멀리즘적인 성격을 잘 나타내고 있습니다. 이는 일본의 세계관 'wabi(소박한 단순함, 신선함 또는 조용함을 암시)-sabi(아름다움이나 평온함)'의 심미를 반영한 것입니다. 찰흙 벽은 'wabi'를 나타내고 바위 정원은 'sabi'를 반영한 것입니다.

[그림 II-90] 일반적인 부엌

[그림 II-90]은 일반 부엌입니다. 이 공간에서 우리가 바라보는 사물은 다양할 수 있으며 긴장감이 떨어집니다. 이는 미니멀리즘적인 실내를 갖지 않은 예로 일반적인 표현입니다.

[그림 II-91] 미니멀리즘적인 실내

앞에서 언급하였듯이 미니멀리즘에서 표현은 평면성을 부정하지만 사물의 혼란함
도 부정합니다. 최소한의 표현이란 최소한의 존재를 나타내기도 합니다. 그러나 건
축공간의 회화와 달리 기능이라는 목적이 있기에 이를 포기하면서까지 나타낼 수는
없는 것입니다. 그래서 대부분의 요소는 하나의 사물에 종속시키는 부담이 있을 수
있는 것입니다. 앞에서 일본문화에 이러한 성격이 잘 드러난다고 했는데 이를 잘 보
여주는 건축가는 바로 일본의 안도 타다오입니다.

(a) Lee Ufan 미술관(2010년) _
안도 타다오, 나오시마

(b) 아오나기 호텔(1969년) _
안도 타다오, 마스야마

[그림 II-92] 안도 타다오

건축 어렵지 않아요

[그림 II-93] 오사카의 빛의 교회(1989년) _
안도 타다오, 이바라키

[그림 II-94] 효고 현립 미술관(2002년) _
안도 타다오, 효고

안도 타다오의 Lee Ufan 미술관([그림 II-92] (a)의 사진)에 전시된 조경을 보면 앞에서 본 료 안지 정원의 Wabi-sabi의 일본 세계관이 잘 적용되고 있음을 알 수 있습니다. 그가 설계한 건축물에는 가능한 장식을 배제하고 최소한의 형태 요소만을 사용하여 공간을 구성하는 것을 볼 수 있습니다. 특히 그는 노출 콘크리트를 즐겨 사용하는데 이 또한 미니멀리즘 적인 그만의 표현으로 볼 수 있으며 이는 노출콘크리트가 처음 적용될 때 솔직함의 표현기호로 선택된 것으로 가장 검소한 표현의 한 기법으로 보고 있습니다. 그의 작품을 보면 선과 면이 주 표현 방법이며 특히 미니멀리즘에서 요구하는 빛의 작용에 의한 공간의 흐름을 잘 나타내고 있습니다([그림 II-92] (b)의 사진). 이렇게 미니멀리즘에서 요구하는 표현은 단순함의 메시지를 전달하려는 목적으로 기본적인 기하학, 장식 없는 이미지, 단순한 재료 및 동일한 구조의 반복과 질서를 공통적으로 나타내고 있는 것입니다. 가능하면 인공적인 채광이 아니고 자연채광을 이용하여 인공적인 빛은 고정된 반면 자연채광은 시간에 따라 흐르면서 공간의 분위기를 바꾸고 공간을 단순하게 만들며, 깨끗한 공간을 표현하려는 의도를 갖고 있습니다([그림 II-93]). 안도 타다오는 노출 콘크리트를 즐겨 사용하는데 이는 미니멀리스트들이 재료의 본질과 단순성을 추구하고 겸손함을 나타내려는 의도를 유지하려는 의도임을 알 수 있습니다([그림 II-94]). 이는 19세기 후반부터 예술과 공예운동이 대중화 되면서 재료의 본질뿐 아니라 형태의 본질이 흐트러지면서 물질의 특성과 진실을 보여주자는 의도가 중요시 되면서 나타난 것입니다. 이 운동에는 바우하우스의 영향도 컸지만 특히 미스 반 데어 로에의 'Less is More'의 정신이 작용을 한 것입니다. 그는 바르셀로나 파빌리온을 통하여 공간이 없는 공간을 선보이면서 면과 선으로 만들어진 단순한 구조를 선보였습니다.

[그림 II-95]의 건물은 판스 워스 하우스로 그가 설계한 것인데 면보다는 선을 더 강조한 형태로 공간을 인위적인 구성보다는 구조체로 형성되게 한 의도로 시선이 더 이상 가지 못하는 곳에 벽이 있다는 개념을 잘 보여주는 것으로 커튼 월의 적용을 통하여 면을 통한 벽

[그림 II-95] 판스 워스 하우스(1951년)
Mies Van Der Rohe, 일리노이, 미국

으로 만들어진 건축물을 둔탁하고 공간의 본질을 가리는 것으로 보고 최소한의 형
태요소를 적용하여 설계한 것입니다. 또한 스위스 건축가 페터 줌토아(Peter
Zumthor)는 다른 건축가들이 다양한 양식을 시도하는 반면 그는 미니멀을 강하게 고
집하는 건축가로 면을 사용한 미니멀리즘 건축물을 누구보다 잘 표현하고 있습니다.

(a) Bruder Klaus Field Chapel(2007년)   (b) Bruder Klaus Field Chapel의 내부

[그림 II-96] Bruder Klaus Field Chapel_ 페터 줌토아, Mechernich Wachendorf, 독일

그의 작품 중 독일 박헨도르프(Wachendorf) 근처 농장에 있는 브루더 클라우스
필드 차펠(Bruder Klaus Field Chapel)입니다. 농부 Trudel가 의뢰하여 2007년 완
성한 후 가톨릭에 헌정한 것으로 미니멀리즘적인 이미지가 강하게 나타나는 형태로
지금도 많은 방문객들이 이곳을 방문하고 있습니다.

[그림 II-97] 위성타워(1958년)_
루이스 바라간, 멕시코시티

이렇게 미니멀리스트들이 때로 색의 절제를 추구
한 반면 오히려 색을 강하게 나타내 사물을 존재를
더 부각시키려는 의도를 보여주는 미니멀 건축가도
있습니다. 그는 멕시코의 건축가이자 엔지니어 루이
스 바라간(Luis Ramiro Barragán Morfán)으로 남미
의 컬러풀한 이미지를 그대로 보여주고 있습니다. 남
미의 강렬한 태양 빛에 들어나는 원색의 미를 한 층
동보이게 한 것으로 전체적인 형태들은 아주 단순하
고 강렬한 수직적 형태를 취하고 있지만 형태의 존

재는 충분히 전달되고 있습니다. 또한 바사리에게 있어서 물은 그 지역의 생명을 의미하는 것으로 물의 흐름이 보여주는 투명성은 곧 순수함을 나타냅니다.

(a)   (b)

[그림 II-98] Cuadra San Cristobal(1968년)_ 루이스 바라간, 멕시코시티

이 외에도 미니멀리즘적인 양식을 나타내는 건축가는 많은데 이는 점차 단순해지는 시대적인 성향도 있지만 공간이 가져야만 하는 기능의 많은 부분을 이제는 설비와 같은 것으로 해결이 가능하기 대문에 형태에 부수적인 부분이 많이 사라지고 있다는 의미로도 볼 수 있습니다. 이 양식을 보여주는 건축가로 Luis Barragán, Kazuyo Sejima, John Pawson, Eduardo Souto de Moura, Alvaro Siza Vieira, Ando Tadao, Alberto Campo Baeza, Yoshio Taniguchi, Peter Zumthor, Hugh Newell Jacobsen, Vincent Van Duysen, Claudio Silvestrin, Michal Gabellini, 그리고 Richard Gluckman 등이 있습니다.

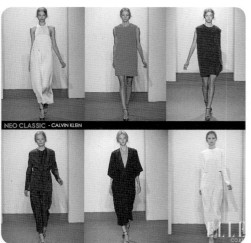

[그림 II-99] 패션쇼_ 비 미니멀리즘 패션   [그림 II-100] 패션쇼_ 미니멀리즘 패션1

위 두 개의 패션쇼가 진행되고 있습니다. [그림 II-99]는 일반 패션쇼로 디자인의 콘셉트를 모두 보여주려는 의도가 보입니다. 관람자의 시야는 모델을 향하지만 우리의 뇌는 전체적인 환경에 영향을 받습니다. 이 쇼의 기획자가 이를 반영하여 무대를 꾸민 것인지는 모르지만 일단 화려하고 구성이 복잡함을 알 수 있습니다. 그런데 [그림 II-100]의 패션쇼는 의상 디자인이 전체적인 형태에 집중했고 모델의 헤어 디자인도 일반적이며 특히 무대 뒤의 배경이 흰색으로 무채색임을 알 수 있습니다. 이는 단순하게 의상 디자인에 초점을 맞췄음을 알 수 있으며 집중적인 메시지를 전달하려는 의도를 알 수 있습니다.

미니멀리즘 시 감상

홀로서기

나의 전부를 벗고
알몸뚱이로 모두를 대하고 싶다.
그것조차
가면이라고 말할지라도
변명하지 않으며 살고 싶다.
말로써 행동을 만들지 않고
행동으로 말할 수 있을 때까지
나는 혼자가 되리라.

그 끝없는 고독과의 투쟁을
혼자의 힘으로 견디어야 한다.
부리에,
발톱에 피가 맺혀도
아무도 도와주지 않는다.

숱한 불면의 밤을 새우며
〈홀로 서기〉를 익혀야 한다.

서정윤

개미 떼(백주희)

꼬마가 빨던 막대사탕이
시멘트 바닥으로 떨어졌다
그 주위로 몰려든 개미 떼

거미줄(백주희)

지붕 밑에 거미줄이
쳐졌다. 싸리비로 털었다
다음 날 다시 쳐진 거미줄

사랑니(김선아)

사랑니를 뽑았다
그 자리는 계속 피가 났고
커다란 구멍만이 남았다

강의실(김소진)

수업이 끝나고
비어있는 강의실에는
종이컵만 나뒹군다

위의 시에서 우측 홀로서기는 자유시의 일반적인 구조로 구성되어 있습니다. 특히 서론 본론 그리고 결론의 3단구성이 돋보이는 시로 한 때 아주 유행했던 시입니다. 그런데 우측의 시 4개도 자유시의 형태이지만 구성에 있어서 약간 차이가 있습니다. 특징이 결론이 없다는 것입니다. 이는 독자가 스스로 결론 낼 수 있는 특권을 부여한 것입니다. 미니멀리즘은 최소한의 요소로 줄이는 것을 말하는 것이 아니라 더 이상 줄여질 수 없는 부분까지 줄이는데, 더 줄이면 기본적인 틀이 없어져 그것은 특성을 잃어버립니다. 그 마지막 틀이 바로 기능입니다. 기능은 유지되어야 하는 것입니다. 그러나 과거에는 작업자가 모든 것을 만들어 관찰자는 그 의도를 파악하는 입장이었으나 미니멀리즘은 하나의 작품완성에 관찰자가 참여하여 완성시키는 것이 바로 그 의도입니다. 관찰자의 시각, 감각 그리고 인지를 요구하고 검소하고 단순함이라고 말하지만 사실은 관찰자의 참여를 요구하는 디자인입니다. 예술가와 일반인이라는 범위가 과거에는 명확하였고 근대에 들어와 엔지니어까지 등장하면서 과거는 감성적이었기 때문에 관찰자의 느낌이 중요했으나 근대에 들어와 이성적으로 바뀌면서 작업자와 관찰자의 구분이 더 명확해지고 일반인은 참여할 수 없는 분야로 예술이 옮겨 간 것입니다. 그러나 미니멀리스트들은 관찰자도 작품에 참여하여 공동 작업을 통하여 완성하는 것에 그 의도가 있다고 보면 됩니다.

[그림 II-101] 미니멀리트들의 건축 작품들

모던 시작의 배경에는 산업혁명도 있지만 시민혁명이라는 시대적 변화도 큰 역할을 했습니다. 특히 군주제가 무너지고 공화제를 만들면서 시작된 신분의 변화 속에서 페트론 체제가 무너지며 예술가들의 홀로서기가 새로운 작품의 물결에 힘을 실은 것입니다. 그 전까지는 작품을 원하는 사람들의 취향에 맞게 작업을 하던 방식에서 이제는 자신들의 스타일을 만들기 시작했습니다. 근세의 마지막 신고전주의에서 과거의 그리스와 로마 양식이 재등장하면서 과거로 돌아가는 듯하였지만 산업혁명이 몰고 온 새로운 건축물의 요구는 이전의 건축 형태로 해결할 수가 없었으며 특히 유리나 강철의 등장은 건축구조에 대한 변화를 만든 것입니다. 탈과거라는 기치 아래 기계가 근세의 시대적 코드로 작용하면서 모던은 빠른 변화를 보여 준 것입니다. 그러나 아직 근세는 과거의 형태에서 완전히 벗어날 수 없었는데 이는 당시 활동했던 사람들 대부분 그 이전 시대에서부터 이어 온 이유도 있었습니다.

예를 들면 가우디는 아르누보의 대표적인 건축가지만 고딕의 이미지를 갖고 있었고 프랭크 로이드 라이트도 모던의 중요한 영향을 미친 건축가이지만 과거의 이미지를 갖고 있었으며, 글라스고우도 사실상 모던하지만 그 이전의 대칭이나 비율적인 면에서 과거의 틀을 벗어나지 못한 것입니다. 이에 아돌프 루스 같은 건축가는 장식을 범죄처럼 취급하여 철근 콘크리트를 주재료로 하는 구조를 선보였고 바우하우스나 르코르뷔지에 그리고 미스 같은 건축가들이 모던도 과거처럼 고유의 양식을 가져야 한다는 생각에 새로운 양식을 선보이면서 모던은 성숙기에 접어들고 급기야 비례, 대칭 그리고 다양한 재료를 선보이는 현대라는 시대에 맞는 건축 형태를 선보이기 시작한 것입니다. 이러한 추세에 모던은 성수기를 맞아 활발한 활동을 펴고 있는 반면 과거의 형태 이미지를 갖고 있는 건축의 활동은 그만큼 줄어들고 특별한 기능을 필요로 하는 건축물에만 단편적으로 등장하기 시작합니다. 모던은 이 여세를 몰아 더욱 활발해지고 국제양식이라는 새로운 패러다임을 탄생시키면서 지역, 날씨 그리고 환경을 초월한 형태로 발전하게 됩니다.

점차 발달한 모던은 급기야 자신감에 차 혁신적인 형태를 만들어 내는데 그것은 바로 구조에 대한 자신감이었습니다. 과거의 건축물은 중세의 수직적인 이미지를 제외하고는 수평적인 것이 대부분이며 이를 대칭적인 형태를 유지하면 발달시켰던 반면 이제 구조에 자신감이 생긴 모던은 형태라는 고정관념을 벗어난 이미지에도 도전을 하게 됩니다. 이를 우리는 후기 모던 레이트모던(Late Modern)이라고 부릅니다. 이는 건축뿐 아니라 모든 분야에서 등장하는데 여기서 해체주의도 등장합니다. 이들은 과거 건축이 규칙과 틀 그리고 단아한 모습을 벗어나지 못하는 것을 비웃기라도 하듯 과감한 시도를 많이 하게 됩니다. 후기 모던은 더욱 발달하면서 급기야 초기 모던과의 차이도 보이고 있지만 포스트모던과의 차이를 보이기에 모던의 한 축으로 보아야 합니다. 즉 이들은 고도의 테크닉과 과감성을 형태에 가미하여 그간의 모든 형태를 시도하고자 했던 것입니다.

Form and Light, Motif in West New Jer-
sey(1914년)_ Oscar Bluemner

Thedeluge

위의 그림을 예술적으로 분석하기보다는 다른 그림과의 특징을 몇 가지 지적한다면 일단 그림이 디테일하지 않다는 것입니다. 전체적인 형태에 초점이 맞추어져 있고 형태의 흐름을 표현한다기보다는 그 사물 자체의 존재를 나타내는데 중점을 두었으며 동일한 영역은 동일한 묶음으로 표현한 것이 특징입니다. 개체 자체의 성격과 통합적이고 전체적인 묶음으로 흐름을 강조하는 특징이 있습니다. 구조의 자신감이 모험적이며 과도한 표현으로 섬

Picture4

건축 어렵지 않아요

세함을 비웃기라도 하는 듯한 총괄적인 이미지를 보여주고 있습니다. 특히 인상파의 섬세함을 비웃기라도 하는 듯 단면적인 특징을 보여주고 있습니다. 강렬한 메시지를 명확하게 전달하려는 의지가 분명하며 자신감이 가득한 것을 알 수 있습니다.

 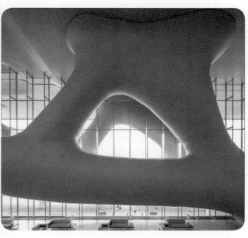

(a) 카타르 컨벤션 센터　　　　　　　　(b) 카타르 컨벤션 센터 내부

[그림 Ⅱ-102] 카타르 컨벤션 센터(2011년)_ Arata Isozaki, 도하, 카타르

[그림 Ⅱ-102]의 건물은 카타르 컨벤션 센터로 (a)의 그림에서 기둥의 윗부분과 아랫부분을 보면 그 차이를 비교할 수 있습니다. 아랫부분은 일정한 규칙과 동일한 형태를 유지한 반면 윗부분은 아래의 모든 기둥을 하나로 합쳐놓은 듯한 곡선으로 힘의 강렬함을 나타내 밑의 규칙적인 기둥을 비웃기라고 하는 듯합니다. 일반적으로 기둥은 하중을 위에서 받아 아래 기초까지 전달하는 기능을 하는데, (b)의 사진은 기둥이 마치 윗부분에 달려있고 아랫부분은 떠 있어 불안감을 주는 듯하지만 구조상으로 아무 문제가 없음을 보여주는 것으로 이것이 바로 레이트모던의 의도입니다.

(a) CUBI Ⅵ(1963년) _
David Smith

(b) Dream City(1996년) _ Caro

(c) Jerusalem _ TWUP

(d) Spheres _ Tilted

[그림 Ⅱ-103] 하중 흐름이 강렬한 조형물

[그림 Ⅱ-103] 조형물들의 특징은 하중 흐름의 강렬함입니다. 위 (a)를 보면 불규칙한 상부의 요소들을 받치고 있는 하부가 오히려 더 빈약해 보이고, X자로 꺾이면서 하중의 흐름을 안정되게 보이지 않게 하면서 거기에 바닥과 닿은 부분이 면이 아니라 모서리라는 것이 불안감을 조성하지만 안정되게 서있음을 전하려는 메시지가 담겨 있으며, 특히 금속이라는 재료를 통하여 이것이 가능함을 알리려는 의도입니다. (b)는 불규칙한 형태들의 조합인데 이것은 불안감을 조성하고 좌우의 요소들이 안정되지 않은 이미지를 가운데 원형이 그 불안감을 해소한다는 이미지인데, 녹슨 것은 시대를 의미하고, 장시간 이러한 불안정한 형태가 안정감 있게 존재함을 알리

고 있습니다. 이는 불안함에 시도하지 못하는 사람들에게 구조적 시도라는 메시지를 전달하려는 의도가 있음을 알 수 있습니다. [그림 II-103]의 (c)는 과도한 형태로 섬세함을 비웃는 듯한 수직과 수평의 불일치를 나타내는 이미지입니다. 디테일하고 섬세하게 갈라지거나 선의 조합으로 화려함을 나타내는 장식적인 조형물에 대한 반항으로 하나의 원에서 출발했지만 그 일부만을 발췌하여 나타내도 충분히 안정감이 있음을 나타내려는 의도입니다. (d)의 경우는 얇은 면이 독립적으로 서 있는 것으로 이는 보는 이로 하여금 충분히 불안감을 줄 수 있는 것으로 특히 바닥에 안정감 있게 수직으로 서있는 것이 아니고 안으로 약간 기울어져 있는 모습이 안정되지 않음을 보여주고 있습니다. 그럼에도 이들은 충분히 오랜 시간을 이렇게 서있고 전혀 문제없음을 보여주는 것입니다.

[그림 II-104] Auditorio de Tenerife(2012년)_ 자하 하디드, 스페인

[그림 II-104]의 건물은 자하 하디드의 작품으로 건축가의 다이내믹한 이미지가 그대로 들어나는 형태입니다. 이 건물의 특징은 위에 얹힌 부분으로 그 모양이 섬세한 것이 아니고 그 구조입니다. 판형으로 가늘고 긴 형태를 안정감 있게 세운 것이 실로 놀라운 것이며 이 형태 안에 숨겨진 구조적인 흐름이 포인트입니다.

[그림 II-105] dauphin island II by dionisio gonzalez architecture for resistance_
coast of Alabama in the Gulf of Mexico

[그림 II-105]의 건축물은 주거로서 재료가 주는 이미지가 포인트입니다. 아마도 저것을 금속이나 다른 유연성 있는 형태로 했다면 놀라운 일은 아닙니다. 그런데 거푸집을 사용했겠지만 철근 콘크리트로 이렇게 부드러운 곡선을 만들었다는 것이 재료와 유연성의 연관관계를 통하여 새로운 시도에 대한 메시지로 받아들여야 하는 것입니다. 일반적으로 내부 공간의 효율을 생각하여 많은 시도를 포기하는 건축가들에게 주는 메시지로 보입니다.

이렇게 레이트 모던이 우리에게 주는 메시지는 새로운 시도에 대한 자신감으로 그들은 모던이 발달하면서 특히 구조에 대한 자신감을 보여주기를 원했던 것입니다.

포스트모더니즘 (Less is bore)

[그림 II-106] Pruitt Igoe(1954)_ 야마자케 미노루. 미주리주, 미국

과거의 형태를 역사 뒤안길로 밀어 넣고 모던은 점차 확산되면서 과거 형태를 추구하는 예술은 시대에 뒤떨어진 것처럼 인식되던 시기 1972년 7월 15일 하나의 사건이 발생합니다. 미국 미주리주는 세인트루이스 프루이트 이고에 도시 계획을 하면서 한 지역을 재정비하기 위하여 대단지 아파트를 조성합니다. 이 규모는 33개동 2,762세대를 위한 것으로 12,000명이 거주할 수 있는 규모였습니다. 이것은 새로운 도시 계획으로 911사태 때 무너진 WTC쌍둥이 빌딩의 설계자 야마자케 미노루(Minoru Yamasaki)의 설계로 야심차게 시작되었으나 계획처럼 입주자가 들어오지 않고 전체 동 70%가 빈 아파트로 남게 되었습니다. 이후 이곳은 우범지역이 되어 시는 이 골칫덩이로 처리문제로 고민하게 됩니다. 시는 1972년 급기야 이 단지의 중앙에 있는 건물을 파괴하는 결정을 내리게 됩니다. 이때까지 숨죽여 있던 과거 양식은 이 사건을 계기로 이 날을 모던의 사망일로 정하게 됩니다. 과거의 양식은 감성적입니다. 이를 무시하고 단지 기능주의적인 건축물로 승승장구를 하던 모던에 경고장을 던진 것입니다. 이러한 상황을 국제양식을 앞세운 모던의 문제로 지적한 것입니다. 특히 이 아파트의 유래를 따져보면 르코르뷔지에의 300만 명을 위한 도시 건설

에 그 문제의 근원으로 과거 양식주의자들은 삼은 것입니다. 이후 과거 양식이 등장하는데 이를 포스트모던이라고 이름 붙인 것입니다. 그리고 이들의 타깃이 된 건축가가 바로 르코르뷔지에입니다. 이렇게 과거 양식이 기지개를 피며 현대에 재탄생되는 것입니다.

로미오와 쥴리엣_ old

셰익스피어의 4대 비극 중 하나인 로미오와 줄리엣이 있습니다. 두 가문의 싸움 속에서 만들어가는 사랑이야기로 전 세계적으로 알려진 작품입니다. 이 작품의 배경은 16세기 중반으로 중세와 근세의 과도기로 아직은 중세의 모습을 갖고 있었던 시기입니다. 칼을 허리에 차고 말이 달리던 그 도시의 풍경을 떠올리던 시대로 현대의 모습과 많이 다릅니다.

두 가문의 싸움 속에서 운명적으로 만난 두 사람의 사랑은 애틋하면서 사랑스럽기도 합니다. 특히 마지막의 모습은 심금을 울립니다. 우리에게 이 모습을 아름답게 남긴 영화가 1968년도에 선보인 로미오(레너드 위팅)와 줄리엣(올리비아 핫세)입니다. 현대보다 자유롭지 못하고 제한된 상황 속에서 이들이 만들어내는 스크린은 정말로 그런 사랑을 해 보고 싶은 욕구마저 일으키게 하는 장면이었

로미오와 쥴리엣_ new

습니다. 나이가 드신 분들이 로미오와 줄리엣을 떠올린다면 대부분의 사람들이 이 영화를 떠올리며 또한 그 배경이 칼싸움을 하는 이탈리아 중세의 모습을 떠올릴 것입니다.

1996년 이러한 기대를 깨고 로미오(레오나르도 디카프리오)와 줄리엣(클레어 데인즈)이 새로운 배경의 영화로 선보입니다. 두 가문이 원수지간인 것과 그 가문의 아들, 딸로 등장하는 것은 동일하나 배경은 현대로 바뀌고, 말 대신 자동차를 타고 다니며 칼 대신 총을 쏘는 내용으로 바뀌었습니다.

영화의 애절한 마지막 장면조차 동일합니다. 즉 영화의 구성과 내용은 원래 로미오와 줄리엣을 벗어나지 않았을 뿐 그 시대적 배경과 영화 촬영기법이 현대적으로 바뀐 것입니다. 이것이 바로 포스트모던형식을 따른 영화입니다.

한복은 우리의 전통 의상입니다. 과거에는 일상복이던 것이 지금에 와서는 특별한 날이 아니면 입지 않게 되었는데 이유는 양복보다 여러 가지 면에서 불편하다고 생각하기 때문입니다. 전통한복을 입기 위해 알아야 할 것이 많으며 옳게 매듭을 지어야 하는 것도 많습니다. 이러한 작업들이 옷이 불편하다는 것만큼 한복을 멀리하게 되는 이유가 되기도 한 것입니다. 그래서 등장한 것이 개량한복입니다. 전통한복에 비하여 형태, 옷 모양 그리고 작업이 단순하게 되어 착용하는데 훨씬 간편화시킨 것입니다. 현대인의 옷을 입는 것과 많이 다르지 않습니다. 그러나 전통한복이 갖고 있는 그 이미지는 가능한 유지시키려고 한 것이 보입니다. 우리는 이를 과거와 현대를 접목시킨 퓨전이라고 말할 수 있으나 사실상 이는 포스트모더니즘의 콘셉트를 따른 것입니다.

옆의 피라미드는 이집트에 있는 것으로 그 입구를 쉽게 찾을 수 없으며 거대한 사암덩어리로 왕의 권위를 보여주는 상징물로서 존재합니다. 사막의 오아시스 상징물로 나일강의 서쪽에 수직으로 자리를 잡고 있습니다. 과거 왕의 상징물로 이만

전통한복

개량한복

이집트 기자의 피라미드

루브르 박물관의 피라미드_ I.M.Pei

한 크기나 위협적인 것이 없을 정도로 상징적인 역할을 하고 있습니다. 5,000년의 기간에 걸쳐 변화를 보이지 않았던 이집트의 역사만큼이나 그 육중함을 보여주고 있습니다. 옆의 피라미드는 1989년 선보인 I.M.Pei의 루브르 박물관 앞에 있는 피라미드입니다. 파리의 입장에서 루브르 박물관의 의미는 남다릅니다. 과거 식민지를 갖고 있었던 프랑스의 세력과 그 위세를 그대로 표현해주는 상징적인 곳이기 때문입니다. 둘 다 피라미드이지만 페이는 왜 이곳에 피라미드를 디자인했는지 우리는 한 번쯤 생각해 볼일입니다. 찰스 젱스는 이 피라미드를 보고 "이 피라미드는 모던의 탈을 쓰고 프랑스에 영광을 돌려주었다."라고 표현했습니다.

개선문(1836년)_ 파리

라데팡스(1982년)_ 요한 오토 폰 스프렉켈젠, 파리

프랑스 파리의 개선문은 파리의 많은 역사를 같이 하고 있는 상징적인 건축물입니다. 파리를 오가는 중요 행렬이 이 개선문을 통과할 만큼 도시의 출입구로서 중요한 역할을 합니다. 위 좌측의 개선문과 하나의 축을 이루며 신도시에 만들어진 것이 라데팡스의 Grande Arche입니다. 이 신개선문의 디자인은 현대적이지만 그 역사적인 이미지는 구 개선문을 떠올리게 합니다. 이 또한 포스트모더니즘의 일환입니다.

(a) Messetower(1983년)_ Ungers　　　　(b) 전람회 건물(1991년)_ jahn 선 잘보이게 그리기

[그림 Ⅱ-107] 프랑크푸르트의 신·구 고딕 건물

[그림 Ⅱ-107]의 두 건물들은 프랑크 프루트에 있는 Ungers의 1983년도 작품 과 jahn의 1991년도 작품으로 전람회 건 물입니다. 이 두 건물은 최근의 작품임에 도 불구하고 대칭, 격자화된 기하학. 스 케일과 형태. 이 지역의 붉은 색조 석재 에 대한 역사적인 기억을 담고 있습니다. 특히 독일 중부지방은 남부 지방의 흰 사 암과 비교되게 붉은 사암으로 된 중세의 건물들이 많이 자리잡고 있습니다. 위의 두 건물은 이러한 지역적 특성을 감안하여 도시적인 맥락으로서 두 건물을 참여시킨 것입니다. 포스트모던 이론가 찰스 젱스 는 포스트모던에 대한 정의를 다음과 같이 내렸습니다. "역사적 기억, 도시적 맥락, 장식, 재현, 은유, 참여, 공공영역, 다원주의 그리고 절충주의를 그 디자인이 포함하

고 있을 때 포스트모던으로 볼 수 있습니다. 그의 정의를 바탕으로 보았을 때 위의 두 건물은 포스트모던으로 볼 수 있는 것입니다." 즉 그의 정의를 바탕으로 판단컨대 포스트모던은 그 모티브를 과거에서 갖고와 현대적인 기술로 만들어낸 작품으로 볼 수 있습니다.

(a) 매너리즘

(b) 로마네스크가 있는 매너리즘

[그림 II-108] 매너리즘 양식

[그림 II-109] 소니(AT&T)빌딩
_ 필립존슨

[그림 II-108]의 두 건물을 살펴보면 다양한 양식이 하나의 형태에 복합적으로 있는 것으로 볼 때 매너리즘 양식의 건물입니다. 기독교의 등장과 함께 신인동형론의 바탕을 이룬 고대의 시기가 매듭을 짓고 유일신의 중세 시기가 형태에 등장합니다. 초기 기독교의 등장과 함께 비잔틴이 등장합니다. 직사각형이 주를 이루던 형태 요소에 동양의 요소인 원이 등장을 하고 로마의 정세불안은 경계를 나타내는 첨탑이 건축물에 등장하기 시작합니다. 그리고 석조건물의 절정을 이루게 되는 중세에 구조적인 불안감이 첨탑의 증가를 더하게 되고, 특히 로마 황제의 정치적인 불안함이 시작되는 중세에 자체적인 경계를 갖추려는

욕구에 의하여 건물은 외부 영역, 중간 영역 그리고 개인 영역을 이루는 3단 영역 분리를 이루게 되며, 이것이 외부의 형태에도 3단 구성으로 반영이 됩니다. 중세의 시작인 비잔틴, 과도기의 로마네스크 그리고 중세의 절정을 이루는 고딕에서 건물의 외형적인 차이점을 많이 볼 수 있습니다.

[그림 Ⅱ-109]의 건물은 뉴욕에 있는 필립 존슨의 AT&T빌딩이다. 1978년에 시작된 이 건물은 3단 구성, 롤스로이스의 라지에이터를 보이는 창의 격자, 영국 18세기에 등장한 로코코 양식의 치펀데일 가구의 꼭대기의 원 그리고 경사지붕 등 역사적인 표현들을 보이고 있다. 이렇게 과거에서 형태적인 모티브를 갖고 와서 만들어 내는 것이 포스트모더니즘의 대표적인 표현을 보여주고 있습니다. Postmodern-ism(1960)의 Post의 대체단어는 after이다. 즉 after modernism으로 표현할 수도 있습니다. 말 그대로 모더니즘(1900~1960) 후에 등장한 것입니다. 포스트모더니즘을 사실상 한마디로 규정하기에는 쉽지 않습니다. 그러나 위에서 언급하였지만 역사적인 것과 관련이 있으며 이를 현재적인 것과 접목시키는 절중적인 양식을 갖고 있습니다.

(a) La rinascerite 백화점(1957)_ Franco Albin

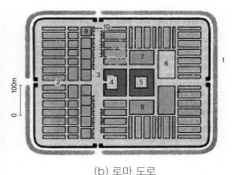

(b) 로마 도로

[그림 Ⅱ-110] 로마 시대 도로계획과 백화점

[그림 Ⅱ-110]의 건물은 로마에 있는 백화점 건물로 정리된 철골 격자 구조에 로

마 시대 도로계획([그림 II-110] (b)의 그림)을 정리해 놓은 듯이 로마 시대의 거리를 나타내며 조적조로 벽을 구성하고 있습니다. 벽면에 창을 내지 않고 오히려 설비관을 덮은 관으로 벽의 구획을 나누어 놓았습니다. 이러한 건물의 디자인이 구 로마에서 모티브를 갖고 온 것을 알 수 있으므로 이 또한 포스트모던이라고 할 수 있습니다.

[그림 II-111] 안산 대학교의 진리관과 그리스 신전

[그림 II-111] (a)의 건물은 안산 대학교의 진리관 건물로 이 건물에는 그리스 신전(b)의 형태가 숨겨져 있습니다. 상단부의 삼각형. sims 부분, 기단부 그리고 하단의 계단 부분이 형성되어 있습니다. 이는 신전의 전형적인 모습으로 이 3가지 요소가 필수적인 부분입니다. 그러나 삼각형 가운데 놓인 원형이나 각 창문의 상단부 아치 형태는 로마의 산물로서 이 형태는 복합적인 형태를 취했다고 볼 수 있습니다. 특히 가운데 기둥의 배열이나 창문의 배치 배열은 그리스 양식과 많이 다름을 볼 수 있습니다. 그러나 기둥과 삼각형의 중간부분인 sims의 배열은 그리스 건축을 그대로 옮기려는 의도가 보입니다.

앞에서 살펴본 바와 같이 Postmodernism의 특징들을 알 수 있습니다. Postmodernism을 주도하는 건축가들은 모더니즘을 난해한 디자인으로 치부하고 있습니다. 모더니즘이 발생하던 시기에 클래식한 디자인을 추구하던 그룹은 사회의 흐름에 그들의 위치를 드러내지 않았던 것입니다. 그러나 모더니즘의 등장을 환영했던 것은 아닙니다. 모던이 중반에 들어서면서 그 시기에는 과거 타도의 목소리가 컸는데 그 과거에는 클래식한 것이 담겨져 있음을 알고 있었기 때문입니다. 특히 아돌프 루스의 장식을 강도 취급하는 행위와 콘크리트 주택의 등장에는 입을 다물고 있을 수밖에 없었습니다. 모더니즘에 비하면 훨씬 형태주의에 가까웠던 Postmodernism은 드디어 정비를 갖추고 1972년대를 기치로 after modernism이라는 깃발을 들고 다시 등장하게 됩니다. 이들이 갖고 온 무기는 역사적인 기억입니다. 이것이 Postmodernism입니다. 우측의 건물이 포스트모더니즘

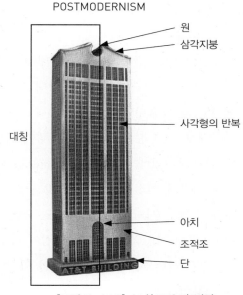

POSTMODERNISM

원
삼각지붕
사각형의 반복
대칭
아치
조적조
단

[그림 II-112] 소니(AT&T) 빌딩

을 대표하는 필립 존슨의 소니(AT&T) 빌딩입니다.

근대를 기점으로 형태가 두 개로 나뉘어집니다. 그러나 제2의 형태가 등장했다고 해서 제1의 형태가 사라진 것은 아닙니다. 제1의 형태는 계속적으로 지속되는 상황에서 새로운 형태가 등장한 것입니다. 다른 분야는 새로운 시도 속에서도 기존의 것들이 공존하며 지속됐는데 건축의 형태는 잠시나마 첫 번째 시도가 주춤해야 하는 역사적 배경을 갖고 있습니다. 심지어 활동하던 건축가들이 전면에서 물러나고 엔지니어가 앞장을 서야 했던 시기가 바로 제2의 형태가 등장하던 근대입니다. 그림이나 음악은 시대적인 변화 속에서 감성적인 부분과 이성적인 부분이 공존하며 만든 자와 제공자 사이에 언어적인 공유가 가능했으나 건축은 감성적인 부분에서 이성적인 부분으로 빠르게 전이되면서 언어적인 교환이 어려워지는 상황으로 변화되었습니다.

형태주의는 시대적으로 뒤 떨어지는 이미지를 갖게 되고 기능주의가 시대를 반영한 최첨단의 형태로 자리매김하면서 새로 생긴 형태에 대한 이해가 따르지 않으면 공유가 불가능한 시대가 된 것입니다. 이는 국가에도 영향을 주어 기능적인 부분이 부각되면서 여러 나라에 근대의 형태들이 도입되어 국제주의라는 건축형태가 빠르게 보급되고 무분별한 형태들이 생성되며 도시가 황폐해지고 지역적인 안배와 환경에 대한 영향을 배제하고 기능에 맞추어 이것이 바로 최첨단의 건축적인 해결책으로

자리매김을 하게 된 것입니다. 이 시기가 바로 제1의 형태가 잠시 주춤했던 시기입니다. 이유는 바로 시기적인 압박감도 있었지만 기능이라는 달콤한 언어에 이를 대체할만한 대응 단어가 제1의 형태에는 존재하지 않았기 때문입니다. 이는 제2의 형태, 즉 근대의 기능을 앞세운 형태 스스로 자신의 문제점을 들어낼 때까지 기다려야 했던 것과 같습니다.

근대로 보면 분주하고 혈기왕성한 출발이었지만 제1의 형태에 있어서는 암흑기와도 같은 시기였습니다. 연대기를 보면 매 시간대에 이렇게 새로운 출발을 하였지만 이 시기만큼 이전 것을 부정하고 근본 자체를 변화시킨 시기는 없었습니다. 근대는 참으로 짧은 시기 동안 그렇게도 오랜 역사 동안 지속되었던 제1의 형태를 멈춰 세웠고, 특히 서민의 형태라는 이점이 더욱 대중 속으로 파고드는 데 도움이 되었습니다. 정말 서민들은 소외된 디자인 일색이었던 근대의 형태를 진심으로 반겼을까 하는 의문이 듭니다.

제1의 형태와 제2의 형태 사이의 큰 차이는 바로 장식입니다. 이탈리아 르네상스 이전의 건축물 형태는 바로 구조와 일치했다는 것입니다. 건축 형태 그 자체가 구조를 보여주고 있었던 것입니다. 그러나 르네상스에 들어와서 구조는 숨겨지게 되고 이중적인 표현이 등장한 것입니다. 가장 큰 표현이 바로 기둥과 벽의 이중사용이었습니다. 이렇게 하중을 전달하는 구조체가 벽으로 대치되면서 기둥은 장식적인 요소로 전락하게 되고 이를 시작으로 장식의 대표적인 것이 기둥이 된 것입니다. 이를 계기로 장식에 대한 발전이 근세의 주된 표현으로 자리잡게 됩니다. 이 장식이 바로 기능적으로 필요한가 아닌가 하는 투쟁의 가운데 있었던 것입니다. 이는 건축비용과 관계가 있습니다. 이를 위한 투자가 필수적인가 생각해 보았을 때 이는 서민들에게 부담이 됩니다.

이러한 부담을 해결한 것이 바로 기능입니다. 장식이 투자의 가치가 있는가에 대한 의문이 다시 기능적으로 필요한가라는 의문으로 대치되면서 근대 예술가들은 서민의 입장을 대변해 주려고 했던 것입니다. 이러한 대변은 타당했습니다. 경제적인 이유 때문에 장식을 선택한 것이 아니라 불필요하기 때문에 선택하지 않았다는 정당성이 생겨난 것입니다. 왜냐하면 장식이 있는 것이 없는 것보다는 경제적으로 더 들기 때문입니다. 그러나 권위적이고 부유한 상징을 갖고 있는 계층의 많은 부류들이 제1의 형태를 선호하는 것을 보면 이 정당성이 임시방편적인 변명일 수도 있다는 의견을 자연스럽게 갖게 됩니다. 이러한 의견이 두 개의 형태에 자연스럽게 선택되면서 공유되지 않고 상황에 의하여 잠시 억눌려 있었기 때문이며 제1의 형태의 의도에 의한 것이 아니라는 의견이 더 지배적입니다. 또한 모든 형태는 선택하는 것이지 선택자의 선택이 아니라 다른 의도에 의하여 제한되어서는 안됩니다.

이러한 상황이 지속되면서 1980년도까지 잠잠했던 제1의 형태가 다시 부활하면서 근대의 종말을 선언하게 되는 대치 상황이 다시 온 것입니다. 이것이 바로 포스트모더니즘(Post modenism=After modernism)의 탄생과 모더니즘의 종말입니다. 포스트모더니즘은 종적을 감춘 형태 언어를 세상에 끄집어 내왔고 감성적인 대화를 다시 사회에 시도하려는 의도였습니다. 그러나 과거의 형태를 그대로 사용하지 않고 근대가 주장하는 기능 또한 접목하여 새로운 기술과 새로운 재료를 사용하여 과거의 형태 디자인을 재정비한 것입니다.

고대는 중세와 근세를 통하여 강렬하게 이어져 오고 고전주의 그리고 신 고전주의라는 징검다리 위를 걷다가 근대에 잠시 선택의 기회를 주면서 주춤했지만 다시 화려하게 포스트모더니즘을 통하여 부활 한 것입니다. 포스트모더니즘의 부활은 제1의 형태가 다시 맥을 잇게 되는 것인데 이것이 모더니즘의 종말과 시민혁명의 종말을 의미하는 것은 아닙니다. 수직적인 신분의 변화가 수평적인 신분 변화, 즉 부르주아와 프롤레타리아로 바뀌면서 자본가와 노동자의 선택으로 시민혁명의 정신은 이어져 오고 있었고 이제 선택의 폭이 넓어진 것입니다. 물론 근대는 자신들이 부르주아라고 생각하지 않지만 시민혁명에 의하여 잠시 주춤한 포스트는 이들을 가난한 척 하는 부르주아로 치부하고 있습니다. 포스트모더니즘이 과거의 디자인과 연결되어 있지만 고전적인 디자인도 그 자체로 공존하고 있고 시대의 주를 이루었던 모더니즘 또한 선택 사항으로 된 것입니다.

이제 모든 건축가들은 자신이 스스로 선택을 하든 아니든 모던이 독자적으로 주를 이루었던 시대는 지났고 클래식한 형태도 등장하면서 이 두 가지의 부류에서 하나를 선택하든 아니면 두 가지를 병행하든 분류를 당하게 된 것입니다. 즉 어떤 건축가도 이 두 가지 부류 중 하나에 속하게 되었다는 것입니다. 일반인들도 이제 감성적인 것(제1의 형태)을 선택할 수 있고 이성적인 것(제2의 형태)을 선택할 수 있는 선택의 폭이 넓어졌습니다. 시대에 뒤떨어진 선택이라는 기준이 사라지고 취향에 대한 대등한 입장이 만들어진 것입니다.

포스트의 근본은 과거에 있습니다. 이렇게 시대 속에 잠시 주춤했던 포스트모더니즘은 과거의 디자인에 기능을 첨가하여 다시 등장한 것입니다. 매너리즘, 바로크 그리고 로코코가 등장하면서 주류가 왕에서 귀족으로 흐르고 지배계층의 일방적인 사회흐름이 이미 문제시 되면서 교훈적인 메시지가 나온 것입니다. 클래식한 내용들은 디자인 자체도 있지만 때로는 시대적인 교훈 전달을 위하여 인용되는 경우도 있습니다. 예를 들어 사회가 혼란스럽거나 어떤 메시지가 필요하게 되면 고전적인 미디어가 많이 등장하게 됩니다.

제1의 형태가 고대를 기점으로 하여 시작하게 되는데 중세에도 이 표현은 변경이 되면서 고대의 표현이 주로 사용되고 특히 그리스(삼각지붕, 기둥, 단)와 로마(아치, 돔, 볼트, 조적조 등)의 형태 요소들이 주를 이루게 됩니다. 그러나 이렇게 뚜렷한 요소들 외에도 르네상스에 등장한 안드레아 팔라디오(Palladio, Andrea)의 대칭적인 배열 그리고 순수한 형태를 이루는 삼각형, 사각형 그리고 원의 기하학적 형태의 반복 등이 제1의 형태에 더 추가됩니다. 이러한 추가적인 형태 요소로 인하여 고대부터 전해온 형태 요소의 사용에 따라 양식은 좀더 세분화 되지만 역시 제 1의 형태에 속한 것은 마찬가지입니다. 이를 구분하는 기준은 원형의 형태와 얼마나 근접하는가에 있습니다. 어차피 시대가 변했기 때문에 고대의 형태와 동일한 모습을 갖고 있다고 해도 이는 원형이 더 이상 아닙니다.

그렇기 때문에 제1의 형태는 크게 4가지로 구분할 수 있습니다. 원본, 고전주의, 신고전주의 그리고 포스트모더니즘입니다. 원본이라함은 곧 고대만을 말합니다. 그리고 시대가 변했기에 원본과 동일한 형태로 만들되 재료, 건축기술 그리고 형태를 동일하게 하여 거의 원본과 유사하게 만드는 것이 바로 고전주의입니다. 그리고 형태와 표현은 유사하지만 재료와 건축기술만 그 시대의 것을 적용하는 것이 신 고전주의입니다.

포스트모더니즘(Post modernism=After modernism)은 말 그대로 모더니즘 이후에 등장한 과거의 디자인 요소를 사용하여 현대적으로 재구성한 양식입니다. 건축이든 미술이든 음악이든 양식적으로 분류하는 용어가 너무 많습니다. 이 단어에 대

과 고전적인 건축물들은 역사를 바탕으로 건축되었으며, 미스 반 데에 로에의 유명한 건축물들이 'Less is More'라는 기치 아래 설계되었는데 이에 대하여 벤츄리는 그의 건축물들은 한마디로 'Less is a bore 더 적은 것은 지루한 것이다'라고 평가했습니다. 벤츄리는 포스트모던 건축물을 설계하여 다양한 스타일과 역사적인 참고 문헌을 반영하는 새로운 스타일의 사례들을 선보이면서 역사적인 스타일이 더 학문적이고 표현이 풍부하다고 주장했습니다.

(a) 길드 하우스(1960년)   (b) 체스트넛 힐 주택(1962년)

[그림 Ⅱ-114] 포스트모더니즘_ 로버트 벤츄리, 미국

그의 첫 번째 건물 중 하나는 1960년에서 1963년 사이에 지어진 필라델피아의 길드 하우스(Guild House)와 필라델피아의 체스트넛 힐(Chestnut Hill)에 있는 어머니를 위한 집이었습니다. 이 두 집은 이후 포스트모던 운동의 상징이 되었습니다. 그후 1960년대와 1970년대에 역사적인 사례와 그 주변의 도시의 실제 생활에 존재하는 아이디어와 양식을 고려한 일련의 건물을 설계하며 포스트 모던양식의 건축물들을 선보이기 시작했습니다.

[그림 Ⅱ-114]의 건축물 길드 하우스(a)와 주택(b)을 살펴보면 과거 양식에서 사용하는 좌우 대칭이 전체 형태에 기본적으로 담겨있는데 이는 모던의 국제양식에서 지적한 회피하고자 하는 형태입니다. 또한 길드 하우스에 담겨 있는 아치와 주택에 보이는 삼각형의 이미지는 로마와 그리스 신전에서 그 근거를 찾을 수 있으며 삼각형, 사각형 그리고 원 또는 곡선을 반복적 그리고 규칙적으로 사용하는 것 또한 과거의 양식에 자주 등장하는 표현입니다. 길드 하우스의 조적조는 로마에서 시작한

것으로 이 또한 과거양식의 한 표현입니다. 이렇게 벤츄리는 자신의 건축물에 과거 양식에 등장하는 디자인 요소를 의도적으로 사용했는데 바로크처럼 장식을 의도적으로 붙이는 방식이 아닌 형태 속에 이미지를 장식적으로 나타내면서 포스트모던을 유지하려고 했던 것입니다. 벤츄리가 이렇게 시도하던 같은 시기에 이탈리아에서도 모더니즘에 대한 벤츄리와 같은 반란이 건축가 알도 로시(Aldo Rossi)에 의해 시작되었습니다. 그는 전쟁 중 파괴된 이탈리아 도시와 건물들이 원래 거리 계획 또는 도시 문화를 무시한 상태로 이전 건축 역사와 아무런 관련 없는 모더니스트 스타일로 재건되는 것을 신랄하게 비판했던 것입니다. 로시는 도시가 역사적인 구조와 형태 및 지역 전통을 보존하는 방식으로 재건되어야 한다는 것이 그의 주장이었습니다.

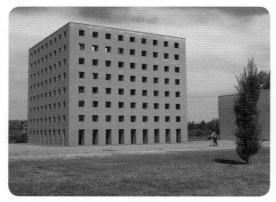 

(a) 산 카탈도 국립묘지(1978)_ Modena   (b) Teatro del Mondo, Venice(1979)_
                                                Aldo Rossi and Gianni Braghieri

[그림 II-115]

[그림 II-115] (a)의 건축물은 산 카탈도 국립묘지로 과거 양식에 자주 등장하는 개구부의 리드미컬한 배치가 인상적입니다. 일반적으로 창의 배치는 일정한 규칙이 있는데 기둥의 구조나 주차장의 영향도 받지만 일반적으로 한 박자, 두 박자, 세 박자 그리고 네 박자의 규칙을 따르기도 합니다. 이러한 규칙의 근거는 사실 과거 양식에서 유래한 것입니다. 일정한 규칙 속에서 동일한 형태를 반복한 것이 특징이며 우측의 건축물은 로마네스크 양식을 그대로 형대에 갖고 온 이미지를 갖고 온 느낌을 그대로 전달해 줍니다. 과거에 교통의 대부분이 수로를 통해서 이뤄졌기 때문에

유럽의 강 중앙에는 이러한 중세 풍의 세관건물을 많이 볼 수 있는데 베니스에 이러한 형태를 옮겨 놓음으로써 현대 도시에 중세의 느낌을 주려는 의도를 볼 수 있습니다.

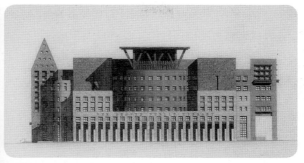

⊙ 덴버 공립 도서관(1990년), Denver, 미국

◉ 포틀랜드 빌딩(1978년), Modena

[그림 Ⅱ-116] 마이클 그레이브스의 포스트모던 건축물

미국 건축가 마이클 그레이브스(Michael Graves, 1934~2015) 또한 포스트모던 스타일의 건축물을 설계했는데, 그의 많은 건축물 중 포스트모더니즘 양식으로 두 개를 선택한다면 포틀랜드 빌딩(Fortland Building)과 덴버 공립 도서관(Denver Public Library)을 살펴볼 수 있습니다. 그는 이 외에도 미국에 동일한 양식의 건축물을 다수 설계했는데 일반적으로 건축물의 규모나 기능을 볼 때 중요한 역할과 특수한 목적을 갖고 있는 건축물에 특정한 양식이 적용되는 경우가 많은데 그레이브스는 도심 및 대형 쇼핑몰 건축물뿐 아니라 소매점의 디자인에 큰 영향을 미친 미국의 JC Penney와 Target 같은 체인을 위해 크고 저렴한 소매점을 설계하여 건물의 주요 건물뿐 아니라 작은 규모에도 양식을 적용하여 모든 건축물에 양식 적용을 시도했습니다. 처음부터 그가 포스트모더니스트는 아니었습니다. 초기에 그는 피터 아이젠만(Peter Eisenman), 찰스 가스메이(Charles Gwathmey), 존 헤덕(John Hejduk), 리차드 마이어(Richard Meier)와 함께 순수 모던 건축을 지향하는 모임 New York Five의 일원으로 있었지만 1982년 포틀랜드 건축물을 설계한 후 포스트모더니즘으로 자신의 설계 방향을 변경하였습니다.

그레이브스 작품의 특징을 보면 그는 형태 안에 형태를 시도하는 것이 보입니다. 모던은 형태 자체에 대칭을 피하고 그 개체 하나하나를 기능적으로 시도하는 반면 포스트는 과거 디자인 이미지에서 보여주는 반복적인 요소를 통하여 리드미컬하게 배치하고 복잡하지 않은 수평이나 수직축을 갖고 있으며 기본적인 기하학적인 도형을 사용하여 안정적이고 규칙적인 배치를 하는 것이 마치 공식처럼 사용되는데 그레이브스 또 이러한 배치를 전체적으로 시도한 것이 눈에 띕니다.

미국 건축가 찰스 무어(Charles Moore) 또한 포스트모더니스트의 유명한 건축가 중 한 사람으로 그의 가장 유명한 작품은 유명한 이탈리아 르네상스 건축물 안에 담겨 있는 디자인 요소를 풍성한 컬렉션으로 구성하여 나타낸 공공광장인 뉴 올리언스(New Orleans)의 피아자 디 탈리아(Piazza d'i Talia)입니다. 이 광장은 로마가 광장으로 시작한 도시의 기원을 담아 주변으로 르네상스 건축에서 볼 수 있는 다양한 요소들을 표현한 것으로 포스트모더니즘의 감성적이고 기하학적인 요소들로 가득한 광장표현을 적나라하게 표현하였습니다. 또한 베버리 힐스에 시청뿐 아니라 문화센터에 스페인 부흥 건축물을 디자인 바탕으로 Beverly Hills Civic Center를 설계하였는데 이 또한 찰스 무어의 포스트모던을 잘 나타낸 대표적인 건축물입니다.

[그림 II-117] 피아자 디 탈리아(1978년)_ 찰스 무어

피아자는 미국 이탈리아 문화 센터 뒤에 있습니다. 이 광장은 완성되기도 전에 걸작이 될 것이라고 관심을 받았으나 밀레니엄 시대가 시작되면서 과거의 양식이 관심받지 못하고 이 주변이 발전되지 않으면서 이 광장의 작업도 제대로 되지 못하면서 잊혀지기 시작했습니다. 그래서 세인트루이스의 '프루이트 이고'가 모던의 죽음이라고 이름 붙여지듯 '포스트모던의 파멸'이라는 이름까지 붙게 되었습니다. 그런데 인접한 Lykes 센터가 2003년에 완공되고 Loews Hotel이 2004에 완성 되면서 피아자 디 탈리아도 전체 복원이 되면서 관심을 끌기 시작했습니다. 처음에 뉴올리언스는 이탈리아 이민자를 많이 받았지만 프랑스와 스페인 이민자들이 많은 기부금을 내면서 이탈리아 사람들의 존재가 무의미해져 가고 도심지에 질병과 함께 개선해야 하는 고민을 하고 있던 중 저명한 현대 건축가인 Charles Moore는 Yale School of Architecture의 전 학장이었으며 후에 Postmodern Architecture라고 불리는 재치 있고 풍부한 디자인 언어를 제안하여 New Orleans의 이탈리아계 미국인 커뮤니티의 비전 실현에 도움을 주고자 했던 것입니다.

세 명의 젊은 건축가와 긴밀한 협력을 통해 뉴 올리언스의 Perez 회사와 긴밀한 협력을 통해 Malcolm Heard, Ronald Filson 및 Allen Eskew-Moore는 이탈리아 반도 모양의 공공 분수대를 상상해 내었습니다. 주변에 여러 개의 반원형 성당, 시계탑, 종탑과 로마 사원 — 추상적이고 미니멀한 공간 프레임 패션으로 표현된 배경으로 위치한 두 개의 이미지. 가운데 위치한 중앙 분수대는 Poydras Street에서부터 길게 이어지는 통로를 통하게 하고 Commerce Street가 Lafayette Street에서 끝나는 곳에 위치한 시계탑의 아치형 입구를 통해 두 개의 거리가 연결되게 만들었습니다. 분수대와 그 주변의 콜로 네이드는 고전적인 형태를 유머스럽게 적절히 적용하여 최신 재료(예 : 스테인리스 스틸, 네온) 또는 동역학(예 : 워터 제트의 사용을 통한 전통적인 코린트식 수도의 아칸서스 잎 모양)에서 작동되도록 연결하였습니다.

이 문화센터가 우선적인 목표가 아니었고 1982년에 베버리 힐스 시청(Beverly Hills City Hall)을 개축하면서 시민센터를 건설하려는 프로젝트를 제안하면서 이 Beverly Hills Civic Center가 시작된 것입니다. 시는 설계를 건축가 찰스 무어에게 의뢰했으며 그는 이미 지어진 시청의 스페인 부흥 건축 양식을 바탕으로 스페인 부흥, 아르 데코 및 포스트모던 스타일의 모든 이미지를 적용하여 이 건물을 설계했

[그림 II-118] 베버리 힐스 시민센터(1990년)_ 찰스 무어1990

[그림 II-119] 글라스 하우스(1949년)_ 필립 존슨

습니다. 여기에는 안뜰, 개울, 산책로 및 건물이 포함되며 개방형 및 반 밀폐형 공간이 다양하게 있고 계단 및 발코니를 포스트모던의 양식을 적용하여 1990년도에 완공하였습니다.

위의 세 건축가와 조금 다르게 모던과 포스트모던을 다양하게 보여준 건축가가 있습니다. 필립 존슨(Philip Johnson)입니다. 그의 경력은 전체적으로 두 개의 양상을 보이는데 처음에 그는 순수 모더니스트로서의 경력을 시작했습니다. 1935년 국제 현대 미술관에서 유명 박물관 카탈로그를 공동 저술했으며, 하버드대학교(Harvard)의 월터 그로피우스(Walter Gropius)와 마르셀 브로이어(Marcel Breuer)와 함께 공부했습니다.

코네티컷의 새로운 가나안(New Canaan)에 있는 그의 글라스 하우스(Glass House)는 루드비히 미스 반 데로 에(Ludwig Mies van der Rohe)의 미니멀리즘과 비숫한 양식의 집을 선보이면서 그 집을 모더니스트 운동의 상징이 되게 하였습니다. 그는 뉴욕시 시그램 빌딩(Seagrams Building)도 미스와 함께 설계하여 모던의 또 다른 상징적인 건축물로 만든 것입니다. 특히 1950년대에는 석고 천장과 좁은 색의 창문이 있는 포트 체스터 회당(1954~56년)과 네브래스카대학 예술 화랑과 같은 곳에 마치 과거의 건물을 비웃기라도 하듯 장난기 있는 표현과 늘어진 표현을 건물에 포함하기도 했습니다.

미네아 폴리스(1973년)의 IDS센터와 휴스턴의 펜즈오일 플레이스(Pennzoil Place in Houston, 1970~76년)처럼 1970년 그의 주요 건물은 분명하고 명확한 표현의 완전한 모더니스트였습니다. 그런데 존슨은 AT&T 빌딩(현재 550 Madison Avenue, 현재 이름 Sony 빌딩, 1978~82년)부터 포스트모더니즘으로 극적으로 변했습니다. 이 건물의 가장 두드러진 특징은 Chippendale 가구를 모델로 한 순전히 장식적인 최고급 건물이며, 역사적인 건축물에 대한 어떤 의미심장한 표현이 있습니다. 포스트모더니즘 이론가 찰스 젱스는 이 건물을 최고의 포스트모더니즘적인 건축물이라고 극찬했습니다. 존슨의 의도는 모더니스트 마천루 건축물로 가득한 맨해튼 도시에 포스트 모던적인 건축물을 세워 기업 상징으로 돋보이게 하려고 포인트를 주려는 것이었습니다. 그의 의도는 적중하여 이 건물이 맨하턴뿐 아니라 모든 포스트모던 건축물 중에서 가장 훌륭한 건축물로 알려지게 되었습니다. 얼마 지나지 않아 펜실바니아에 있는 피츠버그 판유리 회사 (Pittsburg Plate Glass Company)의 6개 유리 건물 중 하나 포스트모던 프로젝트인 PPG Place(1979~84년)를 완성했습니다. 이 건물은 231개의 유리 첨탑을 포함하여 네오고딕 양식의 건물 형태를 갖고 있으며 6개 건물 중 피츠버그에 있는 건물은 높이가 안테나 포함하여 194m입니다.

[그림 II-120] Pennzoil Place(1975년)_
필립 존슨, Houston

(a) 6개 건물 중 하나 PPG Place(1984년)   (b) 소니 빌딩(1984년)

[그림 II-121] 필립 존슨

[그림 II-121] (a)의 건축물은 꼭대기 첨탑의 형태들이 고딕 형태 이미지를 갖고 있는 것이 모던에 중세의 이미지를 첨가하면서 만들어 낼 수 있다는 포스트모던의 메시지와 형태 디자인의 마무리에 대한 교훈적인 내용을 갖고 있기도 합니다. 이 건물은 6개 PPG 중 하나로 피츠버그에 있는 건물입니다. 이 건축물도 포스트모더니즘 형태에 모던의 주재료인 유리를 접합시킨 건축물로 존슨의 설계디자인이 얼마나 무궁무진한지 알 수 있는 예입니다. (b)의 건축물은 포스트모더니즘의 대표적인 건축물로 꼽히는 것으로 지금은 Sony 빌딩으로 불리는데 역사적인 건축물의 모든 디자인 요소(페이지 271참조)를 다 갖고 있다고 해도 과언이 아닐 정도입니다. 사진을 보면 모던으로 가득한 도시의 빌딩 숲 속에서 독자적인 형태를 갖고 있는 존슨의 깊은 의도를 알 수 있습니다. 이 건물은 포스트모던을 설명할 때 빼 놓을 수 없는 좋은 예로 사용되기도 합니다. 이 밖에도 포스트모던 건축가는 많은데 프랑스의 크리스티안 드 포참박(Christian de Portzamparc)과 스페인의 리카르도 보필(Ricardo Bofill), 이소자키 아라타(Isozaki Arata) 그리고 마리오 보타(Mario Botta) 등이 포스트모던의 형태를 잘 보여주고 있습니다.

포스트모더니즘의 등장은 모더니스트들에게 충격이었습니다. 그 이유는 모던의 발생 동기를 먼저 살펴보아야 합니다. 모던 이전에 역사주의가 갖고 있던 배경은 군주제와 연결이 되고 이는 사회적 불평등의 사회였으며 특히 장식이라는 요소가 건축의 영역에서 차지하는 역할이 모더니스트들에게는 상당히 부정적이었으며 권위적인 이미지라고 생각했습니다. 군주제에서는 권력이라는 기득권의 영향이 컸으며 평민의 영향은 아주 작았습니다. 오랜 세월을 거쳐 평민출신 중 경제력을 갖은 부르주아들이 시민혁명의 주축이 되어 새로운 사회를 만들었고 바로크는 특히 루이 14세의 귀족천대라는 시간 속에서 왕족에게 미움을 샀던 귀족들이 부르주아들과 결탁하여 로코코를 만들었으며 산업혁명이라는 새로운 시기는 수직적인 신분관계에서 자본가와 노동자라는 새로운 수평적 신분관계를 탄생시켰으며 불변의 위치였던 수직관계에서 위치 변화가 가능한 수평신분관계는 분명히 평민들에게 새로운 시대를 예고했을 것입니다. 특히 오로지 귀족을 위하여 만들어진 장식은 일반인들에게 동력만 더 요구하는 일이었으며 이는 일부 계층만을 위한 작업이라고 모더니스트들은 생각한 것입니다.

이 장식들은 오로지 시각적인 역할만 담당했을 뿐 기능적인 부분에서는 쓸데없는 요소로서 모든 사물은 기능을 우선해야 한다는 새로운 모토아래 모더니스트들은 힘들게 새로운 시대를 만든 것이었습니다. 새로운 희망 속에 모던은 승승장구 하고 심지어 구조적으로 자신감을 갖고 과감한 시도도 서슴지 않고 역사적인 형태를 음지로 몰아내고 새로운 시대를 마음껏 즐기던 레이트모던까지 등장하면서 역사주의를 시대에 뒤떨어진 디자인으로 간주하며 앞으로 전진했고 특히 국제주의 양식의 등장은 일정 지역뿐 아니라 전 세계를 하나로 묶고 고리타분한 역사에 매달린 사람들을 비웃기라도 하듯 지역과 환경 그리고 문화까지 무시한 방법으로 보란 듯 도시를 채우며 성장한 것은 실로 모던의 큰 승리였습니다. 사실 오랜 역사 속에서 도시를 채우던 역사주의 건축물을 제치고 모던의 건축물들이 도시의 자리를 차지할 수 있는 기회를 얻기는 쉽지 않았을 것입니다. 그런데 전쟁을 통하여 도시의 많은 건축물 특히 과거의 건축물들이 사라지면서 이는 모던에게 주어진 절호의 찬스였던 것입니다.

만일 전쟁으로 인한 도시의 폐허가 있지 않았다면 아무리 기술과 재료가 과거와 달랐어도 모던도 이렇게 빠른 속도로 성장할 수 없었을 것입니다. 모던은 이것을 기회라고 생각하여 양식을 무시한 디자인 국제주의 양식으로 세계의 도시를 채워가고 있었던 것입니다.

'Form follows from function' 형태는 기능을 따른다는 주제 아래 장식을 철저히 배제한 모던은 도시를 가득 채워나가고 있었습니다. 그런데 한 사건이 일어났던 것입니다. '프로이트 이고'의 철거 사건 후 모던은 사망일을 선고 받고 충격에 빠졌습니다. 모던은 모든 것의 해결책처럼 자리매김하며 질주하던 행보가 잠시 멈추어야 했던 것입니다. 그 틈을 타서 모던은 재평가를 받게 되고 많은 모던 건축가들이 모던의 문제점에 동의하며 역사주의 건축물의 필요성에 동참하게 되면서 벤츄리의 'Less is bore'라는 주장이 설득력 있게 작용하고 도시는 다양한 건축물의 등장을 허용하게 됩니다. 'function follows from Form' 기능은 형태를 따른다는 역사주의 모토가 다시 등장하게 된 것입니다. 역사주의 건축물은 감성주의를 바탕으로 하는 것으로 인간의 심성을 중요시합니다. 그러나 모던은 이성주의를 바탕으로 하는 것으로 기술적인 부분이 부각되는 것입니다. 포스트모던이 재등장하고 다시 장식에 대한 관심이 쏟아지면서 모더니스트들은 이에 대항할 양식의 필요성을 다시 느낍니다. 그리고 벤츄리나 필립 존슨의 장식에 대한 의견도 관심을 갖게 됩니다. 그러나 모더니스트들이 시도하는 새로운 모던은 장식을 첨가하되 역사적인 장식은 결코 아닙니다. 그것은 형태적인 장식입니다. 즉 형태 그 자체가 장식이 되는 것입니다.

과거의 장식은 종교적인 교훈을 담거나 아니면 그리스 신화에 등장하는 기득권자의 권위를 도와주는 이미지 등과 같이 의미가 있었습니다. 그러나 새로운 모던은 장식을 표현하되 의미가 없는 장식, 즉 형태 속에 형태로 존재하는 것입니다. 그러나 형태와 형태가 서로 융합하지 않는 복잡함을 갖고 쉽게 읽히지 않음, 안정된 형태보다는 공격적이거나 폭발하는 듯한 형태, 불규칙성을 갖는 불협화음, 일정한 주제를 나타내는 형태적인 장식, 시간적 흐름을 담고 있는 기억의 흐름, 추상적이면서 회화적인 파괴, 비장소성, 일정한 기능의 파괴 등 고정된 사고를 주지 않는 일정한 틀에 있지 않은 기능의 파고 등 새로운 시도를 하게 됩니다. 이는 역사적인 건축물이 갖고 있는 안정감과 규칙 그리고 비례에 대한 반항처럼 작용을 합니다. 그리고 이를 새로운 모더니즘 Neo Modernism이라고 이름 붙입니다. Modern 자체가 새롭다는 의미이므로 New를 붙이는 것은 반복적인 단어의 나열이므로 이 또한 새로운 모더니즘의 콘셉트에 맞지 않으므로 Neo를 붙인 것입니다. 이것이 네오 모더니즘의 탄생입니다.

현대 시작은 국제 양식부터이다.

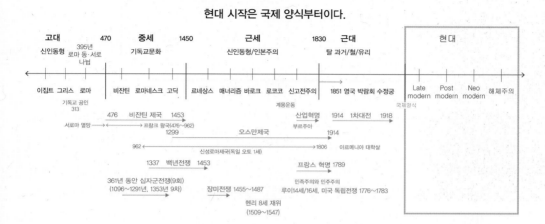

[그림 II-122] **연대표**_ 양식의 전체적 흐름

[그림 II-122]의 연대표를 보면 양식의 전체적인 흐름을 볼 수 있습니다. 근대 이후 현대가 등장하는데 현대의 시점은 국제 양식부터 보는 것이 옳습니다. 국제 양식 이전에는 사실 그 표현 방식이 지역적이고 과거와 크게 다르지 않았습니다. 그러나 국제 양식은 그 이전과 차이를 보였고 새로운 이론이 등장했기 때문입니다. 그리고 레이트 모던이 등장하고 이후 포스트 모던의 등장 직후 네오 모던이 등장합니다. 해체주의는 다음 장에서 다루는데 사실 네오 모던의 일부로 보는 것이 옳습니다.

[표 II-2] 양식의 전개

디자인도 보수와 진보의 경쟁이다

제 1의 형태

고대 → 중세 → 근세 → 고전주의 → 신고전주의 → 포스트 모더니즘

제 2의 형태

근대(모더니즘) → 레이트 모더니즘 → 네오 모더니즘 → 해체주의

현대 → 국제양식

이를 다시 정리해 보면 위의 [표 II-2]처럼 두 가지 형태의 분류로 나누어 볼 수 있습니다. 여기서 포스트모더니즘은 모더니즘이라는 단어가 붙어있지만 사실 모던과는 상관이 없고 Post modern에서 Post = after라는 뜻이므로 모던 이후에 나왔다는 것을 말하는 것입니다. 여기서 모던과 상관이 없다는 것은 그 표현 방법을 말하는 것입니다. 간단히 말하면 모던은 장식을 배제하는 것이 기본 바탕이고 포스트는 과거처럼 장식을 표현하는 것입니다. 그래서 시기적으로는 현대에 등장했지만 제1의 형태인 과거의 건축표현 범주에 넣은 것입니다. 즉 위에서 제1의 형태는 장식을 포함하는 것을 말하고 제2의 형태는 장식을 배제하는 것을 기준으로 나눈 것입니다. 정리하면 모던은 과거의 양식에서 탈출을 의미하고 네오모던은 포스트모던을 경계하는 의미라고 생각하면 이해가 쉬울 것입니다.

네오모던의 건축물이 많이 등장하지만 최초의 네오모던적인 건축물은 라 빌레뜨 공원에 있는 그의 작품에서 우리는 그 동안의 지식을 모두 무용지물로 만드는 것을 깨닫게 됩니다. 그의 이 작품을 살펴보면 그가 그 대지에 처음에 시도한 점(folie)과 그리드가 아니라도 우리의 시각은

할 말을 잃게 됩니다. 그가 역사주의에 저항적이라면 관찰자는 츄미에게 저항적으

로 될 수밖에 없습니다. 그는 우리에게 그의 편에 설 수 있는 자리를 전혀 내주지 않고 심지어는 자신의 입장만을 밝히고는 그 자리를 떠나 버렸습니다. 온전히 우리의 선택은 그냥 바라보는 것입니다. 마치 하나의 나라와 시간의 흐름을 축소시켜서 각 도시를 만들어 놓고 이 도시를 도로로 연결해 놓은 것 같은 형태를 취하기도 하고 하나의 도시를 축소하여 중심과 외곽으로 만들어 놓은 것 같기도 합니다. 공원을 건축가가 하나의 도시처럼 해 놓았으나 그곳에 건축은 없고 츄미의 암호(점folie. 선time. 면earth)만으로 가득합니다. 그래도 그 도시는 성벽으로 둘러쳐지지 않았으며 자신을 은폐하는 후미진 곳도 없습니다. 다행스럽게도 계단이 있으며 운하를 건널 수 있게 되어 있고 벽도 몇 개는 존재합니다. 길은 어디론가 방향을 설정하고 있으며 그 끝에는 목적지가 존재한다는 개념이 있습니다. 그러나 그의 길은 건축물을 지나쳐 가고 있습니다. 그리고 길은 뻗어 나가지만 그의 길 위에는 또 하나의 길이 있습니다. 그것은 불안과 도전으로 받아들일 수 있습니다.

이 공원에서 건축물은 머무는 곳이 아니라 거쳐 가는 곳입니다. 그것은 주거의 개념에 대한 도전입니다. 이는 소방서를 떠올리는 붉은 색이 더 강조하고 있습니다. 그 어느 색보다도 붉은 색은 피를 의미하는 것처럼 생명을 의미하며 생동감과 현재 진행형을 의미합니다. 그의 건축물은 자신의 존재를 나타내지 않고 오히려 석재의 존재를 더 친근하게 만들고 있습니다. 건축은 건축적이어야 하는가라는 의문을 진지하게 생각해 본적은 없으나 그의 건축물을 바라보면 그 의문이 떠오르게 합니다. 그래야 되지 않을까 하는 생각을 하지만 굳이 그에 대한 의문을 끝까지 물고 늘어진다면 왜라는 물음에 구체적으로 갈 자신이 없습니다. 그것은 아무도 정하지 않았지만 존재하는 약속이기 때문입니다. 아마도 츄미는 이러한 주인 없는 약속을 누군가는 책임을 져야 한다는 문제를 제기하는지도 모릅니다.

그의 작품이 추상적이라는 것은 구체적인 것을 좀더 구체화시키려는 의도에서 나온 것인지도 모릅니다. 건축적이라는 것은 무엇인가? 건축

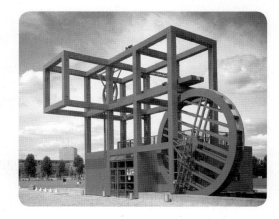

의 주인공이 공간이라는 Zevi의 개념을 생각할 때 공간을 나타내야 하는 것이 건축이라면 츄미의 이 건물에도 공간은 존재합니다. 그러나 그의 건축물에서 공간이 전부가 아닌 일부라는 것입니다. 즉 그의 건축의 주인공이 공간이 아니라는 것입니다. 그의 건축에서 공간이 전부여야 된다는 규칙은 어디에도 없습니다. 아마도 그의 작품을 그 보이는 그대로 본다면 의문투성이가 되지만 그것은 맞는 의문일 수도 있습니다. 그의 작품이 바로 의문을 던지고 있기 때문입니다. 무엇에 대한 의문인가? 그것은 불확실성에 대한 의문입니다. 그것이 네오 모더니즘의 하나입니다. 추상적으로 존재하는 의문을 형태화시켜서 구체적으로 보이게 하여 우리 스스로 그 해답을 갖게 하려고 하는지도 모릅니다. 그래서 그의 건축물은 암호입니다.

르코르뷔지에의 옥상정원이 대지에서 빼앗은 땅을 되돌려 주는 것이라면 그의 건물은 빼앗은 그 건너편의 시야를 우리에게 되돌려 주는 것입니다. Site의 연속기획물 Best 건물을 보면 그는 구체적으로 그러나 형태는 포기할 수 없습니다. 그것은 비록 네오 모더니즘일지라도 디자이너의 고귀한 임무이기 때문입니다. 주어진 것을 다시 새롭게 만들어서 되돌려 주는 것이 현대 산업의 특징이 아닌가 생각합니다. 그의 틀은 흩어진 것을 하나의 테두리 안에 넣어서 다시 되돌려 주고 있습니다. 그러나 그 틀 안에 있는 것은 다시 사라질 수 있습니다. 들어 올려진 손은 나의 의지이지만 그 손에 앉은 것은 새 스스로이고, 다시 날아갈 의지를 갖고 있는 것도 그 새 스스로입니다.

츄미의 작품이 독자적이지 않고 아이젠만이나, 게리 그리고 Kazuo Shinohara의 작품과 부분적으로 같은 이미지를 갖는 것은 그 테두리가 형성해 가는 형태 속에 우리가 떠올리는 이미지가 존재하기 때문입니다. 그것은 곧 형태의 해체가 아니라 이미지의 해체를 의미합니다. 그리고 그들의 작품 속에는 중심이 뛰쳐 나왔지만 중심이 없는 것은 아닙니다. 이 건물의 보이는 테두리를 모두 잘라 버린다면 남는 것은 역시 공간을 갖고 있는 소위 순수한 이미지의 건물입니다. 그렇다면 이것은 해체가 아니고 중심을 벗어난 연장입니다. 그리고 곳곳에 매달려 있는 원이나 삼각형은 그저 장식일 뿐입니다. 알버티의 미와 장식의 비교에 있어서 미 또한 하나의 구조로 볼 수 있습니다. 그리고 장식은 떼어내어도 구조에 전혀 상관 없는 것이라고 했을 때 공간을 이루는 구조물 외의 것은 장식입니다. 이러한 관점에서 봤을 때 모든 것이 다 포스트모더니즘이고 모던이고 그리고 네오 모던입니다. 찰스 젱스가 10가지 중 6가지의 공통점이 있을 때 그들을 하나의 사조에 넣을 수 있다고 했어도 마찬가지입니다. 이렇게 알버티의 관점으로 보았을 때 이 건물은 장식으로 가득한 건물입니다. 고딕의 플라잉 버트레스가 구조의 역할을 훌륭히 해내는 뼈대인 것처럼.

해체와 구성이라는 것이 단순히 형태에만 국한되는 것은 아닙니다. 그의 붉은 격자 안에는 거대한 물레방아의 일부가 땅에 묻혀 있습니다. 그 거대함은 힘을 의미하기도 하지만 땅에 묻혀 있는 것이 무력한 모습으로 보입니다. 이는 관찰자가 갖고 있는 기대에 대한 해체입니다. 이는 기능에 대한 구성을 벗어난 것입니다. 완벽한 해체란 곧 아예 존재하지 않는 것이라는 것은 설명하지 않아도 알 수 있습니다. 그러나 건축물이 갖고 있는 인간에 대한 기본적인 역할은 우리가 벗어날 수 없는 굴레입니다. 이러한 상황이 츄미로 하여금 그 테두리마저 벗어 버리는 그로닝엔 글라스를 탄생시키게 한 것입니다. 그 글라스는 존재하지 않으면서 그곳에 있습니다. 전과 후, 비시각적 그리고 비장소적인 건축물을 우리에게 보여주는 것입니다. 이것이 미래입니다.

[그림 II-123] 그로닝엔 글라스

[그림 II-123]의 건물처럼 유리로 된 건물을 본적이 있는가라는 기자의 질문에 츄미는 미스의 건축물을 떠올렸습니다. 그러나 그 건물은 유리를 모두 제거 했을 경우 철 구조물은 남는다는 것도 그는 설명하였습니다. 그리고 철 구조물이 남았어도 주택의 존재가 있음을 설명하였습니다. 이러한 설명에 라 빌레뜨를 떠 올렸을 경우 거기에는 그 존재가 있다는 의미입니다. 그렇기 때문에 이 그로닝엔 글라스는 존재하지 않는 것입니다. 그가 경제적인 문제만 없었다면 바닥판도 유리로 만들었다는 의미는 아이젠만의 존재와 부재를 실질적으로 보여주고자 한 것입니다.

우리는 이곳에서 유리 뒤의 나무를 볼 수 있습니다. 공간을 이루면서 공간이 존재하지 않는 완전한 해체를 시도하려는 그의 의미를 엿볼 수 있습니다. 비디오라는 극히 사적인 사물을 극히 공개적인 장소로 옮기고자 하는 그의 의도는 엄청난 시도이며 욕구 자체를 분해하는 시도가 있는 것입니다. 완전한 해체는 자연 그대로 두는 것입니다. 츄미는 이 건물의 구조에 가장 흔한 재료를 사용하였습니다. 그것은 네오 모더니즘 정신에 타당한 방법입니다. 이중적이며 가공이 이루어지고 두 겹으로 된 것은 부르주아적인 이미지입니다. 노출 콘크리트의 솔직함처럼 그 표면이 그대로 들어나는 것은 곧 직설적인 표현입니다. 이 건물의 접합은 단순한 클립으로 모두 고정을 시켰습니

[그림 II-124]

다. 단순하다는 것은 없음을 향해 가는 손짓입니다. 아마도 유리로 된 클립이 있었다면 그는 클립도 유리로 사용을 하였을 것입니다. 이것은 그가 대들보와 기둥마저 유리로 한 것을 보면 잘 알 수 있습니다. 후에 이곳에 하얀 풍선으로 한동안 가득 채웠다는 것은 아주 재미난 아이디어였습니다. 이것은 이 건물이 존재하지 않는 다는 그의 의도를 잘 반영하는 부분입니다.

　표준과 상식은 쉽게 부수지 못하는 벽으로서 우리에게 존재를 합니다. 그리고 이는 우리의 사고의 범위를 제한하는 하나의 막으로 감싸고 있습니다. 안일하고 정상적인 마무리로 보일 수도 있지만 획일적이고 기계적인 사고로 갈 수 밖에 없습니다. 보편적인 것이 무난하다는 의미로 존재의 권리를 포기하고 테두리 안에서 보장된 상황을 받아들이는 결코 창조의 최전방에 위치하지 않은 행위입니다. 비평가들이 비평하는 것은 그들의 행위입니다. 창조자의 행위는 창조하는 것입니다. 이것은 결코 기존의 테두리 안에 존재하지 않아야 하며 고르지 않은 땅 위에 서있을 수밖에 없습니다. 평탄한 대로처럼 빠르지는 않지만 구렁이 담 넘어 가듯이 유유히 흐르는 그 평안함은 결코 무난함에 저항하는 자들의 길이 아닙니다. 안락함에 안주할 수 있는 소망은 모두의 소망일지 모르지만 츄미는 감히 그 게으름의 막을 뚫고 나왔습니다.

　흐름은 타고만 있어도 장소의 이동을 만끽할 수 있습니다. 그러나 그것은 자신의 존재를 스스로 개척하려는 자들의 자리가 아닙니다. 네오 모더니스트들은 그 흐름에 대항하고 못된 송아지처럼 끝없이 뚫고 나오려 합니다. 그 세계에서 자신의 영원

한 위치는 없습니다. 언제나 새로운 모습은 시간의 흐름이 평가를 합니다. 그래서 르코르뷔지에는 7년마다 자신의 새로움을 시도하였으며, 그는 비평에 두려워하지 않았습니다. 오히려 변화 없는 자신의 게으름에 두려움을 가졌는지도 모릅니다. 롱샹교회가 그 증거입니다. 츄미의 위치는 흐름에 평행하지 않습니다. 그것이 비건축이라 해도 그는 자신의 언어를 말하지 않고 표현하는 것입니다. 뒤에 서있는 역사는 철 지붕과 방향을 같이 하면서 한순간의 흐름을 대신하고 있습니다. 그러나 츄미는 과감히 뚫고 나온 것입니다. 때로는 두 개의 다리로 아니면 하나의 다리를 끌고라도 나오는 것입니다. 이 양철판은 라 빌레뜨 공원의 주변 도로이고 이를 뚫고 나온 것은 츄미의 뚫어진 벽입니다.

[그림 II-125]

공간을 다 채워 버린다는 것은 너무도 이기적일 수 있습니다. 이렇게 되면 완전히 채워진 것은 하나의 독립된 개체로 존재를 하게 되는 것입니다. 그러나 조금씩 비워 갈 때 공간은 나눔의 삶에 동참하는 것입니다. 벽의 추상적인 의미는 단절입니다. 그리고 시각의 끝입니다. 그래서 우리는 개구부의 필요를 단순히 기능적인 것에만 두지 않고 벽의 기능을 조금이라도 무능력하게 만드는 것입니다. 그리고 벽이 선다는 것은 차단입니다. 외부와 내부의 차단은 냉정함입니다. 이는 융통성의 부족이 될 수도 있고 빼앗은 자의 억지적인 타당성이 될 수도 있습니다. 공간 내 인위적인 조명이 들어 왔을 때 그 공간은 완벽하게 자연을 포기하는 것입니다. 이러한 고집은 자연에 대한 이기주의며 공간의 자유를 빼앗는 것입니다. 츄미의 이 처마 밑의 공간은 이러한 상황을 극복한 것입니다. 이것은 비단 츄미의 표현만은 아닙니다. 이것은 라이트의 로비저택에 잘 표현이 되었으며 일본의 건축이 갖고 있는 베란다의 기능이 그렇고 한국 초가집의 마루가 그러한 완충 영역입니다. 자연과 인간이 같이 공유하는 공간 그리고 충격이 없는 공간입니다. 시간과 영역을 초월하고 테두리는 있으나 개방된 공간입니다.

츄미의 이 라빌레뜨는 자연에게서 공간을 빼앗은 것이 아니라 서로 공유하는 공

[그림 II-126]

간입니다. 영역을 표시하였지만 공유하는 공간이고 단순히 기능적인 만족에 머무는 것이 아니라 점차로 퍼져나가는 건축입니다. 그것은 소유에서 무소유로 가는 과정을 표현한 것이고 공간의 자유를 그냥 얻는 것이 아니라 단계별로 어떻게 진행되는지를 표현한 건물입니다. 형태에서도 가장 기본적인 수평과 수직의 요소가 모여서 된 것으로 이는 진정한 해체가 단순한 것에서 이루어진다는 것을 그가 사용한 재료들에서도 여실히 나타나고 있습니다.

솔리드에서 보이드 또는 보이드에서 솔리드로 가는 과정입니다. 이는 소유에서 무소유 그리고 무소유에서 소유로 가는 과정입니다. 해체는 안에서 밖으로 가는 것입니다. 가장 중심에 있는 것은 자기 자신입니다. 이는 자신의 해체가 곧 우주의 해체이며 공간이 건축의 중심에 있는 것이 아니고 전체 건축물 중에 공간이 일부를 차지하는 것입니다. 몇 개의 요소는 비건축적일 수 있습니다. 그것은 그 개체 하나를 보았을 경우입니다. 그것이 진정 해체주의적인 시각입니다. 그러나 여기서는 전체를 하나의 건축물로 모아서 보아야 하며 이를 다시 개별적으로 분리해 놓은 것으로 볼 수 있습니다. 이는 종합적 큐비즘의 확대입니다. 그러므로 라 빌레뜨는 작게 보아야 합니다. 라 빌레뜨 공원 자체가 하나의 완충공간이며 여기에 놓여진 각각의 요소가 공간을 채우는 가구이며 룸이 되고 거실이 되며 태양은 조명이 되어야 합니다.

바닥의 솔리드한 면은 위로 올라가면서 솔리드한 선이 보이드한 면을 이루고 선은 다시 보이드화되어가며, 허공에서 완벽한 보이드로 모든 것이 무소유로 되어가는 과정을 볼 수 있는 것입니다. 이 형태에서 굳이 구조적인 안정감을 시도하려고 한 것이라고 일반적인 상식을 끌어들이고 싶지 않습니다. 이것은 이 구조체의 최상부의 수평적 테두리가 없는 것을 보았을 때 이는 완전한 개방이 아닌가 오버해보기도 합니다. 완성과 명확한 표현이 없다는 것, 그리고 구체적인 설명을 주지 않았다는 것은 답답할 수도 있겠지만 느낌의 자유라는 해방감도 있습니다. 이것은 이들 네오 모더니스트들이 추구하는 것입니다. 명확한 포스트모더니즘처럼 그 소재의 근거를 불러 올 수 있고 역사적인 뿌리를 보여주는 것은 오히려 그 작품을 하나의 테두리에 가두어 둘 수도 있습니다. 그러나 그것이 단지 이해를 구하는 데 필요한 요소라면 이해를 구하지 않는 부류들한테는 분명한 공식을 필요로 하지 않는 것입니다.

네오 모더니스트 중의 한 작품 츄미의 작품을 보면서 이렇게 다양한 해석이 나오는 것은 그들의 작품이 갖고 있는 특징으로 명확하지 않지만 명확한 오브제를 제공하면서 존재를 하는데 네오 모더니즘의 특징 중 하나가 개인적인 표현이라는 것입니다. 네오 모더니즘의 작품들은 어느 한 양식의 범주에 넣기가 쉬웠는데 네오 모더니즘 건축가들의 작품은 개성이 강하고 서로 간에도 그 표현 방법이 너무 달라 마치 다다이즘처럼 개인 양식이라는 표현에 가까울만큼 특징이 모두 다릅니다. 그것이 네오 모더니즘입니다. 프랭크 게리(Frank Gehry), 피터아이젠만(Peter Eisenman), 렘 쿨하스(Rem Koolhaas), 버나드 츄미(Bernard Tschumi), 자하 하디드(Zaha Hadid), 마키 후미히코(Maki Fumihiko), 시노라 카즈오(Shinoara Kazuo) 모두 네오 모더니스트들이지만 이들 작품을 하나의 범주에 넣기는 개성들이 강하고 특징적입니다.

[그림 II-127] 바나나

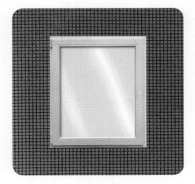

[그림 II-128] 창문과 방충망

앞에서 츄미의 작품을 장대하게 분석했는데 사실 이를 한 단어로 압축한다면 네오모던은 묻지마 디자인입니다. 우리가 바나나를 먹을 때 왜 휘어져 있는지 따지지 않습니다. 맛있으면 되지. 즉 바나나 디자인입니다. 굳이 네오 모던은 따지면 안 됩니다. 그런가보다 하고 감상하는 것입니다. 역사주의 건축물들은 각 부분에 타당한 이유와 규칙과 배치에 대한 법칙이 있습니다. 이에 대한 반발심으로 등장한 것이기 때문에 타당한 이유가 있다면 그것은 네오 모던이 아닙니다. 앞에서 네오 모던의 특징에 대하여 다룬 부분이 있는데 부조리, 불일치, 불협화음 등이 있었습니다.

예를 들어 창문에 방충망을 설치한다면 일반적으로 창문의 형태와 크기를 측정합니다. 그러나 네오 모더니스트들은 창문만 가리면 충분합니다.

즉 기능만 하면 된다고 생각합니다. 그래서 옆의 그림처럼 창문보다 방충망이 커도 크게 문제되지 않을 것입니다. 그러나 규칙을 중시하는 사람들은 크기가 맞지 않는 것에 대하여 왜 그런지 물을 것입니다. 그러면 네오모더니스트들은 왜 안 되는지 다시 물을 것입니다.

이러한 디자인은 이미 우리나라의 달동네에 충분히 있습니다.

(a)

(b)   (c)

[그림 Ⅱ-129] 달동네_ 네오 모더니즘

[그림 Ⅱ-129] (a)의 사진 속의 지붕들을 보면 각양각색입니다. 아마도 정리되고

깔끔한 동네에 있는 분들은 이러한 형태가 어색할 수도 있습니다. 그러나 이들은 묻습니다. 왜 안 되는지 지붕의 기능을 아무 문제없이 수행하는데, 아래 (b) 사진의 허름한 문의 창문에는 빨래판으로 창의 역할을 하고 있습니다. 빨래판이라고 생각하는 사람들이 있겠지만 이들에게는 훌륭한 창 가리개로 쓰이기도 합니다. (c)의 사진에는 처마를 받치고 있는 기둥의 모양이 모두 다릅니다. 이에 거부감을 느끼는 사람들도 있을 겁니다. 그러나 이들에게는 훌륭한 기둥으로 쓰이고 있습니다. 이것이 네오 모더니즘의 자유입니다.

차를 타고 가다 보면 사진처럼 창문이 매달려 있는 건축물을 볼 수도 있습니다. 태풍에 의하여 저렇게 된 것이라면 고쳐야 하지만 건축가가 의도적으로 만든 것이라면 이것은 네오 모더니즘적인 양식입니다. 기능은 아무런 문제가 없기 때문입니다.

이것은 포스트모던 건축가들에게는 아주 불편한 이미지를 갖고 있는 형태입니다. 문 위의 켄딜레버는 문의 크기나 폭에 비하여 너무 커서 마치 그래프처럼 뻗어 나간 형태이고 지붕에 있는 격자 틀은 아무리 좋게 생각해도 왜 그곳에 그것이 있는지 이해할 수 없으며 건물의 우측은 사각형을 유지하다 좌측은 불규칙적으로 형태가 사라지는 것이 좌측 끝에 놓인 작은 건

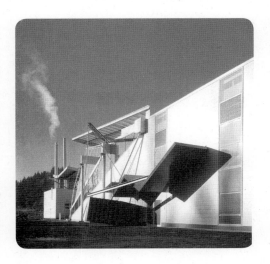

물과 전혀 조화가 맞지 않고 좌측에 경사져 내려가는 부분에는 얼기설기 엉킨 것이 전체적인 형태와 전혀 융합되지 않는 형태 콘셉트를 보여주고 있습니다.

[그림 II-130] 네오 모더니즘 건축물

　　모던에 들어와서 모더니스트들이 가장 좋아하는 것이 유리입니다. 특히 이들은 가능한 벽을 없애고 벽을 유리로 대체하려는 노력을 많이 합니다. 이 건물도 벽은 없고 테두리만 있는 건물로 전체적인 형태 자체가 하나의 조형물처럼 장식적인 역할을 하고 있습니다. 이 유리의 등장은 바우하우스에 그 기원을 두고 있는데 여기에는 부유라는 의미심장한 단어가 숨겨져 있습니다. 이렇게 모던의 사망선고 후 포스트 모더니즘이 등장하자 이에 발 빠르게 나온 것이 네오 모던으로 이들은 과거보다 더 복잡한 형태로 완전히 틀을 부수고 모던의 시초보다 더 강한 기능주의를 나타내려고 하는 것입니다. 그러나 이러한 작업이 진행될수록 더욱 혼란스럽게 하는 것이 네오 모던과 해체주의에 대한 구분입니다. 그러나 이를 굳이 구분하지 못하더라도 이렇게 다양한 형태들이 우리 주변에 존재한다는 것은 너무도 기쁜 일입니다.

[그림 II-131] 기능주의

해체주의(Deconstruction)

해체주의라는 말을 영어로 보면 Deconstruction이라고 표기합니다. 여기에 De 와 construction이 합쳐져서 이상하게 construction 구조라는 말이 먼저 떠올라 마치 구조를 해체하라는 말로 들릴 수 있는데 이것이 맞는 말일지도 모릅니다. 이 말의 기원은 프랑스 철학자 자크 데리다의 사상으로부터 시작했습니다. 그러나 굳이 이 사람을 꼭 알 필요는 없을지 모르며, 아니 몰라도 됩니다. 아마도 초창기에는 구조를 해체하자는 말에서 시작되었을지도 모릅니다. 왜 그런가하면 초기에 구조가 건축물을 만드는 데 가장 걸림돌이었습니다. 그러나 지금에 와서는 그 이상의 의미 를 갖고 있습니다. 구조뿐 아니라 우리의 고정관념을 해체하자는 의미로 더 넓어졌 습니다.

모든 건축물은 수직과 수평의 형태로 만들어져야 한다는 고정관념, 외벽에는 벽 과 창이 그리고 문이 있어야 한다는 고정관념, 모든 건축물은 정해진 재료로 만들어 져야 한다는 고정관념, 주출입구는 반드시 지상 층에 있어야 한다는 고정관념, 구조 체가 내부에 있어야 한다는 고정관념, 하나의 시간 흐름이 존재해야 한다는 고정관 념, 모든 형태는 온전한 모습을 갖춰야 한다는 고정관념, 모든 요소가 제 자리가 있 다는 고정관념 등 우리가 지금까지 알고 있는 모든 고정관념을 해체하는 것이 해체 주의입니다. 그러나 이러한 상황에서도 기능은 변하지 말 아야 한다는 고정 관념은 아직 해체 주의 그대로입니다.

Ⅲ 건축물에는 건축이 없다

1 시작

CHAPTER

건축물을 감상하는 방법이 따로 정해진 것은 없습니다. 건축물뿐 아니라 다른 작품을 감상하는 방법과 크게 다르지 않습니다. 어느 작품이든 동기가 발생하고 그 동기를 작품에 적용하고 유지하면서 그 과정에 작가의 의도가 담겨지는 것입니다. 그러므로 우선적으로 그 동기를 알아야 하고 작가의 의도를 알아야 하는 것입니다. 그 동기를 아는 것은 어렵지 않습니다. 그러나 작가의 동기를 아는 방법은 그의 스타일과 작업 취향을 알면 됩니다. 작가는 자신의 작업 철학을 작품에 담는 것이 일반적입니다. 그러나 초보자는 아직 작업 철학이나 방법이 정해지지 않는 경우가 많습니다. 그래서 교육을 받는 것입니다.

교육을 받는 이유는 그 초보자가 실력이 없고 철학이 없어서가 아니고 첫 번째 이유는 다양한 작품에 대한 지식을 쌓음으로써 자신의 작품에 대한 객관성을 정립하게 되는 것이고, 두 번째는 자신의 철학을 표현하는 표현 방법을 다양한 기존의 작품을 통하여 습득하게 되는 것입니다. 그러므로 가르치는 사람은 자신의 작업을 가르치는 것이 아니라 배우는 사람이 자신의 철학을 정립할 수 있게 객관적인 지식을 전달하고 배우는 사람이 자신의 취향을 더 잘 표현하고 다양하게 나타낼 수 있는 기회를 갖도록 도와주는 차원에서 가르쳐야 합니다. 그런데 가끔 자신의 방법과 철학을 강요하는 선생이 있는데 이는 어리석은 방법입니다.

Design = 기능function + 미Aesthetics

디자인은 기능과 미가 함께 존재하는 것입니다. 여기서 미를 beautiful로 쓰지 않고 Aesthetics미학이라고 쓴 이유는 beautiful은 외형적이라고 생각했기 때문입니다. 즉 '미'라는 것은 개인적인 성향이 강하기 때문에 일반적인 '미'를 말하지 않으려는 것입니다. 기능은 객관적인 지식을 쌓아야 합니다. 설계자의 의도가 아니고 사용자의 몫입니다. 기능을 앞에 놓은 것은 이것을 우선적으로 해결해야 한다는 의견입니다. '미'는 기능이 유지된 상태에서 적용되어야 하는 것입니다.

디자인 = 모던(제2의 형태) + 고대(제1의 형태)
= 이성적 + 감성적

디자인에 대하여 좀 더 발전시킨다면 위의 공식이라고 봅니다. 기능과 미를 이해했다면 자신의 작품의 정통성을 부여하기 위하여 양식적인 것이 담겨 있을 수도 있습니다. 이는 충분히 교육을 받거나 자신의 전공에 대한 지식이 풍부해졌을 때 나타나는 목마름으로 프로의 덕목 중 하나가 바로 스타일입니다. 아마추어와 프로는 차이 중 하나가 바로 이 스타일입니다. 초보자는 결코 스타일을 가질 수 없습니다. 만일 전공을 시작한 지 얼마 되지 않아 자신의 스타일을 표현할 수 있다면 이미 그는 초보자가 아닙니다. 반대로 오랜 시간 작품 활동을 했으나 자신의 스타일이 없다면 그는 아직 초보자입니다. 스타일은 그를 이해하는 방법이며 스타일은 그가 안정되었다는 의미이기도 하지만 프로는 언행일치입니다. 말과 행동이 같아야 하는데, 작품마다 다른 언어를 사용한다면 그는 이전 작품에 대하여 자신할 수 없다는 것을 의미하기 때문입니다.

디자인 = 문제 해결

전문가가 되었다는 것은 실력만을 말하는 것이 아니고 자신의 능력이 사회에 봉사해야 하는 것입니다. 즉 사회의 발전에 도움이 되어야 합니다. 그것이 물리적이든, 추상적이든, 정신적이든, 육체적이든 어느 방향에서나 사람들에게 유익해야 지속적인 작업이 되는 것입니다. 그런데 문제를 해결하는 것은 충분한 교육과 경험 그리고 안목 등이 갖춰져야 하는데 이는 시간이 걸리므로 마지막 단계에 넣어 본 것입니다. 이러한 관점을 갖고 작업을 해야 합니다. 반대로 관찰자는 작업자가 이러한 관점을 갖고 작업을 한다는 것을 알고 작품을 감상해야 합니다.

초보자일수록 지식이 많지 않기 때문에 자신의 경험을 바탕으로 작품을 감상합니다. 그러나 초보자는 사실 경험도 많지 않습니다. 경험은 시간을 요구합니다. 그래서 경험보다 여러 매체를 통하여 지식을 쌓는 것이 더 빠르기도 하지만 작품을 감상하는 데 지식을 먼저 쌓는 것이 유리한 이유는 아는 것만큼 보이기 때문에 자신이 갖고 있는 지식만큼 경험을 정확하게 인식할 수 있기 때문입니다. 하나의 사건을 마주할 때 프로는 초보자보다 분석 속도나 결론이 늦습니다. 왜냐하면 초보자는 몇 개 안 되는 분석 요인으로 결론을 내지만 프로는 다양한 분석 요인을 모두 적용해야 하기 때문입니다.

프로가 된다는 것은 곧 하나의 사건을 분석하는 데 기준을 많이 갖게 된다는 것입니다. 동일한 상황이라도 기준에 따라 결론이 얼마든지 다르게 나올 수 있다는 것을 프로는 지식과 경험을 통하여 알기 때문입니다. 건축물을 감상하는 데 평가를 함에 있어서 초보자는 앞에서 언급한 바와 같이 자신의 지식보다는 짧은 경험을 바탕으로 평가할 때가 많습니다. 여기서 가장 빠르게 작용하는 것이 바로 건축물의 외형적인 평가가 우선적으로 나올 때가 많습니다. 왜냐하면 시각적인 반응이 가장 빠르기 때문입니다. 그러나 프로는 기준이 다릅니다. 건축물의 평가는 위에서 디자인은 기능과 미를 적용하는 작업이라고 했는데 먼저 기능입니다. 그래서 건축물의 기능을 알지 못하고 미를 평가할 수는 없습니다. 기능은 건축물을 경험해야 알 수 있는 부분입니다. 초보자와 프로가 상황을 받아들이는 자세도 다릅니다. 초보자는 바른 결론을 내릴 수밖에 없는 소수의 분석 요인을 갖고 있지만 프로는 자신이 갖고 있는 기준에 대한 답을 얻기 위하여 계속적으로 '왜?'라는 의문을 던지면서 각 분석 요인을 채우면서 진행합니다. 여기서 루이스 칸이 말한 것을 떠올립니다.

건축물에는 건축이 없다

두 개의 명사 건축물과 건축이 위의 문장에 등장합니다. 일반인들은 건축물과 건축을 동일시하는 경우가 있는데 위의 문장을 보면 이 두 개는 다른 것입니다. 그런데 건축물을 보고 건축을 평가하는 경우가 있는데 이에 대한 경고입니다. 건축물은 결과이며, 건축은 그 결과를 얻기 위한 작업과정입니다. 그런데 사람들은 그 결과를 보고 모든 것을 판단하기도 합니다.

한 아이가 사과를 훔쳤습니다. 사람들은 어린 것이 도둑질부터 배웠다고 야단을 치고 감옥에 보내려고 합니다. 그런데 한 사람이 그 소년에게 도둑질이 나쁜 짓인데 왜 사과를 훔쳤는지 묻습니다. 그 소년은 남의 것을 훔치는 것이 나쁜 짓인 것은 알지만 엄마가 지금 집에서 돌아가시는데 마지막 소원이 사과를 드시는 거라서 자신이 감옥에 가는 한이 있어도 엄마의 마지막 소원을 들어드리고 싶었다고 고백합니다. 집에 가서 확인 후 사람들 중에는 사실인 것을 알고 그래도 나쁜 짓을 했기 때문에 감옥에 보내라는 사람도 있지만 다시는 도둑질을 하지 말라고 타이른 후 사과 한 박스를 주고 돌려보내는 사람도 있을 겁니다.

하나의 사건을 두고 결론만 보고 판단하는 사람들이 있는가 하면 과정을 보고 결론을 다시 분석하는 사람들도 있습니다. 건축물의 훌륭한 형태와 기능은 모든 건축가의 꿈입니다. 그래서 우리는 하나의 건축물을 보고 판단할 때 왜 저 건축가는 이러한 기능과 형태를 저 건축물에 적용했는가 그 과정을 파악한 후 판단하면 훨씬 더 유익한 정보와 분석을 얻을 수 있습니다.

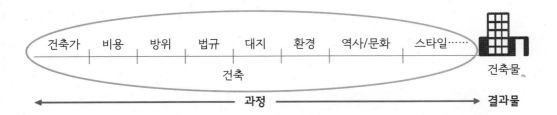

훌륭한 건축물과 훌륭하지 않은 건축물은 없습니다. 표현을 잘한 건축물과 표현을 잘하지 못한 건축물만 있습니다. 건축가가 건축물 하나를 만드는데 건축가 개인의 의도는 사실 몇 %되지 않습니다. 그러나 이것이 적은 부분임에도 불구하고 영향은 많이 끼칩니다. 이 건축가의 표현에 따라 그 건축물이 사람들의 기억에 남게 될 것인지 아닌지 결정이 되기도 하고 그 도시의 영향을 줄 수도 있고 건축을 시작하는 학생들에게 좋은 본보기도 될 수 있으며 미래지향적인 교훈을 남길 수도 있는 것입니다. 그래서 건축가들은 기능을 유지한 상태에서 미적인 부분을 위하여 어려운 작업을 수행하는 것입니다.

2 CHAPTER 형태 속에 담겨진 이야기

2-1 뫼비우스 띠

건축물의 형태를 만들 때 일반적으로 그것을 형태로 보지만 사실은 형태는 이야기 입니다. 음악가는 하나의 테마를 악보로 만들고 화가는 그림으로 소설가는 글로 그리고 건축가는 형태 언어로 이야기를 바꾸는 것입니다. 그래서 형태를 볼 때 그 형태는 어떤 이야기를 담고 있는가 알면 훨씬 흥미롭습니다. 이것이 바로 형태에 대한 Story Telling입니다.

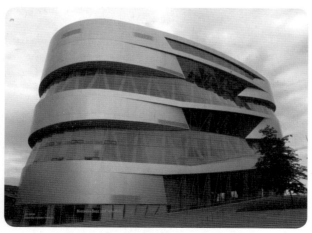

[그림 Ⅲ-1] 벤츠 자동차 박물관_ 유엔 스튜디오

[그림 Ⅲ-1]의 건물은 2006년도에 완성한 독일 스튜트가르트에 있는 벤츠 자동차 박물관입니다. 그냥 이 건물을 보면 우리는 아무 감흥이 일어나지 않을 수도 있습니다. 어쩌면 무엇인가 말하고 싶은데 어떻게 말해야 할지 난감할 수도 있습니다. 이 건물을 보면 3층 건축물의 사각형은 아니고, 앞에서 배운 클래식한 형태 요소인 장식이나 대칭은 없는 것 같고, 제1의 형태는 아닌 것이 확실합니다. 그런데 자세히 보면 내부에 기둥이 보이는데 우리가 쉽게 볼 수 있는 기둥 간격이 일정한 수직 기둥은 아님

308

니다. 또한 기둥이 내부에 있는 것을 보니 바닥이 돌출된 형태인 것도 같습니다. 그리고 외부 마감이 석재가 아니고 금속인 것을 보면 왠지 벤츠라는 자동차의 이미지를 갖기 위한 의도라고 추측할 수도 있습니다. 그런데 좀 더 자세히 살펴보면 사진에서 전면부는 낮고 후면은 높은 바닥의 흐름을 보면 각 층의 레벨 차가 보이며, 전·후는 좁고 중간은 길게 늘어져 있고 중간에는 유리벽으로 공간이 개방된 이미지를 갖고 있습니다.

왜 건축가는 이 형태로 만들었을까요? 형태의 디테일한 부분 부분을 살펴보면 건축가의 의도가 담겨진 것을 알 수 있습니다. 프로는 절대 무의식적으로 작업하지 않습니다. 물론 작업을 하다 생각지 않은 형태가 발생되더라도 그 부분을 다시 의도적으로 완성시킵니다. 이 건축물은 1988년도에 설립하여 1998년에 유엔 스튜디오(United Network Studio)로 개명한 네덜란드 출신의 부부 건축가 벤 반 베르켈과 캐롤라인 보스가 설립한 설계 사무소에서 디자인한 것입니다. 그들의 홈페이지에 들어가면 먼저 등장하는 글이 있습니다.

We design with the future in mind.

이 사무소의 형태 디자인의 특징은 박스의 건축이 아니라, 유동적이고, 비대칭적이며, 동적 균형을 추구하는 새로운 건축을 시도합니다. 건축을 공부한 남편 베르켈과 미술사를 공부하던 캐롤라인 보스의 합동으로 부인은 형태를 언어로 바꾸는 조언을 하는 훌륭한 파트너입니다. 우리가 잘 아는 자하 하디드와 베르켈은 같이 공부를 했는데 그들의 공통점이 있다면 다이내믹한 건축 형태를 시도한다는 것입니다.

[그림 Ⅲ-1] 벤츠 박물관의 형태 요소는 아래 [그림 Ⅲ-2]의 뫼비우스 띠와 같습니다.

이렇게 건축가들은 형태를 얻기 위하여 다른 요소에서 아이디어를 얻기도 합니다.

[그림 Ⅲ-2] 뫼비우스 띠

[그림 Ⅲ-3] 뫼비우스 띠_ 스터디 모형

[그림 Ⅲ-3]의 그림은 작업을 하는 과정에서 사용한 스터디 모형으로 뫼비우스 띠를 어떻게 전개할 것인가 보여주는 예입니다. 이렇게 하나의 작품을 감상하기 위해서는 그들이 어떻게 작업했는지 알고, 어디서 그 아이디어를 얻었는지 알면 건축물의 형태를 바라보는 시각이 훨씬 달라집니다.

이 사무소는 일찍부터 3차원적인 작업을 시작했습니다. 우리는 아직도 2차원적인 도면에서 시작하여 3차원적인 모델링으로 작업 순서가 진행되는 반면 유럽의 대부분은 이미 오래 전부터 라이노나 BIM을 통한 작업 방법으로 변화했습니다. 그래서 이러한 동적인 형태가 더 가능했던 것입니다.

[그림 Ⅲ-4] 네덜란드 아안하임의 기차역_ UN 스튜디오

[그림 Ⅲ-4]는 네덜란드 아안하임에 있는 기차역으로 2015년도에 유엔 스튜디오에서 설계하였으며, 역동적이고 다이내믹한 것이 기차역이라는 이미지를 그대로 살린 것이 보입니다. 건축물을 감상하는 방법으로 설계자의 의도를 느껴보는 것이 중요합니다.

피라네시

[그림 Ⅲ-5] 계단식 우물_ 인도

(a) 용산 국제업무단지의 내부

(b) 덴버 미술관의 내부

[그림 Ⅲ-6] 리베스킨트

[그림 Ⅲ-5]는 인도에 있는 계단식 우물이고, [그림 Ⅲ-6] (a)는 리베스킨트의 용산 국제업무단지 중 일부이며, [그림 Ⅲ-6] (b) 역시 건축가 리베스킨트의 덴버 미술관의 내부 모습입니다. 위 세 개의 사진의 공통점은 일정한 패턴을 갖고 교차된 이미지를 갖고 있다는 것입니다. 우리가 알고 있는 수직 동선 계단은 일반적으로 공간의 한 영역에서 기능적인 역할만 담당하는 것이었으나 여기에서는 기능 위에 공간

의 디자인 요소로서도 역할을 한다는 것입니다. 이러한 이미지들이 건축뿐 아니라 미래영화의 도시교통이나 영화 해리포터에 나오는 내부에 움직이는 계단에도 자주 등장합니다. 이는 건축가 생각에 공간에 역동적인 분위기를 만들어 낼 의도로 사용되기도 하는데 이에 대한 아이디어의 근거는 18세기 중반 피라네시라는 화가의 그림에 둘 수 있습니다.

[그림 Ⅲ-7] 상상의 감옥_ 피라네시

[그림 Ⅲ-7]의 그림은 피라네시가 그린 〈상상의 감옥〉이라는 제목으로 피라네시는 이러한 동일한 제목의 그림을 많이 그렸습니다. 조반니 바티스타 피라네시 (Giovanni Battista Piranesi)는 이탈리아의 판화가이자 건축가입니다. 고대 유적을 그린 그의 세밀한 판화들은 신고전주의 건축의 전개에 큰 영향을 주었습니다. 이렇게 건축가는 형태에 대한 아이디어를 얻기 위하여 다양한 분야를 연구하고 이를 우리의 삶 속에 적용시키려고 노력을 합니다. 물론 다른 분야도 마찬가지입니다. 반드시 달라야 하는 것은 아니지만 다양한 시도는 상상력을 불러일으키는 젊은이들에게 자극제가 될 수 있기 때문입니다. 피라네시를 보면 그는 판화뿐 아니라 건축가이기도 합니다. 그래서 그가 그린 그림의 많은 부분이 건축물인데 그는 그림을 통하여 상상력을 키우고 그의 상상력이 다시 건축가들에게 전달되는 것입니다.

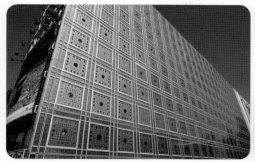

[그림 Ⅲ-8] 아랍문화원_ 장 누벨, 파리

[그림 Ⅲ-9] 갤러리아 백화점_ UN Studio, 서울

[그림 Ⅲ-10] 거킨 빌딩_ 노먼 포스터, 런던

이 건축물의 특징은 반복과 순환이 담겨 있다는 것입니다. 위 [그림 Ⅲ-8]의 건축물은 파리에 있는 장 누벨의 아랍문화원인데 이슬람의 문양을 자동 개폐식 창문에 넣어 벽 전체를 하나의 이미지로 만들어 빛과 공기 순환 장치를 이미지화한 것입니다. [그림 Ⅲ-9]는 갤러리아 백화점으로 마치 미술의 점묘법처럼 사용했는데 UN Studio에서 디자인한 것입니다. 반복적인 패턴을 사용하여 이를 하나의 전광판처럼 사용하여 시기에 맞추어 홍보 역할을 하는 것으로 반복적인 표현입니다. [그림 Ⅲ-10]의 건축물은 런턴에 있는 노먼 포스터의 거킨 빌딩으로 벽면을 타고 휘어지는 문양이 반복적으로 사용된 건축물입니다. 이러한 표현들의 근거도 화가의 그림에서 찾아 볼 수 있는데 바로 반복과 순환의 화가 에셔입니다. 이 표현에는 수학적인 성격이 상당히 들어가 있는데 그의 세계관을 볼 수 있습니다. 마우리츠 코르넬리스 에셔(Maurits Cornelis Escher)는 네덜란드 출신의 판화가입니다. 건축과 장식디자인학교에 다니면서 판화 제작의 기술을 배웠고,

이탈리아, 스위스, 벨기에 등을 무대로 작품 활동을 했습니다. 초기 작품은 주로 풍경을 다루고 있으나, 1936년 무렵부터는 패턴과 공간의 환영을 반복한 작품을 발표하였습니다. 이슬람의 모자이크에 영감을 받았는데 단순한 기하학적 무늬에서 수학적 변환을 이용한 창조적 형태의 테셀레이션 작품 세계를 구축하였습니다. 작가가 바라본 지극히 객관적인 대상이나 세계에 대한 주관적인 해석을 기반으로 작가 자신의 세계관이나 인간성을 표현하는 기존 예술의 정의, 관념과 달리 에셔가 추구했던 창조의 동기는 보편적인 시각의 구조를 찾는 치밀한 이성적 원리였습니다. 그렇기 때문에 그의 작업들은 예술 비평가들보다도 오히려 수학자들이나 물리학자와 같은 과학의 범주에 있는 이들에게 더욱 많은 관심을 받아왔습니다. 이렇게 건축가들도 디자인 표현에 있어서 이들에게 아이디어를 얻고 이를 자신의 작업으로 변환하는 것도 좋은 시도입니다.

2-4 디자인은 형태를 통하여 문제를 해결하는 것이다

건축 형태는 바닥, 벽 그리고 지붕 3가지 엔벨로프(Envelop)로 되어 있습니다. 바닥과 지붕 모두 중요하지만 건축 형태는 사실 벽과의 투쟁입니다. 우리가 건축물을 바라볼 때 바닥은 숨겨져 있고 지붕은 시야에 들어오지 않지만 건축물의 형태를 읽는 데 가장 큰 작용을 하는 것이 벽입니다. 건축의 역사는 이 벽의 역사입니다.

벽의 기능은 첫 번째가 기둥과 같이 위에서 내려오는 하중을 기초까지 전달하는 중력에 순응하는 역할을 합니다. 두 번째는 외부와 내부 그리고 공간을 분리하는 수직적 요소이며, 이것은 벽이 갖고 있는 고유의 기능이라고 할 수 있습니다. 그러나 이 외에도 더 많은 역할을 벽이 하고 있습니다. 그 중에 가장 중요한 것이 바로 건축물의 형태를 인식하는데 가장 큽니다. 이 외에도 벽이 갖고 있는 역할은 아주 다양합니다. 건축물은 공간을 형성하는 것이 주목적이지만 도시 또는 그 지역의 미관적인 요소로서 부수적이지만 인식하는 데 중요한 역할을 하는 기능을 갖고 있습니다. 건축물이 자연으로부터 인간을 보호하는 기본적인 임무를 수행하기 위하여 내부라는 공간을 형성하지만 이를 위한 내부와 외부를 가르는 이중적인 기능이 필수적입니다. 형태는 누구나 만들 수 있지만 그 건축물이 정상적인 기능을 하기 위하여 전문적인 기술이 필요합니다. 이 때문에 건축가가 필요한 것입니다. 건축가는 형태를 만들기 위하여만 있는 것이 아니라 정상적인 기능을 위한 임무를 건축물에 부여하는 것입니다. 여기서 기능이란 단지 공간적인 것만 말하는 것이 아니라 앞에서 언급한 도시의 미적인 한 요소로서 제대로 작용하는 기능도 부여하는 것입니다.

우리가 어떤 도시를 방문할 경우 의식적으로는 상세하게 분석하지는 못하더라도 우리의 무의식은 전체적인 도시의 미적인 상황에 영향을 받고 이를 기억하게 되며 건축물이 이정표와 같은 역할을 담당하게 되는 것을 알 수 있습니다. 예를 들어 시카고를 방문하면 정확한 인식은 못하더라도 최첨단의 도시라는 이미지보다는 로마네스크풍이 가득하고 고풍스럽지는 않지만 현대적이지도 않다는 인식을 갖게 되고, 독일의 베를린을 방문하게 되면 현대적인 도시라는 인식을 하게되지만 같은 독일의 다른 도시인 뷰어쯔부룩은 고풍스러운 도시라는 인식을 받게 됩니다. 이는 건축가가 부여한 그 도시의 역할입니다. 그런데 건축물의 형태 중 바닥, 벽 그리고 지붕 중 어느 부분에서 우리가 이러한 이미지의 영향을 받게 되는가 생각해 볼 수 있습니다. 바닥은 숨겨져 있어서 영향이 적으므로 벽과 지붕에 의해 이미지가 결정됩니다. 그 중에서 지붕의 역할이 이미지를 만드는 데 가장 중요합니다. 그러나 시각적인 면적으로 보면 벽입니다. 어떤 건축가는 벽과 지붕을 단일화시켜서 형태를 만들기도 합니다. 여기서 일반인들은 벽이 형태를 결정하는 데 가장 중요하다고 생각할 수도 있습니다. 그렇다면 건축가는 단지 벽을 형태 형성에만 집중을 할까요? 그렇지 않습니다. 형태를 만들기 전 건축가는 기능을 먼저 결정합니다. 그리고 형태를 위한 작업을 하는 것입니다. 아무튼 건축물의 형태를 만드는 데 모든 작업에는 기능이 우선시 된다는 것입니다. 즉 기능이 곧 문제 해결입니다.

건축물은 유기체와도 같고 기계와도 같아서 준공하면 그 결과가 시간이 흐르면서 나타납니다. 여기서 결과라는 것이 반드시 물리적인 것만 의미하는 것은 아닙니다. 공간의 구성이나 개구부의 역할 그리고 에너지 문제 등 그 요인은 많습니다. 즉 디자인을 형태 구성으로 치부하는 일반인이 많습니다. 그러나 형태를 구성하는 것은 곧 문제를 답습하지 않는 문제해결에 의하여 나오는 것입니다. 형태를 위한 형태 구성이 아니라 문제를 해결하는 것이 곧 디자인입니다. 여기에는 경제적인 문제도 속합니다. 그러나 어떤 양식 또는 형태로 구성하는가를 결정하는 것은 건축가의 형태 철학이 최종으로 작용합니다. 건축가가 건축물을 위한 재료를 선택하는 경우에도 실험적인 재료 선택이 있을 수도 있지만 건축주의 동의 없이는 부당한 비용이 청구되게 할 수는 없습니다.

이에 대한 선택의 타당한 이유가 있어야 하며 이것이 건축물의 지속적인 생명과 도시적인 영향에 역할을 하여야만 합니다. 아무튼 건축물의 형태를 결정하는 데 가장 중요한 역할을 하는 사람은 건축가입니다. 여기서 건축가의 범위에 대하여 생각해 볼 필요가 있습니다. 일반적으로 건축가라 함은 건축물의 형태를 시각적 그리고 기능적으로 책임지는 설계자를 칭하는 것이 관례이지만, 사실은 건축가와 엔지니어를 동시에 지칭해야 합니다. 건축가는 형태에 대한 아이디어를 내놓는 사람이라면 엔지니어는 건축물이 가능하게 책임지는 사람입니다. 다양한 건축물의 디자인이 등장하지 않는다는 것은 곧 그 나라에 엔지니어가 다양하지 않다는 의미이거나, 건축가 단독으로 작업을 한다는 것을 나타냅니다. 다양한 형태가 가능하게 하는 것은 곧 다양한 부류가 작업을 한다는 것입니다.

단순한 형태라 함은 단순한 구조를 뜻합니다. '디자인=기능+미'를 의미하며, 여기서 '기능'이라 함은 건축물로서 가능하게 함을 말합니다. 건축물은 공간을 창조하는 행위이지만 기술적으로는 그 건축물이 지속 가능하게 하는 것입니다. 가능성은 곧 구조를 의미하며, 이 구조에는 엔지니어의 역할이 중요합니다. 건축 역사상 이탈리아 르네상스 시기를 제외하고 건축가와 엔지니어의 공조가 있어 왔고, 특히 모던은 이 두 그룹의 공조에 따른 시기라고 해도 과언이 아닙니다. 우리나라에 다양한 건축 형태가 등장하지 않는 것은 아직도 이탈리아 르네상스 같은 시기를 벗어나지 못했다는 것을 의미합니다.

서양 건축사에 등장하는 소위 유명한 건축물은 엔지니어의 역할이 컸는데, 예를 들어 그리스 파르테논 신전은 그 비례와 구조에 있어서 단골로 등장하는데 이 건물은 시각적인 형태라기보다는 기술과 구조를 전적으로 나타낸 것으로 엔지니어의 작품으로 볼 수 있습니다. 구조의 기본은 위에서부터 전달되는 하중을 기초까지 전달하는 수직하중을 유지하는 중력입니다. 이 수직하중을 기초까지 전달하는 부분이 바로 내력벽과 기둥인데, 이 부분을 잘 처리하는 것이 디자인입니다. 건축사를 보면 이렇게 수직하중을 해결하는 내용이 주를 이루고 있습니다. 근대 이전에는 주 건축 재료가 석재와 목재였기 때문에 이를 잘 다루는 건축과 엔지니어가 공조를 하게 된 것입니다. 거의 모든 건축물이 조적조(모르타르를 사용하여 쌓는 방식)로 구조를 이루었는데, 이집트의 피라미드, 그리스의 신전 그리고 로마의 건축물들이 거의 모두 조적식 구조였습니다. 그러나 조적식은 압축력에는 견디지만 인장력에는 약하기 때문에 건축적인 형태 구성에 대

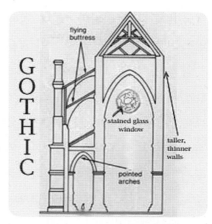

[그림 Ⅲ-11] 고딕 양식의 구조

한 지식만으로는 해결이 어려워 엔지니어적인 지식이 있어야 했으며, 특히 돔을 받치고 있는 드럼 같은 경우는 예민한 경우에 속합니다. 고딕의 구조가 그렇고 로마의 마스타바 공간은 특히 구조적인 지식을 더 요구합니다.

이렇게 시각적인 건축 형태에 대한 지식만으로는 지금 우리가 소유하고 있는 건축물은 결코 가능할 수 없었으며 기술적인 지식을 갖고 있는 엔지니어의 도움이 있었기에 가능했던 것입니다. 즉 이 시기의 건축물들은 구조가 건축 형태에 그대로 들어나 보이는 구조로서 곧 외피 역할을 하는 형식이었습니다. 그러나 이탈리아 르네상스에 들어오면서 구조체와 외피가 분리되는 현상이 나타나면서 건축가와 엔지니어의 작업이 분리되기 시작한 것입니다. 즉 건축물의 기둥이 외피의 한 형태로 장식적인 역할로 그치면서 건축가 스스로 작업을 하는 경향이 지속되고 이것이 근대 이전까지 근세를 이어 오게 된 것입니다. 이러한 상황이 근세 초기까지 이어지다가 새로운 재료인 유리와 철이 건축에 주재료가 되면서 엔지니어의 역할이 다시 부각되었는데, 영국의 수

[그림 Ⅲ-12] 현대 건축의 구조

정궁이 좋은 예입니다. 건축 형태의 디자인에 있어서 지속적이고 안정된 건축물을 만드는 데 엔지니어의 역할이 필요하게 된 것입니다.

영국의 맥도날드(Angus J. MacDonald) 교수는 ≪건축의 구조와 디자인(Structure and Architecture)≫이라는 저서에서 건축가와 엔지니어의 관계를 크게 3가지로 분류하였습니다. 건축가는 형태와 시각적인 주제를 결정하고, 엔지니어는 기술적으로 적절한지 보장해주는 기술자의 역할, 건축가와 엔지니어가 동일 인물인 경우 그리고 건축가와 엔지니어가 동반자적인 협력관계로 구분한 것입니다. 이 관계는 건축물 형태를 만드는 데 어떤 관계이든 중요한 역할을 하게 됩니다. 디자인은 형태를 만든다는 의미만 있는 것이 아니라 다양한 형태를 시도하는 데 문제를 해결하는 것입니다. 우리가 지금 많이 접하고 있는 하이테크한 건축물의 형태들은 위의 세 번째 관계가 가능했기 때문에 가능한 것입니다. 건축물의 형태가 반드시 다양해야 하는 것은 아닙니다. 그러나 다양한 시도를 위하여 발생할 수 있는 문제를 해결하고 이에 대한 확신을 가져야 한다는 것입니다. 파리의 퐁피드 센터에 있는 철 기둥을 하기 위하여 리처드 로저스는 엔지니어와 200번 넘게 실험을 했다고 합니다. 구조의 양

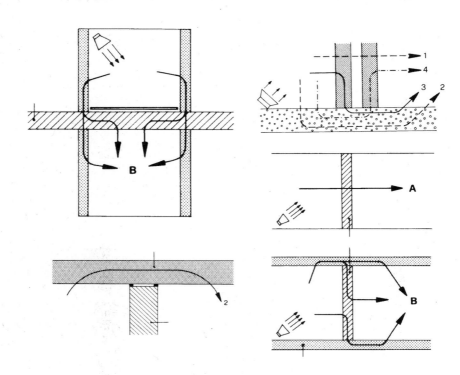

식화, 장식으로서의 구조 또는 건축으로서의 구조이던 어떤 경우든 건축 형태를 만드는 과정에는 구조가 우선시 되어야 하며, 이것이 외피에 의하여 가려지든 노출이 되든 형태를 만드는 과정에 두 분야의 관계가 성립이 되어야 한다는 것입니다. 왜냐하면 디자인은 형태를 만드는 것이 아니라 문제를 해결하는 것이기 때문입니다.

이 작업에 있어서 중요한 도면 작업이 바로 디테일입니다. 루이스 칸은 디테일을 '건축의 꽃'이라고 설명합니다. 즉 "디테일 없는 설계는 꽃 없는 꽃밭이다. 디테일을 다양하게 할 수 있는 능력이 바로 형태를 다양하게 할 수 있는 능력이다. 도면은 자신을 위하여 그리는 것이 아니고 도면이 필요한 사람을 위하여 그리는 것이다."라고 강조하고 있습니다.

도면은 의사전달의 수단이기 때문에 디테일은 곧 상세한 의사 전달이고 설계자의 의도를 가장 잘 나타내는 표현입니다. 디테일은 도면을 그리는 것이 아니고 가장 최선의 표현을 상세하게 나타내는 것입니다. 여기에 새로운 시도와 새로운 표현이 개선되어 나타나 있어야 하는 것입니다. 디자인의 완성은 곧 디테일의 완성이기 때문입니다.

<table>
<tr><td>2-5</td><td>디자인=기능+미</td></tr>
</table>

[그림 Ⅲ-13] 형태 작업

디자인을 이해하는 것이 쉬운 것은 아닙니다. 그 이유는 디자이너의 다양한 의도가 때로는 명확하게 또는 암호처럼 숨겨져 있기 때문입니다. 이를 읽고 이해할 수 있다는 의미는 곧 디자이너와 소통이 된다는 것입니다. 디자인을 하는 사람들 또한 자신의 의도를 명확하게 나타낼 수 있는 능력이 있어야 합니다. 전문적인 지식을 필요로 하지 않아도 관찰자가 자신의 위치에서 어떤 메시지를 얻을 수 있어야 합니다. 이는 탄생의 비밀을 갖는 것일 수도 있습니다. 자신의 의사를 표현함에 있어서 정리되지 않았거나 작업의도 또는 표현하고자 하는 것이 명확하지 않은 상태에서 만들어진 표현이나 작업은 관찰자도 명확하게 그 의도를 읽을 수 없습니다.

프로가 되는 첫 번째 길이 바로 언행일치입니다. 이 언행일치는 시작과 함께 마지막까지 일치되어야 하고 그 의도를 결코 변경해서는 안 됩니다. 그렇기 때문에 전문가가 되기 위하여 먼저 배우는 것이 자신의 의도를 정리할 수 있어야 하며, 이를 표현하는 기술을 배워야 합니다. 디자이너의 의도가 바로 작품의 의도이기 때문입니다. 그래서 안다는 의미는 말로 할 수 있어야 하며, 그림으로 그릴 수 있어야 하며, 글로 설명할 수 있어야 합니다. 이 중에 하나라도 부족하면 정확히 아는 것이 아니라고 앞에서도 언급한 바 있습니다. 모든 작품이 단순하고 1차원적인 표현수단을 사용해야 한다는 것은 아닙니다. 그러나 표현에서 가장 빠른 것이 바로 시각적인 부분입니다. 여기에서 먼저 호기심을 유발할 수 있는 역할이 주어져야 합니다. 이것을 육체적인 반응이라고 말할 수도 있습니다. 육체적 반응은 상당히 개인적인 것으로 특별히 교육적인 수준을 요구하지는 않습니다. 이를 1차적인 소통이라고 볼 수 있습니다. 이것이 만족되어야 다음 단계로 넘어가는 것입니다. 1차적인 소통이 이뤄지지 않으면 결코 2차적인 정서적 단계로 이어질 수가 없습니다. 정서적 단계는 상식적인 수준으로 기본과 기본적이지 않은 것으로 나누어 볼 수 있습니다. 이를 디자인에서 기능적인 영역으로 볼 수도 있습니다. 2차적인 단계에 대한 소통 이후 지성적인 상황으로 갈 수 있습니다. 이 단계는 전문적인 지식을 갖고 있다면 정확한 소통을 하는 데 도움이 되며, 이 또한 디자인에서 기능의 영역입니다. 기능적인 영역을 바꾸어 말하면 기본적인 영역이라고 말할 수 있습니다.

이렇게 기능 또는 기본적인 영역은 명확해야 하며 소통을 하는 데 필수적인 사항입니다. 디자인은 하나의 작업을 통하여 전달자와 수신자 간의 소통수단입니다. 여기에는 이처럼 단계가 있습니다. 이 단계는 크게 기능적인 부분과 미적인 부분으로 나눌 수 있는데 기능적인 것은 기본적인 요소로서 작품을 이해하는 데 수신자가 갖출 수 있는 것 또는 준비할 수 있는 것으로서 사실 디자이너가 변경하지 않는 것입니다. 이를 변경한다면 다른 성격을 갖게 되며 혼란이 올 수도 있습니다. 그러나 미적인 부분은 디자이너의 몫입니다. 기능을 변경하지 않는 상황에서 미적인 작업이 이뤄져야 옳습니다. 즉 미적인 작업은 디자인 작업에서 '1 + 1'과 같은 것입니다. 즉 필수적인 것은 아닌 영역입니다. 우리가 작업을 관찰하면서 기능과 같은 기본적인 부분만을 본다면 이는 너무 육체적이고 정신적인 만족을 얻을 수 없게 됩니다. 즉 디자인 작업을 다시 설명한다면 아래와 같습니다.

디자인 = (기능 + 미) = 육체적인 영역 + 정신적인 영역

디자인을 함에 있어서 어느 분야나 기본적인 작업과 디자이너의 창의성을 요구하는 작업을 필요로 합니다. 기능적인 부분은 이미 결정되어져 있고 이를 변경하는 것은 한계가 있다고 위에서 이미 언급한 바 있습니다. 이 기능이 바로 작업의 성격을 결정짓기 때문입니다. 기능부분에 속한 요소들은 모든 디자이너에게 동일하게 적용됩니다. 주어진 기능적인 요소들을 어떻게 배치시키고 움직이는 작업이 디자이너의 몫입니다. 대부분의 기능적인 요소들은 내부에 속한 경우가 많습니다. 건축의 경우 기능적인 요소들이 공간이 될 수 있습니다. 공간의 배치가 실용적이고 활용 면에서 긍정적인 성격을 갖고 있어야 합니다. 일반적으로 사용하면서 이에 대한 판단이 명확해지는데 이 배치가 부정적인 상황을 연출하게 되면 이미 건축물은 변경에 있어서 어려움을 겪습니다. 그래서 시공에 들어 가기 전 도면을 통하여 충분한 분석을 하고 시뮬레이션을 통하여 미리 판단하는 것입니다.

공간의 배치 작업에는 반드시 타당한 이유가 존재해야 합니다. 이 영역은 디자이너의 감각처럼 느낌이나 감정적인 역할이 아니라 구체적이어야 하며, 육체적·정신적으로 긍정적이고 건강의 효과를 도출해야 하는 의무를 갖고 있기 때문입니다. 이 배경에는 사용자라는 구체적이고 고차원적인 존재가 있기 때문입니다. 이해되는 차원이 아니라 경험하고 작용하는 기능적인 분명한 결과를 갖고 오기 때문입니다. 그렇기 때문에 도면의 사전 작업에서 충분히 타당한 결과를 도출한 후 시공으로 전개되어야 하는 것입니다.

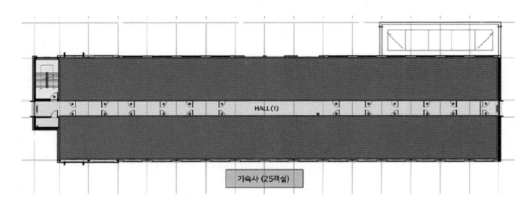

기숙사 (25객실)

[그림 Ⅲ-14] 기숙사 건물의 평면도

[그림 Ⅲ-14]의 건물은 학교기숙사 평면도입니다. 과거에는 이러한 공간 배치를 많이 보았습니다. 그 이유는 알 수 없지만 현재 시대적인 요구에 의하면 이러한 중복도를 두는 것은 옳지 않습니다. 과거에는 한국의 설계수준이 빛과 에너지 그리고 환기에 대한 요구사항이 크지 않았습니다. 그러나 이 조건은 이제 필수사항이 될만큼 공간배치에 있어서 고려해야 할 사항입니다. 심의에서 지적사항이 되었지만 변경은 할 수 없게 되었습니다. 즉, 승인의 주체가 바뀌었고, 시대적인 문제를 안고가야 하는 불편한 승인이 되었습니다. 이는 설계의 첫 단추부터 오류가 생긴 일반적인 예로서 결코 설계를 하는 사람이 배우지 말아야 할 사항입니다.

이 도면의 배치는 실로 구시대적이며 충분한 대지 조건을 갖고 있음에도 이해할 수 없는 공간구조를 갖고 있는 것입니다. 국가경제와 함께 인간 삶의 질은 점차 나아지고 있습니다. 질의 변화는 점차적으로 육체적에서 정신적 그리고 심리적인 만족을 얻는 방향으로 가고 있으며 그렇게 되어야 합니다.

기능적이 작업을 하는 데 필수사항이 바로 진보된 환경을 제시해야 하는 것입니다. 이 환경을 조성하는 데 있어서는 직위와 그 어느 권력도 작용을 해서는 안 됩니다. 건축물은 설계자를 위한 것이 아니라 바로 사용자를 위하여 만들어지기 때문입니다. 어느 역사도 기초적인 사항이 배제된 작업은 오래가지 않았으며 밝은 미래를 만나게 하는 데 걸림돌로 작용을 하였지 긍정적인 교훈을 제시한 때는 없습니다. 이렇게 옳지 않은 작품은 강요이며 슬픔입니다. 디자인을 하는 데 있어서 기능적인 부분은 디자이너의 몫이 절대 아니며 사용자의 몫이라는 것을 결코 잊어서는 안 됩니다.

[그림 Ⅲ-15]의 평면도는 다른 예로서 이것은 실버타운입니다. 설계자는 면적의 활용과 건축주의 요구에만 치중하여 이와 같이 중복도에 좌우로 실배치를 하였습니다. 구조적 그리고 기능적으로는 문제가 없습니다. 그러나 건축은 예술, 공학 그리고 인문학이 결합된 종합적인 직업입니다. 특히 엔지니어가 아니라 건축가라는 것은 인문학에 대한 반영이 있지 않으면 안 됩니다. 이 평면에서 계단

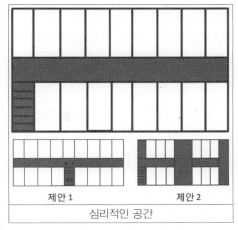

[그림 Ⅲ-15] 실버타운의 평면도

이 좌측에 있고 복도를 따라 실배치가 되어 있을 때 계단의 가장 반대 쪽 공간에 거주하는 노인이 가장 일찍 돌아가실 확률이 가장 높을 수 있다는 것을 놓친 것입니다. 이 노인은 반복적인 외로움을 얻게 될 것이고 이것이 우울증과 같은 심리적 상황이 부정적으로 작용하게 될 것입니다. 건축은 공간 배치를 하는 것이 아니고 섬세한 사람이 머무는 공간을 창조하는 것입니다. 이러한 내용을 가장 효율적으로 작업하는 것이 디자인입니다. [그림 Ⅲ-15] 3개의 도면 중 밑의 작은 도면이 이에 대한 해결을 제안해 본 것입니다. 중앙계단을 두어 균등한 배분으로 상황을 받아들이는 환경을 만들고 또는 고립됐다는 느낌을 받지 않도록 배치하는 것입니다. 또한 채광은 심리적 상태에 지대한 영향을 미칩니다.

기능은 사용자의 몫이며 공공성을 갖고 있다면 미는 디자이너의 개인적인 성향이 있으나 이 또한 넓게 본다면 공공성을 갖고 있어야 합니다. 건축물은 기능에 따라서 그 고유의 존재 가치를 갖고 있기도 하지만 도시적인 차원에서 미를 담당하는 공공성을 갖고 있습니다. 특히 건축물은 도시를 채우는 형태 역활의 미로서 의도적이든 또는 그 반대가 되었어도 도시민 모두가 공유하는 역할을 하게 됩니다. 이러한 의미를 건축가는 작업 시 분명하게 의도하여야 하며 이를 반영할 의무가 있습니다. 형태미는 건축물이 갖고 있는 고유의 것이기도 하지만 그 형태를 만들 때 도시에서의 기능도 반영을 하여야 합니다. 형태 작업에는 다양한 원인이 반영됩니다. 특히 법규는 형태를 만드는 작업 시 공통된 반영 내용으로서 기본적인 검토 내용입니다. 그러나

법규를 위반하지 않는 한도 내에서 건축가는 도시의 기능에 긍정적인 작용을 하도록 작업하고 미적인 부분을 책임질 수 있는 의무를 할 수 있는 능력을 갖추고 있어야 합니다. 시민에게 긍정적으로 반응하는 건축물은 그 도시의 성격을 바꿀 수 있으며 도시의 홍보물로서 중요한 역할을 하기도 합니다. 더욱이 현대와 같이 기술과 재료가 다양한 시기에 건축물의 형태는 과거보다 더 많은 의미를 갖고 있습니다.

[그림 Ⅲ-16]의 건물은 뉴욕에 있는 시그램 빌딩입니다. 이 빌딩의 좌우에 있는 건물들의 도로 경계선은 일정한 끝선을 이루며 도로 면에 접해 있습니다. 대도시는 대지의 활용도를 높이기 위하여 최대한의 면적을 사용하기에 이러한 현상이 일반적입니다. 그러나 미스 반데어로에의 시그램 빌딩은 이러한 상황을 고민한 것이 보입니다. 도로 인접 선을 다른 건물과 동일하게 할 수도 있지만 미스는 그렇게 하지 않았습니다. 건물을 Set back시켜서 solid한 파사드의 연속성을 중단시켜서 void한 공간을 확보하여 심리적인 상황을 변화시켜서 도시의 공간을 양보하였고 이 영역은 또 하나의 새로운 공간을 확보하면서 도시민을 위한 Meeting Point를 자연스럽게 발생시켰습니다. 이 영역은 하나의 광장이 되었고 이 광장은 건물을 기억시키는 역할 뿐 아니라 건물과 도시를 연결시키는 역할까지 부여받게 됩니다. 이러한 작업은 건축물 외관을 장식하는

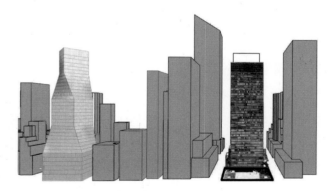

[그림 Ⅲ-16] 미스 반데어로에, 필립 존스_ seagramm building, 뉴욕

미의 직접적인 작업 외에도 공유하는 기능을 부여하여 시민과의 소통하는 미를 갖게 되는 것입니다. 이러한 영역이 바로 공공성을 부여하고 융합하는 기능의 미를 갖게 되는 것입니다.

미의 역할은 이렇게 직접적인 작업뿐 아니라 간접적인 기능을 부여하면서 건축물의 긍정적인 의미를 부여받기도 하는 것입니다. 건축가는 형태의 미에 대한 구성을 고민하면서 건축물을 바라보는 직접적 또는 간접적인 시민과의 소통을 생각하게 됩니다. 그 형태가 화려하고 요란스러울 필요는 없습니다. 그러나 건축물이 만들어지면서 이미 도시의 미를 구성하는 역할을 부여받는 것을 생각해야 합니다. 형태의 미를 구성할 때 많은 건축가들은 이기적인 생각으로 객관적이지 못한 원인으로 인하여 안목이 좁고 자유롭지 못한 미를 만들기도 합니다. 사실상 이는 건축가의 능력 부족이기도 합니다. 설계의 전체 작업 중 기능과 미의 영역을 굳이 나눈다면 미를 구성하는 부분은 그렇게 많지 않습니다. 그러나 기능을 경험하는 일반인보다는 그렇지 못한 사람이 더 많으며 오히려 보이는 형태에서 영향을 받는 사람이 더 많습니다. 이것이 작업 시 건축물의 사용자와 형태에서 오는 미를 접하는 수신자를 구분할 줄 아는 능력을 갖고 있어야 합니다. 형태는 만드는 것이 아니라 만들어집니다. 이것이 형태를 만드는 작업의 시작입니다. 외부 형태는 우선적으로 내부의 기능에 의하여 어느 정도 결정됩니다. 이것이 자연스러운 작업의 순서입니다. 이 초기 작업에는 공간의 활용성과 동선의 원활함 그리고 그 시대가 요구하는 에너지나 친환경 또는 환기와 같은 기본적인 요구사항을 반영하면서 이를 적용하여 형태를 만들어 가는 것입니다.

이 기본적인 요구가 존중되고 유지되는 상황에서 형태에 대한 마무리 작업이 진행되는데 많은 건축가들은 이미 작업 초기 자신이 의도하는 형태 디자인에 맞게 구성을 하는 경우가 있습니다. 때로 어떤 건축가들은 기능적인 부분을 마무리 짓고 그 외의 형태 디자인을 위하여 의도적으로 첨가하는 경우도 있습니다. 그러나 후자의 경우 이는 내부 공간과 별개의 디자인으로 진행될 수 있으며 이는 장식을 첨가하는 것과 같이 될 수도 있습니다. 이러한 작업의 경우 형태를 디자인한다는 경향보다는 첨가하는 디자인이라고 보는 것이 옳습니다. 이런 작업은 과거 기술적인 진보가 지금보다 못한 경우 부분적인 디자인을 하는 것으로 마치 르네상스 이후 장식이 첨가

되는 성격을 갖고 있습니다. 그러나 현대에 와서 많은 건축가들이 전체적인 형태를 초기 작업부터 자신이 의도하는 대로 공간 구성과 함께 동시에 형태 디자인을 병행하는 작업이 이루어지고 있습니다.

[그림 III-17] Tenerife Concert Hall(2003)_ Tenerife Audi-torium, Santa Cruz de Tenerife, Canary Islands, Spain

[그림 III-17]의 건물은 2003년에 스페인에 만들어진 Tenerife Concert Hall로서 시각적으로 보아도 외부의 형태와 내부 공간의 구조가 일치하지 않음을 알 수 있습니다. 우리가 말하는 소위 대가들은 이러한 작업을 통하여 우리에게 형태를 보여주고 있으며, 이것이 구별된 미를 선보이고 있는 것입니다.

공간 구성을 이루고 후에 형태를 꾸미는 작업은 자신의 의도대로 형태를 만들지 못하는 경우가 많습니다. 이유는 이미 공간 구성이 외부에 많은 영향을 미치기 때문에 형태를 만든다면 이를 변경해야 하기 때문에 선택권이 많지 않기 때문입니다. 이러한 형태들은 의외로 잡다한 것이 많으며 단편적인 형태만 변경할 수 있다는 단점이 있습니다. 과거에는 이렇게 부분적인 형태만을 변경했기 때문에 개인적인 경향보다는 전체적인 사조를 따를 수밖에 없었으며 양식의 큰 분류에 속해질 수밖에 없었습니다. 그러나 초기 공간 구성부터 이미 형태 디자인을 의도하고 만들게 되는 건축가들은 큰 부분에서 하나의 사조에 속할 수도 있지만 그 사조에서도 개성적인 디자인을 만들어가고 있습니다. 예를 들면 해체주의 건축가 군에 속하는 설계자라고 해도 그들의 개인적인 표현은 여러 가지 면에서 영역이 분명하며 차이를 보이고 있습니다. 해체주의 건축가로서 피터 아이젠만, 자하 하디드, 리베스킨트 그리고 프랭크 게리 등이 있으며, 그들 중 피터 아이젠만은 골조의 해체에 수직과 수평을 해체하고, 자하 하디드는 직선을 해체하였으며, 리베스킨트는 중력을 해체하고, 프랭크 게리는 면과 직선을 해체하였습니다. 음악은 악보로 자신들의 작품을 표현하고 미술가는 그림으로써, 소설가는 글로써, 작품을 표현하지만 그 방법의 차이가 과거와 크게 달라지지 않았습니다. 그러나 건축은 개인적인 성향을 보이기에는 과거에 너무 많은 제약이 있었습니다. 건축재료가 다양하지 않았고, 기술이 상상력을 표현하기에 부족했으며, 그 상상력을 실현시키기에도 작업의 방법과 구조가 너무 어려웠습니다. 현재는 이 부족한 영역이 가능해졌으며, 특히 IT의 발달은 컴퓨터 프로그램을 통하여 상상력의 표현을 가능하게 해주고 있기에 다른 분야에 비하여 늦은 감이 있지만, 이 혜택을 입어 지금은 많은 건축가들의 작품 표현이 다양해지고 있습니다. 표현이 다양해지는 가능성은 내부와 외부의 분리가 가능해지면서 독립적인 표현이 가능해 졌다는 것입니다.

과거에는 구조와 벽의 분리가 어려워 표현의 한계가 있었으나 지금은 가능합니다. '외부는 내부를 반영해야 하는가?' 이러한 의문이 대두된 때가 있습니다. 이 물음의 대답을 위해서는 디테일의 변화를 먼저 보아야 합니다. 초기 벽체는 하나의 재료로 구성이 되었었습니다. 점차 벽의 두께가 얇아지면서 그 두께만큼 다른 재료가 첨가된 것입니다. 그러나 재료 간의 접촉면에 환기문제로 습기가 생기고 이것이 내부 공간에 영향을 주게 되어 그 사이에 공간을 띄우는 작업이 병행하게 됩니다. 이것이 벽을 내부 영역과 외부 영역으로 분리하면서 외부를 이루는 벽이 더 자유롭게 되고 독립적인 표현으로 다양해진 것입니다. 그러나 이 작업도 단순히 외부를 표현하는 목적으로 만들어지면 비경제적인 이유가 될 수 있기 때문에 타당한 기능을 가져야 하는 것입니다. 예를 들어 위의 Tenerife Concert Hall은 미적인 부분도 있지만 외부의 형태들이 그림자를 만들어 내부 공간에 긍정적인 영향을 주기에 타당한 것입니다. 즉 미를 위한 미는 의미가 없다는 것입니다.

[그림 Ⅲ-18]의 사진은 강원도 고성군입니다. 어느 건축가가 이 위치에 실버타운 건설을 제안한 적이 있습니다. 공기도 좋고 경치도 아름다우며 실버라는 인생의 시대에 걸맞는 위치입니다. 아침 해가 뜨는 경관은 실로 그림과 같이 아름답습니다. 그러나 이러한 기준은 잘못

[그림 Ⅲ-18] 실버타운의 건설제안 위치

잡은 것입니다. 이 기준은 경관에 맞춘 것입니다. 기준은 실버타운에 거주하는 사람에 맞추었어야 합니다. 정년을 하기 전의 사람들이나 활동력이 있는 사람들은 생활속에 자연스럽게 사회성을 갖고 있습니다. 그러나 사회성을 잃은 사람들은 그렇지 않습니다. 경관의 아름다움도 좋지만 이는 이들에 대한 배려가 아닙니다. 시간이 지날수록 이들은 사람을 그리워할 것이며 이 환경이 심리적으로 역효과가 날 것이라는 사항을 고려하지 못한 것입니다. 이들에게 우선적으로 사회성이 일어나는 환경을 만들어줘야 하며 환경보다는 사람들과의 관계가 단절되지 않게 만들어 줘야 합니다. 이들이 이곳에 있어야 하는 이유는 없습니다.

이렇게 왜곡된 기준으로 시작을 하는 경우에는 반드시 실패를 합니다. 이처럼 건축은 공간을 만들기만 하는 것이 아니라 사용자의 삶을 만드는 것입니다. '디자인=기능 + 미'에서 기능이라는 기준에는 사람이 존재해야 하며 여기에는 사람의 심리적인 상황을 반드시 고려해야 하는 것입니다.

2-6 형태와 Story Telling

건축가는 건축물을 디자인하는 경우 많은 디자인 소스를 찾습니다. 그 소스는 건축가 자신의 디자인 스타일이 될 수도 있고 새로운 시도를 적용할 수도 있으며 건축주의 의도를 반영하기도 하며 주변과의 작용을 콘셉트에 적용하기도 합니다. 즉 형태를 만드는 것이 아니고 공간을 위한 다양한 시도를 한다는 것입니다. 이러한 방법이 진행되면서 형태는 자연적으로 만들어집니다. 이 작업에는 건축가 스스로 고민에 빠지기도 하지만 자신의 스타일을 새롭게 나타낸다는 즐거움도 있습니다. 형태를 먼저 만들고 여기에 공간 배치를 하는 것은 오히려 더 어려운 상황을 만들 수 있습니다. 형태라는 제한된 테두리 안에서 공간 배치를 해야 하는 어려움이 있기 때문입니다. 그러나 설계자가 설정한 요소들을 논리에 적용하면서 공간을 배치한다면 형태는 설계자 자신도 예상하지 못했던 결과를 얻게 되는 경우가 있습니다. 물론 이 방법의 밑 바탕에는 설계자의 스타일을 적용하는 경우가 많습니다. 자연스럽게 형태 요소를 얻는 경우도 있지만 어느 한 부분도 설계자의 의도를 적용하지 않는 경우는 없습니다. 만일 있다면 설계자는 이를 검토하고 분석하면서 그 결과가 타당한지 결정해야 합니다. 하지만 그 부분은 그렇게 크지 않습니다. 작품이 완성된 후 설계자는 어떤 과정과 작업의도가 적용되어 그러한 결과물이 나오게 됐는지 설명하면서 그 설명과 형태가 일치함을 보여줍니다. 그러면 관찰자는 그 설명을 통하여 그 형태를 이해하는 것입니다. 즉 설계자의 Story와 형태는 일치해야 하는 것입니다. 이것이 형태 작업에 대한 Story Telling입니다. 이 스토리를 알아야 우리는 그 형태를 이해하고 하나가 되는 것입니다. 즉 형태를 우리 가슴에 간직하는 것이 아니라 스토리를 간직하는 것입니다.

스토리 없는 형태는 없습니다. 혹자는 우연 발생적으로 형태의 탄생을 정당화할 수도 있지만 여기서 말하는 것은 명품을 말하는 것입니다. 명품은 스토리 없는 형태가 없습니다. 스토리가 콘셉트이며, 스토리가 그 형태의 분석이며, 스토리가 형태를 보이게 하는 것입니다. 즉 스토리 없이 우리는 형태를 볼 수 없습니다. 그것은 그냥 물질을 보는 것입니다. 형태에게 생명을 주는 방법이 바로 스토리를 바탕으로 만드는 것입니다. 왜냐하면 형태는 공간으로 구성되어 있고 그 공간 안에는 살아 있는 생명체가 올바른 공간 경험을 해야 하기 때문입니다. 스토리 있는 영화가 흥미롭고 스토리 있는 그림이 전해지며, 스토리 있는 소설이 책의 마지막 장까지 인도하듯이 건축 형태는 건축가의 스토리가 집약된 표현이기 때문입니다.

사람들은 건축물을 바라봅니다. 그런데 '무엇을 보는가?', 보기만 하기 때문에 단순한 것입니다. 건축물은 그 스토리를 경험하는 영화이며 소설이며 그림인 것입니다. 스토리는 형태에 대한 오해를 막고, 스토리는 형태에 대한 흥미를 일으키며, 스토리는 그 건축가를 이해하게 합니다. 루이스 칸의 '건축물에는 건축이 없다'에서 건축이 바로 스토리입니다. 즉 건축물에는 스토리가 없다라는 말이 아니라 스토리 없는 건축물은 없으므로 건축물만 바라보아서는 스토리를 알 수 없다는 것입니다. 그러므로 스토리를 들어야 그 건축물을 이해한다는 의미입니다.

형태만 바라보아서는 건축을 알 수 없습니다. 그 건축물의 건축을 이해하려면 스토리를 들어야 하는 것입니다. 그러므로 형태는 그리는 것이 아니라 구성하는 것입니다. 사실 형태에 있어서 스토리의 필요성은 그 형태의 존재에 대한 오리지널을 증명하는 근거가 될 수도 있는 것입니다. 스토리 없이 물론 형태를 만들 수도 있습니다. 그러나 그것은 정당성이 부족하며 그 형태에 대한 근거를 증명하지 못하는 것입니다.

TV에 요리 프로그램을 보면 요리사가 재료를 선택할 때 아무거나 결정하지는 않습니다. 그 프로그램에서 요리를 하는 시간은 그렇게 길지 않습니다. 그러나 한 시간이나 그 프로가 진행되는 내용을 보면 요리사가 요리 재료를 선택할 때 재료에 대한 설명과 재료를 선택하는 과정에서 일어난 에피소드, 재료의 색감, 재료의 영양가치, 자신이 그 음식에 대하여 갖고 있는 흥미와 선택 이유, 때로는 그 재료와 상극인 재료에 대한 설명, 요리 중 불의 온도에 관한 주의사항, 맛을 도와 줄 소스나 양념에 관한 사항, 음식에 관한 재미난 에피소드나 역사적인 이야기 등이 그 프로의 주를 이루고 마지막에 나오는 음식은 접시에 담긴 소박하고 간결한 모습입니다. 이러한 내용들이 뒤받침되지 않으면 결코 그 방송을 시간에 맞추어 끌고 갈 수가 없습니다. 바로 이것이 이 음식에 대한 Story Telling입니다. 방송에서는 그 음식을 시식하지만 시청자는 그럴 수 없습니다. 그러나 그 음식의 탄생에 대한 내용을 간직하며 이후 그러한 음식을 먹으면서 이 이야기를 떠 올릴 것입니다.

학교는 학생들에게 이러한 과정을 가르쳐야 합니다. 그 학생이 만든 건축물의 형태는 결과입니다. 그러나 그 결과가 어떠한 과정을 통하여 만들어졌는지 이를 알려야 하는데 한 학기의 5분의 4는 이 Story Telling을 구성하는 것을 가르쳐야 합니다. 그러나 다 수의 공모전에서 이를 힘들게 하고 학생들의 작업 방법을 방해하고 있습니다.

어떤 지역 공모전에서 300여 개의 작품을 각 학교에서 오후 6시까지 제출하고 학생들이 제출했다고 연락이 오기도 전 오후 6시 30분에 결과가 팩스로 오는 것을 보고 경악을 금치 못했습니다. 그곳에서 심사를 위하여 수고한 분들께 전혀 고맙지 않았습니다. 제출된 작품에 대한 설명만 5분씩 읽어도 25시간이 걸릴 것입니다. 5명의 심사자가 나누어 읽어도 5시간이 걸립니다. 실로 놀라운 일입니다. 스토리 없이 형태를 읽는 것은 위험한 일입니다.

어떤 아이가 사과를 훔쳤습니다. 사람들은 모두 그 아이를 범죄자로 취급하여 신고해야 한다고 말합니다. 그러나 그 중 한 사람이 그 아이에게 왜 사과를 훔쳤는지 묻자 그 아이가 설명하길 "엄마가 집에서 병으로 돌아가실 것 같은데, 엄마의 마지막 소원이 사과를 하나 먹고 싶다"는 것이었습니다. 그 아이는 돈도 없고 사과를 훔치는 일은 범죄라는 것을 알지만 엄마의 마지막 소원을 들어드리고자 사과 하나를 훔칠 계획을 세운 것입니다. 이 아이의 행동은 범죄 맞습니다. 그러나 아마도 그 이야기를 들은 사람 중에는 다양한 생각이 만들어 질것입니다. '당신은 어떻게 할 것인가?' 이렇게 내용을 들으면 결과는 다양하게 발생할 수 있습니다. Story Telling 이후 형태가 다시 보이는 것을 스스로 경험하기를 바랍니다.

2-7 기준과 명분

[그림 Ⅲ-19] 샴푸를 고르는 기준

[그림 Ⅲ-19] 그림만 보았을 때 남자가 샴푸를 고르는 기준은 아주 단순합니다. 정말 그럴까요? 아닙니다. 사실 이와 같은 선택의 기준에는 샴푸 또는 그것을 만든 회사에 대한 신뢰를 갖고 있기 때문입니다. 무엇인가를 결정할 때는 그에 대한 기준이 있어야 합니다. 이 기준은 모두에게 동일한 상태를 말합니다. 다르게 말하면 기본이라고 할 수도 있습니다. 이 기준이 어떤 것이냐에 따라 결과가 달라지는 중요한 요소입니다. 수학을 보면 10 + x = y에서 x 또는 y의 값에 따라 결과가 달라지는 것과 같은 것입니다.

[그림 Ⅲ-19]의 그림에서 남자는 선택의 기준을 신뢰로 보았기 때문에 일반적으로 샴푸라는 아이템을 선택한 것입니다. 여자보다 선택의 기준이 단순해 보이는 것

같지만 사실은 더 복잡한 상황을 바탕에 갖고 있는 것입니다. 이 바탕의 내면에는 심리적인 고도의 강제성이 깔려 있습니다. 신뢰를 주었기 때문에 이를 무너트리면 엄청난 파장을 오히려 갖고 올 수 있기 때문입니다. 여자는 디테일한 상황을 보면서 선택하였기 때문에 그 선택의 오류는 개인적인 취향이 될 수도 있습니다.

[그림 Ⅲ-20]의 모습은 건축물이 만들어지는 데 적용되거나 적용하는 요소들을 적어 본 것입니다. 이는 마치 안정된 육면체를 맞추는 작업처럼 하나라도 빠지면 올바른 형태를 유지할 수 없는 것처럼 가능한 다양한 요소를 적용했을 때 완전한 육면체를 얻는다는 것을 보여주는 그림입니다. 그러나 일반인이 건축물을 의뢰할 때 이 모든 것을 알 수는 없습니다. 설계자의 능력과 작업 방법을 신뢰하면서 의뢰할 수밖에

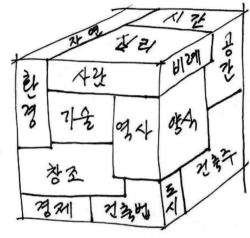

[그림 Ⅲ-20] 건축물의 적용 요소

없는 것입니다. 그런데 이 신뢰를 인식하지 못하고 설계자가 작업 하면서 적용하지 못하는 부분이 있으면 이는 실로 문제로 후에 나타날 수 있습니다. 하지만 언제나 이를 적용할 수 있는 것은 아닙니다. 그러나 적용하지 못할 경우에는 반드시 그에 대한 명분이 있어야 합니다.

명분은 결과적인 상황을 긍정적으로 변경하는 역할을 합니다. 이는 능력과는 다른 차원입니다. 명분은 쌍방 간에 합의가 있어야 하며 제3자도 이를 이해할 수 있어야 합니다. 그러나 명분 없이 경험의 부족이나 전문적인 지식의 부족으로 작업에 수행되어야 하는 요소를 놓쳤을 경우에는 실로 전문성에 있어서 신뢰를 잃게 되는 것입니다. 그래서 먼저 작업을 할 때는 기본적인 상황을 검토하고 이에 대한 특이 상황과 그렇지 않은 것을 분류하는 것이 중요합니다.

여기에 공통적으로 적용되는 것이 바로 기준입니다. 기준은 결과를 다르게 만들수 있는 조건이라고 앞에서도 언급하였듯이 기준이 한 곳을 바라보게 하는 성격이 있습니다. 전문가가 된다는 의미는 곧 기준을 만든다는 뜻과 같습니다. 아마추어는

기준이 없습니다. 아니 기준이 개인적인 경우가 많습니다. 그래서 아마추어들은 하나의 상황에 대한 답이 다양하게 만들어 지며 성급합니다. 그러나 전문가들은 기준이 나오기 전까지 결정을 하지 못하기에 오히려 아마추어보다 결정을 하는 데 있어서 빠르지 않습니다. 그러나 전문가들은 만족할 만한 기준을 얻게 되면 다양한 답이 나오지 않고 일반적으로 동일한 결과를 제시합니다. 그래서 아마추어는 하나의 상황에 성급하게 반응하지만 전문가들은 원하는 기준이 나올 때까지 반복해서 피드백과 같은 과정을 거치며 결과를 만들어 냅니다.

여기서 기준이라는 의미는 경우의 수를 말합니다. 우리가 학교에서 배우는 것은 그 많은 경우의 수 중 가장 빈번한 것을 배우는 것이지 단지 학교에서 배운 것만 있다는 의미는 아닙니다. 다시 말해 최소한의 경우의 수에 대한 정의와 가능성을 말하는 것이지 그것이 전부는 아니라는 것입니다. 이 최소한의 경우의 수에는 명분이라는 것이 없습니다. 왜냐하면 그것은 명분을 반영하면 안 되는 최소한의 경우의 수이기 때문입니다. 그러나 사회에서 일어나는 경우의 수는 그 범위를 제한할 수 없으며 무궁무진 합니다. 그래서 우리는 약속이라는 명분아래 가이드라인을 만들어 놓으려고 하는 것입니다. 기준은 시작점입니다. 여기에 경우의 수가 적용되지 않으면 모든 시작은 동일합니다. 그러나 어떤 경우의 수를 적용하느냐에 따라 결과가 다르기 때문에 기준에서 시작하여 다양한 결과가 나오는 것을 예측하는 것입니다.

기준과 명분은 아주 객관적이며 이는 수긍할 수 있는 수준으로 진행되어야 하는 것입니다. 시작할 수 있는 기준이 명확하게 정해진 사회는 혼란이 적지만 여러 가지 요인에 의하여 기준이 난무하는 사회는 역사 속에서 냉정한 평가를 받게 되어 있습니다. 그래서 시작하는 기준은 언제나 공개되어야 하며 객관적인 명분 속에서 진행되어야 하는 것입니다.

2-8 존재와 부재

건축물의 형태를 이루는 요소들은 참으로 다양합니다. 우리가 의식적으로 인식하는 요소들이 있는가 하면 그렇지 않은 것들도 그 형태 안에 다양하게 존재하고 있습니다. 공간을 크게 나눈다면 세 가지(바닥, 벽 그리고 지붕)로 되어 있습니다. 이 영역 안에는 우리가 인식할 수 있는 것도 있지만 그렇지 않은 것들도 숨어 있습니다. 보이지 않는다고 없는 것은 아닙니다. 이 보이지 않는 것들은 각자의 영역에서 기능을 하고 있습니다. 요소가 기능을 하기도 하지만 형태적인 요소로서 역할도 담당하고 있는 것입니다. 형태가 의미하는 것이 과연 무엇인가 하고 생각해 볼 수도 있습니다.

위의 세 가지 요소를 우리는 엔벨로프(Envelop)라고 부릅니다. 이 엔벨로프의 역할을 구체적인 것과 추상적인 것으로 다시 구분해 볼 수 있습니다. 구체적인 것들은 기능과 직접적인 관계가 있습니다. 공간을 보호하고 아늑한 분위기를 만들며 내부와 외부의 단절을 물리적으로 나누며 자연적인 것과 인위적인 영역의 근본이 되는 객관적인 것입니다. 그러나 엔벨로프의 추상적인 역할은 상당히 개인적인 가치에 좌우가 됩니다. 물리적인 역할은 다분히 건축가의 역할이라기보다는 전문가로서 의무를 나타내야 하는 공통적인 성격이 강하지만 추상적인 것은 전문가의 역할보다는 취향과 추구하는 디자인의 성격을 더 많이 나타냅니다.

여기서 더 나아간다면 바로 시간적인 개념이 추상적 역할에 동참하게 되는 것입니다. 현재는 존재하는 것이지만 과거와 미래는 부재하는 것입니다. 그러나 이 시간적인 역할은 언제나 고정적인 시각이 아닙니다. 동일한 사건이 세대 간의 개념이 다른 것으로 IT가 IT 세대에는 현재의 의미를 갖고 있지만 아날로그 세대에는 현재성이 없습니다. 즉 존재와 부재는 이해관계와도 연관이 되어 있는 것입니다. 아는 사람에게는 '존재'하지만 모르는 사람에게는 존재할 수 없는 '부재'로 작용할 수밖에 없는 것입니다.

많은 건축가들이 자신의 원리를 보여주려 하고 이를 이론가들이 정의하는 것도 부재의 요소를 존재로 끌어들이려는 시도인 것입니다. 저자는 필립 존슨의 글라스 하우스를 최고의 건축물로 여기는데 이는 다분히 개인적인 의견으로서 그 필립 존슨의 그 건축물에 담겨진 내용이 부재한다는 의미로 다루기에는 그의 전체 건축물을 살펴 보았을 때 왜 그가 그 글라스 하우스를 시도했는지 생각해 보자는 의미로 적은 것입니다. 이 글라스 하우스는 부재하면서 존재하는 의미를 갖고 있습니다. 이것이 필립 존슨이 모든 시대를 통합하는 이미지를 그 건축물에 담고자 했던 것입니다.

포스트 모더니즘 건축가로 찰스 젱스의 최고 찬사를 받은 그가 미스 반 데 로에의 베를린 국립미술관을 떠올리게 하는 디자인을 했을 때 우리는 그 형태에 메시지가 있음을 알아야 합니다. 더욱이 건축가로서 자신의 집을 그렇게 설계했다는 것은 사라질 수도 있는, 존재하는 부재를 표현하기 바랬는지도 모릅니다.

존재하는 형태 요소를 재현하는 것은 또 다른 조합입니다. 그러나 부재하지만 이미지로서, 느낌으로서, 앎에 의하여 그리고 상상할 수 있는 것들을 다루는 것은 아주 흥미로운 일입니다. 특히 이를 형상화한다는 것은 무한한 상상력을 동원하는 일입니다. 이를 우리는 초현실주의라고 부르기도 합니다. 달리는 정물화대신 꿈을 형상화 했기에 부재를 존재로 만들려고 시도한 것입니다. 이것이 다른 예술 분야에서는 건축보다 쉬울 수가 있습니다. 왜냐하면 건축물은 사람을 위한 공간이 존재해야 한다는 정의를 만족시켜야 하기 때문입니다.

중력의 거부할 수 없는 작용에 매여 있고 자연이라는 극복해야 하는 요소를 갖고 있기 때문입니다. 물리적인 개구부가 필수적이며 내부와 외부라는 영역의 구분이 명확해야 하는 존재의 덩어리로 시작해야 하기 때문에 부재에 대한 시도가 어렵습니다. 이 존재의 가장 명확한 요소가 바로 벽입니다. 장소성에 대한 의미로 바닥을 정의할 수 있지만, 이 부분은 영역의 의미가 더 큽니다. 그리고 건축 영역을 이루는 가장 최소한의 요소로 지붕을 꼽지만 이는 우리의 시야보다 높게 있기 때문에 장소성으로 직접적인 영향을 주지는 않습니다. 그래서 우리는 때로 바닥을 벽으로 끌어올리고 때로 벽에 지붕과 연속성을 주는 시도를 하는 것은 벽이 갖고 있는 존재와 부재의 완충적인 역할을 담당하기 때문입니다. 시야가 더 이상 가지 못하는 그곳이 벽이라는 정의를 내리는 이유도 여기에 있습니다. 역사 속에서 건축이 지금까지 투쟁을 벌여 온 것은 곧 벽과의 싸움입니다. 바닥은 과거이

[그림 III-21] 코요즈미 상요 건물

며 지붕은 미래이고, 벽이 곧 시각적인 현재입니다.

프랭크 게리 작품의 특성에서 그는 이 시간적인 차이를 극복하려는 시도가 보입니다. 그의 건축물에 있어서 이 엔벨로프의 구분은 명확하지 않습니다. 자하 하디드의 작품 또한 같은 성격을 갖고 있습니다. 우리는 이러한 이미지를 다이나믹하다고 말합니다. 즉 과거, 현재 그리고 미래가 동시에 움직이는 것입니다. 넓게 본다면 이러한 이미지들은 아르누보의 발전입니다. 아르누보의 출발은 생명력에 그 근원을 두고 있습니다. 살아 있는 것은 현재 또는 존재의 의미입니다. 기능을 한다는 것은 모두 존재한다는 것입니다. 그러므로 부재의 의미로 작용하는 것들도 기능을 한다면 그것은 존재하는 것입니다. 그래서 피터 아이젠만의 베를린에 있는 유태인 추모공원이 그러한 의미이며, 일본에 있는 코이즈미 상요 건물이 이러한 존재와 부재 또는 시간의 동시 진행의 개념을 아주 잘 보여줍니다.

보이는 것은 존재이고, 보이지 않는 것은 부재입니다. 그러나 없는 것은 아닙니다. 이러한 사고가 우리에게 어려움입니다. 포스트모더니스트들은 이를 퇴폐적이고 부르주아의 어리석음으로 명확하지 않은 표현에 대하여 부정적인 견해를 갖고 있습니다. 그들은 명확하고 질서가 있으며 규칙적인 표현을 원합니다. 즉 존재의 의미만이 가치가 있는 것입니다. 이것이 역사주의가 원하는 디자인입니다. 포스트모더니스트들은 근대가 파괴적인 사고에 의하여 발생됐다고 보는데 이는 존재와 부재의 공존이 나타나는 네오모더니즘적 표현 때문입니다. 네오는 시간적인 파괴와 형태적인 파괴처럼 포스트 들에게는 보이는 것입니다. 즉 기본적인 틀을 해체한 것으로 보는 것입니다. 그래서 해체주의 입니다.

어느 것이 옳다는 주장은 그들의 기본적인 권리이며 선택은 관찰자가 하는 것입니다. 엄격히 구분한다면 역사주의는 부재이고 근대는 현재일 수도 있습니다. 그러나 그런 개념의 구분이 반드시 필요한 것은 아닙니다. 단지 형태가 우리의 사고를 풍부하게 해준다는데 의미가 있을 수 있는 것입니다.

기억되는 것과 기억되지 못하는 것

루이스 칸은 어느 날 건축물에게 물었습니다. "건물아 네가 원하는 것이 무엇이니?" 단순하지만 당연한 물음입니다. 루이스 칸은 양식에 구애받지 않는 건축물 디자인을 했습니다. 로마네스크의 전통적인 디자인 기법을 주로 가르쳤던 파리의 전통적인 명문 건축학교 보자르에서 교육을 받았지만 그는 모던에 대한 형태의 시도와 포스트모던에 대한 시도 또한 많이 했습니다. 그의 건축 형태를 양식적으로 분류하기는 어렵지만 그에게 나타나는 것은 깨달음을 전달하는 스타일이 그의 작품에 담겨 있는 그만의 양식입니다.

전통적인 형태가 감성에 근거하고 모던이 이성에 근거를 두고 있다면 그는 이성적인 바탕에 감성적인 스타일을 담으려고 했던 것입니다. 그러나 그것이 그렇게 심오하거나 어렵다기보다는 그가 사용하는 빛을 통한 메시지는 오히려 누구에게나 전달되는 서민적인 시도였습니다. 형태를 보도록 하기보다는 형태를 느끼게 하는 것이 그의 시도였습니다. 왜냐하면 본다는 것은 피상적인 것이기에 그 본질을 놓칠 수 있기 때문입니다. 그러나 느낀다는 것은 내부에서 외부로 전달되는 메시지입니다. 이것은 감성에 기록되는 것입니다.

그는 자신이 만든 형태가 피상적으로 읽히기보다는 내면의 모습을 찾아 이해하기를 바랐던 것입니다. 즉 공간 안에서 공간을 보지 않고 아직 공간의 이전 단계인 벽을 통하여 공간의 요소만 보기를 원하지 않았던 것입니다. 그 방법이 바로 깨달음입니다. 사각형은 그저 사각형으로 끝납니다. 그러나 깨달음은 하나의 요소에서 여러 메시지를 받을 수 있다는 것입니다.

루이스 칸의 건물을 볼 때 우리가 주의해야 할 것은 그의 세부적인 표현을 보아야 한다는 것입니다. 그의 건축물은 종합적으로 되어 있습니다. 서론, 본론 그리고 결론이 모여 하나의 문장을 이루고 바닥, 벽 그리고 지붕이 개별적으로 존재하며, 외부와 형태 그리고 공간이 모여 조화를 이루는 종합적인 구성을 보여주고 있습니다. 주어, 동사 그리고 목적어를 사용하여 메시지를 담고자 했으며, 1+1의 기능을 갖고 있습니다. 그는 형태를 만드는 것이 아니고 형태 언어를 나타내고자 했던 것입니다. 전체적인 문장에 있어서 건축물은 하나의 단어로 존재를 하며 그의 작업은 언제나 종합적인 문장의 표현을 먼저 구성하여 그 구성을 형태로 표현하려고 했던 것입니다. 문장으로서 하나의 절이 완성되려면 최소한 주어와 동사가 존재를 해야 하는 것처럼 그의 건축물에는 형태가 주어로 존재하고 빛이 동사로서 작용을 하였습니다.

그는 건축물을 만듦에 설계자로서 역할을 하기보다는 건축물 정체성에 더 중점을 두려고 했던 것입니다. 그래서 그는 끝임 없이 건축물에게 물었던 것입니다. "건물아 건물아 네가 원하는 것이 무엇이니?" 이 물음의 근거는 설계 작업의 주체 또는 형태 창조자의 출발을 건축물에게 두었다는 것입니다. "벽돌아 네가 원하는 것이 무엇이니?" 이 물음은 우리가 너무도 잘 알고 있습니다. "나는 아치가 되고 싶어요!" 마치 연예 소속사가 한 명의 연예인을 만들기 위하여 소속사의 기준에 맞추지 않고 그 연예인이 가장 잘할 수 있는 것을 찾아내어 대뷔시키는 것과 같습니다.

이 물음은 단순하지만 이 하나의 물음이 바로 그의 작업 성격을 보여주는 단적인 내용입니다. 초기에 도움을 주지만 대뷔 후 영원히 살아남게 할 수 있는 방법이 무엇일까 그는 생각한 것입니다. 소속사의 이익을 위하여 본질과 다르게 교육시켜 소속사의 이익 창출 후 도태되는 무책임한 역할이 아니라 숨겨진 것을 찾아내어 계속적인 생명력을 만드는 것입니다. 그의 건축물은 그래서 픽쳐 윈도우(Picture Window)처럼 아주 넓은 부분에서 자동차의 볼트처럼 가장 작은 디테일까지 살펴보아야 합니다. 물론 다른 건축가들도 루이스 칸과 크게 다르지 않습니다. 단지 차이점을 찾는다면 다른 건축가들은 기능과 기술의 장점을 살리는 데 그 출발을 두었다면 루이스 칸은 여기에 건축물의 정체성도 포함하여 출발했다는 것입니다. 그가 의상 디자인을 했다면 아마도 양복이면 양복 또는 한복이면 한복에 국한되어 디자인을 하지 않고 대상에게 어느 것이 가장 잘 어울리는가 먼저 찾아 그것을 디자인 했을 것입니다. 이렇게 그는 건축물 디자인 양식에 경계를 두지 않고 모든 분야를 다루었습니다.

[그림 III-22] 루이스 칸_ 국회의사당(1962), 다카, 방글라데시

그가 활동한 시기가 근대가 주를 이루었던 시기라는 것을 감안한다면 아마도 흔들렸을 수도 있었습니다. 그러나 그는 자신의 작업에 기준을 두지 않고 건축물에 그 초점을 맞추었기 때문에 어느 양식이든 가능했던 것입니다.

그가 원했던 것은 물리적인 형태의 건축물이 아니라 형태와의 교감을 통한 깨달음입니다. 깨달음이라는 것이 한 번 알고 나면 마치 풀어버린 문제처럼 단순해지게 되는데, 그는 이러한 것이 곧 건축물의 정체성을 무뎌지게 하는 원인이라고 생각하여 변함없이 건축물의 존재를 부각시킬 수 있는 요소를 찾아 낸 것이 바로 빛입니다. 굳어버린 덩어리를 무한하게 변화시키는 방법은 바로 빛의 작용입니다. 외부의 빛의 흐름에 따라 공간이 흐르는 효과로서 공간에 생명을 주었던 것입니다.

공간은 사용자의 의도에 따라 물리적인 변화를 갖고 올 수 있습니다. 이에 맞추어 빛은 또 다른 변화를 동일한 공간에 다시 갖고 오는 것을 사용한 것입니다. 그는 이것을 건축물이라는 문장이 갖고 있는 다양한 단어로 생각한 것입니다. 형태문장 속에서 형태단어가 바뀔 때마다 의미가 달라지는 형태효과입니다. 즉 그는 형태를 구성한 것이 아니라 형태를 쓰는 것입니다. 그에게 있어서 Realization은 확정된 것이 아니고 지금 보이고 있는 것입니다. 그러나 본질은 결코 변경하지 않는 것입니다.

사랑의 본질은 쌍방 간에 긍정적인 작용이 realization이지만 어느 경우에나 사랑의 존재는 다르게 나타날 수 있는 것과 같은 것입니다.

루이스 칸은 그 경우의 수를 바로 빛으로 본 것입니다. 경사진 빛은 경사진 그림자를 보여주고 원형의 형태는 원형의 조망을 선사하며 벽이 갖고 있는 작은 틈새는 가능성을 의미하는 것입니다. 건축물은 필요에 의한 욕구에서 출발합니다. 그리고 그 필요를 충족시키는 하나의 목적을 두는 것이 일반적입니다. 그러나 루이스 칸은 한 발 더 나아가 필요라는 초기의 발생 초점을 두 가지로 바라본 것입니다. 하나는 건축물 필요에 의한 출발과 또 하나는 건축물 완성 후의 존재라는 건축물의 생명력 유지에도 작업 목적을 둔 것입니다.

살아있는 것은 변화합니다. 그리고 우리는 그 변화를 통하여 그 존재를 인식하게 됩니다. 그래서 루이스 칸은 작업자의 목적에만 그 동기를 둔 것이 아니고 "건물아 건물아 네가 원하는 것이 무엇이니?"라고 먼저 묻고, 건축물이 "저는 기억되기를 원해요."라는 메시지를 우리에게도 전달해 준 것입니다.

2-10 Envelope

건축은 공간을 창조하는 작업이라는 것을 누구나 알고 있는 사실입니다. 그런데 이 정의는 너무도 창의적이지 못하며 감성적이지 못한 것입니다. 단지 건축 행위 그 자체에 초점을 맞춘 전문가적이지 못한 결정입니다. 그 공간이 어떤 성격을 갖고 있는가에 따라서 우리가 갖게 되는 느낌이 다릅니다. 앞에서 다양한 양식에 대하여 정의한 것은 반드시 그 양식을 따르기 위한 것이 아니라 복합적인 표현도 나올 수 있고 아니면 그 양식의 공식을 표현하던 그것은 자유입니다. 그러나 그 선택의 정의는 작업자에 달린 것이 아니라 건축주와 사용자에 기준을 두어야 합니다. 그들을 위하여 설계자는 가장 적합한 표현과 방법을 찾아주어야 하는 것입니다. 그래서

훌륭한 건축가는 건축주와 대화하는 데 많은 시간을 투자하고 그들의 말에 귀 기울이며 그들을 이해하려고 노력 해야만 합니다.

훌륭한 건축가는 건축주가 원하는 것 이상의 디자인을 제시하여야 합니다. 공간은 크게 내부 공간과 외부 공간 그리고 연결 공간 이렇게 세 가지로 구분할 수 있습니다. 내부 공간은 인간이 그 곳에 머물고 환경에 영향을 직접적으로 받기 때문에 디자인에 있어서 섬세한 배려가 있어야 합니다. 우리는 이를 인테리어 디자인이라고 부르기도 합니다. 특히 공간의 기능에 내부 공간 디자인의 결정이 많이 좌우됩니다. 병원같이 심리와 육체적으로 심약한 사람들이 머무는 공간은 안정된 디자인을 추구하고 디자인 사무실 같은 특수 기능을 요구하는 공간은 아이디어를 창출하는 데 도움을 줄 수 있는 공간 디자인을 표현하기도 합니다. 외부 공간은 건축물의 홍보와 도시적인 역할을 부여받고 도시 영역에서 이정표와 같은 역할을 하기도 합니다. 그리고 연결 공간은 내부와 외부를 연결하는 기능으로서 창의 크기는 내부로 유입되는 빛의 양을 조절하고, 반대로 외부로부터 내부를 보호받거나 건축물의 전체 디자인에 지대한 영향을 미칩니다.

우리가 건축물을 볼 때 주로 보게 되는 부분이 벽입니다. 바닥은 숨겨져 있어서 보기 힘들고 지붕도 높은 곳에 위치하여 보기 힘들지만 때로는 다 보여주는 건축물도 있기는 합니다. 공간을 형성하는 것이 바로 이 세 가지 바닥, 벽 그리고 지붕입니다. 건축가들은 기능을 기준으로 디자인의 차이를 보이며 작업하지만 이 세 가지는 어느 건축가에게나 동일한 작업의 바탕입니다. 이를 어떻게 표현하는가에 따라 건축물은 차이나는 디자인을 갖게 되는 것입니다. 이 세 가지 바닥, 벽 그리고 지붕을 통칭하여 'Envelope'이라고 부릅니다. 이 Envelope의 가장 일반적인 형태는 모두 평평한 것을 기본으로 합니다. 그러나 반드시 그래야 하는 것은 아닙니다. 때로 사각형뿐 아니라 곡면이나 삼각형의 형태도 존재합니다. 그러나 선택의 기준에 있어서 우선적으로 고려해야 하는 것이 기능과 안락함입니다. 이를 유지한다면 그 형태 선택은 자유로울 수 있습니다. 여기서 기본적인 형태는 경제적인 고려 사항 뿐 아니라 공사 그리고 안전의 방법에도 영향을 주기 때문에 이를 선택하는 것에는 반드시 이에 타당한 이유가 제시되어야 하며 건축주의 동의를 구하는 것이 중요합니다. 다양한 형태의 건축물이란 바로 이 기본적인 형태에서 벗어나는 것을 의미합니다.

1) 바닥

공간에서 바닥은 지면과 관계가 있습니다. 우선적인 문제는 지열과의 관계를 해결하는 것입니다. 그리고 공간의 가장 하부에 있는 것으로 동선에 영향을 주는 요소입니다. 이 외에도 공간 구성에 있어서 바닥의 형태는 우선적으로 고려해야 하는 사항인데 바닥의 레벨을 달리하면 시각적인 레벨도 달라져서 다양한 공간 연출이 가능하게 합니다. 바닥은 지면을 기준으로 네 가지 타입으로 구분해 볼 수 있습니다.

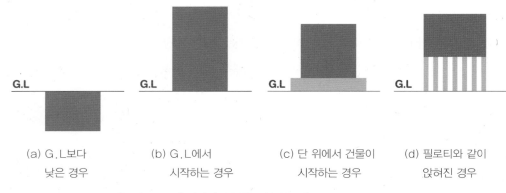

| G.L | G.L | G.L | G.L |

(a) G.L보다
낮은 경우

(b) G.L에서
시작하는 경우

(c) 단 위에서 건물이
시작하는 경우

(d) 필로티와 같이
앉혀진 경우

[그림 Ⅲ-23] 바닥의 종류를 구분하는 기준_ Ground Line

바닥의 종류를 이렇게 네 가지로 구분하는 기준은 지평선입니다. 이것을 G.L.(Ground Line)이라고 부르기도 합니다. G.L.보다 아래 있는 공간을 지하라고 부르며, 그 위의 공간을 지상이라고 부릅니다. 공간의 벽이 하나라도 G.L.보다 아래에 있으면 지하로 취급합니다.

① G.L.보다 낮은 경우

[그림 Ⅲ-24] 이화여대_
이화캠퍼스 복합단지(ECC)

이것은 이화여대에 있는 것으로 G.L.보다 아래에 공간을 두어 지평선이 공간의 위로 흐르게 만든 것입니다. 이는 이 영역에 들어가기 전 이미 G.L.이 연결되어 있는 것으로 동선을 따라 가면 지하라는 느낌보다는 마치 계곡을 통과하는 느낌으로 작용을 합니다. 일반적으로 지하는 옆의 그림처럼 단독으로 있기보다는 건축물의 하부에 보이지 않고 땅에 묻혀 있는 경우가 많습니다. 그러나 이 건축물의 경우는 의도적으로 G.L.보다 낮게 만들어 단독으로 존재하는 특이한 경우입니다.

이러한 형태가 오래 전부터 존재했는데 중국의 루양 근처에 한 마을은 G.L.보다 아래에 사는 것이 전통적으로 되어 있어 지금은 인기 관광지가 되었습니다. 이들은 땅을 파고 들어가 공간을 흙 속에 만들어 살고 있으며, 공동 공간을 중앙에 만들어 공동체적인 생활을 하고 있습니다. 이렇게 지하 공간이 G.L.에서 보이게 만들면 배수 문제를 잘 해결해야 합니다. 일반적으로 지하를 만들면 지하 벽과 만나는 흙이 지속적으로 벽을 공격할 수 있기 때문에 이 부분에 대한 배수 및 단열을 분명하게 하지 않으면 나중에 큰 문제를 만들 수 있습니다.

[그림 Ⅲ-25] 루양의 전통 마을_ 중국

[그림 Ⅲ-26]의 건축물은 건축가 도미니크 페로(Dominique Perrault)를 유명하게 만든 작품으로 파리 동남쪽, 센강변에 자리 잡은 프랑스 미테랑 국립도서관(Bibliothèque nationale de France)입니다. 미테랑 대통령이 집권 시절 시행한 문화 정책 중 하나로 라빌레뜨 공원, 루브르 박물관 앞 유리 피라미드 등과 함께 지어진 것입니다. 사각형 모퉁이에 마치 책을 펼쳐 놓은 것과 같은 건축물이 네 귀퉁이에 배치되어 있고 가운데 G.L.보다 낮은 정원을 만들어 도심 속 소나무 공원과 같은 공간

[그림 III-26] 프랑스 미테랑 국립도서관

이 있습니다. 이렇게 G.L.보다 낮은 영역은 도시에서 차단될 수 있는 시각을 연속적으로 만들어 주고 차별화된 공간을 형성할 수 있는 것입니다. 이러한 표현은 단지 외부적인 상황에서만 나타나는 것이 아니라 공간 내에서도 등장합니다. 앞의 거실은 현관에서 들어오면 거실 부분에서 바닥 레벨이 낮아지면서 하나의 공간에서 다른 차원의 공간연출과 시각을 보여줄 수 있습니다.

② G.L.에서 공간이 시작하는 경우

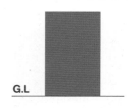

G.L.에서 건축물이 시작하는 경우는 가장 일반적인 사례로 G.L.이라는 평상시 시각의 연속성의 의미도 있지만 시공이나 구조적인 이점도 있기 때문입니다. 일반적으로 내부 바닥의 레벨을 G.L.과 동일한 레벨에 맞추는데 이는 외부에 바닥의 모서리 부분이 노출되면 열 교환이 생겨 문제가 발생할 수 있기 때문입니다. 물론 반드시 그렇게 하는 것은 아닙니다. 이에 대한 해결 방안을 갖고 있다면 바닥의 위치는 얼마든지 다양하게 만들 수 있습니다. 내부와 외부가 만나는 상세 부분에서 외부에서 들어오는 바람과 습기에 대한 방지가 필수적이기 때문에 이를 위한 디테일이 정확해야 합니다. 이렇게 G.L.과 같은 레벨에 있는 경우는 내부·외부의 동선체계가 안정된 이점이 있습니다.

③ 바닥이 단 위에 있는 경우

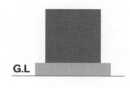

바닥이 단 위에 있는 경우는 지열과의 분리를 시도할 수 있는 장점이 있고 바닥에 단열재를 설치하기 좋은 형태입니다. 과거 건축술이 지금보다 발달하지 못한 경우에는 이러한 단을 건축물의 바닥으로 설치하는 경우가 많았습니다. 이러한 시스템은 서양뿐 아니라 동양에서도 많이 사용하는 방법으로 특히 목조로 된 건축물에 단을 올리고 그 위에 통풍을 위한 구조를 설치하면 목조건축물을 더 오래 유지할 수 있는 장점이 있었습니다. 그런데 이렇게 건축물에 단을 기능적으로 사용하는 것 뿐 아니라 의미적으로 사용하기도 하는데 그것이 바로 신전 같은 종교적인 성격을 갖고 있는 건축물입니다.

땅은 인간의 영역이고 신전 공간은 신의 영역이다. 이 두 공간이 직접적으로 만나는 것은 종교적으로도 맞지 않았습니다. 그래서 완충영역 또는 분리영역의 의미로 단을 설치하고 그 위에 신전을 두어 땅과의 분리를 시도하였는데 이는 동서양을 막론하고 사용된 방법입니다.

그리스의 신전이나 동양의 사찰 등이 이러한 형태를 갖고 있었습니다. 우리의 서민 주택 초가집이나 기와집도 이러한 단을 두고 그 위에 설치하였는데 이는 훌륭한 시도였습니다. 지금도 서양의 주택들은 밑에 창고나 다른 공간을 두어 대지와 분리하여 사용하는 것이 일반적인데 우리나라는 이러한 지혜를 현대에 들어 갖고 오지 못하고 바로 지평선에서 시작하는 경우가 많이 있습니다. 단은 지평선보다 경외심을 불러일으키는 요소입니다.

위의 초가집처럼 단 위에 집을 지으면 홍수 때 이를 막을 수도 있고 지열로부터 바닥을 보호할 수 있는 기능도 갖게 되는 것입니다.

④ 필로티 위에 건축물이 얹혀 져 있는 경우

G.L

르코르뷔지에의 5원칙 중 필로티 위에 건축물을 놓는 것도 있습니다. 이는 건축물이 빼앗은 대지를 다시 돌려주는 상징적인 작업이기도 하고 대지를 활용하는데 이점이 있기도 합니다.

[그림 III-27] 빌라 사보이

[그림 III-27]은 르코르뷔지에의 빌라 사보이인데 건축물을 띄워서 대지와 분리시켜 아래 공간을 활용할 수 있게 한 것입니다. 코어 부분을 중앙에 배치하여 건축물의 전체적인 형태에 보이드와 솔리드 적인 입체감을 주어 단순함을 없애고 또한 둔탁한 이미지를 줄여주는 역할도 합니다. 이러한 형태는 벽체 구조보다 골조 구조에 적합하며 하부의 다양한 공간 활용에 적합하기도 합니다. 이렇게 필로티

346

형식으로 건축물 위로 띄우면 바닥에 녹지의 맥을 연속시킬 수도 있고 공간 내에서 시각적인 효과를 가질 수 있는 것입니다.

2) 벽

벽의 역할은 공간을 분리하고 내·외부를 나누며 하중을 전달하는 기능하고 건축물의 전체적인 이미지를 결정하기도 합니다. 그런데 더 확장하여 벽에 대하여 정의한다면 벽은 곧 시야가 더 이상 가지 못하는 곳을 말합니다. 이 정의는 건축물을 디자인 하는데 중요한 의미입니다. 이를 이해하지 못한다면 결코 감성적인 디자인을 보여줄 수 없습니다. 이러한 벽의 정의

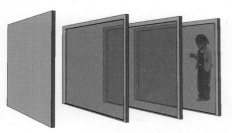

를 적용하여 설계하는 건축가는 많습니다. 예를 들어 일본의 건축가 안도 타다오 같은 경우는 이러한 벽의 정의가 아주 잘 나타나 있습니다. 즉 벽의 디자인적 정의를 이해하지 못하면 그의 건축물도 이해하지 못하는 것과 같습니다. 아래 그림에

서 4개의 벽이 있지만 실질적으로 벽으로 느끼는 것은 한 개이며, 세 개는 시야가 확보되므로 진정한 벽으로 볼 수 없으며, 이러한 경우에는 유리벽이라고 이름을 붙입니다. 이 이름의 내용에 벽으로서 기능이 떨어진다는 것을 담고 있는 것입니다.

(a) 무릎 높이   (b) 허리 높이   (c) 눈높이   (d) 눈 위의 높이

[그림 Ⅲ-28] 벽을 구분하는 종류

벽도 [그림 Ⅲ-28]과 같이 네 가지로 구분해 볼 수 있습니다. 무릎 높이, 허리 높

이, 눈높이 그리고 눈 위의 높이 이렇게 네 가지로 구분해 보았는데 여기서 중요한 기준이 바로 눈입니다. 앞에서 말한 대로 벽의 정의는 시야가 더 이상 가지 못하는 곳으로 시야를 가리면서 본격적으로 벽으로서 우리에게 다가오는데 눈보다 맞은 경우는 벽이라기보다는 영역을 구분하는 기능이 더 강하다고 말할 수 있습니다.

① 무릎 높이

무릎 높이의 경우에는 넘어갈 수 있다는 심적 상태로 인하여 부담감이 크지 않습니다. 그러나 영역을 구분하기 위하여 이 높이를 설정할 경우가 있는데 이는 단순히 물리적인 기능이 가능한 경우입니다. 놀이터처럼 어린 아이의 환경에 많이 사용되고 재료의 구분을 주고자 할 경우에 많이 사용이 됩니다. 벽으로서 강한 표현은 아니지만 법적으로 효력을 가질 수 있고 경계선으로 충분히 작용을 합니다. 이는 시야를 방해하지 않고 영역의 구분은 필요하지만 공간의 공용화가 필요한 경우에 사용될 수 있습니다.

[그림 Ⅲ-29]

[그림 Ⅲ-29]의 그림처럼 낮은 벽을 쌓아 경계선의 기능을 강하게 나타내고 벽 안의 재료가 외부로 유출되는 것을 막거나 이를 유지하려는 의도가 담겨져 있습니다. 특히 왼쪽의 경우는 무의식적으로 모래가 벽 안에 있어야 한다는 것을 사용자는 알고 있으며 이를 정리할 경우 사물을 어디로 옮겨야 하는지 사회적 약속이 정해지는 것입니다.

② 허리 높이

허리높이의 경우에는 무릎 높이보다는 부담이 되지만 시야의 부담이 없고 노력하면 넘어 갈 수 있다는 심리적 상황 때문에 크게 부담을 느끼지 않지만 벽으로서 기능은 더 강해집니다. 일반적으로 공간이 넓지 않지만 영역의 구분이 필요한 경우에 사용하는데 무릎높이는 외부나 넓은 공간에서 오히려 많이 사용되는 반면 이 높이는 외부보다는 내부에서 더 사용이 됩니다. 예를 들어 현관의 구분이나 로비의 카페 또는 한 공간에 여러 영역 분리가 필요한 경우에 사용하기도 합니다.

[그림 Ⅲ-30]의 공간은 거실과 로비의 경우 공간 분리를 하고자 했지만 전체적인 공간이 하나로 되어 있어 완전한 벽을 세우면 공간이 시각적으로 제한받아 좁아 보일 수 있기 때문에 허리 높이의 간이 벽을 세워 거실 쪽으로 의자를 만들고 등 쪽으로 벽의 역할을 하게 작업한 것입니다. 앞에서도 언급하였지만 이러한 설치는 영역 구분도 되고 공간의 상부를 개방시켜 공간의 확장성을 유지할 수 있습니다.

[그림 Ⅲ-30]

[그림 Ⅲ-31]은 부엌의 조리대를 허리 높이까지 맞추어 기능성도 확보하고 작업대의 다양한 기능을 첨부하여 공간의 면적 확보도 취한 경우로서 커뮤니케이션 공간의 간접적인 영역을 확보하고 개방과 폐쇄의 일거양득을 갖게 된 경우입니다.

[그림 Ⅲ-31]

③ 눈높이 벽

눈 높이의 벽은 비로소 벽의 개념에 가까운 기능을 확보하게 되지만 완벽하게 벽의 기능은 갖지 않고 있습니다. 이 높이는 다른 높이에 비하여 오히려 더 기능적으로 시스템화할 수 있는 높이로서 앉으면 눈보다 높아 비로소 벽의 기능을 하지만 일어서면 눈 아래 높이를 갖기 때문에 벽의 기능을 상실하게 됩니다. 사무실 같은 넓은 공간에서 이러한 높이를 많이 사용하는데 앉아서 벽의 기능을 확보하여 작업 공간으로서 개인 영역을 확보할 수 있고, 부서 간의 의사소통을 위하여 일어서면 시야확보가 가능하므로 다양한 기능을 갖고 있다고 할 수 있습니다.

이렇게 사무실 같은 경우 넓은 공간에 각 영역을 구분하여 개인적인 작업 공간을 확보하고 일어서면 모든 공간이 다 보이므로 전체적으로 하나의 공간이 됩니다.

[그림 Ⅲ-32] 사무실

④ 눈 위의 높이

눈보다 벽이 높은 경우 비로소 벽의 기능을 갖게 되는데, 머리 위가 오픈된 경우가 있으므로 소리에 대하여는 취약합니다. 그러나 공간과 공간을 나누는 벽처럼 위의 천장까지 벽이 맞닿는 경우 구조나 시공에 있어서 복잡하므로 공장이나 천장이 높은 공간의 경우 간이 벽이지만 눈높이보다 높게 하여 그 사이에 들어서면 완전히 벽으로 기능을 하게 만든 것입니다.

벽은 시야와 밀접한 관계를 갖고 있습니다. 그러므로 벽을 설치할 경우 어떤 기능을 벽이 가져야 하는가를 면밀히 따진 후 설치하면 다양한 공간 분위기와 기능을 만들 수 있는 것입니다. 특히 레스토랑이나 미술관의 접수창구 같은 경우 단순히 벽 앞에 창구를 만들어 놓는 경우가 있는데 이렇게 눈보다 높지만 벽 앞에 또 하나의 벽을 높게 세워 놓으면 전혀 다른 분위기를 만들어 낼 수도 있는 것입니다. 벽은 다른 요소와 다르게 시야와 밀접한 관계를 갖고 있기 때문에 우리가 일반적으로 느끼는 3미터 이상의 높이를 갖게 되면 심리적으로 다른 느낌을 갖게 됩니다.

[그림 Ⅲ-33] 통곡의 벽_ 이스라엘

이러한 기능을 잘 활용한 벽이 이스라엘의 통곡의 벽입니다. 이 벽은 많은 것을 의미합니다. 그림에서 사람의 키와 벽의 높이를 비교해 보면 상당히 차이가 있음을 알 수 있습니다. 이것은 다분히 의도적으로 벽이 갖고 있는 심리적인 기능을 십분 활용한 것입니다. 간절한 기도란 곧 높은 벽을 통과하고자 하는 심리적 상황을 의미합니다. 저 벽이 갖고 있는 의미는 고통스러운 현실과 다른 벽 없는 세상을 의미하는 것으로서 건축에서도 벽이란 의미를 단순히 물리적인 기능으로 생각하면 안 되고, 그 벽이 내부와 외부를 구분하고 공간과 공간을 구분하는 것으로 그 단어의 의미를 생각하면 훨씬 다른 공간을 만들 수 있습니다.

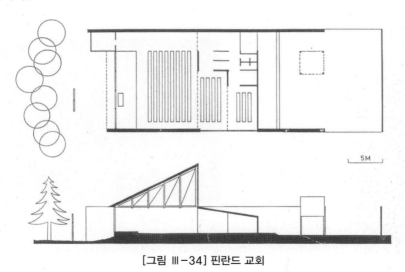

[그림 Ⅲ-34] 핀란드 교회

[그림 Ⅲ-34]은 핀란드에 있는 교회 건물 평면도와 단면도입니다. 이 평면도를

보면 좌측에 나무를 동그라미로 그린 것과 아래 단면도에서 나무를 볼 수 있습니다. 건축가들에게 설계도는 작업 의도를 담은 소통 수단입니다. 평면도에서 굵은 선이 하중과 관계된 구조체 벽이고, 좌우로 벽이지만 굵지 않은 선을 볼 수 있습니다. 특히 동그라미 나무 우측에 있는 벽은 유리벽을 의미합니다. 이 유리벽의 기능은 내부와 외부를 구분하는 기능을 하는 것이지 벽으로서 존재하는 것이 아닙니다. 앞에서 벽은 시야가 더 이상 가지 못하는 그 곳이 곧 벽이라고 말했습니다. 이 건축가 도면에서 말하고자 하는 것은 이 유리벽이 벽이 아니고 앞에 있는 나무를 벽으로 만든 것입니다. 왜냐하면 시야가 유리벽은 통과하지만 울창한 이 나무를 통과하지는 못하기 때문입니다. 이렇게 유사한 표현은 다른 건축물에서도 볼 수 있습니다.

[그림 Ⅲ-35]의 건축물은 안도 타다오의 물의 교회입니다. 이 건축가는 내부에서 보았을 때 저 앞의 십자가 뒤에 있는 나무가 곧 벽의 의미라는 것을 나타내고자 한 것입니다.

[그림 Ⅲ-35] 물의 교회_ 안도 타다오

[그림 Ⅲ-36]은 츄미의 그로닝엔 글라스입니다. 앞의 네오모더니즘 건축에서 등장했던 건물로 이 건물은 벽면이 모두 유리로 되어 있습니다. 즉 공간은 있으나 벽이 없는 건물입니다. 건축가들은 공간을 만들지만 공간으로부터 자유로워지기를 바라는 건축

[그림 Ⅲ-36] 그로닝엔 글라스_ 츄미

가들도 있습니다. 특히 모던 건축가들이 그러한 성향이 강한데 인간을 더 이상 공간에 가둬두지 않고 자연으로 돌려보내고 싶은 의도가 있기 때문입니다. 이러한 건축물을 볼 때는 이렇게 벽이라는 의미와 공간이라는 의미를 이해하지 못하면 이렇게

벽을 대체하는 유리의 의미를 이해하지 못하는 것입니다. 또한 벽은 건축물의 형태를 좌우하는 기능도 갖고 있습니다. 벽을 어떤 형태로 만드느냐에 따라서 건축물의 형태가 달라지기 때문입니다.

[그림 Ⅲ-37] 벽과 지붕의 일체형 건축물_ 파리

이 둥근 지붕을 갖고 있는 건물은 파리 근교 신도시 라데팡스에 있는 건축물로 벽과 지붕이 하나로 된 건축물입니다. 이렇게 건축물의 벽이 갖고 있는 기능은 실로 다양합니다. 그러므로 건축물을 감상하거나 작업할 때는 이러한 가능을 생각하면 더 흥미로울 수 있습니다.

3) 지붕

엔벨로프의 요소 중 가장 위에 있는 것은 지붕입니다. 지붕은 일반적으로 우리의 시야보다 높게 있어서 벽을 경험하고 벽을 바라보는 것보다 거리감이 있을 수 있습니다. 그러나 지붕은 건축물에서 아주 중요한 기능을 하고 있고 하자도 가장 많이 일어나는 부분이기도 합니다. 우리가 가장 적은 비용으로 외모를 바꾼다면 아마도 머리일

것입니다. 아무리 깔끔한 복장을 하였다고 해도 머리가 지저분하면 지저분하게 보이고 남루한 옷을 입었어도 머리가 깔끔하면 깔끔하게 보입니다. 건축물도 그렇습니다. 지붕을 어떻게 처리하는가에 따라서 건축물의 전체적인 형태가 달라 보일 수 있습니다. 그러나 많은 건축가들이 지붕에 대한 작업을 소홀하게 할 때가 있습니다.

사람도 머리에 무엇을 쓰고 있는가에 따라 신분을 상징할 때가 있습니다. 건축물도 지붕의 형태를 어떻게 디자인하는 가에 따라 품위가 다르게 보일 수도 있습니다.

엔벨로프의 요소는 3가지라고 말했습니다. 그렇다면 건축물이 되려면 언제나 이 3가지가 다 있어야 건축물로 인정하는 것일까요? 그렇지 않습니다. 건축물로 인정받으려면 최소한 지붕이 있어야 합니다. 바닥만 있으면 건축물로 인정하지 않습니다. 벽만 있어도 인정하지 않습니다. 이 두 개는 단지 영역을 표시하는 요소일 뿐입니다. 최소한의 요소는 지붕입니다. 그래서 항공사진에서 사진을 찍었는데 벽이나 바닥만 있으면 검사를 나오지 않지만 지붕이 있으면 바로 검사를 나옵니다. 면적도 지붕과의 관계를 갖고 계산합니다. 이렇게 지붕은 건축에서 많은 것을 의미합니다.

옆의 사진은 농촌에 가면 자주 볼 수 있는 정자인데 이렇게 지붕만 있어도 건축물로 인정합니다.

(a) 박공 경사지붕

(b) 평지붕

[그림 Ⅲ-38] 주택의 지붕

[그림 Ⅲ-38]의 주택은 동일한 건물을 지붕만 변경하여 보여준 것입니다. (a)는 박공 경사지붕이고, (b)는 평지붕입니다. 어느 것이 더 잘 어울리는지는 개인적인 차이이지만 동일한 형태를 지붕만 변경해도 다르게 보인다는 것을 보여주는 것으로

가장 최소한의 비용으로 변경을 시도한다면 지붕을 선택하는 것이 가장 좋습니다.

[그림 Ⅲ-39]의 사진은 독일의 한 마을로 지붕만 동일하게 꾸며도 마을이 정리되어 보이는 것을 알 수 있습니다. 이렇게 지붕만이라도 통일시키고 지붕 아래는 각 집이 다양한 디자인을 시도하는 것도 좋은 예가 될 수 있습니다.

[그림 Ⅲ-39] 독일의 마을

2-11 건축이야기

건축물을 지을 대지를 건축주로부터 지정받고 건축주와 대화에 많은 시간을 할애하면서 그가 필요한 공간에 대한 상상력을 스케치로 나타내면서 점차 공간에 대한 계획을 구체화시킵니다. 여기에 부족한 부분을 주변 환경의 분석 속에서 새로 만들어질 건축물이 주변과의 조화 속에서 어울림이 있도록 다듬어 나가며 남향에 대한 의지를 유지하려고 하면서 에너지 절약을 위한 방법으로 공간의 배치를 효율적으로 시도하고 작업의 효율성과 프라이버시를 지켜나가기 위한 배치로 층별 공간 배치를 해 나갑니다.

작업의 진행 상황에 따라서 건축주와 계속적인 상담을 통하여 그가 만족할만한 공간을 창출하고, 때로는 건축주가 이해하지 못하는 부분을 많은 이론적인 자료와 설득을 통하여 하나의 형태 구성을 위한 작업을 이어 나갑니다. 때로는 건축주의 요구사항에서 예상치 못한 예산과 법규문제가 발생할 경우 이를 서로 의논해가며 해결해 나갑니다. 간단하지 않은 작업이지만 하나씩 해결되는 부분에 긍지를 느끼고 특히 설계자의 스타일을 살리는 부분에서는 보람도 느끼는 작업이 진행됩니다.

설계는 참으로 인내와 지식을 요구하는 작업이지만 서서히 윤곽을 드러내는 모습

[그림 Ⅲ-40] 루나 헤비테이션_ 노먼 포스터

에 긍지를 갖는 작업이기도 합니다. 설계가 완성된 후 건설현장에 인부들이 모여 공사를 하는 모습은 정말 장관입니다. 그런데 2014년 노먼 포스터의 루나 헤비테이션의 발표는 잠시 멍한 느낌이 드는 기분입니다. 그는 달나라에 우주 기지를 짓는 계획안을 발표했는데 3D와 로봇으로 기지를 건설하는 획기적인 방법을 선보인 것입니다. 기지는 수소로 물과 산소를 만드는 방법으로, 벽은 여러 겹의 코쿤(Cocoon, Kokoon) 방식으로 만드는 것입니다.

이 방법에 놀란 것이 아니고 앞에서 설명한 여러 과정이 굳이 필요한가라는 생각을 한 것입니다. 건축은 인간을 가장 중요한 목적으로 생각하여 무에서 공간을 창조하는 행위입니다. 엔벨로프를 시스템화시켜 공간이라는 새로운 영역을 만드는 행위입니다. 그러나 달나라 기지 건설의 가장 중요한 요소는 자재를 지구에서 운반하는 데 대략 1kg당 2억 원 정도가 소요되는 비용 문제를 해결하고 그곳에서 3D프린터로 기지를 만드는 일이었습니다. 물론 이것이 가장 시급한 문제이기 때문에 이를 해결하고 추후 이러한 문제들이 사라지면 아마도 좋은 공간 환경을 만들기 위하여 앞에서 언급한 작업 방법을 다시 밟을 수도 있지만 과연 그러한 방법을 굳이 밟아야 하는가 하는 의문입니다.

그렇다면 그 기지 안에서 생활하는 사람들이 겪게 될 공간에 대한 정의는 모두 무시되거나 아니면 공간 사용자들이 특이한 상황이므로 참고 지내야 하는가 하는 의문입니다. 만일 설비나 IT에 의한 모든 조건이 좋아서 참을만하다면 지구에서도 그러한 건축공간을 지어도 되는 것이 아닌가 생각합니다. 굳이 사람들이 지금의 공간에 만족하지 못하거나 과하다고 생각할 수도 있는데 이렇게 어려운 과정을 거쳐야 하는가 생각하게 하는 사건입니다.

사람에게는 공간에 적응하는 본능이 있습니다. 역사를 보면 인간을 포함한 모든 생물이 오랜 세월을 거치면서 적응하며 살아 왔습니다. 그러나 대부분의 생물은 과거 그대로의 생활 습관을 유지하면서 살고 있습니다. 그러나 인간은 어떤가요? 우리는 주어진 환경에 반응하면서 살기에는 갖고 있는 생물학적인 구조가 빈약합니다. 그래서 지금은 IT와 같은 시스템의 도움을 받으면서 갖고 있는 생물학적 단점을 보완하려고 합니다. 조금 있으면 제4차 산업혁명의 일환인 AI(인공지능)의 도움(도움인지 아닌지 아직은 모르지만)으로 지금보다 더 많은 작업 분담이 있을 것입니다. 특히 설계가 끝난 후 장관을 이루는 시공현장의 다이나믹한 움직임은 3D라는 기계가 대체 될 것이고 건축의 개념이 많이 바뀔 것입니다.

지난 역사를 되돌아보면 형태주의에서 기능주의로 그리고 이제는 기술주의로 가는 경향을 보여주고 있습니다. 형태는 인간의 감성을 유도하는 방식으로 아름다움에 대한 미적 감각을 높이기 위하여 기본적인 형태에 장식을 추가하면서 미를 더하는 방식을 취하는 것이었습니다. 그러나 근대에 들어 형태보다는 기능에 초점이 맞추어지면서 장식에 쏟아 부었던 관심이 어떻게 기능을 높이는가에 대한 목적으로 바뀌면서 공간에 대한 연구가 관심을 갖게 된 것입니다.

물론 근대에도 기계라는 보조 도구가 이러한 관심을 우리의 생활을 도와주는데 큰 역할을 하였지만 지금에 와서는 IT의 발달로 기능적인 부분을 더 세밀하고 디테일하게 도와주고 있었지만 이는 육체적인 부분이었습니다. 그러나 이에 더하여 인간의 욕망은 그 보다 더한 것에 관심을 갖게 되었고 이제는 정신적인 부분까지 IT의 도움인지 아닌지는 아직 모르지만 이 영역까지 역할을 하게 되면서 기술이 우리의 계획에 대한 초점으로 바뀌고 있습니다. 다시 말해 형태적인 부분이든 기능적인 부분이든 이를 기술적으로 해결할 수 있다면 기술이 가능하고 IT가 해낼 수 있다면 기술이 해낼 수 있는 것에 우리의 많은 부분을 포기해야 하는 단계에까지 왔습니다.

　건축도 마찬가지입니다. 계획단계에서 추출해낸 결과에 맞추어서 설계를 진행하고 있었지만 이제는 이를 기술로 해결할 수 있는가에 대한 의문이 추가되면서 계획을 변경해야 하는 단계에 도달하였고 IT가 데이터의 결과에 의하여 제시하는 방향으로 공간을 만들어 가지 않을까 하는 의문입니다. 물론 여기에는 경제적인 문제라는 넘지 못할 상황을 기술이 제시하기 때문입니다. 즉 인간에게 안락한 공간환경이라는 가장 중요한 초점이 기계가 해내는 경제의 저렴함에 안락한 공간을 포기해야 할 지도 모릅니다. 이러한 문제가 생길지도 모른다는 우려가 있을 수도 있지만 역사를 보면 흐름이라는 거대한 시대적 상황이 늘 이겼습니다. 예를 들어 독일의 무테지우스와 반 데 벨데가 예술의 규격화에 대하여 논쟁을 벌일 때 사람들은 예술의 자유로움을 인정하였지만 삶에 대한 질과 대중이라는 요소에 이전 것을 포기해야 하는 상황을 받아들여야 했습니다.

　특히 경제성은 인간이 만들어낸 가장 큰 장점이면서 단점이기에 궁극적으로 이것이 결과를 결정하는 데 가장 큰 요인으로 작용하기 때문입니다. 지금까지 무엇인가 만들어 낼 때 가장 많은 부분을 차지하였던 인건비의 요소를 IT라는 기술이 해결한다면 우리는 경제성에 다른 것을 포기해야 하는 슬픈 상황이 분명히 올 것입니다. 그러나 다음 세대는 이 두 개를 비교할만한 경험이 없기 때문에 이를 자연스럽게 받아들일 것입니다. 즉 골목길을 모르는 아파트 세대에게 골목길은 그저 이해할 수 없는 이름으로 남을 뿐입니다. 연대기의 발달코드를 보면 점차 빨라지고 있음을 알 수 있습니다. 시대적 코드는 근세의 인본주의 이후 인간이 주축으로 등장하지 못하고 있습니다. 시대적 기간은 과거보다 빠르게 진행되고 있으며 일생 동안 하나의 코드를 맞이하기도 힘들었던 시대에서 이제는 변화하는 여러 코드를 맞이하는 시대가 되었습니다. 이것이 세대 간의 불안감으로 작용할 수도 있거나 아니면 직면한 시대 변화에 무감각해지는 현상으로 나타날 수도 있게 되었습니다.

　건축은 특히 우리의 삶에 직접적인 영향을 주는 것으로 변화하는 시대가 긍정적으로 작용하기를 바라는 알 수 없는 기대감이 있는지 막연하기도 합니다. 과거에는 모든 분야가 시대적 변화에 적응해야 하는 것은 아니었습니다. 그러나 지금의 ICT(Information and Communications Technologies)는 거부할 수 없는 물결로 모든 분야에 다가오고 있습니다. IT는 그래도 인간이 주체로서 프로그래머의 위치에서 수동적인 작업이 가능했지만 이제 ICT는 주체 위치가 서서히 바뀌어 가는 불안감을 갖고 있습니다. 사물이 능동적으로 상황에 대처하는 상황으로 이러한 환경이 긍정적으로 작용하는 것은 좋은 기대이자만 그렇지 않고 문제가 생겼을 경우 대처할 수 있는 한계가 점차 인간으로부터 멀어질 수 있다는 불안감도 존재할 수 있기 때문입니다.

건축은 공간을 만드는 작업입니다. 여기서 주체는 인간입니다. 그러나 스프롤(Sprawl) 현상(도시가 급격하게 발전하면서 주변으로 무질서하게 확대되는 현상)처럼 우리가 기대하지 않은 결과가 초래되면서 오히려 이를 수습해야 하는 상황이 발생할 수도 있는 것입니다. 지금까지 새로운 시대에 대하여 인간은 잘 적응해 왔습니다. 그러나 ICT와 다른 것이 있다면 지금까지 시대적 주체는 인간이었다는 것입니다. 인공지능의 시대가 되어 각 개인의 조건보다 앞으로 데이터에 의한 결과치에 적응해야 된다면 이는 참으로 안타까운 일입니다. 장식과 기능은 선택의 여유가 있었습니다. 그러나 사물의 지능은 점차 우리의 고도화된 영역을 침범하는 것으로 이에 대한 대처가 반드시 필요할 것입니다. 건축물을 짓는 방법은 과거보다 많이 간단해지고 있지만 기능은 오히려 높아지고 있습니다. 근세를 경계선으로 그 이전은 신과 인간의 주도권 경쟁이었습니다. 그러나 그 이후는 인간과 기계의 경쟁으로 역사 속에서 힘겹게 주체가 되었던 인간의 주도적인 위치를 위협받고 있는 것입니다. 흐름이 언제나 우리의 바람대로 가지는 않습니다. 그 승자의 결정에 공동의 바람과 공동의 결정이 주도적인 역할을 하는 것이 아니고 소수에 의하여 결정이 될 수도 있습니다. 예를 들어 결정을 하는 데 있어서 미래적인 안목을 바탕에 깔고 결정하기보다는 현재의 바람과 편리함이 승자가 될 수도 있는 것입니다.

국가의 이익이 개인의 이익보다 우선적일 수 있으며 다수의 결정이 소수의 의견을 덮어버리는 경우도 있습니다. 이것이 어느 한편이 언제나 옳고 틀리는 형태를 취하는 것이 아니라 경우에 따라 다를 수 있다는 것인데 이를 주도하는 집단이 이를 데이터에 앞세워 흐름을 바꾸어 놓거나 아니면 미래의 영향보다는 현재의 이익과 실리를 앞세워 주장한다면 이를 막을 방법은 없습니다. 그것이 바로 미래라는 성격이 갖고 있는 특징입니다. 특히 자신의 인생을 10년 이내로 바라보는 사람과 후손의 미래까지 계산하는 지도자의 성향에 우리의 판단은 더욱더 객관적인 자세를 취해야 합니다.

근대 이전 건축의 특징은 외부적인 성향이 강했습니다. 그러나 근대 이후 건축은 공간이라는 내부에서 출발하게 되었고 이 흐름은 마치 새로운 열쇠인 것처럼 그렇게 작업을 하고 있었습니다. 그러나 여기에는 차이가 있습니다. 외부의 성격은 곧 보여주는데 그 목적이 강했던 것입니다. 당시는 권위적이고 수직적인 사회신분 체제가 강했기에 이러한 성격의 건축형태가 주를 이루었으나 근대 이후에는 민주적인 사회구조가 자리를 잡으면서 외부 내부가 동등한 가치를 갖게 된 것입니다.

미래는 데이터와 컴팩트한 성격의 공간이 전개될 확률이 큽니다. 이는 석재나 목재에서 철과 유리라는 건축재료의 변경에서 오는 영향도 컸습니다. 이러한 상황을 비추어 볼 때 미래에는 3D라는 새로운 시스템에 맞추어 이에 대한 기준이 주를 이루고 설비가 나머지 부족한 부분을 채워나가는 방식으로 전개되면서 인간은 이에 적응해야 될지도 모릅니다. 연대기를 살펴보면 새로운 시대코드를 얻는데 참으로 많은 사건들이 있었습니다. 이는 진보와 보수의 의견 대립만 존재한 것이 아니라 때로는 세 번째 인자가 어느 편에 서느냐에 따라 달라지는 경우도 있었습니다. 즉 진보나 보수의 의도대로 흘렀다기보다는 세 번째 인자의 의도가 시대적 코드를 바꾸어 놓았다는 것입니다. 이를 인식하지 못했을 때 인류는 혹독한 대가를 치르기도 했습니다. 세 번째 인자가 긍정적인 미래를 암시했을 때는 경우가 달랐습니다. 첫 번째나 두 번째 인자는 세 번째 인자보다 더 많은 분석과 시뮬레이션을 하는 경우가 많습니다. 그러나 세 번째 인자와 손을 잡을 경우는 그 때부터 순수하지 못한 경우로 흐를 경우가 종종 있었습니다. 그것이 바로 십자군 전쟁입니다.

이 전쟁의 실패원인 중 가장 큰 것이 바로 다양한 목적으로 시작했다는 것입니다. 손을 잡는다는 의미는 그만큼 순수성을 버린다는 것과 같은 것입니다. 세 번째 인자의 중요성이 바로 그것입니다. 십자군 전쟁에서 그래도 주목할 부분을 찾는다면 바로 상인조합 길드입니다. 십자군 전쟁에서 첫 번째 인자와 두 번째 인자가 바로 정치와 종교였습니다. 길드가 바로 세 번째 인자입니다. 그래도 다행스러운 것이 이

세 번째 인자가 결과적으로 후에 로코코를 이끌고 산업혁명의 주역이 되었으며 이 것이 시민혁명으로 연결이 되었다는 것은 그렇게 나쁜 결과는 아닙니다. 세 번째 인 자는 없는 것보다는 필요 요소입니다.

연대기를 보면 빠르게 산업혁명이 발달하고 있음을 알 수 있습니다. 제 1차 산업 혁명은 기계이고, 다음은 전기 그리고 제3차 산업은 컴퓨터(IT)입니다. 이제 제4차 산업혁명을 맞이하고 있는 인류가 이를 어느 정도 이해하고 있는가입니다. 이를 우 려하는 이유는 그 진행속도가 너무도 빠르다는 것입니다. 어느 분야이든 독자적으 로 발달하는 경우는 없습니다. 건축도 마찬가지입니다. 사람과 공간이라는 두 요소 의 흐름 속에서 미래의 건축은 분명히 3의 요소에 의하여 긍정적이든 부정적이든 영 향을 분명히 받게 될 것입니다. IT와 ICT가 미래에 모든 분야뿐 아니라 인간을 위 한 건축에 긍정적인 미래를 선사하기를 바라는 것입니다.

IV 스마트 건축

1-1 건축물도 스마트해지고 있다.

　　설계를 할 때 먼저 어떤 기능을 요구하는 건축물을 설계할 것인가 결정되면 그 기능을 충족시키기 위하여 필요한 자료를 수집하고 사용 인원에 대한 조사와 이에 맞는 공간을 분석 및 배치를 한 후 방위에 대한 배치 분석, 환경 분석 및 대지 조사 등 다양한 사전 작업을 하는 것이 일반적입니다. 이유는 사용자뿐 아니라 도시에 가장 적절한 건축물을 창조하기 위한 공간 및 형태를 찾아내기 위한 사전 작업 때문입니다. 그러나 국제양식이 확산되고 지역 및 환경 그리고 그 영역의 문화 및 역사적인 배경에 대한 작업에 있어서 과거보다 고려사항에 있어서 반영되지 않는 상황이 일어나고 있습니다. 이는 건축물 자체의 기능에 맞추면서 그렇게 된 것인데 지금에 와서 또 설계 작업의 고려사항으로서 많이 사라지고 있는 것이 내부 공간의 배치 및 빛, 환기 그리고 단열에 관한 사항입니다.

　　과거에는 설계과정에서 동선을 고려하여 공간배치를 고민하고 이에 따라 환기를 위하여 개구부의 배치 선택 및 구조에 따른 공간 나누기, 방위에 따른 공간의 종류를 분류하여 배치하고 개구부의 성격 및 창의 크기 및 배치를 고려하였는데 지금은 설계 방법이 많이 달라지고 있습니다. 배치도, 평면도, 입면도 그리고 단면도 등 2차원적인 작업이 선행되고 이 과정의 완료 후 투시도나 조감도 등을 작업했습니다. 이는 건축물의 외형을 이해시키는 데 그 목적이 있었습니다. 그러나 지금은 3차원적인 투시도 또는 조감도를 먼저 작업하고 내부 공간의 배치 및 공기 순환 그리고 내부로 유입되는 빛의 작용 등을 3D 작업을 통하여 먼저 시뮬레이션을 하고 이것이 목적한 바를 얻게 되면 비로소 2차원적인 작업을 하게 됩니다.

　　여기서 우리는 왜 작업의 순서가 바뀌게 되었으며 그 원인이 무엇인지 한 번 생각해 볼 필요가 있습니다. 설계자의 목적에는 기대하는 형태를 얻는 것도 중요하지만 쾌적한 공간을 얻는 것이 우선적입니다. 과거에는 여기서 과거란 도면을 처음 그리게 된 시기를 말하는데 이때는 온전히 손으로 그려야 하는 수준이었습니다. 이것이 최선의 방법입니다. 그렇다면 왜 도면을 그려야 하는가 생각해 볼 수 있습니다.

　　도면 작업의 목적은 설계자와 건축물에 관계된 그 외의 사람과의 의사소통을 위한 도구입니다. 즉 설계자 자신 소유의 건축물이고 자신이 혼자 시공할 것이면 굳이

건축 어렵지 않아요

설계도를 그릴 필요는 없습니다. 그러나 그렇지 않다면 그 외의 사람에게 자신이 설계하고자 하는 건축물이 어떤 것인지 이해시킬 필요가 있는데, 대화만으로는 어렵고 이를 그림으로 그려서 보여주면 훨씬 이해하는 데 도움도 될 것입니다. 이렇게 도면 작업이 수작업으로 이루어지다 보니 도면을 그리는 전문성이 더 요구되고 쉽지 않았습니다. 그런데 컴퓨터 프로그램이 만들어지면서 이제 수작업이 필요 없게 되어 도면 작업이 훨씬 수월해졌고 도면에 대한 수정이 쉬워졌다는 것입니다.

수정이 쉬워졌다는 것은 건축물의 시공에 들어가기 전 하자를 줄일 수 있는 가능성이 커졌다는 것이며 건축주 등과 의견 교환이 더 많아졌다는 것입니다. 건축주의 요구사항을 더 많이 반영할 수 있는 가능성이 생긴 것입니다. 그러나 아직 건축 전문가 외에는 도면만 갖고 건축물이 완공되기 전까지 건축물이 어떻게 생겼는지 정확히 알기는 어렵다는 단점이 있었습니다. 그런데 컴퓨터 프로그램이 더 발달하여 이제 투시도나 조감도 등 건축물의 3D 형태가 가능해지면서 건축전문가들은 시공되기 전 건축물의 형태를 미리 보여줄 수 있는 가능성이 생긴 것입니다.

이러한 변화는 사실 건축 전문가보다 건축주 등 건축물에 관계된 사람들에게 더 유익한 변화입니다. 그러나 이는 형태의 사전 이해라는 수준이지 상세도나 준공 후 쾌적한 공간을 정말 그 건축물이 갖고 있는지 알 수는 없는 상황입니다. 그래서 건축주들은 건축가의 설명에 의존해야 하는 것입니다. 그리고 많은 건축사무소들이 기존의 작업 방법인 2D 작업방식을 고수하고 있어 아직은 이해하기도 어렵고, 이러한 작업방식이 일반적이지 않은 건축 형태를 시도하는데 사무소 자체도 어려워 식상한 형태를 만들거나 준공 후 설계과정에서 기대하지 않았던 문제들이 발생하는 것입니다. 그런데 이제 이를 도울 수 있는 컴퓨터 프로그램이 등장하여 지금은 2D 작업보다 3D 작업을 선행하여 외부뿐 아니라 내부 공간이 어떻게 반응하는지 미리 시뮬레이션을 통하여 알 수 있고, 이를 건축주에게 보여주면서 이해시킨 후 2D 작업을 하는 설계사무소들이 이제는 많이 등장했으며, 이 프로그램의 도움으로 다양한 형태의 건축물도 시도할 수 있게 되었습니다. 그러나 이것은 단지 형태와 데이터적인 수준이지 실질적인 상황을 알 수는 없었습니다. 그래서 다시 등장한 것이 업그레이드된 컴퓨터 프로그램입니다. 이 프로그램은 공간의 상세한 상황뿐 아니라 특수한 재료를 사용했을 때 발생할 수 있는 문제뿐 아니라 다양한 경우를 예상할 수 있게 해준 것입니다.

(a)

(b)

[그림 IV-1]

이러한 설계의 작업뿐 아니라 혁신을 갖고 오게 한 또 하나의 원인이 있는데 그것은 바로 IT와 설비입니다. 더운 지방은 열기를 적게 받으려고 지붕 색깔은 흰색으로, 지붕의 면적을 줄이거나 둥글게 하고, 추운 지방은 어두운 색을 사용하고 지붕의 면적을 넓히고 벽을 두껍게 하여 추위에 대비하고, 눈이 많이 오는 지방은 지붕의 경사를 많이 주는 등 지역적인 특색이 있었으나, 히터 또는 에어컨 등 설비가 발달하면서 지역적인 단점을 보완해 나가기 시작하여 지역적인 특색이 사라지기 시작한 것입니다.

초기 집 모양은 [그림 IV-1] (a)의 그림 같은 구조였습니다. 그런데 점차 개구부와 공간이 생기면서 형태의 변화가 시작된 것입니다. 다양해진 건축물은 이제 더 쾌적한 공간을 요구하게 되고 급기야 설비 추가가 이루어지면서 요구에 부응하는 공간이 탄생하게 된 것입니다. 그러나 이는 에너지 문제가 되고 특히 자연파괴라는 문제까지 직면하게 된 것입니다. 특히 건축 재료의 남용은 점차 심각한 문제를 갖고 오고 자연파괴는 인류가 풀어야 할 상황까지 직면하게 된 것입니다. 그러나 아직 이를 심각하게 생각하지 않는 사람이 국가가 있고 우리는 더 쾌적한 공간에만 초점을 맞추고 있는 것입니다.

[그림 IV-2]

[그림 IV-2]의 건축물 지붕을 보면 눈이 아직 머문 곳과 녹은 부분을 볼 수 있습

니다. 이는 녹은 부분으로 에너지가 방출된다는 의미입니다. 설비에 의한 무한 에너지의 사용에만 관심이 있어 저렇게 에너지 소비에 대한 문제를 아직 해결하지 못한 건축가가 있는 것입니다. 에너지를 과다하게 사용하는 것은 좋은 설계라고 볼 수 없습니다.

[그림 IV-3]의 그림은 과다한 에너지 사용을 막기 위하여 센서를 사용하여 일정한 습도와 온도를 맞춰 놓아 냉각수가 적절한 시간에만 흐르게 해 놓은 것으로 냉각수 또한 우수를 받아 보관한 것입니다.

[그림 IV-3]

(a) 1층

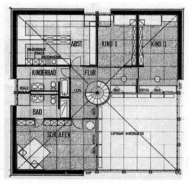

(b) 2층

[그림 IV-4] 주택도면

[그림 IV-4]의 도면에서 (a)는 1층이고 (b)가 2층인 주택입니다. (a)의 도면을 보면 위가 해가 잘 들지 않아 추운 북쪽인데 입구를 그 방향에 배치하고 사람이 머물지 않는 공간을 북쪽에 두어 완충공간으로 활용하고, 식당을 동쪽에 그리고 거실을 남서에 두고 벽을 설치하여 빛을 막았으며, 남동쪽에 정원을 두어 해가 잘 들고 식물을 두어 직접적인 해를 막으며 공기 순환을 위한 배치를 하였음을 알 수 있습니다. 이는 북쪽에서 오는 추위를 공간배치로 막고 남에서 오는 장점을 최대한 살리려는 의도가 있는 공간구조임을 알 수 있습니다. (b)의 2층 평면도 마찬가지로 아래

정원을 위층까지 선큰(Sunken) 형식으로 개방한 것이 보이며, 아이들 방을 북쪽에 배치한 후 창은 최소한으로 오픈하였으며, 북서 방향에는 창고를 두어 완충공간으로 사용하고 안방을 남서쪽에 배치한 것이 보입니다.

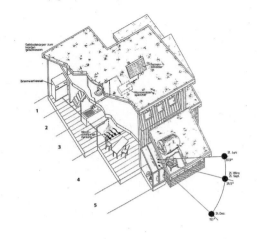

이러한 배치는 자연의 조건을 최대한 방어하거나 이용하려는 의도입니다. 이러한 의도로 일반적인 공간배치에 있어서 추운 북쪽에는 자주 사용하지 않는 공간을 온도에 대한 완충기능을 하며 직접적으로 빛이 들어오는 남쪽에는 정원을 두어 간접적인 빛의 사용을 하려는 공간 배치가 일반적으로 이는 에너지 절약을 위한 것으로 사용됩니다. 아무리 IT가 발달을 해도 이러한 공간 배치는 쾌적한 공간을 만드는 데 필요한 것입니다. 이렇게 공간 배치가 되어도 사람들은 더 편안한 환경을 갖기 원하는데 그것을 IT가 담당하는 것입니다. 즉 쾌적한 공간에 IT가 전적으로 도울 수 있는 것이 아니고 편리한 생활 방식으로 IT가 도움이 된다는 것입니다.

[그림 IV-5]

[그림 IV-5]는 베를린에 있는 주택입니다. 건축물의 배치나 공간 구조를 변경하지는 않고 편리한 생활을 위하여 건축물에 IT system을 적용하기 위하여 리모델링 한 것입니다. 지하에 중앙시스템 장치를 설치하고 건축물 우측 외부에 안테나를 설치하여 네트워크 구조를 만든 것입니다. 모든 것을 자동화 시스템을 위하여 개조한 것인데 1980년대에 시도하였지만 지금의 조건과 전혀 다르지 않습니다.

System

Home server System

외부조정

외부차양 조정

내부조절

내부조정

방문객 원거리 조정

조명

블라인드 자동 조정

화재 신호 외부조정

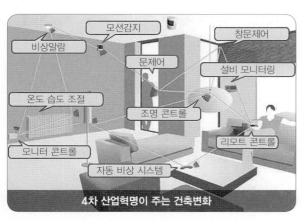

4차 산업혁명이 주는 건축변화

모든 시스템을 핸드폰과 패드를 사용하여 조정할 수 있는 시스템으로 사람이 신경써야 하는 많은 부분을 IT가 담당하게 한 것입니다. 예를 들어 외출 시 누군가 방문했을 때 이를 알려주고 원거리에서 문을 개폐할 수 있으며, 블라인드 조정이 내부의 습도와 온도에 맞추어 자동으로 조정되며 부재 시 화재에 대한 경보와 소방서 연결이 자동으로 됩니다. 이렇게 건축물은 설계, 설비 그리고 IT에 의한 자동화 시스템 등으로 변화하면서 새로운 능력을 건축가에게 요구하고 있습니다. 건축물 자체가 설계자의 부족한 인식을 다른 방식으로 채워가면서 변화하고 있는 것입니다.

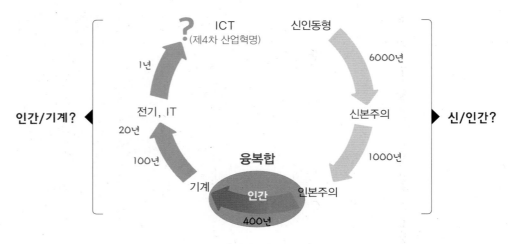

인문학
잘 먹고 잘 살기

[그림 IV-6] 시대적 코드

　건축물이 스마트해져 가면서 편안한 환경을 만들기를 원하여 출발하였는데 이제
는 IT가 점차 주축이 되가는 경향을 보이고 있습니다. 역사를 살펴보면 초기 시대적
코드는 고대에는 신인동형으로 인간이 역할을 했지만 아주 미세한 부분이었습니다.
중세는 기독교 시대로 신본주의였고 인간은 배제된 시기였습니다. 그후 다시 근세
는 인본주의라고 부르지만 사실은 신인동형이 다시 온 것입니다. 그러나 고대와는
다르게 인간의 역할이 많은 부분을 차지했던 사실입니다. 그러나 근대에 들어서면서
다시 인간은 그 자리를 뺏기고 기계가 들어옵니다. 그리고 IT가 등장하면서 인간은
자리를 찾지 못합니다.

　지금은 AI 또는 ICT입니다. 이 기간들을 보면 점차 빨라지고 있는 것을 알 수 있
습니다. 쾌적한 공간을 원하여 시작된 욕구가 더 편해진 환경을 갖기는 했지만 인간
이 주축이 되는 시대에 대한 우려는 해봐야 한다고 생각합니다.

시대 코드가 바뀐다고 건축의 변화가 늘 있었던 것은 아닙니다. 근대 이전까지 변화가 있었지만 그것은 미세했으며 고대에 그 근거를 두고 있었습니다. 그런데 근대에 들어서면서 이전에 없었던 기능을 요구하는 백화점, 박람회장, 사무실, 도시의 집중화로 인한 주거 형태로 아파트와 중산층을 위한 주택 등 새로운 건축물이 등장하면서 건축에는 큰 변화가 생겼습니다. 그래서 근대를 제2의 형태로 잡아본 것입니다. 그런데 그 이후에도 건축의 변화는 계속 이어졌습니다. 이 변화는 근대 이전의 시기와 비교한다면 실로 기간에 비하여 큰 변화였습니다. 그러나 이것은 대부분 형태의 변화였습니다. 근래에 들어 설비의 역할로 국제주의 양식이 강해지고 지역과 문화 그리고 환경을 무시하는 형태가 등장하였지만 이는 건축가가 충분히 감당할 수 있는 변화였습니다. 그러나 이제 형태 외의 변화가 예고되고 있습니다.

근대가 막 시작할 때 새로운 재료에 의한 구조의 변화가 나타나면서 건축가보다는 엔지니어가 더 각광받고 그들의 활동이 요구되는 시대가 있었습니다. 그래서 이것이 정착되어 지금도 엔지니어의 역할이 커지게 된 것입니다. 에펠탑을 만든 지그프리트 에펠도 사실은 건축가라기보다는 정원의 철 구조에 박식한 엔지니어였습니다. 이렇게 근대 초기는 엔지니어의 도움 없이는 건축물을 만드는 것이 힘들었던 시기가 있었습니다. 이러한 변화 속에서 건축물의 형태는 구조에 자신감을 갖고 변화하면서 지금은 형태적인 변화도 각자의 분야를 갖게 되고 아주 복잡한 형태도 등장하게 된 것입니다. 그러한 과정으로 볼 때 마치 건축물의 형태가 단순함에서 복잡함으로 계속 갈 것 같은 예감이 들지만 사실은 그렇지 않은 방향으로 흘러가고 있습니다. 이는 다른 요소가 개입되면서 건축물의 형태에 영향을 주는데 그것은 외부적인 것뿐 아니라 내부에서도 변화를 일으키고 있는 것입니다. 그것은 바로 IT입니다.

앞의 내용(Ⅰ-2. 고대의 시대적 배경: 신인동형) 중 건축 변화의 3단계 그래프를 보면 점차 복잡함에서 단순해짐을 알 수 있습니다.

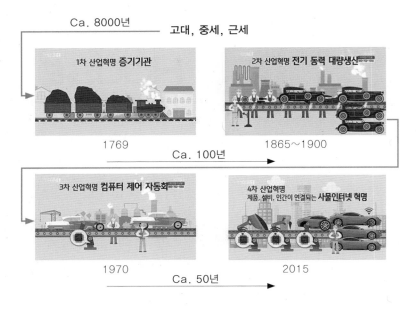

제4차 산업혁명

IT(Information Technologies)인터넷: 인간이 사물을 프로그램하여 조정(수동적)
ICT(Information and Communications Technologis)사물인터넷(능동적)
사물 인터넷은 인간과 인간 사이의 연결뿐만 아니라 인간과 사물의 연결, 사물과 사물의 연결도 가능

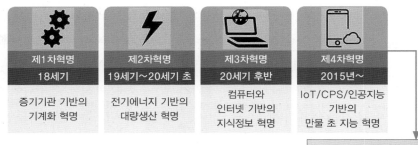

코쿤(cocoon, Kokon) 경제성

[그림 Ⅳ-7] 산업혁명의 발전 단계

[그림 IV-7]의 사진은 지금까지 있었던 산업혁명을 보여주는 이미지입니다. 제1차 산업혁명은 기계, 제2차 산업혁명은 전기, 제3차 산업혁명은 IT이고, 제4차 산업혁명은 ICT입니다. 근대의 시대적 코드는 기계로 당시 첨단 단어였습니다. 증기의 발전으로 인력으로 하던 모든 것들이 기계의 힘으로 대량생산이 가능해졌고, 미래파의 이념이던 속도의 미도 등장했습니다. 그 다음에 전기는 모터의 등장과 함께 더 많은 것을 인간에게 제공했습니다. 에펠 탑은 파리 박람회용으로 설치되어 건설된 지 20년 후에 철거하기로 했던 것인데, 전기의 발명으로 지금까지 존재하게 된 것입니다.

[그림 IV-8] 전기의 발명과 산업현장의 변화

전기의 발명으로 제일 많은 변화를 보여준 것이 산업현장입니다. 건축은 사실 산업현장보다 형태나 공간적으로 크게 변화를 보이지는 않았습니다. 단지 산업의 형태가 바뀌면서 새로운 기능을 요구하는 건축물의 등장만 있었을 뿐입니다. 그러나 IT의 등장은 모든 것에 영향을 주었습니다. 먼저 산업현장의 인력에 큰 변화를 보여 주었는데 그것인 인력 대체였습니다. 모든 것을 사람이 하던 작업을 빠르게 반응하고 계속적인 현장의 흐름 그리고 인권비의 문제로 사람이 로봇으로 대체되는 현상이 벌어진 것입니다. 이는 곧 작업 공간의 변화를 말하는 것입니다. 인간은 작업과 휴식 그리고 귀가 외에 다른 공간을 필요로 하기 때문에 동선이 필요하고 이에 따른 공간을 만들어야 했습니다. 그러나 로봇이 산업 공간을 차지하면서 이런 작업이 무의미해지면서 산업시설에 대한 설계에 변화를 갖고 온 것입니다. 또한 IT는 인간의 활동 범위를 대신 하면서 우리에게 필요한 공간들이 사라지고 점차 건축의 변화도 시작된 것입니다.

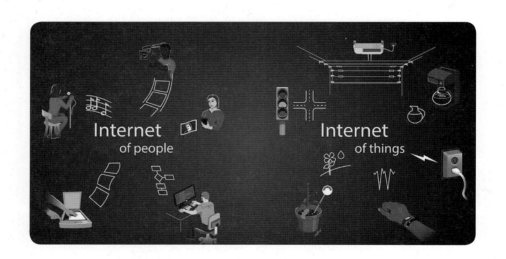

IT는 모든 것의 생산을 자동화하게 할 수 있는 시스템으로 바뀌면서 인간의 자리를 침범해 가기 시작한 것입니다. 그러나 IT가 우리에게 제공한 편안함도 있기에 이를 적극적으로 아직은 활용하고 있습니다. 오히려 긍정적인 역할을 하는 것이 아직은 많기 때문입니다. 그런데 제4차 산업혁명의 ICT입니다. IT와 ICT의 큰 차이는 작업의 주체입니다. IT는 아직 인간이 프로그램을 짜고 인간의 의지대로 움직인다는 것입니다. 그런데 ICT는 사물이 정보를 받아 자체적으로 작업을 한다는 것입니다.

사물 인터넷은 모든 사물에 인터넷 기능을 갖고 생산되어 자체적으로 데이터를 수집하고 이를 바탕으로 환경에 적응하며 자체적으로 프로그램화시켜 적절한 환경을 구축하는 것입니다. 이에 인공지능이 탑재된 로봇이 호모 모빌리언스화되어 인간의 노동력을 대체하면서 우리의 영역을 차지하게 됩니다. 그리고 가상현실과 증강현실이 대체되면서 우리가 현재 갖고 있는 대상과 환경이 무의미해지는 것입니다. 이는 건축공간의 지대

로뎅 생각하는 사람(1888)   **Ⅰ – 로봇**

4차 산업혁명

한 영향을 미칠 것이며, 예를 들어 우리가 지금 갖고 있는 책장이나 책이 무의미해져서 e-book과 같은 시스템이 마련되어 이러한 요소가 우리의 공간에서 사라질 것입니다. 우리의 생활에 꼭 필요한 가구 외에는 이제 공간을 차지하는 사물이 없어지면 지금의 공간 현실은 반드시 변화가 올 것입니다. 설계도 지금처럼 힘들여 작업하지 않고 원하는 데이터를 입력하여 많은 샘플 중에 선택하는 시대가 곧 오리라 봅니다. 이제는 데이터와 인간의 공동 작업을 통하여 이뤄지는 시대가 될 것입니다.

완전실업사회
미국의 저명한 미래학자 짐 데이터(Jim Dator) 하와이대 교수

뱀의 입(The Jaws of the Snake)
경제가 성장해도 일자리가 늘지 않는 기현상

AR: Augmented Reality **증강현실**

VR: Virtual Reality **가상현실**

IoT사물 인터넷(Internet of Things)　　Big Data

러다이트(Luddite) 운동1811(기계파괴 운동)

호모 모빌리언스(Home Mobilians)
개인 비서인 인공지능 로봇과 융합해 진화한 새로운 인간

O2O: online to offline

무인점포 '아마존고(Amazon Go)'
'저스트 워크아웃 기술(Just Walk Out Technology)'

클라우드 컴퓨팅(cloud computing)

로봇공학 Robot Technology

디지털 트랜스포메이션 digital-transformation　　Indusrie 4.0

[그림 Ⅳ-9] 제4차 산업혁명 키워드

　[그림 Ⅳ-9]에 있는 키워드가 바로 제4차 산업이 등장하면서 이와 연관된 단어로 이것이 그 상황에 대한 의미를 나타내는 것입니다. 이것이 우리에게 좋은 미래를 갖고 올 것이라는 기대는 하고 있지만 제4차 산업이 다가오는 속도가 우리가 이해하는 속도와 이를 준비하는 속도보다 빠른 것이 우려하는 것입니다. 현재 설계도 가상현실 속에서 이미 진행되고 있고 시공도 3D프린터를 통하여 이미 진행되고 있습니다. 일전에 설계 달에 지을 건축물 공모전이 있었는데 이에 대한 적극적인 작품들이 제출되고 아래 그림과 같이 폴란드, 독일 그리고 이태리 합작 작품이 당선이 되었습니다. 이뿐 아니라 달에 건축물을 지으려고 미국과 유럽이 공동으로 작업을 했는데 이에 영국 건축가 노만 포스터가 주축이 되어 구체적인 구조 분 아니라 설계안도 나왔습니다. 달에 건축물을 지을 때 1kg당 거의 2억 원이라는 비용이 즐어 이를 줄이는 방법으로 달에 3D프린터를 보내 그 기계가 달에 있는 재료를 사용하여 건축물을 짓는 방법이 제안된 것입니다. 이렇게 제4차 산업혁명은 우리의 사회를 빠르게 변화시키고 있습니다. 이에 대하여 우리도 지금의 작업 방법뿐 아니라 곧 다가올 미래의 공간에 대하여 준비를 해야 합니다.

MOONTOPIA

Monika Lipinska
Laura Nadine Olivier
Inci Lize Ogun
(Poland / Germany / Italy-Turkey)
2016.elevenmagazine

수소와 음이온 층: 산소와 물 생성

여러 나노 다공성 층으로 나뉘어져 있습니다.
이들 층은 Fe(OH) 2, sicl4 및 sio2와 같은
용액을 함유한다.
수소는 음이온 효과로 인해 다양한 층을 거치
며 이러한 반응을 통해 궁극적으로 산소와 물
을 얻기 위함

코쿤(cocoon, Kokon) 시스템

2014년 노먼 포스터의 루나 헤비테이션

https://www.eleven-magazine.com/?competition=moontopia

[그림 IV-10] 달나라에 지을 건축 계획안

 너무 빠른 상상이 될 수도 있지만 제4차 산업혁명이 몰고 오는 건축에서의 공간
은 이제 최소한의 요구 조건만 간직하는 것이 될 수도 있습니다. 공간의 창출이 아
닌 가상현실을 현실 속에서 적용시키는 작업의 성격으로 바뀔 수도 있습니다.

 국제양식 중 미니멀리즘이라는 것이 있습니다. 'Less is More(적을수록 많다)'의
정의가 미니멀리즘의 성격인데 벤츄리는 'Less is bore(적은 것은 지루하다)'라고 미

니멀리즘을 평가하고 건축에 장식이 필요함을 피력하고 포스트모더니즘이 등장한 것입니다. 위의 공간은 미래의 공간이 이렇게 변하지 않을까 상상해 본 것입니다.

과거 독일의 산업혁명을 시작할 때 규격화의 필요를 주장한 무테지우스와 예술의 자유를 주장한 반 데 벨데가 논쟁을 했습니다. 그러나 독일은 규격화를 선택하여 유럽의 다른 나라와 차별화를 시도하여 다른 나라보다 늦게 산업화를 시작했지만 당당하게 우뚝 서게 된 것입니다.

지금 제4차 산업혁명(Industrial 4.0)에 있어서는 독일이 그 규격화를 바탕으로 선두에 있습니다. 건축은 사실 종합예술이라는 취지 아래 산업 형태를 빠르게 받아들였고 이를 적용해 왔습니다. 그러나 인간의 심성은 다양하여 그 변화들을 모든 사람들이 받아들인 것은 아닙니다. 과거에는 산업형태의 변화에도 일반인들의 속도는 변화와 같지 않았습니다. 그러나 지금 시작하는 산업혁명은 우리의 선택과는 무관하게 변화하고 우리의 선택이 많지 않다는 것입니다. 이러한 변화에 대한 선택은 온전히 우리의 몫입니다.

V 마무리

르코르뷔지에가 양식은 귀부인의 머리에 꽂힌 깃털과 같다고 말했습니다. 이는 그렇게 중요하지 않다는 의미입니다. 그런데 왜 양식을 알아야 하는가요? 양식은 마치 수학공식 같이 우리가 형태를 만들 때 담겨 있는 공식 같은 것입니다. 모더니스트들은 양식처럼 틀에 박힌 규칙을 부정하기를 원합니다. 그런데 우리가 만드는 건축물의 형태는 어느 양식이든 한 부류에 속해 있는 것이 일반적입니다. 반드시 양식이라는 규칙을 따라 건축 형태를 만들자는 의미가 아니라 기존의 양식을 알아야 양식을 만들든가 아니면 그 양식들에 속하지 않은 것을 만들 수 있다는 것입니다.

모든 것은 양식입니다. 모더니스트들이 양식을 부정한다고 해서 그들이 만든 것이 양식이 아닌 것은 없습니다. 그들이 주장하는 국제양식도 양식입니다. 내가 디자인한 형태가 양식에 속하는지 또는 아닌지를 알고자 하는 데 이 책의 의미가 있는 것입니다.

모더니스트들에게 기준을 맞춘다면 양식의 파괴이지만 포스트모더니스트들에게 양식은 또 하나의 디자인입니다. 피터 아이젠만이 디자인한 주전자를 놓고 포스트모더니스트들은 퇴폐적이라고 말했습니다. 이렇게 자신이 추구하는 디자인 방법에 따라서 가치기준을 다르게 정의할 수 있는 것입니다. 중요한 것은 다양한 디자인이 도시에 있으면 도시민들에게는 그것이 선택권이 될 수 있고 다양한 취향을 위한 배경이 된다는 것입니다. 파시스트 건축 디자인이 주목을 받지 못한 이유는 바로 일방적이고 순수하지 못했다는 것입니다. 국가가 주도하고 권력이 주도했던 방식들은 오래가지 못했습니다.

이렇게 디자인이란 다양함에 있습니다. 고대, 중세, 근세 그리고 근대라는 시기를 거치면서 다양한 디자인이 등장하는 것은 그 디자인들이 가치가 없거나 부족한 것이라고 해석하기보다는 우리가 다양한 예술적 감각을 갖고 있다는 의미에 더 가깝습니다. 마음에 들지 않는 건축 디자인을 보고 부정적으로 판단하는 사람들이 있는데 조금 더 넓게 생각하면 그런 디자인도 있다는 것이 행복한 것입니다.

건축물은 시대를 반영합니다. 이 시대라는 것이 마치 바퀴와 같아서 다양한 형태를 생산해 낸 것입니다. 바퀴가 하나라면 좁은 길로 갈 수도 있고 속도가 더 빠를지는 몰라도 이는 늘 불안하고 획일적인 주장으로 끝날 것입니다. 앞뒤로 놓인 바퀴는 종속적인 관계가 성립될 수 있지만, 좌우로 있는 바퀴는 안정되고 경쟁적이며 더 좋은 것을 생산하는 데 장점이 될 수도 있다는 생각입니다.

양식이라는 것이 바로 이러한 성격입니다. 반드시 양식적인 형태를 만들어야 한다는 것은 아닙니다. 그러나 자신이 만든 형태가 어떤 성격을 갖고 있는지 분석한다면 더 심도 있는 형태를 개발할 수 있다고 봅니다.

프로들의 첫 번째 공통점은 스타일이 있다는 것입니다. 이 스타일은 자신만의 양식입니다. 우리가 알고 있는 훌륭한 건축가들은 이름을 먼저 알린 것이 아니고 그의 양식을 먼저 알렸고 그리고 우리는 그의 이름을 기억한 것입니다. 그리고 그의 이름을 떠올릴 때 그의 얼굴은 몰라도 그의 양식을 떠올리게 되는 것입니다. 모두 스타일이 다른 것은 아닙니다. 때로는 유사한 양식을 만드는 사람들이 있습니다. 우리는 그들을 부를 때 그 양식의 특징을 이름 지어 부릅니다. 예를 들면 데 스틸, 아르누보, 아방가르드 그리고 아르 데코 같은 것들입니다. 놀라운 것은 초보자들의 작품을 보아도 그들의 작품이 하나의 양식 범주에 반드시 속한다는 것입니다. 그런데 그들은 자신이 만든 것이 어느 양식에 속하는지 모르고 있는 경우가 많습니다.

프로의 두 번째 공통점은 바로 언행일치(言行一致)입니다. 우연히 만들다 보니 자신의 작품이 어느 양식 범주에 속하게 되는 것보다 자신이 어떤 것을 만들지 계획하고 그대로 표현하는 것이 중요합니다. 즉 훌륭한 작품과 훌륭하지 않은 작품은 없고 표현을 잘한 작품과 잘하지 못한 작품만이 있다고 했습니다. 여기서 표현의 기준이 바로 의도한 것입니다. 그것이 바로 언(言)이고, 작품이 행(行)입니다. 이 둘이 일치해야 프로입니다.

아마추어는 작품마다 표현이 다릅니다. 그것은 아직 자신의 스타일이 없다는 것입니다. 그렇다고 유명한 건축가들이 하나의 스타일을 갖고 계속 가는 것은 아닙니다. 르코르뷔지에 같은 경우는 3번에 걸쳐서 자식의 작품 스타일을 바꾸었습니다. 다른 사람들도 마찬가지입니다. 여기서 중요한 것은 스타일을 변경하는 것이 아니라 자신의 작품 경향을 바꾸지만 이를 설명하고 그 작품에 그것이 들어 있게 하는 능력을 말하는 것입니다. 그런데 어떤 건축가는 작품과 설명이 다를 수도 있고 특히 아마추어는 설명이 너무 추상적이어서 그가 말한 것을 듣는 사람들의 수만큼 다른 것을 상상하게 합니다. 이는 옳지 않은 것입니다. 스토리는 구체적이어야 합니다. 왜냐면 그래야 그 구체적인 내용에서 우리가 깨달음을 얻을 수 있기 때문입니다.

역사적 배경이 없는 지식은 마치 뿌리가 없는 나무와 같은 것입니다. 양식을 좇으라고 이 책이 말하는 것이 아니라 양식을 알고 건축 형태를 디자인 한다면 훨씬 다양한 시도와 새로운 시도가 가능하다는 것을 말하는 것입니다. 최소한 자신이 한 작업이 어디에 속하는지 아니면 어디에 속하려고 하는지 알아야 하며, 어떻게 다른 것을 시도해야 하는지 아니면 어떻게 시도해야 다른 것인지를 알게 하기 위해서입니다.

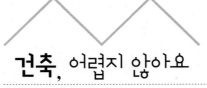

건축, 어렵지 않아요

정가 | 16,000원

지은이 | 양 용 기
펴낸이 | 차 승 녀
펴낸곳 | 도서출판 건기원

2018년 9월 10일 인쇄
2018년 9월 15일 발행

주소 | 경기도 파주시 산남로 141번길 59(산남동)
전화 | (02)2662-1874~5
팩스 | (02)2665-8281
등록 | 제11-162호, 1998.11.24.

ISBN 979-11-5767-339-1   03610